U0496989

郑曙光 ◎ 著

中国企业组织法
理论评析与制度构建

ZHONGGUO QIYE ZUZHIFA
LILUN PINGXI YU ZHIDU GOUJIAN

◆ 本著作出版得到宁波大学学术出版基金资助

中国检察出版社

图书在版编目（CIP）数据

中国企业组织法：理论评析与制度构建/郑曙光著．
北京：中国检察出版社，2008.11
ISBN 978-7-5102-0026-7

Ⅰ．中…　Ⅱ．郑…　Ⅲ．企业法—研究—中国
Ⅳ．D922.291.914

中国版本图书馆 CIP 数据核字（2008）第 176859 号

中国企业组织法：理论评析与制度构建

郑曙光 著

出 版 人：	袁其国
出版发行：	中国检察出版社
社　　址：	北京市石景山区鲁谷西路 5 号（100040）
网　　址：	中国检察出版社（www.zgjccbs.com）
电子邮箱：	zgjccbs@vip.sina.com
电　　话：	（010）68639243（编辑）　68650015（发行）　68636518（门市）
经　　销：	新华书店
印　　刷：	河北省三河市燕山印刷有限公司
开　　本：	720mm×960mm　16 开
印　　张：	25.25 印张　　插页 4
字　　数：	494 千字
版　　次：	2008 年 11 月第一版　2008 年 11 月第一次印刷
书　　号：	ISBN 978-7-5102-0026-7/D·2006
定　　价：	48.00 元

检察版图书，版权所有，侵权必究
如遇图书印装质量问题本社负责调换

前　言

一

　　企业具有复杂的组织结构，是在一定的社会生态环境中具有自发组织能力的生命体。

　　企业因其构成要素的不同组合而具有不同的组织形态。在一个国家中将企业组织形态过于单一化，不利于激发投资者的创业热情，也不利于适应企业在不同发展阶段的成长性特征。因此，合理的企业组织形态既能够有效促进经济资源的整合，也有利于企业制度的整体构建。然而，何谓合理？经济学与法学的理论工作者对此抱着满腔热情作了认真且富有成效性的探索。

　　企业理论是微观经济学中的重要基础理论，它以研究企业的性质与起源、企业的运作及结构、企业形态演变规律为主要内容，并已成为现代西方经济学中最富有魅力和最具有挑战的领域之一，一大批经济学家如科斯、张五常、威廉姆森、阿尔钦、德姆塞茨、青木昌彦、张维迎、杨瑞龙等沉浸于此方面的研究之中，乐此不疲。由于融合了博弈论、契约理论、激励理论、信息经济学和管理学的菁华，当代企业理论在不懈地对现实企业问题进行探索的同时也将其自身研究领域纵深拓展。

　　如果说经济学家总是在不断寻求一种能够促进企业发展或能够让企业走出某种经济困境的理论支点并极力将这个支点推向国家政策目标的话，那么法学家们对企业理论的贡献则在于他们总是沿着某种经济学说而确立的经济政策目标来阐明自己的法学主张，诠释和论证经济学观念的合乎法制性问题，从而推动与影响国家的企业立法进程。

　　如何使企业运行得更有效率，关键是要在企业制度上作出科学的创新。而企业法律形态及企业法律体系的有序构建是企业制度创新的主要内容。

　　无论是经济学还是法学，对企业组织进行实证后，结果均发现：

　　其一，合理的企业组织形态应当是多样的。企业组织形态是一个自生自长、自我完善发展的演变过程，并不存在一个预制的、完全规律化的发展模式。企业组织形态发展到今天，既有古典企业形态，又有现代企业制度，"主流经济学一般认为古典企业是一个比公司制企业落后的前现代企业组织形态，但是这一规范性结论并没有得到现实经验数据的支持。"① 资料表明，美国在20世纪90年代中期，共有企业2100万户，其中独资企业约1400万户，占企业总数的66.7%，合伙企业约250万户，占企业总数的11.9%；公司约450万户，占企业总数的21.4%；加拿大的情况也基本类似，在1993—1994年财政年度中，新登记的独资企业有5.2万户，合伙企业有1.8万户，公司有3.8万家。② 企业组织形态差异实际上是企业成员（如股东、合伙人）间及企业和企业成员间关系结合规则的差异。不同企业类型在相关企业制度要素的安排上具有不同的特点，这是必然现象。之所以说其是必然，是因为它更能适应各类企业发展与市场竞争需要。在我国，尽管从新中国建立以来就开始对企业和企业法进行研究，但就企业组织形态的制度差异性问题却始终未被正视，公有制经济制度以及计划经济模式，使企业组织形态呈现单一性特征。直到外商投资企业在我国的设立，以及《公司法》、《合伙企业法》、《个人独资企业法》的颁布，传统企业形式重新复兴，人们才开始触及这些理论与实践亟须解决的问题。

其二，合理的企业组织形态应当是富于本国特色，且是适应社会经济发展环境的。企业制度建设不可能完全照搬别人的模式，在引进制度的同时必须对其进行本土化，通过制度创新摸索出一套与自身国家经济体制、文化传统、国民意识和特定环境相融合的企业制度，这是企业得以有效运作的最重要保证。

经济学大师道格拉斯·诺思在他的名著《西方世界的兴起》中写到：有效率的经济组织的出现是经济增长的关键。③ 众所周知，自从德国颁布有限责任公司法以后，有限责任公司的治理结构在欧洲的法律形式大同小异，而股份公司的治理结构按照各国各自的公司法规定却有根本区别，如以美国为代表的一些国家实行单轨制模式，以德国为代表的一些国家实行双轨制模式，而中国、日本、韩国等国家则实行二元制模式。股份公司治理结构之所以各有千秋，是因为它适应了本国股票市场股票的流动性、股权的集中或分散性以及资本市场在本国的发育及发展程度等基本国情。

再就家族企业而言，现代社会经济生活中，家族制的企业产权结构仍具有普遍性，世界范围内的80%以上的企业归属于家族企业。在我国，随着民营经济的迅速崛起，以家族制为主要治理结构的民营企业得到了较大的发展，民营企业的家族制治理模式今后何去何从，是继续沿用还是要实现制度的变迁一直是各方面争论的焦点。国外的实践表明，由于企业产权制度变迁存在着收益与成本效

---

① 余惠芬：《中国家族企业成长的多维分析》，中国经济出版社2006年版，第72页。
② 有关资料数据出处见王妍：《中国企业法律制度评判与探析》，法律出版社2006年版，第23页。
③ 道格拉斯·诺斯，罗伯特·托马斯著：《西方世界的兴起》，厉以平、蔡磊译，华夏出版社1999年版，第1页。

应，企业的产权结构的变换应当是在相当长的时期内内外多种力量共同作用的结果。因此，我国的民营企业在其产权构造中，从最早选择家族模式，进而发展为改造家族模式，最后发展为放弃家族模式，这是民营企业迈向现代企业制度所必然经历的过程，但这一过程不可能一蹴而就。

考察企业发展的历史，给我们启示是：企业是市场配置资源资源的手段，但同时又是制度设计的产物。

企业与市场的关系性问题，经济学家对此已作过许多论述。科斯1937年的《企业的性质》是现代企业理论的奠基之作，他在这篇文章里正式提出了企业契约理论。科斯认为，市场和企业是资源配置过程中可以相互替代的两种手段。二者的差异在于对资源配置的范围不同：市场是对企业外部即市场与市场、市场与企业之间配置资源的一种手段；而企业则是企业内部资源达到有效配置的方法。具体说来，市场主要是通过价格机制来指导资源的流动从而使资源得到合理配置的；而企业则是依靠企业家的权威来进行企业内部资源整合的。可见，企业是市场的产物。

虽然，法律现象总是落后于经济发展的，但是法律制度为市场上各类企业及其经营活动提供了多种可供选择的组织架构。从这一意义上分析，企业组织形态又是制度设计的产物。美国学者伯尔曼在评价西方中世纪商业革命与商法的关系时说："11世纪晚期和12世纪新的法学为按照秩序和正义的新概念把各种商业关系制度化和系统化提供了一种构架。假如没有诸如流通汇票和有限责任合伙这样一些新的法律设计，没有对已经陈旧过时的已往商业习惯的改造，没有商事法院和商事立法，那么，要求变化的其他社会经济压力就找不到出路。因此，商业革命有助于造就商法，商法也有助于造就商业革命"。[①]

1892年德国颁布的《有限责任公司法》是德国法学家智能的凝结，是立法者有意识的创造活动的产物，德国法学家们根据时代的需要，创立出这种介于股份公司和无限公司之间，既具有人合性质，又具有资合性质的经济组织。有限责任公司法便在法律的殿堂里呱呱落地，由于此类公司股东少，比较适合于中小型企业，这就决定了有限责任公司与生俱来的特色，它适应了经济的多样化、多层面需求，尤其适合于中小企业，使中小企业投资者与股份公司股东一样，享有有限责任，引来了社会投资热情的商潮，促进了经济发展。有限责任公司制度还被经济学家誉为市场经济发展中里程碑，其后法国、葡萄牙、意大利、卢森堡、比利时、日本等国相继采用有限责任公司制度。英国的"private company"和美国的"closeheld company"（即私公司或封闭公司）也近似于此类公司。

---

① ［美］哈罗德·J. 伯尔曼著：《法律与革命——西方法律传统的形成》，中国大百科全书出版社1993年版，第409页。

这正如有学者所言,"作为财产聚合体的企业,法律所关注的焦点是促进人们投资财产的效率和保证财产的安全,且财产的效率与安全在企业法中多有统一完全完好的体现;作为人们投资工具的企业,法律所表述的是人们相对于企业的权利、义务与责任,且人们的权利、义务与责任在企业法中也多有统一完好的体现;作为具有独立存在意义的企业,它的独立存在虽不具有终端目的的意义,但却具有手段意义。"①

二

从国外企业立法的进程看,企业立法早在封建社会后期已经存在,但真正意义上的企业立法却肇始于资本主义时期。

企业法是一个外延十分庞大和复杂的群体。对企业法概念与体系的不同认识主要受制于两个因素:

其一,一个国家的法制传统模式。如大陆法系与英美法系对企业法的理解就有相当的不同。英美法系国家法学研究注重实用,不是十分重视法律分类和构造法律体系,因此,他们对系统地归纳总结一个囊括各种企业法律形式的抽象的"企业法"概念并不感兴趣。当需要统称企业法尤其是关于企业组织的法律时,他们常常笼统地称之为"商业组织法",并且也不给出明确的定义。与英美法系国家不同,在大陆法系国家中,有关现代企业的法律都是从19世纪法典化运动以来分类明确的民法、商法和行政法中发展成长起来的。并且大陆法系国家法学理论向来注重法律分类,强调法律体系的系统性、逻辑性及和谐性。因此,企业法的含义、性质、范围、在法律体系中的地位等问题便是这些国家法学理论非常关键的问题。

其二,一国法律体系发展的成熟及灵活程度。当一国法律处于转型形成时期或原有法律体系容纳不了新的发展时,就需要创造更为上位的法律概念予以解释。企业法概念的出现就属此种情形,它是对各种企业组织法律形式的法律规范的概括说明。②

综观我国建国以来企业立法的全过程,不难得出四点结论性的概括:第一,我国的企业立法始终与企业改革的进程密切相关。各个阶段的企业立法实际上反映了当时立法者对社会主义经济的认识水平和改革实践达到的层次。第二,企业立法发展的进程是探索社会主义市场经济主体定位的进程。任何一种市场主体地位的确定均伴随着相应的立法活动,通过立法,促使其设立、运行、退出市场活

---

① 马德胜、董学立著:《企业组织形式法律制度研究》,中国人民公安大学出版社2001年版,序。
② 董学立:《企业与企业法的概念分析》,载《山东大学学报》(哲社版)2001年第6期。

动规范性地进行。第三，传统的企业立法总是与所有制关系胶合在一起，难解难分。其结果是很难建立起一套所有企业均能遵行的企业制度体系。第四，以"所有制立法模式"与"责任制立法模式"并存为特征的"双轨制模式"长期运行，其结果是增大了立法成本、协调成本、维护成本和学习成本。

企业法不属于独立的法部门，应分属于相应法域。其中就各类普通企业组织中涉及设立、运行、变更、解散、破产、内部组织机构设置、企业产权交易等方面的内容应分属于商事组织法中，而涉及有关产业扶持、职工参与、企业财务会计制度、企业信息披露和公示制度、市场准入与退出监管等方面的内容在制度要素上具有较强的公法性，与商事组织法的私法属性有一定的差异性，应纳入到经济法的调整范围之内。同样的，调整企业组织和行为的法律，为什么会有不同的法域？这主要是由企业法所调整的社会关系具有综合性特征所决定的。

企业立法的前提条件应是对企业组织形态的正确划分。我国未来企业立法模式应当区别普通企业法与特别企业法两大类型，遵循各自的企业发展规律，理性地构建各类企业制度。

其一，在普通企业立法上，抛弃现有的双重标准，坚持企业分类的单一标准——资本形态与出资者责任标准。在企业法体系框架上，以《公司法》、《合伙企业法》、《独资企业法》为主体框架。确立按资本形态与出资者责任为立法的单一标准，将有助于更新人们的企业观念，使企业观念从所有制企业向资本企业转变，从注重企业的身份性向注重企业的平等性转变，使人们的视线从政治经济学的角度向法律的角度转变。

在对普通企业的立法上，因调整范围不同，还应处理好一般性立法和专门性立法的关系。一般性立法主要调整普通企业设立、变更、组织管理机构设置、企业解散终止等相应的社会关系，以及涉及组织法领域的相关交易关系；专门性立法是针对某些专门主体制定的有关法律、法规，如我国的商业银行法中有关商业银行的设立与运行规范、保险法中有关保险企业设立与运行规范、旅行社管理条例中旅行社的设立与运行规范等。

其二，在特别企业立法上，应设定特别企业的种类。结合我国国情，对那些经营活动中明显具有社会福利性功能和明显具有国家利益、产业安全利益的企业应作出特殊的企业制度安排。这些企业包括执行社会公益性功能的国有企业、公用企业、国防企业，也包括国家认为应执行特殊政策的中小企业等。特别企业法体系不同于普通企业法体系在于以扶持、振兴立法为其基本制度特征。通过立法保障对该类企业进行扶持、振兴、促进或设限的国家宏观调控手段得以实现，从而促进该类企业的健康发展。

按照上述对我国未来企业立法体系的安排，关键性问题是对原有的按所有制模式所作的企业立法如何融入上述两种立法体系之中。目前，按所有制企业法体系所建立起来的国有企业、集体企业、私营企业与外商投资企业,均处于制度的改革与整合之中。一方面,企业改制活动的结果是促使此类企业向上述两种立法模式设立的企业转换,如国有企业、集体企业的改制,使大多数的国有企业、集体企业向公司制企业转换,从而进入到第一种立法模式的调整范围中,保留下来的国有企业、集体企业如没有生存必要的,就进行解散注销,有生存必要且具有第二类立法模式特征的,进入到特别企业法体系之中。另一方面,由于所有制企业法体系很难确立确定的企业组织形态,因此,通过企业制度的重新安排,促使其向上述两种立法体系分野,如对私营企业与外商投资企业的立法调整就能达到此项目的。私营企业中所包含的个人独资企业、私营合伙企业、私营有限责任公司,实质上是资本形态与出资者责任标准立法模式所确认的三种企业组织形态的综合,应将其分野,分别划入公司制企业、合伙企业和个人独资企业中,外商投资企业法的重点是将外商投资的企业形态与国家的外资管理政策分野,将企业形态方面的法律规范纳入到普通企业法调整范围之中,外资管理的法律则归由经济法性质的外国投资法调整。

三

我国30年的改革开放历程,实际上也是企业立法发展和企业法学研究纵深拓展的进程。

在我国,企业法学研究目前呈一派繁荣景象,有关企业法方面的学术著述可谓目不暇接,缤纷呈现。但由于著述内容与研究视角多多少少打有研究时期我国企业立法的时代烙印,因此,不同时期,学者们研究的路径选择与内容也会有所不同。在对有关企业制度的研究中,我们不难发现不同时期在研究的重点与方法论上有所差异。

20世纪70年代开始,国内学者开始探讨企业法律问题,在国内较早出版的教材与专著有:王保树先生与崔勤之教授合著的《工业企业法论纲》(时事出版社1985年版)和《企业法论》(工人出版社1988年版),崔勤之、陈世荣教授合著的《全民所有制工业企业法通论》(中国标准出版社1990年版),唐国栋教授编著的《工业企业经济法概论》(中国人民大学出版社1988年版),郑立教授与王益英教授编著的《企业法通论》(中国人民大学出版社1993年版),刘俊肖教授编著的《企业法通论》(地质出版社1994年版),沈志坤老师编著的《企业法通论》(杭州大学出版社1995年版),刘丰名教授独著的《股份公司与合资企业法》(中国政法大学出版社2001年修订版。)

这些企业法类的著作比较系统地阐述了与这一时期我国立法进程相适应的企业法制度的体系问题,其中相当部分是对工业企业法所作的阐述。由于当时我国尚未颁布《公司法》，故此时的企业法研究多停留在与所有制企业形态相适应的企业法体系的评析与构建上。即使有对公司法问题的论述，也多以对西方国家的公司法作介评为主。

随着《公司法》的颁布，学者对企业法的研究多少与公司法胶合在一起，在公司法论著大量问世的同时，也有一些企业法著作的出版，但与公司法著述相比，似乎有些冷清。与前一个阶段不同在于，学者开始关注对责任制企业的立法课题，并以公司制度为基点来探讨与分析其他企业形态的公司制改建问题，出版了一些富有理论见解与自成研究体系的专著与教材。比较有代表性的著述有：甘培忠教授主编的教材《企业与公司法》（北京大学出版社1998年版）及独著的《企业法新论》（北京大学出版社2000年版），史际春教授主编的教材《企业和公司法》（中国人民大学出版社2001年版）及独著的《国有企业法论》（中国法制出版社1997年版），刘瑞复教授独著的《企业法通论》（北京大学出版社2005年版），赵旭东教授独著的《企业法律形态论》（中国方正出版社1996年版），漆多俊先生编著的《市场经济企业立法观》（武汉大学出版社2000年版），张士元教授主编的《企业法》（法律出版社1997年版），马俊驹教授主编的《现代企业法律制度研究》（法律出版社2000年版），金福海教授等合著的《股份合作制与股份合作企业法》（山东人民出版社2000年版）等。

随着《合伙企业法》、《个人独资企业法》的制定，随着外商投资企业法与公司法适用问题探讨的深入，学者对企业法的研究出现了新的景象，即关注企业法的立法模式选择、关注企业法与公司法的协调、关注企业法自身体系的重构等问题。在这一阶段，一些学者注重从企业法视角来探讨各类企业组织形态的制度构建问题。其代表性成果有：马德胜、董学立所著的《企业组织形式法律制度研究》（中国人民公安大学出版社2001年版），赵旭东教授所著的《企业与公司法纵论》（法律出版社2003年版），王妍教授所著的《中国企业法律制度的评判与探析》（法律出版社2006年版），施天涛教授所著的《关联企业法律问题研究》（法律出版社1998年版），全国人大财经委员会编著的《合伙企业法独资企业法热点问题研究》（人民法院出版社1996年版），成先平教授编著的《中国外资投资企业法律制度重建研究》（郑州大学出版社2005年版），卢炯星教授主编的《中国外商投资法问题研究》（法律出版社2001年版），吴振国教授独著的《中小企业法研究》（法律出版社2002年版）等。在对国内企业法相关制度进行评析和构建的基础上，还注重对国外企业类型及企业法的比较研究，如宋永新教授编著的《美国非公司型企业法》（社会科学文献出版社2000年版），对美国非公司型企业包括普通合伙、有限合伙、有限责任公司、有限责任合伙等法律制度作了全面的介绍，并深入探讨了它们之间的关系及其发展趋势，结合中国的非公司型企业法律制度，提出了中国企业法律制度改革的前瞻性建议。

企业改革与企业立法为我国法学研究提供了丰富的实践性素材和研究课题。对企业法的研究不仅要及时地反映企业改革的成果，还必须追随其发展变化的脚步不断地更新和充实。然而，企业改革也使我国转轨时期的企业法律体系处于不确定的变动状态，这势必给理论研究以更多的研究视角，研究工作者的任务就是要准确地把握企业法内容和体系的科学性、合理性及其未来的走向。

在我国企业法研究已进入到纵深研究阶段的背景下，如何对于企业立法中一些规范不足部分作些补强性探讨，对一些规范不合时宜部分提出针对性的废改建议，对企业法律制度体系缺失性问题作些较为系统的构建，从而尽可能在现有学者研究的基础上有所拓展，力求体现企业法研究的新课题、新领域是本著作的写作目的所在，也是本著作所试图追求的。据此，本著作比较注重以下三个方面的创新：

其一，积极创新研究内容。著作将各类企业组织形态与相关制度要素放到企业法的大环境中进行综合考量，从企业组织形态的选择理性来研究和探讨企业法所规定的企业种类问题，从公司治理结构与古典企业组织机构设置的共性与差异性来探讨企业组织机构设置的法律问题。对那些尚未定型或需要制度创新的企业（如股份合作企业与民营家族企业），则从未来发展前景的角度和制度演进的视角进行探讨，揭示这些企业生存和发展的基本方向。

其二，积极创新研究视角。著作带着"问题研究"的思路来构建相关章节，在设计研究内容与研究体系时，没有采用类似于教科书式的面面俱到和学术著作中仅对某一问题进行专论式的研究方法，而是筛选出作者认为企业法理论与实务中一些容易被忽视或尚未完全展开，而当前仍需作进一步论述的若干个问题展开论述。评判现行理论，分析现行制度，提出自己的观点。如著作中对企业违法形态与违法责任制度的分析，内外资企业制度融合与分野问题的分析，公司制企业与非公司制企业类型转换制度的分析，均体现了这一方面的研究特点。

其三，积极创新研究方法。著作比较注重运用实证分析法、比较分析法与经济分析法来探讨问题。从我国现行的企业立法与公司立法的比较中来研究公司法与企业法之间的法律对接问题，从我国企业法相关法条规定与国外企业法的相关法条规定的比较中来分析我国企业法的特色与不足，从企业法立法宗旨与企业实践之间差距的对比来分析现行企业法的立法缺失及完善问题，同时，著作还从社会经济发展状况对企业法提出客观要求的路径展开实证，从司法裁判思维的路径展开实证，从中去寻找法律与现实的真实关系，从而提供完善企业法律制度之对策。

当然，限于作者的认识论和学术水平，著作所提出的一些观点与见解会存在错误与不足之处。但作者相信，学术只有在争鸣中才会有所发展。

目 录

第一章 企业的法律调整 (1)

第一节 企业概述 (1)
一、企业的相关学说与法学引入 (1)
二、企业组织形式的演变 (8)
三、企业类型的一般考察与特殊考察 (12)

第二节 企业立法 (23)
一、企业法的概念与分类 (23)
二、西方主要国家企业立法概况 (25)
三、我国企业立法进程与立法模式 (29)

第三节 企业法的地位与体系 (33)
一、企业法的调整对象与特征 (33)
二、企业法的地位 (34)
三、企业法体系 (35)

第二章 企业登记管理制度的评析与构建 (39)

第一节 企业登记制度的价值分析与历史演进 (39)
一、企业登记的概念与特征 (39)
二、企业登记的价值分析 (40)
三、企业登记制度的历史沿革 (41)

第二节 企业登记制度的内容与效力 (44)
一、企业登记种类 (44)
二、企业登记事项 (48)
三、企业登记程序 (52)
四、企业登记效力 (55)

第三节 企业登记管理机关 (58)
一、各国登记机关选择模式介评 (58)
二、我国登记机关职权及其监督管理 (62)

第四节　我国企业登记制度的评析与完善 …………………（64）
　　一、我国企业登记制度存在问题之评析 ………………（64）
　　二、我国登记制度进一步完善之思考 …………………（69）

第三章　企业组织机构设置制度的评析与构建 ………………（74）
　第一节　公司治理结构与古典企业组织机构：共性与差异性 ……（74）
　　一、公司治理结构的制度内涵 …………………………（74）
　　二、非公司制企业组织机构的制度内涵 ………………（77）
　　三、公司治理结构与古典企业内部组织机构：共性与差异性分析 …（83）
　第二节　我国企业组织结构模式的类型化分析 …………（86）
　　一、企业组织机构模式的类型化考察 …………………（86）
　　二、影响企业组织机构类型化差异的因素分析 ………（91）
　　三、余论：我国企业内部机构设置应进一步完善 ……（94）
　第三节　企业组织机构设置模式的境外法考察 …………（95）
　　一、境外的实践 …………………………………………（95）
　　二、对境外模式的比较分析与借鉴 ……………………（99）
　第四节　我国企业组织机构设置及模式构建 ……………（102）
　　一、我国企业治理结构模式的选择与制度支持 ………（102）
　　二、公司制企业治理结构的制度构建 …………………（103）
　　三、非公司制企业内部组织机构的构建与完善 ………（107）

第四章　企业资本制度的评析与构建 …………………………（111）
　第一节　注册资金与注册资本取舍的比较分析 …………（111）
　　一、注册资金与注册资本制度在我国的立法沿革 ……（111）
　　二、注册资金与注册资本取舍中的相关问题分析 ……（114）
　第二节　企业资本缴付中的法律问题 ……………………（119）
　　一、法定资本制、授权资本制与折中资本制比较分析 …（119）
　　二、我国企业资本缴付制度考察 ………………………（121）
　第三节　企业资本增减中的法律问题 ……………………（128）
　　一、企业资本增减的功能与途径分析 …………………（128）
　　二、企业资本增减履行法定程序考究 …………………（131）
　　三、当前减资现象的法律透析 …………………………（136）

第四节　企业资本不实与法人格否定 …………………………… (139)
　　　一、资本不实与企业法人格综合考究 …………………………… (139)
　　　二、企业资本不实导致法人格否定制度之立法完善 …………… (145)

第五章　企业关联交易制度的评析与构建 ……………………………… (150)
　　第一节　关联企业与关联交易的一般考察 ……………………… (150)
　　　一、关联企业的法律界定 ………………………………………… (150)
　　　二、关联交易的法律界定 ………………………………………… (155)
　　第二节　我国企业法对关联交易的规定及制度框架 …………… (158)
　　　一、关联交易规制的制度价值 …………………………………… (158)
　　　二、我国企业法对关联交易的制度框架 ………………………… (159)
　　　三、现行企业法对关联交易规制的不足与问题 ………………… (162)
　　第三节　企业关联交易立法模式与法律控制 …………………… (163)
　　　一、立法模式讨论：企业集团法与关联企业法之选择 ………… (163)
　　　二、立法模式讨论：关联交易法的立法结构 …………………… (164)
　　　三、关联交易法律控制的相关制度安排 ………………………… (165)
　　第四节　关联企业立法对传统企业组织法的影响 ……………… (174)
　　　一、对传统公司法原则和制度的影响 …………………………… (174)
　　　二、对传统企业组织形式的影响 ………………………………… (176)
　　　三、对企业相关者利益保护的影响 ……………………………… (178)
　　　四、对企业组织法视野下交易行为的影响 ……………………… (179)

第六章　企业解散清算与注销制度的评析与构建 ……………………… (181)
　　第一节　企业解散制度 …………………………………………… (181)
　　　一、企业解散概念及相关学说 …………………………………… (181)
　　　二、企业解散原因 ………………………………………………… (182)
　　　三、企业解散的法律效力 ………………………………………… (186)
　　　四、企业解散法律制度中的不足与完善 ………………………… (187)
　　第二节　企业清算制度 …………………………………………… (195)
　　　一、企业清算的概念与特征 ……………………………………… (195)
　　　二、企业清算的分类 ……………………………………………… (195)
　　　三、我国企业清算立法现状评析 ………………………………… (196)
　　　四、普通清算程序与法律要求 …………………………………… (203)

五、企业清算民事责任制度的不足与完善 …………………… (205)

　第三节　企业注销制度 …………………………………………… (211)
　　一、企业注销的概念与特征 …………………………………… (211)
　　二、企业注销登记的基本程序 ………………………………… (212)
　　三、企业注销的法律效力 ……………………………………… (213)
　　四、企业注销登记中对公承诺行为的性质及民事责任 ……… (214)

第七章　企业破产制度的评析与构建 …………………………… (220)

　第一节　企业破产制度的价值评析 ……………………………… (220)
　　一、破产制度的历史发展 ……………………………………… (220)
　　二、破产立法主义解析 ………………………………………… (226)

　第二节　企业破产程序法评析与构建 …………………………… (230)
　　一、破产案件的申请与受理 …………………………………… (230)
　　二、债权人会议与债权人委员会 ……………………………… (235)
　　三、破产重整和破产和解 ……………………………………… (237)
　　四、破产宣告与破产清算 ……………………………………… (242)

　第三节　企业破产实体法评析与构建 …………………………… (245)
　　一、破产实体法中的基本制度 ………………………………… (245)
　　二、破产法律责任制度 ………………………………………… (251)

第八章　企业法律责任制度的评析与构建 ……………………… (257)

　第一节　企业违法形态评述 ……………………………………… (257)
　　一、企业违法形态的概念与特征 ……………………………… (257)
　　二、企业设立中的违法行为 …………………………………… (258)
　　三、企业经营中的违法行为 …………………………………… (259)
　　四、企业实施组织法相关交易活动中的违法行为 …………… (261)
　　五、关联交易中的违法行为 …………………………………… (262)

　第二节　企业法律责任制度的一般考察 ………………………… (263)
　　一、企业法律责任制度的基本特点 …………………………… (263)
　　二、企业法律责任的适用原则 ………………………………… (264)

　第三节　企业民事责任制度 ……………………………………… (266)
　　一、企业民事责任的基本特征与类型划分 …………………… (266)
　　二、企业民事责任的基本形式 ………………………………… (268)

三、企业民事责任适用的主体分类 ……………………………………（271）

　第四节　企业行政责任制度 ………………………………………………（274）
　　　一、企业行政责任的概念与特征 ……………………………………（274）
　　　二、企业行政责任基本形式 …………………………………………（274）

　第五节　企业刑事责任制度 ………………………………………………（280）
　　　一、企业犯罪概念及其特征 …………………………………………（280）
　　　二、企业犯罪主要罪名及刑事责任分析 ……………………………（282）

第九章　非公司制与公司制企业法律制度的评析与构建 ………………（295）

　第一节　非公司制与公司制企业法律特性辨析 …………………………（295）
　　　一、非公司制企业在国内外的实践 …………………………………（295）
　　　二、公司制企业在国内外的实践 ……………………………………（297）
　　　三、公司制与非公司制企业：制度设计差异性分析 ………………（299）

　第二节　企业制度的演进：从古典企业走向现代企业 …………………（301）
　　　一、企业制度的历史演进 ……………………………………………（301）
　　　二、企业制度演进的替代性与并存性 ………………………………（304）
　　　三、现代企业制度的典型形式：公司制企业 ………………………（305）

　第三节　问题分析视角之一：一人公司与个人独资企业 ………………（308）
　　　一、一人公司与个人独资企业：制度要素的比较分析 ……………（308）
　　　二、一人公司与个人独资企业并存发展：基于制度样态的选择性分析 ……
　　　　　……………………………………………………………………（314）
　　　三、个人独资企业与一人公司在我国的制度完善 …………………（321）

　第四节　问题分析视角之二：国有企业与国有独资公司 ………………（330）
　　　一、国有企业与国有独资公司法律属性 ……………………………（330）
　　　二、国有企业与国有独资公司制度差异性分析 ……………………（332）

　第五节　非公司制企业与公司制企业转换 ………………………………（337）
　　　一、国有企业与集体企业的公司制改制模式选择 …………………（337）
　　　二、不同类型企业形态转换的立法政策及其完善 …………………（340）

第十章　内外资企业法律制度的评析与构建 ……………………………（343）

　第一节　内外资企业的双轨制立法模式及其评析 ………………………（343）
　　　一、外商投资企业立法现状 …………………………………………（343）

二、内外资企业法差异性考察：以《公司法》与"三资企业法"为分析视角 …………………………………………（346）
第二节　内外资企业的立法价值评析 ………………………………（353）
　　一、法的秩序价值与内外资企业立法 ………………………（353）
　　二、法的效益、安全价值与内外资企业立法 ………………（357）
　　三、法的自由价值与内外资企业立法 ………………………（362）
第三节　内外资企业互转制度 ………………………………………（365）
　　一、内外资企业互转制度的价值分析 ………………………（365）
　　二、内资企业转换为外商投资企业的制度构建 ……………（369）
　　三、外资企业转换为内资企业的制度构建 …………………（371）
第四节　内外资企业制度的融合与分野 ……………………………（372）
　　一、内外资企业制度的融合 …………………………………（372）
　　二、外资管理制度与外资企业制度的分野 …………………（376）

主要参考书目 …………………………………………………………（381）
后　　记 ………………………………………………………………（387）

第一章 企业的法律调整

在我国法律上，对企业的界说较为简单，却又相对模糊。实际上，企业及其组织形态是一个自生自长、自我完善发展的演变过程，并不存在一个预制的、完全规律化的发展模式。但在商事主体严格法定原则下，要设立企业只能在法律规定的企业形态下作出选择，不同形式的企业有不同的设立要求，且其法律地位、权利、义务、内部组织机构设置以及对外债务承担均有实质性的差别。在企业组织形式的发展上，公司是最活跃的一种组织体。然而，公司又不限于作为企业的法律组织形式。公司与企业的根本区别不仅仅在于其外延的差别，还在于二者是从不同的角度来描述某一团体或组织的特性。

第一节 企业概述

一、企业的相关学说与法学引入

（一）企业的概念与学说

企业是指依法成立的，具有一定的组织形式，以营利为目的的从事生产经营活动的经济组织。这是对企业概念的一般性表述。

1984年出版的《中国企业管理百科全书》对"企业"所下的定义为："从事生产、流通等经济活动，为满足社会需要并获取盈利、进行自主经营、实行独立核算、具有法人资格的基本经济单位。"该定义基本反映了企业概念的基本属性，但是也存在一些问题。企业应具有法人资格，就将一些不具有法人资格的企业组织，如个人独资企业、合伙企业排除在企业之外，这显然不符合当今企业生存与发展的客观实际。

在我国古汉语中无"企业"一词。现代汉语中所用的"企业"乃来自于日语这一外来语。日语中的"企业"概念又源于英文的"Enterprise"一词，其含义原为企图冒险从事某项事业，后来用以指经营组织或经营体。①

"企业"一词，从严格的学术角度分析，早期应属经济学领域的概念，而非法律概念。这是因为，在相当长的时间内，"企业"一词游离于法律之外，在英

---

① 刘正埮等编：《汉语外来语词典》，上海辞书出版社1984年版，第284页。

语国家可谓权威性的法律辞典《牛津法律大辞典》中没有"企业"词条的记录。"企业"这一概念原本是由会计人员发现的,后来经济学家开始对其进行科学而系统的研究。"在企业概念产生之后的很长时间内,在各种法律规范和法学理论中没有使用企业的概念。翻阅自古代罗马法到近代各国民事、商事以及刑事法律文献,可以发现有'商人'、'团体'、'营业'、'法人'等与企业相关的概念,但却见不到'企业'的字眼。企业概念最终进入法律的领域是20世纪以后的事了。"①

在经济学中,关于对"企业"的理解可谓千差万别。早在20世纪30年代,法国学者特鲁什就对企业作过一个定义,他认为:"企业是将经济活动的人文和物质因素集中并协调在其内部的经济单位。"同一时期的另一位法国学者詹姆斯则认为,企业具有四大经济特征:第一,企业是一种机构,这就意味着有期限和组织;第二,企业的目的是生产财富或提供服务,这就排除了家庭一类的组合形式;第三,企业生产用于市场,这就排除了非营利组织和自给自足机构;第四,企业实行领导自治与自负盈亏。②这种关于企业含义的理解被后来的学者所接受并完善。在经过长期的发展之后,企业理论已成为过去20年间主流经济学中发展最为迅速、最富有成果的领域之一,它改进了人们对市场机制及企业组织制度运行的认识。

在经济学中,关于企业理论总体上可以分为两种学说:一种是古典与新古典经济学的厂商理论;另一种是产权经济学的企业组织理论。古典与新古典理论中将企业性质定义为"生产行为的厂商"。认为厂商是生产者,是能够作出统一的生产决策的基本经济单位,其目的是为了实现利润的最大化,其功能是把土地、劳动等人力资本和非人力资本等生产要素进行投入并转化为一定的产出。厂商理论通过对投入与产出的技术关系及成本与收益的经济关系分析,以严密的逻辑演示了企业实现利润最大化的条件及追求利润最大化的理性行为。所以,在新古典经济学中,厂商是被作为生产函数来理解的,考量的是投入与产出之间的关系,对其内部结构和外部关系并不深究。产权经济学理论的奠基者是 R. 科斯。1937年,R. 科斯发表了《企业的性质》一文,奠定了现代企业理论的基础。科斯认为,企业的标志是对价格机制的替代,企业的出现体现了交易费用节约的关切,因为企业方式的交易费用低于市场方式的交易费用。科斯之后,企业理论的研究进一步深入,1972年,阿尔钦和德姆塞茨发表《生产、信息费用和经济组织》,主张企业的核心是团队生产(team production),团队生产的有效性和监督是企业形成的起源和企业的本质,也是古典企业的突出特征。威廉姆森于1985年发表

---

① 赵旭东:《企业与公司法纵论》,法律出版社2003年版,第3页。
② 转引自[法]克洛德·商波:《商法》,刘庆余译,商务印书馆1998年版,第30—31页。

了《资本主义的经济制度》，提出特定类型的交易要由特定的治理结构组织和管理，企业和市场是两种可以相互替代的治理结构。产权经济学的企业组织理论中，将企业视为"一组契约"。通过"交易费用"的概念革命，以"契约论"为核心，从三个方面对企业的性质进行了研究，即一是什么是企业，二是企业的边界是什么，三是企业内部的权利是如何安排的。对这三个问题的回答也形成了现代企业理论的不同流派，如交易费用理论、委托代理理论、不完全契约理论以及利益相关者理论等。尽管不同流派对这些问题的回答五花八门，各自站在自身理论的角度来定义企业。但是，各个流派都遵循这样一个基本的规定性，即企业是一组契约。笔者认为，古典与新古典理论其可贵之处在于抓住了企业的本质特性——生产性，并着重分析了企业的生产行为。但其不足在于忽略了企业的组织特性的进一步研究；产权经济学的企业组织理论突出了企业的"契约"本质，关注企业的各种"规制"，但忽视了对企业生产领域的分析，导致企业的决策机制、销售机制等不再以生产成本来区分异同，其结果是企业契约理论很难深入全面地解释企业运营过程中的许多重要现象。

运用经济学的方法研究企业和公司制度在英美法系国家是十分流行的。在美国，经济分析可以说是公司法学术研究中最具影响力的学术派别。[①]

(二) 企业概念的法学引入

自从《法国商法典》第 632 条使用企业概念并逐渐被引入到民商法理论中是基于商事组织的蓬勃发展，传统的商人概念显示出概括和揭示能力上的不足。随着自由竞争推动资本的集中，激烈的市场竞争必然促使个别商业经营走向团体经营，并使团体经营的规模日趋扩大，"商人是商法主体这一概念实际上已被企业是商法主体的新观念所代替，现代社会的企业和中世纪的商人并不完全相同。"[②] 这样，企业概念对商业组织所具有的包容性取代了商人和商法人概念，在一些场合下得以使用。之后，随着劳动法与经济法这些法律部门对企业概念的使用，进一步影响了企业概念在法学或法律中的使用范围和使用广度。但是，从总体上看，法国立法中，较少使用企业概念，而是习惯于采用"商事组织"的范畴。

在德国法中，不同法律部门在不同意义上使用企业概念。在德国商法中，企业的概念主要是通过关于商人的性质、商事组织的种类、商事经营中的权利之转让等一系列条款而表现出来。同时，根据德国《商法典》第 22 条和第 25 条之规定，商号可以被作为整体出售。由此可见，在商法中，企业既可以成为商人权

[①] [加] 布莱恩·R. 柴芬斯著：《公司法：理论、结构和运作》，林华伟、魏旻译，法律出版社 2001 年版，第 1—2 页。

[②] 土书江：《外国商法》，中国政法大学出版社 1987 年版，第 8 页。

利的载体，也可以被视为权利的对象和商事经营的标的。在德国经济法中，德国《限制竞争法》和德国《能源法》都涉及企业问题，它们从不同的角度对企业的能力和企业的作用在法律上作了规定。德国《限制竞争法》从保护经济参与和保护商事交易中的正常竞争出发，把企业看成是拥有契约能力和违约能力的实体。① 德国《能源法》则以社会能源供应关系为出发点，并不考虑企业的权利形式和财产所有权关系，而将所有企业，包括大、中、小型工厂，都看成是能源的供应部门，看成是在公共社会关系中承担着特定义务的义务主体。② 在德国《劳工法》和德国《企业组织法》中，企业的概念与工厂的概念相区别③，工厂被视为具有一定空间和一定技能的实体，并通过一定的劳动技能而实现或遵循特定的生产目的。而企业却有着更为广泛的含义，作为一种经济实体，它所遵循的是与商事经营密切相连的经济目的。生产产品并不是企业的目标，获取利润才是企业的最终宗旨，一个企业可以包含许多工厂。

在荷兰，自从抛弃了民商分立体制后就采用"企业"这一概念重建其法律。在1934年7月2日生效的法律中，使用"经营企业的人"代替了"商人"，但仍未对其进行精确的定义，只是包括除了自由职业之外一切可能存在的经营形式。④

在我国法律上，对企业的界说相对简单，既无大陆法系之严谨，也无英美法系之深刻，一般仅限于经济组织的含义，且常与法人、公司等法律概念相混淆，并将企业作为一个与流动摊贩、个体工商户、农村承包经营户以及一次性交易等非固定的经营行为相对的概念。

（三）企业的基本特征

企业具有以下几个方面的基本特征：

1. 组织体上的特征。即企业是专门从事商品生产经营活动和商业服务的经济组织。人类早在原始社会初期，为了抵御自然力量，满足生存的需要，就已经开始了利用部落这种组织形式进行生产活动。随着社会的进一步发展，特别是随着商品经济的发展逐渐形成了资本主义生产关系后，为了实施依靠单个人难以实施的经济行为，获取在个人状态下难以获得的财产规模效益，人们在个人财产聚合的基础上形成各种经济组织并逐渐发展成为人类借以谋生或获取商业利润的最基本组织。这种经济组织就是企业。因此，企业这一组织形式，就其本质而言，是对个人经济活动的超越。企业作为组织体意义的"法律上的人"，一方面，通

---

① 《德国反限制竞争法》第1条、第38条、第51条第2款。
② 《德国能源法》第2条第2款。
③ 《德国企业组织法》第47条第1款。
④ 董安生等编著：《中国商法总论》，吉林人民出版社1994年版，第44—45页。

常由两个以上的成员组成，具有团体性；另一方面，在维系生产经营所必需的组织机构上，也通常会形成企业生产经营的相关机关，从而具有意思能力。这两点充分地体现了企业的组织性。但这并不排斥个人独资企业作为企业存在的特点。个人独资企业尽管由一人投资所组建，营利与风险亦由一人承担，但仍属于一种具有法律意义组织形式的经营，而非自然人的日常行为。这是因为独资企业创设行为的法律程序使其与创设独资企业的个人有了法律上的区别，这种区别表现为：其一，独资企业有自己的名称；其二，独资企业有自己相对确定和稳定的经营场所；其三，独资企业有自己独立的营业登记和商业账薄；其四，独资企业一般也有雇工。这意味着独资企业组织本身与投资设立该组织的企业主个人是两个不同的概念。独资企业虽不具有独立的法律人格，但其存在具体的经营组织形式。

2. 社会功能上特征。即企业是为社会提供产品或服务的营利性组织。企业通过其生产经营这一业务活动以求利润的实现。这种目的性根植于投资者的投资欲望和动机。凡为企业者，须以营利为目的。较早地给企业经营的动机下本质的是凡勃文，他在《企业论》一书曾指出："企业的动机是金钱利益，它的方法实质上是买与卖，它的目的和通常的结果是财富的积累。"[①]

对于何为"以营利为目的"？理论上的认识不甚相同。有的认为营利目的应仅仅限于生产经营领域而不在于利益归属和利润的分配及用途；有的则认为以营利为目的，不仅仅局限于生产经营领域，更主要地表现于利润分配领域，企业的营利活动仅具有手段上的意义，将企业活动所得之利润分配于企业投资者才是最终目的。在我国随着市场经济体制的建立以及现代企业制度建设的推进，也普遍采纳了后一种观点。这也正是区别企业与一些非营利组织的一个主要特征。非营利组织在其业务活动中也需要获取一定的经济利益，但由于其主要活动领域为公益性，利益所得并不用于分配于投资者，因而，在西方国家，非营利组织就不能界定其为企业。至于在现代社会中，各国都存在的一些为城市运转或为居民提供日常生活服务的公用企业，诸如自来水供应公司、天然气供应公司、公共交通企业等，它们虽然主要以社会服务为宗旨，且主要由政府投资建立，形成自然垄断，但也会考虑合理的商业利润，政府对其提供财政补贴时也强调它们应通过自身努力去实现收支平衡或有利可图。因此，公用企业也具有一般企业所具有的"通过其生产经营活动以求利润的实现，并分派给投资者"这一法律属性。

3. 法律条件上的特征。即企业的存设必须具备一定的法律要求并进行商事登记。现代世界各国，对于各类企业的设立都有相应的设立制度，只是具体的程序繁简程度与登记部门不同而已。世界各国通行的企业设立，主要有特许主义、

---

① 凡勃文：《企业论》，商务印书馆1959年中文版，第11页。

核准主义与准则主义几种。由于特许设立带有浓厚的政治色彩和垄断意味,现代国家除了在特定情况下对某些特殊企业的设立仍适用该原则外,已基本上不再采用。核准主义又称行政许可原则,尽管可以有效控制企业的设立,但由于其程序严苛,有碍企业的发展,现在采取该原则的国家也为数不多。在发达的资本主义国家,主要实行准则主义,即企业的设立条件由企业法作出决定,只要符合法定条件的,即可办理注册登记手续。

在商事主体严格法定原则下,要设立作为商主体的企业只能在法律规定的企业形式下作出选择,不允许在法律规定的企业形式之外,另行创设一种企业形式。一般而言,企业在法律形式上可以分为公司、合伙企业与个人独资企业,而不同形式的企业有不同的设立要求,且在企业的法律地位、权利与义务、内部组织机构设置以及对外债务的承担上均有实质性的差别。

企业是市场主体的一个大类概念,它包含了法人型企业和非法人型企业两个大类。从我国的法律规定和法人制度理论分析,前者如公司、国有或集体企业等,后者如合伙企业、个人独资企业等。

（四）讨论：企业在法律关系上的主客体论

企业可作为企业法或商法所调整的法律关系的主体,该命题应当认为是正确的。然而,企业是否可成为法律关系的客体呢？江平教授在其所著的《西方国家民商法概要》中曾这样论断："企业又是商法中可以流转的一种特殊客体。""企业之所以是商法中可以流转的一个特殊客体,是因为它不是一般的财产,而是综合财产,""企业作为一种客体必定是一定财产的总和,它包括：（1）企业的建筑和设备；（2）商品；（3）现金；（4）与企业活动相关的绝对权；（5）企业经营过程中的债权和债务；（6）商誉"。[①] 日本学者中村一彦在其《现代企业组织法》中亦有类似的表述："所谓企业,在目前的资本制社会中,是指相互激烈对立竞争的个别资本。"这里的资本当然属于客体的范围。高在敏教授在对企业进行了较为深入细致的分析后,则提出主观意义上的企业是既作为商事主体人格依托、又作为商事营业物质条件与基础的综合性财产组织体；客观主义的企业则是主体基于营利目的,于相对稳定的业务范围内所实施的持续性经营行为。无论哪一种,无疑都是客体性质。[②]

国外立法也存在学者所述的情形。如原《意大利商法典》规定了一系列与企业有关的概念,从这些与企业相关的规定中可以看出,在意大利商法中,企业实际上是一个以一定的商业资产为基础,从事商品生产、交换和社会服务的组

---

① 江平：《西方国家民商法概要》,法律出版社1984年版,第210页。
② 高在敏：《商法的理念与理念的商法》,陕西人民出版社2000年版,第45页。

织。① 而在废止了《意大利商法典》后采行民商合一立法例的《意大利民法典》第 2555 条规定:"企业是企业主为企业的经营而组织的全部财产。"② 但该法又使用了农业企业、商业企业与其他应登记的企业等组织体或主体意义上的企业概念。因此,在意大利,企业既被视为企业主的财产,也被视为一种法律主体或作为经营载体的组织体。在俄罗斯《民法典》中,企业也被作为具有财产意义上的交易客体被使用。如该法第 559 条第 1 款规定:"根据企业出卖合同,出卖人有义务将企业作为财产综合体整体移转于买受人所有,但出卖人无权移转于第三人的权利和义务除外。"③ 在德国法律体系中,企业不是权利主体,它不能承担商事交往中的权利和义务,即不能起诉和被诉。法律上的权利主体只能是企业主,即企业所有人,他才是企业固定资产和流动资产的财产所有人,是企业向顾客提出买受价格请求权的债权人,是企业赋予工人工资这一债权、债务关系中的债务人。可见,对于企业来说,企业主是法律上的人格,是企业在经济上的主宰和在法律上的代表;对于企业主来说,企业是企业主权利赖以存在的根基,是企业主权利主体资格的依托。④

企业法理论与企业立法实践一方面肯定企业是企业法或商法所调整的法律关系的主体;另一方面又不否定企业也可作为企业法或商法所调整的法律关系的客体,这就使得企业具有法律上的双重性,即兼具法律主体与法律客体的地位。一方面,它作为一种社会组织,是民事权利义务的承担者与享有者,是企业法或商法上的主体,是法律人格的载体;另一方面,作为由物的要素和人的要素所构成的集合体,可以作为转让、交换的客体,因而也就成为民事行为和商事行为的客体。企业所具有的在法律上的双重性是企业的一种特有的法律现象。

企业作为主体或客体的地位取决于其所依存的法律关系。相对于企业自身的行为及其拥有的权利与义务,企业是法律关系的主体;而相对于企业的投资者而言,企业作为产权整体又是可交易对象,并且企业的投资者或企业的所有者亦不限于自然人,而更多的情况下可能是其他企业或社会组织,母公司对其子公司的拥有,正是企业拥有企业的典型代表。

企业作为主体,当然是其法律性质的主要方面,尤其是在企业法或商法领域内。而企业作为客体及其广泛和普遍的发展,则无疑是商品经济发达的标志。在古代商品经济时期,少有以企业为对象的交易的,而在资本主义时期,企业的交易,包括收购、兼并等成为商业竞争的重要形式和热点。在我国的经济体制改革

---

① 马德胜、董学立:《企业组织形式法律制度研究》,中国人民公安大学出版社 2001 年版,第 2 页。
② 《意大利民法典》,费安玲、丁玫译,中国政法大学出版社 1997 年版,第 666 页。
③ 《俄罗斯联邦民法典》,黄道秀、李永军等译,中国大百科全书出版社 1999 年版,第 250 页。
④ 范健、王建文著:《商法论》,高等教育出版社 2003 年版,第 388—389 页。

中，所实行的承包制、租赁经营制等，亦把包括全民所有制和集体所有制企业在内的企业作为经营权或管理权的客体推上了市场经济的舞台，而这正是中国经济充满活力、蓬勃繁荣的征象。①

有学者所言："作为财产聚合体的企业，法律所关注的焦点是促进人们投资财产的效率和保证财产的安全，且财产的效率与安全在企业法中多有统一完好的体现；作为人们投资工具的企业，法律所表述的是人们相对于企业的权利、义务与责任，人们的权利、义务与责任在企业法中也多有统一完好的体现；作为具有独立存在意义的企业，它的独立存在虽不具有终端的意义，但却具有手段意义。"②

二、企业组织形式的演变

（一）企业组织形式演变的一般分析

企业并不是和人类社会与生俱来的，它是一个历史范畴，是社会化大生产和商品经济发展到一定阶段的产物。

在原始社会，生产力极其低下。与此相适应，人类为了生存的需要，通过联合形成一个群体或一个部落，来抗击自然对人类的侵害。这种群体或部落是氏族组织，它兼有生产组织形式与其他社会组织形式融合的功能，并不表现为企业组织。

到了奴隶社会，有了简单商品经济的基础，因而也就有了在公元前18世纪的《汉穆拉比法典》中关于自由民和自由合伙的记载，且在罗马时代还有法人制度的一些萌芽。但是，受经济基础的影响，当时的自由民和自由合伙并未表现为企业组织体，当时虽然有了所谓的法人存在，但主要是商法人，在商法人中，大量存在的则是公法人，如国家、地方行政区域，它与现代意义上的企业法人是有区别的。因此，现代企业制度中的公司、合伙等组织所具有的性质，在那时只是初露端倪，没有独立出来。

在封建制社会，商品经济已经有了一定的发展，但以手工劳动为基础的自给自足的自然经济仍占统治地位。因此，出现的是以家庭手工作坊和工场为单位的生产经营方式，现代意义上的企业并没有产生。然而，建立在家长制家庭的个人权威基础之上的独资企业、因继承制度变革而产生的"出资者的家庭合伙企业"以及谋求社会分工和协作为目的的"协商型合伙企业"在中世纪欧洲地中海沿岸城市中开始出现。

企业是伴随着资本主义社会的产生而出现的。16世纪开始，以蒸汽机的发明和使用为特征的工业革命，使生产力得到飞速发展，手工劳动被机器所取代，

---

① 赵旭东：《企业与公司法纵论》，法律出版社2003年版，第15页。
② 马德胜、董学立：《企业组织形式法律制度研究》，中国人民公安大学出版社2001年版，序。

家庭作坊被企业所取代。随着资本主义社会从自由竞争时期向垄断阶段过渡，企业组织也由独资、单一的形式向资本联合的形式发展。

在我国，由于宋代以前，民间商品关系的发展基本停留在农民、工匠互通有无，商人居间收购、贩卖的水平上，交易方式为集市交易和城市中的"坊市制"，① 因此，无企业这一经营组织体的存在。自唐末、北宋时起，坊市制被冲破，出现了"前店后坊"现象，商人亦得随处设店，市镇和集市上出现了常设的旅店、酒店和牙商，企业这种经营方式开始孕育。我国古代的工商企业形式，无甚定制，资本雄厚者称庄称行，小者曰店曰铺，按其经营性质，有牙行、典当铺、票号（票庄）、账局（账庄）、钱庄（银庄、银号）、店铺、作坊、洋行（经营洋货或舶来品的牙行）等分别。但是从严格意义上考察，具有较为健全的组织体特征的企业则萌芽于明末，出现在1840年以后，进入19世纪60年代、70年代，中国出现了第一批私人资本主义企业。1862年，叶澄衷在上海开设的顺记洋杂货号，专营对外轮供应进口五金和罐头食品，是中国第一家新式资本主义商业企业；1866年在上海设立的"发昌机器船厂"，是中国历史上最早的私营机器制造厂；1873年设于广东南海的"继昌隆丝厂"，则是最早的私营机器缫丝厂。②

而到19世纪80年代，尤其是甲午战争以后，民族资本创办的企业、公司有了较大的发展。

公司制度是我国从西方国家引进的。作为财产组织体的公司实际起始于鸦片战争前由英国人在我国开办的公司和各类洋行。鸦片战争后，外国资本在我国投资设立的公司形式的企业几乎浸透到各个行业。19世纪60年代的"洋务运动"从开办近代军事工业开始，逐渐开始以官办、官督民办和官商合办等方式举办民用工业。"洋务民用企业虽然纷纷宣称'仿西国公司之例'，但直接以公司命名的并不多见，多数企业以'局'冠名。这必然同这些企业的'官督'性质有关。"③

在近代中国，股份有限公司组织是一项制度创新。中国人虽然已于1872年开始实践股份公司制，但直到1904年之前，并无所谓"无限责任"与"有限责任"之分，实际上都是无限责任制。1904年，清政府颁布《公司律》，第一次在法律上确立了"有限责任"的概念，确立了"股份有限公司"的企业组织形式，实现了股份制企业组织制度的重大突破。然而，股份有限公司制作为一种企业制

---

① "坊市制"是指在城市中将坊与市分隔开来。坊是城市居民生活区和行政管理单位，市是交易场所。市场管理极为严格，周围有高墙环绕，营业时间以市场大门的关闭为准。一般日落时门就关闭，交易时间受到限制，极不利于商品经济的发展。"坊市合一"是宋代城市商品经济发展的一个重要表现特征。

② 史际春：《关于公司、企业的若干考证与辨析》，载《法学家》1996年第4期。

③ 李玉著：《晚清公司制度建设研究》，人民出版社2002年版，第14页。

度的创新,并没有因此得以完成,因为股份有限公司制除了无限责任制之外,还包括其他多方面的制度特征,如法人地位、股东权利、股东会制度、董事会制度等等,这些制度的安排与完善都需要一个过程。一方面,政府相关的公司法令处在不断的发展之中;另一方面,民间更是在对公司制不断加深认识的过程中来实践公司制的。因此,可以认为,股份有限公司制作为近代中国的一项企业制度创新,直到民国时期仍在进行之中。这种企业制度的创新过程,是政府与企业家两方面共同进行的,它是在政府相关政策、法令的变化与企业家对公司制度的选择与实践两个方面共同的作用下推进的。

由于近代中国是一个半殖民地和半封建的社会,决定了当时的企业也必然带有半殖民地半封建社会经济的种种特点。如外国公司的垄断性、官僚资本公司的垄断性、民营性公司的对外依赖性以及企业发展的艰难性等特点。至我国解放时,据统计,全国共有130多万私营企业工商业户,除国民党政府核准登记的11298家公司外,其余均为独资或合伙企业,数量少、规模小,与当时经济落后的情况相适应。

在了解和把握企业制度沿革时,有两个基本的法律问题值得引起注意:

一是企业形态是一个自生自长、自我完善发展的演变过程,并不存在一个预制的、完全规律化的发展模式。不同的国家都各有自己的企业发展史,因此,试图用一条单一的曲线来描绘整个企业形态的历史是不现实的。学者所作的企业形态发展的描述,不过是给人们以企业形态进化的概括性印象而已。但是,企业形态的发展与演变又具有一定的逻辑性,存在着相对稳定的、具有质的不同性的成长与发展历程。

二是就一般发展进程而言,企业形态经过了原始企业形态、近代企业形态和现代企业形态三个发展阶段。

第一阶段,原始企业形态主要见之于欧洲中世纪以前这一漫长的历史时期。独资企业和合伙企业一直是两种基本的企业形态。早期的独资企业是建立在家长制家庭的个人权威基础之上的,家长是家庭和家族的代表,有权支配家庭或家族的全部资产,所以除家长之外家庭成员,尽管可以是个人独资企业的经营管理人员,但绝不会成为独资企业的所有者。只有家长才有权将家庭或家族财产投资于某项事业,并有权把家庭成员安排在企业的某一位置上。家长一人成为个人独资企业唯一的企业主,其他家庭成员不仅没有独立的财产,也没有独立的人格。在家长制以及长子继承制的历史阶段,个人独资企业得以广泛的发展,并在商品经济的初期发挥了应有的经济作用。但是,随着传统家庭制度的变革,即长子继承制的崩溃,使得作为个人独资企业主的家长的子女、亲属得以平等的身份共同继承个人独资企业的财产。为了避免个人独资企业创造的丰厚利润在分家析产中消失,个人独资企业就必然地以价值化的产权形式分配给所有的继承人,继承人都因拥有一部分企业产权而成该企业的所有人,这样随着传统家庭继承制度的变革,就出现了以分别独立的家庭成员为"出资者的家庭合伙企业"。在这样的企业结构中,合伙人之间就必然会明确地或习惯地遵循某种议事规则,从而使共同经营和共负盈亏成为现实。这种家庭合伙企业实质上就是最早的合伙企业。然而,以传统家庭继承制度变革为直接原因的"家庭合伙企业"虽然在合伙企业的发展形态上出现最早,但并没有成为社会普遍现象。而与商品经济发展相联系而谋求社会分工和协作为目的的"协商型合伙企业"则因其适应商品经济发展的要求而成为一种主要形式。

合伙企业在地中海沿岸商品经济发达的城市最早大量涌现,早在15世纪后期,城市和商业的复兴,为企业组织的发展提供了良好且适宜的社会经济条件。当地中海沿岸城市相当发达的航海贸易所要求的资本规模超过了个人或血缘家庭所能承受的范围时,就产生了一些以合资经营或合伙为联系纽带的经济组织,如康孟达(Commenda)、索塞特(Societas)等。以康孟达为例,它起源于11世纪意大利北部的威尼斯和热那亚,后来成为欧洲大陆从事海上贸易和其他高风险事业的一种广泛形式。康孟达本是一种商事契约,是资本所有者与船舶所有者或经营者合作的合伙形式。按康孟达契约,一部分合伙人提供资本、金钱或货物,交由其他合伙人进行贸易,其他合伙人则提供商业技能和管理劳动,即实际地跟货物远航运行。盈利时由双方按比例分配,亏损时,航海者承担无限责任,而出资者只以其出资额负有限责任。索塞特组织则允许合伙人自由入股,对利润进行简单分割,其中每个合伙人都是另外的合伙人的代理人,并以其全部私有财产对企业的债务承担无限责任,索塞特组织便成为当时合伙企业的另一种主要形式,是一种更为稳定、持久的合伙形式,具有比康孟达更强的凝聚力。

总体而论,原始企业形态以业主承担无限责任、个人人格为基本特征。

第二阶段,近代企业形态的历史应该从公司诞生时开始,从个人独资企业、合伙企业向无限公司发展是原始企业形态发展的自然结果,是共同出资经营和团体法律人格两种因素结合而成的法律形式。

近代公司制度是现代公司制度的最初形式。在公司出现之前,法人团体的存在和法人人格的承认已是普遍现象,只不过这种人格还未曾赋予给纯粹的商业组织。而当这种人格逐渐地给予商业团体,当某一商业团体被视为独立于其成员的实体时,公司就产生了。最早出现的公司是无限公司,而且这种公司的出现和存在是先于相应的立法的,后来的立法不过是对先前已存在无限公司的认可和规范。法国1673年颁布的《商事敕令》在立法上正式规定了无限公司。无限公司是以企业具有法律人格而出资人却又承担直接责任和无限连带责任为其特征的。

随后出现的是在中世纪"康孟达"基础上形成的两合公司。在立法上,与无限公司一样,一般地认为两合公司作为公司形式,其出现先于立法,立法也不过是对业已存在两合公司的确认和规范。在法国、德国早期、近代和现代的商事法中都对两合公司作过规定，只是德国不承认两合公司为法人。在股份公司和有限责任公司出现后，两合公司作为公司的一种形式的适用价值就日趋衰微了。

总体而论，近代企业形态以无限公司和两合公司为典型形态。

第三阶段，现代企业形态以股份有限公司和有限责任公司为表现形态，它们以公司团体的法人人格、股东责任的有限性和公司资本的合股性及可转让性为其构造特征。与古代企业和近现代企业相比，立法构建的理性设计在现代企业的形成和发展中有其独有的特点。现代企业的典型以股份公司为其开端，有限责任公司是立法者为适应社会经济需要在结合了股份公司和无限公司优点的基础上进行法律创造的产物。现代企业组织形态的产生和发展，在不同的国家也表现出不尽相同的特色，体现了不同国家的法律文化和经济发展状况。

(二) 公司与企业两种法律制度安排的异同性问题

在企业组织形式的发展上，公司是最活跃的一种组织体。然而，公司又不限于作为企业的法律组织形式，非企业乃至公共团体也可采取公司的形式。国外如医院、教堂、学校也可成为公司，但这并非是商事公司。我国《公司法》在立法中将公司确定为企业法人，实际上是将公司限定为商事公司来立法的。所以，公司与企业的概念在外延上是交叉的。企业包括公司，公司的多数是企业；公司未必都是企业，企业也不都是公司。公司与企业的根本区别不仅仅在于其外延的差别，而在于二者是从不同的角度来描述某一团体或组织的特性。公司的概念着重反映某一组织的民事法律地位及其成员和资本的联合性，较具法律性。人们从"××公司"的名称，一般即可知晓其具有主体性和资本的联合性，并可了解其成员承担民事责任的方式；而企业的概念则是着重反映某一组织体具有经营的性质，因而较具有经济性。人们从"××企业"的名称，可以了解到该组织进行经济核算，关注投入产出的经济效益或社会效益，但无从了解其民事法律地位。因此，如将这两个概念结合起来，则可较为全面地反映某一社会组织的性质。

三、企业类型的一般考察与特殊考察

(一) 企业类型的一般考察

1. 个人独资企业、合伙企业和公司企业。这是按照企业投资者的出资方式和责任形式的不同所划分的三种典型的法律形态。

(1) 个人独资企业 (Sole proprietorship)。它是指一个自然人投资经营的企业，也可以称其为个人业主制企业。个人独资企业是企业组织形式中最古老也是最简单的形式，其特点是：其一，投资者仅为一个自然人，这与合伙企业、公司企业相区别。其二，业主对企业事务有完全的控制支配权，完全可以依自己的意志进行业务经营和管理活动，所得的利润归业主所有。其三，独资企业业主一般负税较少，其缴纳的为个人所得税，税率往往低于公司企业的税率，且不存在双重征税的问题。其四，独资企业不取得法人资格，业主对企业的债务承担无限责任。其五，由于企业的存在与业主个人的民事人格相联系，企业的生命周期与业主的生命周期相联系，此类企业生存期限往往不会太长。

在市场经济发达的国家和地区，法律对个人独资企业一般不作专门的立法规定，对其与一个有完全行为能力的人适用同样的法律，个人从事经营时，只需进行商事登记或企业登记即可，美国、加拿大并无专门的独资企业法，对独资企业的法律范散见于宪法以及税收、专卖、合同和破产等方面的法律中。[①]

独资企业这个术语甚至在德国是闻所未闻的。[②] 他们对独资企业是根据民法和商事法律来调整的。因为他们认为个体完全控制着企业，没有企业内部的其他组成成分的利益可以考虑，这种类型的商事企业并不使个人免予任何责任，这样，没有必要单独立法以调整独资企业的组织和运营。

对个人独资企业，我国原在《私营企业暂行条例》中作了规定，现由专门的《个人独资企业法》加以调整。改革开放以来，个人独资企业在我国得到了迅猛发展，现已成为我国社会主义市场经济中不可缺少的重要组成部分。继《公司法》、《合伙企业法》出台之后，1999 年 8 月 30 日，九届全国人大常委会通过了《个人独资企业法》，这标志着我国市场经济三大基本企业形态均已确立。在我国，《个人独资企业法》所称的"独资"是指一个自然人投资，投资的"自然人"仅指中国人，不包括外商。如果外国自然人单独投资在我国设立企业，应当适用外资企业法，属于外商独资企业。对于香港特区、澳门特区和我国台湾地区的单个自然人在我国内地投资设立独资企业的，依据外资企业法实施细则的规定，不适用个人独资企业法，而是参照有关外商独资企业的规定办理。

在我国立法中，个人独资企业不同于个体工商户。其制度差异性主要表现为以下方面：其一，出资人不同。个人独资企业的出资人只能是一个自然人；个体工商户既可以由一个自然人出资设立，也可以由家庭成员共同出资设立。其二，承担责任的财产范围不同。个人独资企业的出资人在一般情况下仅以其个人财产对企业债务承担无限责任，只是在企业设立登记时明确以家庭共有财产作为个人出资的才依法以家庭共有财产对企业债务承担无限责任；而根据《民法通则》第 29 条的规定，个体工商户的债务如属个人经营的，以个人财产承担，家庭经营的，则以家庭财产承担。其三，法律地位不同。个人独资企业是经营实体，是一种企业组织形态；个体工商户则不采用企业形式。

---

① 全国人大财经委：《合伙企业法、独资企业法热点问题研究》，人民法院出版社 1996 年版，第 184 页。

② 沃尔夫冈·穆勒－施托芬：《德国法上的独资企业、一人公司的概念及其法律特征》，载全国人大财经委：《合伙企业法、独资企业法热点问题研究》，人民法院出版社 1996 年版，第 131 页。

(2) 合伙企业（Enterprise of partnership）。它是指由二人以上投资者按照合伙协议共同投资、共同经营、共享权益、共负盈亏的企业组织。合伙企业与合伙这一民事行为相联系，传统意义上的合伙既指合伙组织，又指合伙契约，合伙又可具有经营性质和非经营性质，因此，契约意义上的合伙以及非经营性的合伙组织都不是合伙企业。

合伙企业作为企业组织形式与其他企业组织形式相比较，具有以下方面的特征：其一，由二个以上的自然人或法人共同合作组建，这与独资企业中只有一名自然人投资举办相区别。其二，全体合伙人共同经营，合伙人之间在合伙之业务范围内形成相互代理关系，这与公司企业相区别。其三，合伙企业依赖合伙协议，这与公司企业依赖公司章程相区别，从中也反映出合伙企业的设立与经营活动国家对其强制性要求较小。其四，合伙人对合伙企业的对外债务须承担无限连带责任，这与法人型企业投资者对企业债务仅以出资额为限承担有限责任相区别。其五，合伙企业一般不得以破产方式解散并清算，这与我国实行法人资格的企业才具破产资格的制度相区别。①

在普通合伙之外，是否还可以由有限合伙和隐名合伙，国外的合伙企业法对此有一些相应的规定，我国原《合伙企业法》对此并没有明确的规定，2006年修订后对有限合伙制度作了法律上的规定，允许在普通合伙之外存在有限合伙，但修改后的《合伙企业法》对隐名合伙仍未作出明确的规定。

(3) 公司企业（Company, corporation）。它是指以营利为目的，由一定人数的股东共同投资组建，股东以其投资额为限对公司负责，公司以其全部财产对外承担民事责任的企业法人。公司的这一概念是以承担有限责任的有限公司和股份有限公司为其代表的。

公司制企业是在独资企业与合伙企业的基础上发展起来的，其历史远远短于独资企业与合伙企业。公司又是一种产权较为清晰、管理较为科学，职责较为分明，且最具有经营规模的一种企业组织体，因此，学者通常将独资企业、合伙企业称之为古典企业，公司企业称之为现代企业，此谓狭义"现代企业说"；也有学者将独资企业、合伙企业、公司企业均称之为现代企业中的三种企业组织体，但以公司企业为典型，此谓广义"现代企业说"。无论是狭义"现代企业说"还是持广义"现代企业说"，公司制企业在现代社会之企业体系中处于极其重要的地位，已经成为具有支配地位的企业组织形式。

各国因受法律传统和文化传统的影响不同，所确立的公司类型也有很大差

---

① 我国修订后的《合伙企业法》虽然也有合伙企业破产的规定，但允许合伙企业的债权人根据不同情况作出选择，可以依法向法院提出破产申请，也可以直接向合伙人追债。合伙企业被依法宣告破产的，普通合伙人对合伙企业债务仍应承担无限连带责任。

别。在大陆法系国家，有无限公司、有限公司、两合公司、股份有限公司及股份两合公司等，此外，股份有限公司又从立法及学理上分为股票上市公司和不上市公司。现在则在立法上基本废除了股份两合公司这一公司形态。在英美法系国家，有私人公司、公共公司、封闭型公司、开放型公司、保证公司、有限公司等。

公司具有以下一些法律特征：其一，公司具有法人资格，是独立的商事主体。其二，公司具有社团性，一般为数个投资者结合之组建，虽然一些国家立法准许存在一人公司，但这仅是公司社团性的一种特殊表现。其三，股东对公司的债务不承担个人责任。虽然无限公司和两合公司中也存在股东对公司债务个人承担责任问题，但这并不影响以有限责任制度为特征的公司的基本法律属性。其四，公司的设立、运行、解散等具有较为严格的法律上的要求。

2. 国有企业、集体企业与私营企业。[①] 这是我国依企业所有制性质的不同所作的一种分类。

（1）国有企业，即全民所有制企业。在我国，它是指由中央或地方的一个财政主体或一个国有企事业单位开办的，利用全民所有的财产从事生产经营活动，适用或参照适用《全民所有制工业企业法》及其他相关法规所设立的企业。一般不包括根据《公司法》设立的国有独资公司、所有股东均为国有主体的国有公司等。在国家工商局颁布的《关于划分企业登记注册类型的规定》第3条中，对国有企业界定为"指企业全部资产归国家所有，并按《企业法人登记管理条例》规定登记注册的非公司制的经济组织。不包括有限责任公司中的国有独资公司"。长期以来，我国国有企业一直是国有经济中的主导力量。国有企业的范围包括中央和地方各级国家机关、事业单位和社会团体使用国有资产投资所举办的企业，也包括其他投资主体（如国有企业、事业单位、社会团体）使用国有资产投资所办的企业。

国有企业具有以下基本特征：其一，企业投资主体的唯一性。即国家是国有企业的唯一投资主体。在实践中，代理国家作为投资主体的，既可以是中央政府，也可以是地方政府。其二，企业经营目标的社会性。在市场经济条件下，国有企业也应追求利润，但国有企业并不单纯以盈利为目标。国家为了实现其特定的经济目标，有效地实行宏观控制，往往通过投资设立一些国有企业履行政府应当承担的职能，如安排就业，实现社会公平。其三，企业经营决策的集权性。由于国有企业的投资者是国家，企业的经营者一般由国家直接任命或委派，企业的经营管理权集中在国家委派或任命的经营者手中。经过二十多年的探索，我国国

---

① 在国际通行的划分应为公有企业、私有企业和混合所有企业。公有企业主要是指各级政府独资所有的企业，其中只有由中央政府独资所有的企业才是真正意义上的国有企业。

有企业的政策定位逐渐清晰。1999年9月22日，中共十五届四中全会《关于国有企业改革和发展若干重大问题的决定》（以下简称《决定》）对国有企业作出了有重大意义的政策定位。《决定》指出，国有企业是我国国民经济的支柱。发展社会主义社会的生产力，实现国家的工业化和现代化，始终要依靠和发挥国有企业的重要作用。要从战略上调整国有经济布局，坚持有进有退，有所为有所不为。在社会主义市场经济条件下，国有经济在国民经济中的主导作用主要体现在控制力上，在关系国民经济命脉的重要行业和关键领域占支配地位，国有经济应保持必要的数量更要有分布的优化和质的提高。

（2）集体企业，即集体所有制企业。它是按生产资料所有制形式进行归类划分出来的一种企业形式，在我国是指企业的财产归一定范围内的社会成员集体所有，由集体投资或社员入股集资所设立的企业。根据1994年颁布的《城镇集体所有制企业条例》，城镇集体所有制企业是财产属于劳动群众集体所有、实行共同劳动、在分配方式上以按劳分配为主体的社会主义经济组织。在《关于划分企业登记注册类型的规定》第4条中，对集体企业界定为："集体企业是指企业资产归集体所有，并按《企业法人登记管理条例》规定登记注册的经济组织。"我国现阶段的集体企业主要有乡村集体企业、城镇集体企业、股份合作企业等。

集体所有制的特点决定了集体企业的特质性：其一，企业资产属于该企业劳动者组成的群体集体所有。包括三种所有形式：①财产属于本集体企业的劳动群众集体所有；②属于集体企业的联合经济组织范围内的劳动群众集体所有；③属于举办该企业的乡或村范围内的全体村民集体所有。其二，企业产权不在企业劳动者群体内分割，每个企业劳动者都对企业全部资产拥有完全重合的财产权利，但又都无权单独行使其财产权利。也就是说，相对于明确的企业外部产权界区，企业内部，劳动者之间不存在明晰的产权界区。其三，资产收益不作为独立的收入项目在企业成员之间按产权比例分配。一般是作为劳动报酬，根据成员的劳动数量、质量情况分配。这是指作为计划经济中的集体所有制经济的典型形态而言。在集体所有制的初期形式中，曾存在过资产收益的单独分配，近年来，某些集体企业也逐步恢复了股金分红。其四，企业成员的户、股资金或资产实际上不具有退出自由。其五，企业成员不存在独立的财产继承权，企业成员的产权继承基本上是通过其后代或亲属进入该企业而实现的。[①]

集体企业形成的过程是极其复杂的，厂办集体、乡镇集体、二轻集体、供销集体、街道办集体、主管局办集体、事业单位集体、校办集体，俗称集体企业"八路军"，每一路情况都不一样。在中共十一届三中全会前，我国的城乡集体

---

① 杨智峰：《城镇集体所有制企业改制问题研究》，上海财经大学2005年硕士毕业论文。

企业主要有三大部分：一是在 1956 年对工商业的社会主义改造中，个体劳动者自带生产资料组成合作社，然后财产收归集体所有发展起来的。二是在人民公社时期，又发展了一批城乡集体企业。这些集体企业，都具有"二国营"的性质，生产资料归部分职工所有的情况很难发生。三是一些国有企业或事业单位为安排家属子女而出资兴办诸如劳动服务公司性质的集体企业。从法律属性分析，集体企业只能是村（居）委会和村民小组投资占主体的企业，因此，有必要对当前的集体企业的性质在法律上进行甄别。对于那些为了享受乡镇企业的相关优惠政策由当地政府财政出资兴办的名为集体企业，实为县乡企业应界定为国有企业；对于那些在发展个体私营经济的初期，不少企业主担心政策变，办事难，带着集体经济的帽子进行经营的假集体企业，应恢复其私营企业的真面目；对于那些国有企业的群团组织，为提高职工福利待遇，由国有企业出资兴办的集体企业，由于投资主体是国有企业应界定为国有企业；对于那些在 20 世纪 90 年代初期，全国掀起经商热时，不少党政机关办的翻牌公司，名为集体企业，实为国有企业的应界定为国有企业。

（3）私营企业是指企业的资本或财产属于私人所有，由私人投资经营的企业。在《关于划分企业登记注册类型的规定》第 9 条中，对私营企业界定为："私营企业是指由自然人投资设立或由自然人控股，以雇佣劳动为基础的营利性经济组织。包括按照《公司法》、《合伙企业法》、《私营企业暂行条例》规定登记注册的私营有限责任公司、私营股份有限公司、私营合伙企业和私营独资企业。"截至 2005 年底，全国私营企业总数达 430.1 万户，私营企业户数占全国企业总数的 53.41%，总量超过国有、集体和外资企业数量之和。

在我国内地，私营企业是基于市场化改革的目标，在经历了"尾巴经济"、"隙缝经济"、"补充经济"之后自发成长起来的。由于其所从事的产业领域多为劳动密集型的加工业下端，且部分是需要环境治理的产业，产品成本较高，利润空间较小，因而，私营企业每年淘汰率也较高，北京大学中小企业研究中心曾于 2003 年对国内某地区的中小私营家族企业状况进行统计，其中连续存在 3 年以上的企业不超过企业总数的 20%。由于私营企业绝大部分属于中小企业，作为中小企业在一个国家有其生存、成长的社会价值，因此，如何在政策导向上扶持其发展，促进其成长是立法政策所应考虑的现实性问题。

3. 内资企业与外商投资企业。这是从企业资本金中是否具有外国企业、经济组织和个人的直接投资来划分的。

出资额达到规定份额以上的企业投资者属于外国投资者，则可归入外商投资企业。外国投资者购买本国企业发行的股票达到一定比例时，许多国家也将该企业视为外商投资企业。内资企业则不存在外方资本的投入或达不到法定份额的外资数量。在我国，外商投资企业包括中外合资经营企业、中外合作经营企业和外资企业,俗称"三资企业",是依照我国法律的规定,在我国境内由内地投资者与外国投资者共同投资举办或仅由外国投资者举办的企业。其中,内地投资者可以是公司、企业和其他经济组织;外国投资者可以是外国的公司、企业、其他经济组织和个人。港、澳、台地区投资者依照有关规定在我国境内举办合资经营企业、合作经营企业和独资企业,也可按"三资企业"法的有关规定享受优惠待遇。

4. 大型企业、中型企业与小型企业。这是根据企业生产经营规模的大小所作的一种分类。

目前,世界各国对此划分的标准并不统一。中小企业在不同的国家有不同的界定,即使在同一个国家,不同的历史时期、不同的产业部门也没有共同的标准。因此,中小企业的界定是一个非常复杂的问题。通常,人们在界定中、小企业时,都是从量和质两个方面进行把握和说明的。从量上来界定中小企业,就是用某种数量标准来区分大企业与中小企业的界限。常采用销售额、雇员人数、资产额、净产值、市场份额作为标准。从数量上界定中小企业,通常较为直观简便,但中、小企业与大企业的根本区别仅从数量上加以说明还是远远不够的,因此,各国政府和学者往往从"质"的方面来认识中小企业的基本特点。美国经济学家卡普兰在1948年出版的《小企业的地位问题》一书中,曾对小企业下了这样一个定义,小企业通常就是:(1) 管理和所有权的一致,没有执行个别职能的专业人员,没有专门进行研究和分析的机构;(2) 不能通过发行有价证券或依靠投资银行投入自己所需要的资本的办法来取得自己的活动资金,在所有者和雇佣人员以及消费者之间有着直接关系;(3) 商行只和当地有联系并完全依赖当地市场。所有这些事实合在一起,就决定了这个企业是小企业,即使它的业务范围很大。美国的《中小企业法》则是这样定义中小企业的:凡是独立所有和经营,并在某一行业领域不占支配地位的企业均为中小企业。

就一国的产业政策考虑,大企业由于在一定经济中处于重要的地位,对于涉及国计民生的大企业,国家在破产法立法中往往给予必要的破产重整制度,尽可能地减少因破产对社会经济生活的影响。中小企业与大企业相比,虽然没有掌握国民经济命脉的垄断地位,也没有经济规模上的优势,但在经济发展中其有自身优势,表现在经营管理的低成本优势;市场需求的拾遗补缺优势以及资源的发掘利用优势。由于中小企业是一国经济必不可少的动力来源,在企业数量、创造就业机会、增加税收收入、灵活地满足市场需求等方面具有大企业所无法比拟的优点,但在严酷的市场环境中,在资金和信息的取得、市场影响力和技术创新能力等方面处于劣势,而且还经常受到大企业的排挤和打击,中小企业的这种不利地位在各国是普遍存在的,由此形成国家保护和扶持中小企业发展的客观需要。

西方发达国家普遍都很重视中小企业在国民经济发展中的地位和作用,视其为市场经济的重要组成部分和市场竞争与活力的创造者。在美国,被誉为"蚂蚁雄兵"的中小企业生成率达12%—14%,在制造业中创造出一半的产值。《幸福》杂志中的企业家名录也不再是那些钢铁大王、汽车大王或是石油大王,而是一批日益受人注目的中小企业开拓者。在韩国,一度被人们津津乐道的财团企业受到金融风暴打击后,其总统不得不高呼:"下个世纪是中小企业的世纪。"世界各国均普通重视对中小企业的立法,以促进中小企业得以发展。立法的重点首先是界定中小企业的标准,在此基础上对中小企业给予特殊的法律保护。美国于1953年通过了《小企业发展法案》。目前已包括了《小企业法》、《机会均等法》、《小企业经济政策法》、《小企业技术创新法》、《综合贸易与竞争力法》、《国家竞争技术转移法》、《加强小企业研究发展法》、《小企业信贷担保法》、《小企业公平竞争管理法》等。[①] 日本于1963年制定了有关中小企业发展的纲领性法律《中小企业基本法》,前后曾制定过30多部中小企业专门法律,形成了较相对独立、完善的中小企业法律体系。

西方国家扶持中小企业发展的政策法律措施主要有:(1)重视运用法律手段,为中小企业创造公平竞争的法律环境;(2)设立统一的中小企业管理机构,负责制定和实施促进中小企业发展政策;(3)重视解决中小企业的融资困难,强化金融机构对中小企业的信用支持;(4)给予中小企业税收优惠政策,减轻中小企业的税收负担;(5)扶持中小企业和科研开发,增强中小企业的技术创新力;(6)建立健全社会化服务体系;(7)重视协调大企业与中小企业的协作关系,提高中小企业的专业化协作程度。[②]

我国《中小企业促进法》于2002年由全国人大审议通过。为配合我国《中小企业促进法》实施,原国家经济贸易委员会、原国家发展计划委员会、财政部、国家统计局于2003年2月出台了《中小企业标准暂行规定》,规定中小企业标准按企业职工人数、销售额、资产总额等指标,结合行业特点制定。中小企业标准为:(1)工业,中小型企业须符合以下条件:职工人数2000人以下,或销售额30000万元以下,或资产总额为40000万元以下。其中,中型企业须同时满足职工人数300人及以上,销售额3000万元及以上,资产总额4000万元及以上;其余为小型企业。(2)建筑业,中小型企业须符合以下条件:职工人数3000人以下,或销售额30000万元以下,或资产总额40000万元以下。其中,中型企业须同时满足职工人数600人及以上,销售额3000万元及以上,资产总额4000万元及以上;其余为小型企业。(3)批发和零售业,零售业中小型企业

---

① 张毅华、王学栋:《美国政府促进中小企业技术创新的政策措施及启示》,载《石油大学学报》(社科版)2000年第12期。

② 郑之杰、吴振国、刘学信著:《中小企业法研究》,法律出版社2002年版,第57页。

须符合以下条件：职工人数 500 人以下，或销售额 15000 万元以下。其中，中型企业须同时满足职工人数 100 人及以上，销售额 1000 万元及以上；其余为小型企业。批发业中小型企业须符合以下条件：职工人数 200 人以下，或销售额 30000 万元以下。其中，中型企业须同时满足职工人数 100 人及以上，销售额 3000 万元及以上；其余为小型企业。（4）交通运输和邮政业，交通运输业中小型企业须符合以下条件：职工人数 3000 人以下，或销售额 30000 万元以下。其中，中型企业须同时满足职工人数 500 人及以上，销售额 3000 万元及以上；其余为小型企业。邮政业中小型企业须符合以下条件：职工人数 1000 人以下，或销售额 30000 万元以下。其中，中型企业须同时满足职工人数 400 人及以上，销售额 3000 万元及以上；其余为小型企业。（5）住宿和餐饮业，中小型企业须符合以下条件：职工人数 800 人以下，或销售额 15000 万元以下。

我国的中小企业在近二十多年中得到了突飞猛进的发展。目前，全国登记注册的中小企业超过 1000 万家，占全部登记注册企业的 90% 以上，在工业产值和利税中分别占 60% 和 40%，提供了城镇就业总数的 75%。可见，中小企业已成为我国国民经济的重要组成部分，对我国经济增长和社会发展起到了举足轻重的作用。

5. 工业企业、农业企业、商业企业、交通运输企业等。这种划分以企业主要经营的业务性质为标准。

工业企业除了以工业加工制造业为主外，还包括矿山采掘业、勘探业、电力业等；农业企业有农场、畜牧业、家禽饲养业等；金融企业主要是指各种从事存款、货款、汇兑、转账结算、信托投资、证券交易的各类商业银行、投资银行、城乡信用社、财务公司、证券公司、信托投资公司等。

6. 单一企业与联合企业。这种划分以企业内部结构形式为标准。

单一企业是指一个实行自主经营、独立核算、自负盈亏的经济组织。如单厂型的工业企业，无控制关系的独立型的公司等，单一企业在生产经营上往往形成一个相对独立的系统，在经营决策、计划安排与实施等方面较好地体现了企业的独立性原则。联合企业是指由两个或两个以上性质相同或在经营上存在经济联系的企业彼此联合所组成的经济组织，如母子公司所组成的群体性联合企业。这类企业一般由两种类型，其一是加入联合体的企业失去独立性，成为联合企业中的一个组成部分，如托拉斯以及我国企业集团中的核心层结构即是这种情况。其二是加入联合体的企业并不失去独立性，只是根据企业合同或投资控股关系，相互协作，在相关的生产经营中采取共同行为，其他业务则各自独立进行，如卡特尔、辛迪加以及我国大量的企业集团外围层就是这种以契约联合或控制控股的形式形成的。

(二) 企业类型的特殊考察

1. 公共企业。公共企业是指持续存在的,以为社会提供具有公共性质的产品和服务为其主要经营活动,且具有一定营利目标,受到政府特殊管制措施所制约的经济组织。根据不同的标准可对公共企业进行分类。根据公共企业与国家或政府之间是否建立资本联系,可以分为三种,即资本全部为国家或政府(包括中央和地方政府)所有的公共企业、资本部分为国家或政府所有的公共企业、全部资本由私人投资者所拥有的公共企业。根据公共企业从事的经营活动的范围可以分为三类:一是提供居民生活消费品行业,包括供水、供气、供电等;二是提供人流与物流媒介服务的行业,包括铁路、公路、航空运输企业等;三是提供信息传送和接受系统的媒介服务行业,包括电信、广播、电视、互联网等。公共企业与自然垄断企业是两个既有联系又有区别的企业组织。自然垄断是经济学中一个传统概念,通常是指由于技术等方面因素的制约,由一个或者少数几个企业来经营比更多的企业参与经营能取得更大经济效益的行业所产生的垄断。从事自然垄断产业领域中的企业,主要是一些具有网络和基础设施产业性质的企业,如铁路、供电、供水、供气、排水等企业,其从事的产业领域仅为公用事业领域中的一部分。

公共企业在不同国家有不同的形式,在不同国家的不同历史阶段也会有不同的体现。在德国,公共企业通常理解为除了指由联邦和地方政府以及国有企业拥有或参股的企业外,还包括直接承担政策和法律规定的义务,具有一定垄断性的或非竞争性的为私人所有或控股的企业。而日本则通常把中央和地方政府直接经营或控制的国有企业、地方公营企业或依特别法(不是民商法)成立的企事业法人,称为公共企业;政府与民间依民商法设立的公司,以及政府特许经营的民营公益性企业,则不属于公共企业的范畴。[①] 这就是说,日本强调以企业与国家之间的资本联系和控制关系来确定公共企业的范畴,并强调公共企业是实现政府规制的一种重要方式。这种理解既导致公共企业与国有企业的界限无法清晰体现,也导致公共企业本身应有的企业属性会因为强烈的政府干预色彩而被淡化。而德国关于公共企业的理解强调公共企业的公共性而不强调其资本归属。

英国和美国各自的发展历史不同,国家管制公共事业的方式也有区别,因而两国对"public corporation"的理解并不一致。在英国,公共企业一开始是作为一种政府管理公共事业的工具而出现的,政府通过建立公共企业的形式接管原来由私人经营的一些重要的工业和公用事业。但是,在后来的私有化浪潮中,英国政府出售原来国有企业的股份,实行企业所有制变革,把垄断性的国有企业变为私人企业,政府只保留对部分公共事业的控制,如邮政。所以,在英国,不同的

[①] 史际春著:《国有企业法论》,中国法制出版社1997年版,第15页。

历史阶段，公共企业的表现形态并不一样。而在美国，《韦氏英语词典》将"public corporation"简单地解释为："为管理特定的公共项目而建立的为政府所有和经营的企业。"① 这种解释非常狭窄，并不能包容在美国建立的所有的公共企业形态。在美国，某些公共企业的产生在一定的程度上是政府援助的结果，在更多的公共事业领域，私人通过建立和拥有自己的企业或公司从事经营活动。而且，即使公共企业与政府之间存在资金联系，政府也不直接干预企业的经营管理活动。美国更多的是运用反垄断法和制定特殊立法的形式对这些私人企业进行规制。②

2. 合作社组织。近代合作社是市场经济的必然产物，是经济上的弱者为应付市场经济的挑战，在生产和消费领域建立起来的自助互助组织。合作社在其发展过程中曾有过以下四个模式：即产生于 1844 年英国的罗虚代尔公平先锋社（Rochadal）——古典合作社模式；产生于前苏联的集体农庄和我国 20 世纪 50 年代的人民公社——劳动公社模式；产生于 20 世纪 50 年代西班牙蒙德拉贡（Mondragon）模式；产生于 20 世纪 80 年代美国的新一代农业合作社模式（New Generation Cooperatives）。我国目前尚未颁布《合作社法》，因此，对合作社未给出定义。国际合作社联盟关于合作社的定义是："合作社是自愿联合起来的人们，通过联合所有与民主控制的企业来满足他们共同的经济、社会、文化的需求与抱负的自治联合体，他们按企业资本公平出资，公正地分担风险、分享利益，并主动参与企业民主管理。"我国台湾地区的"合作社法"把合作社定义为"依平等原则，在互助组织的基础上，以共同经营方法谋求社员经济利益和生活改善，而其社员人数及股金总额均可变动的团体。合作社为法人。"荷兰的农业合作社定义为："长期从事经营活动的农民组织，共同核算，共同承担风险，同时保持农业活动的独立性以及使有关的经济活动尽可能多地获得利润。"在瑞典，合作社就是农民拥有和控制的公司。

综观国际合作社联盟关于合作社的定义及各国或地区的合作社法，合作社具有以下共同特征：其一，合作社是社员入股、联合所有、社员控制和社员受益的经济组织；其二，合作社是经济实体，有可供支配的财产；其三，合作社是合作社法人，有不同于公司制企业的内在规定性。

合作社作为一种企业形态与普通企业形态相比较，具有以下方面的差异点：其一，在普通企业中，消费者与企业是分离的，而在合作社中，消费者往往也是

---

① Webster's Encyclopedic Unabridged Dictionary of the English Language, 1994 edition, published by Gramercy Books, adivision of dilithium Press. LTD. p. 1162.

② 肖伟志、郭树理：《WTO 与我国公共企业立法》，载《北大国际法与比较法评论》（2004）第 2 卷第 2 辑。

它的所有者；其二，普通企业经营的目标是使所有者受益，而合作社的经营目标是既使所有者也使作为社员的消费者受益；其三，在企业的表决权行使上，"一人一票"制是合作社的重要原则，而普通企业通常按"一股一票"行使表决权；其四，在收益分配上，按照社员的按劳和按资的结合或按社员与合作社企业的交易额的比例分配，而普通企业则体现按股分红原则。

第二节 企业立法

一、企业法的概念与分类

(一) 企业法的概念

企业法是调整企业设立、运行、变更、清算及其国家相关机关对企业进行监督管理所发生的经济关系的法律规范总和。

考察国外经济法与民商法发展的历史，就会发现，在相当长的时间内并无企业法的概念，仅有"公司法"、"合伙企业法"及"商事法"之称谓。只是到了第二次世界大战之后，在日本与德国学者的相关著述中才出现"企业法"一词，但学者所使用的"企业法"更多的是指政府为实现一定的经济政策，对各种企业从经济上进行规制的法律。从这个意义上讲，国外学者们所使用的企业法是有特定含义并具有明确界定的，他们通常将中小企业促进法、特殊产业促进法、公共事业经营特别法、国有企业法称之为企业法，而将调整商事组织关系的法律称之为商事组织法。但是，在我国，有关这方面的划分在立法机关所制定的相关法律中并不十分明显，一些调整商事组织关系的法律也被称之为企业法，如《合伙企业法》、《个人独资企业法》等。

企业法是一个外延十分庞大和复杂的群体。对企业法概念的不同认识主要受制于两个因素：其一，与一个国家的法制传统模式有关。如大陆法系与英美法系对企业法的理解就有相当的不同。英美法系国家法学研究注重实用，不是十分重视法律分类和构造法律体系，因此，他们对系统地归纳总结一个囊括各种企业法律形式的抽象的"企业法"概念并不感兴趣。当需要统称企业法尤其是关于企业组织的法律时，他们常常笼统地称之为"商业组织法"，并且也不给出明确的定义。与英美法系国家不同，在大陆法系国家中，有关现代企业的法律都是从19世纪法典化运动以来分类明确的民法、商法和行政法中发展成长起来的。并且大陆法系国家法学理论向来注重法律分类，强调法律体系的系统性、逻辑性及和谐性。因此，企业法的含义、性质、范围、在法律体系中的地位等问题便是这些国家法学理论非常关键的问题。其二，一国法律体系发展的成熟及灵活程度。当一国法律处于转型形成时期或原有法律体系容纳不了新的发展时，就需要创造更为上位的法律概念予以解释。企业法概念的出现就属此种情形，它是对各种企业组织法律形式的法律规范的概括说明。①

(二) 企业法的学理分类

1. 广义的企业法和狭义的企业法。这是按企业法调整对象的大小所作的划分。

广义的企业法是指调整国家管理企业以及企业在生产经营或服务性活动中所发生的经济关系法律规范的总称。依此理解，企业法既涉及纵向关系即国家与企业之间的管理关系，也有横向关系。即企业在生产经营或服务性活动中所发生的经济关系。狭义的企业法是关于企业这一法律主体设立、变更、解散、组织机构与管理、成员权利与义务等对内对外关系的法律规范的总称，因而它是有关企业的组织法。狭义企业法的外延与商事组织法的外延相同。

2. 形式意义上的企业法与实质意义上的企业法。这是按法律规范的表现形式不同所作的分类。

形式意义上企业法是指以企业为名、调整企业组织关系的专门法。在我国，包括《全民所有制工业企业法》、《乡村集体所有制企业条例》、《城镇集体所有制企业条例》、《中外合资经营企业法》、《中外合作经营企业法》、《外资企业法》、《合伙企业法》、《公司法》、《个人独资企业法》等。实质意义上企业法则泛指各种规范企业组织关系的法律规范，既包括专门调整企业组织关系的法律法规，又包括配套的和相关的法律法规中涉及企业有关内容的规范。如《全民所有制企业转换经营机制条例》、《全民所有制工业企业承包经营责任制条例》、外商投资企业法的相关实施条例或细则、《民法通则》中有关企业组织制度的相关规定，企业法人、公司、合伙企业、个人独资企业有关登记管理条例或相关规定,《保险法》、《铁路法》、《邮政法》、《商业银行法》中有关企业、公司设立、运营、变更、解散等相关规定等。

3. 组织的企业法和规制的企业法。这是按企业法的内容所作的分类。

组织的企业法是指规定企业的发起、设立、组织结构、权利义务的法律规范。这与第一种分类中的狭义的企业法相同。规制的企业法是指国家以维护社会公共福利及交易秩序为目的对企业的营业自由进行干涉的法律规范，规制的企业法是广义企业法中非有关企业组织的规定，如关于反垄断法、物价法、消费者权益保护法等。

4. 特别的企业法和普通的企业法。这是按企业法律规范的适用范围而作的分类。

特别的企业法是指那些针对某些类型的企业的特殊性所作的特别规定的法律。如对国有企业、公用企业、国防企业等特殊类型的企业以及一切国家认为应

---

① 董学立：《企业与企业法的概念分析》，载《山东大学学报》(哲社版) 2001 年第 6 期。

执行特殊政策的企业类型所制定的法律；普通企业法是指适用于一切企业的法律。特别企业法既包括企业组织法的因素又包括企业规制法的因素，主要应是企业规制法的因素。普通企业法则分为组织的企业法和规制的企业法两类，前者由个人独资企业法、合伙企业法和公司法组成，后者则由上述提及的规制的企业法所组成。

有学者认为，企业法研究往往仅着眼于竞争性企业的地位、组织和运作机制，而忽视了对公用性、政策性等企业的研究，甚至无视竞争性与非竞争性企业的区别。这是我国历经 30 年改革，普通企业法已相对完善，而特殊企业法的观念和制度仍未建立的主要原因之所在。[①]

二、西方主要国家企业立法概况

（一）美国的企业立法

美国企业立法师承英国传统，但在自身发展中也形成了自己的特点。

美国独立以前，各州公司的设立皆须获得英国国王的特许，正是凭借英国国王批准的这些特许公司的努力，才有了美国各州的疆域拓展以及经济的初始繁荣，而这也使得美国公司制度深深地打下了普通法系的烙印。美国在 1776 年宣布独立后，原本由英国国王及议会特许成立公司的权力转归十三个独立的州议会行使。19 世纪初期至中期前后，美国各州纷纷制定本州的统一公司法律，如纽约州于 1811 年即制定了普通公司法。各州公司法开始普遍以自由注册的方式赋予公司法人人格以及股东有限责任的保护。从此，现代公司制度得以在美国生根发展。

美国企业立法的特点之一是州与联邦分权立法。公司法、合伙法与其他企业法依据联邦宪法由各州行使，各州独立制定本州的公司法。但公司证券交易、发行以及企业破产的法律则由联邦政府制定。1991 年，美国一些州颁布了有限责任合伙法，对有限责任合伙公司作了规定。

美国企业立法的特点之二是美国的公司法主要由两部分组成，即制定法和判断法。过去美国立法机关在制定有关公司的制定法时，考虑的主要是开放公司，而对封闭公司考虑得较少，因此，封闭公司主要由判例法进行调整。但是由于判例法"体系庞杂"，缺乏系统性和明确性。[②] 美国现代公司法中起着根本作用的是制定法，更主要的是由于封闭公司在美国经济中广泛存在（据估计每天向封闭公司注册署申请注册的就有 400 家左右），因此，封闭公司也引起美国立法机构的注意。为了解决封闭公司由判例法进行调整而带来的诸多问题，人们开始把注意力转向制定专门或主要调整封闭公司的成文法。在调整封闭公司的成文法

---

① 史际春：《经济法学评论》（第一卷·卷首语），中国法制出版社 2000 年版，序。
② 由嵘主编：《外国法制史》，北京大学出版社 1992 年版，第 479 页。

中,最有代表性的当数加利福尼亚、德拉华和纽约州的制定法,以及前述律师协会公司法委员会起草的《公司示范法》以及《封闭公司制定法补充规范》,其他州有关封闭公司的立法主要是从这些制定法演变而来的。

美国企业立法的特点之三是示范性法律逐渐为各州所采用。为进一步缩小各州公司法之间的差别,1950年,美国律师协会公司法委员会完成《商业公司法(示范文本)》(The Model Business Corporation Act)的制定,以范本形式为各州公司立法提供参照,其影响播及30多个州。在对1950年、1984年版《商业公司法》基础上修订的1991年《商业公司法》(Revised Model Business Corporation Act),以其更为简洁的表达和符合时代的条款,为更多的州所参照制定,从而推进了美国公司法统一协调的前进步伐。尽管示范性质的《商业公司法》目前仍非各州应予遵循的法规,但其的确可以代表美国现行公司法律制度的主要内容与基本框架。依照美国立法惯例,凡示范文本性质的法规,若经一定数量的州予以采用,即改称为统一法。《1996年统一有限责任公司法》(Uniform Limited Liability Company Act 1996)、《统一合伙法》(Uniform Partnership Act)及其修正版等即属此类。①

(二)英国的企业立法

英国企业法以判例为主,但自进入资本主义社会以后,也开始重视制定一些成文法。1855年曾制定了一项有限责任议案,第二年便产生了涉及有限责任的公司法例,即《合股公司法》。后来几经修改,于1908年制定了《统一公司条例》,1929年重新制定了公司法。1945年又颁布了新公司法。1985年、1989年和1996年又相继重新修订了公司法。1986年颁布了《公司董事失格法》、1992年颁布了《单一股东封闭式有限公司条例》。英国公司按法律要求有倒闭清算程序,但不适用破产法。

英国的合伙关系由1890年通过的《合伙法》和1907年通过的《有限合伙法》调整。2001年4月,经英国8000多家会计师行的长期推动,英国效仿美国和泽西岛颁布了《有限责任合伙法》,其规定的有限责任合伙企业形式主要适用于会计师、律师行,个别银行也有选用。在英国的公司法内容中,还包括重整程序以及证券发行管理,这与其他各国有区别。

尽管英国存在大量的成文法,但是,成文法从未如大陆法系国家那样重要。英国的企业法存在大量的判例法,大多数法律规则是法院在处理纠纷过程中形成的。

---

① 虞政平:《美国公司企业立法之进程——代编译说明》,载《美国公司法规精选》,商务印书馆2004年版,序。

（三）法国的企业立法

法国是典型的实行民商分立的国家。法国路易十四时代颁发了世界上第一部较为系统的商事立法——《商事条例》，该条例中已正式有关于无限公司的规定，开创了西方国家公司立法的先河。商法的内容中包括了商主体，即自然人、商事合伙和商事公司。对于商法不完善的地方，法国以单行法规予以补充。按商法典规定，商事合伙除隐名合伙外，自登记之日起就具有法人资格。1966年，法国制定了新的内容详尽的《公司法》，对各类公司均有规定，该《公司法》以其内容详尽、结构严谨而闻名于世，为其他国家的公司法提供了样板。1985年作了修订。在2001年至2003年期间，法国连续多次修订《公司法》。

合伙企业、合伙人与独资企业主的法律地位及其关系均在商法中有所规定。此外，法国的大公司近年来在公司领导体制上推行领导小组或领导会决策、监事小组或监事委员会监督（拥有对大项目的否决权）的新体制，以取代董事会体制，目前立法对此尚无体现。

（四）德国的企业立法

两德统一后，联邦德国的体制延伸到原民主德国领域，德国的许多国有企业已被中央政府成立的托管局接受并实行私有化。统一后的德国，其法律体制仍是原联邦德国的体制。德国于1861年制定《商法典》，1897年制定了新的商法典，其中对商事公司、隐名合伙都作了规定，德国允许无限公司、两合公司、股份公司、股份两合公司为合法的公司种类。1892年，德国颁布了《有限责任公司法》，到了20世纪，又以颁布单行公司立法的方式对商法典作了较多的修改。1965年制定了新的股份法。德国公司法没有规定有限责任公司成员人数的最低标准，也没有有限责任公司股东转让股份的限制性规定。

德国企业社会责任运动影响最大也是最成功的努力是职工参与制的构建。为此，德国先后制定了《煤钢共同决定法》（1951年）、《企业宪法》（1952年）、《共同决定法》（1976年）等法律，规定在煤炭、钢铁或者具备一定规模的公司，其监事会应由资方代表、劳方代表和"中立的"成员组成，公司的董事会中须有一名"工人委员"（即"劳方董事"），在监事会中，劳资双方的代表名额应当相等。至于其他企业，则应按照接近等额的原则选任企业机关中的劳资双方代表。德国这种以劳资平等的思想来构造企业机关的做法体现了对人力资本和作为企业非股东的利益相关者的尊重，其与社会责任的要求是相符合的，在世界范围内有较大的影响。

（五）日本的企业立法

日本除了在《民法》、《商法》、《禁止垄断法》、《不正当竞争法》中对企业（公司）作出相应的规定外，还制定有较多的单行企业法规。从其立法模式来看，日本是商法典与企业法规群并存，并以商法为基本法的立法模式。

由于1899年公布的《商法》具有个人本位主义的近代性格，因此，在法律主体上使用了"商人"这一概念。但是，随着资本主义的高度发展，出现了诸如股份有限公司那样的能够把资本、人和物高度结合成一体的经济组织。使用"企业"这一概念，比"商人"更能正确地表达现代经济组织的特征，因此，商法学者也逐渐把"企业"看成了"商人"的代名词。著名的商法学者竹内昭夫认为：商法可以被看成是企业法，而企业法是"以调整与企业相关的主体之间的经济利益为目的的法律领域"[①]。现在，日本学界达成的共识是"商法企业法论"，即认为商法是以企业特有的生活关系为对象的法。商法，作为企业关系中特有的法，也叫企业法。这里的企业是指具有计划和继续意图的、从事营利行为的一个统一和独立的经济单位。[②]

日本的企业立法原受德国法例影响较大，二次大战后，由于美军占领，企业方面的立法又受美国立法的影响。当然，日本企业立法也有自身特点。1890年日本颁布了《商法典》，1899年作了较大的修改。1938年又作了重大修改，修改后《商法典》的条文总数比以前增加了近一倍，并将条文作了重新安排，使整个法典的面貌焕然一新。从内容上看，修改的焦点集中在有关股份公司的条款上，主要是对公司的登记、当事人的责任、股票的转换、公司领导人的选任等作了系统规定。这些规定反映出企业结构形态的变化和资本集中方式的改变，所有权与经营权的分离成为社会发展的必然趋势。另外，还引进了当时欧美国家的最新公司制度，如增加了关于股份公司的特别清算制度。股份公司是专为大型、公开企业而设计的一种公司形态，公司法的规定极为严格，格调也很高，并不符合中小企业的实际需要。

一战以后，日本的资本主义虽然得到了很大发展，但当时得到发展的主要是一些大型企业，且大多数是一些军需企业，而众多中小企业则长期停滞不前，甚至停留在封建作坊式的生产水平上。为了促进中小企业的发展，日本在1931年的商法修正纲要中就提出了吸收外国的有益经验，成立一种适合于中小企业的新的公司形态。经过几年的努力，日本在进行充分的比较取舍之后，于1938年4月5日制定并公布了一部单行的《有限公司法》，定于1940年1月1日起正式施行。可见，日本公司法的立法体例既不同于法德，也有别于英美，自成一派。日本的公司法由两部分组成：一是1899年《商法典》中的第二编，二是1938年的《有限公司法》，采取公司法附属《商法典》之中再加上一个单行法的立法体例。

此外，日本除极少数公营企业外，绝大部分是私营企业，而且全部企业中以中小企业为多，占99.6%，中小企业成为了日本的一大特色。根据其企业的分

---

① [日] 竹内昭夫、龙田节编：《现代企业法讲座》，东京大学出版社1984年版，第6页。
② [日] 川村正幸等：《现代商法》，中央经济社2001年版，第2页。

类，企业立法是依企业规模和按行业进行的。在企业法规群中，中小企业法规体系最为完整，既有基本法、又有各种单行法，还有为解决某一时期特定问题的临时措施法等等。这种企业法规体系既兼顾了企业规模，又照顾到不同行业的特殊情况，保证企业作为一个独立的、平等的经济主体之法律地位，还注意到了不同历史时期出现的特殊问题。这对创设一个公平竞争的市场经济秩序是较为切合实际的。日本有较多的中小企业，关于扶持中小型企业的产业政策性立法也很多。已颁布的主要法规有：《劳动组合法》（1945年）、《企业重建整顿法》（1946年）、《劳动关系调整法》（1946年）、《工会法》（1946年）、《劳动标准法》（1947年）、《工业标准化法》（1949年）、《企业合理化促进法》（1952年）、《企业担保法》（1958年）和《破产法》（1922年）、《公共企业体等劳动关系法》（1948年）、《地方公营企业法》（1952年）、《地方公营企业关系法》（1952年）、《中小企业基本法》（1963年）和《中小企业指导法》（1963年）。

三、我国企业立法进程与立法模式

（一）我国企业立法进程

新中国成立后，尤其是1978年中共十一届三中全会以来，我国根据各个发展阶段的现实需要，进行了一系列的企业立法，目前已形成一个较为系统的企业法规群。综观企业立法过程，大致可分为三个阶段：

1. 1978年前的企业立法。新中国成立后至改革开放前，特别是在新中国成立初期，为了顺利地进行生产资料私有制的社会主义改造，适应社会主义经济建设的需要，国家着手开展了企业立法工作。在这一阶段制定的主要企业法规有：《私营企业暂行条例》（1950年）、《公私合营工业企业暂行条例》（1954年）、《工商企业登记管理试行办法》（1962年）等。立法的中心工作围绕新中国建设和"三大改造"，即对工业、农业和资本主义工商业进行社会主义改造中心任务而展开。但由于当时企业发展尚未走上正轨，企业立法还不够完善。自"文化大革命"开始以来，"十年内乱"使得原已颁布的许多企业法规被迫停止实施。

2. 1978年至1993年期间的企业立法。1978年中共十一届三中全会之后，我国实行"对外开放、对内搞活"的经济政策，为了使企业这一国民经济的细胞充满活力，促进整个国民经济的发展，进行了一系列的企业立法。如《民法通则》（1986年）、《全民所有制工业企业法》（1988年）、《企业法人登记管理条例》（1988年）、《关于推动经济联合的暂行规定》（1980年）、《关于进一步推动横向经济联合若干问题的规定》（1986年）、《全民所有制工业企业承包经营责任制暂行条例》（1988年）、《乡村集体所有制企业条例》（1980年）、《城镇集体所有制企业条例》（1991年）等。这一时期的立法具有以下几个特点：

其一，以所有制划分企业法类型。不同所有制企业就有不同的企业法。在全民所有制企业方面,以《全民所有制工业企业法》(1988年)的颁布、实施为契机,《企业破产法(试行)》(1986年颁布)于1988年11月1日起实施;国务院还于1988年分别颁布了《全民所有制工业企业承包经营责任制暂行条例》(1990年修改)、《全民所有制小型工业企业租赁经营暂行条例》(1990年修改)、《禁止向企业摊派暂行条例》等一系列法律法规,为实施《全民所有制工业企业法》创造了条件。1992年6月30日,国务院发布《全民所有制工业企业转换经营机制条例》,这是一部全面推动企业改革的法律文件,以转换企业经营机制为突破口,对转换经营机制的具体措施作了详细的规定。通过全民所有制企业的有关立法,确立了全民所有制企业的法律地位,使其经营管理有法可依,其合法利益受到法律的保护。

在集体所有制企业方面,为了发挥城乡集体企业的作用,确立其法律地位,国务院根据不同时期的需要,制定了一些条例。主要有《乡村集体所有制企业条例》(1980年颁布)、《城镇集体所有制企业条例》(1991年颁布)等。

在私营企业方面,1988年《私营企业暂行条例》的颁布和实施,使私营企业有法可依。

在外商投资企业方面,早在1979年,为了更好地吸引外资,使外商投资企业在我国健康发展,颁布和实施了《中外合资经营企业法》(1990年修改),之后又颁布了《外资企业法》(1986年)和《中外合作经营企业法》(1988年)。另外,国务院还制定了一些关于鼓励外商投资的规定,如1986年颁布的《关于鼓励外商投资的规定》等。有关外商投资企业的配套立法也在逐渐完善,如1991年颁布的《外商投资企业和外国企业所得税法》取代了以前的《中外合资经营企业所得税法》(1980年颁布,1983年修改)和《外国企业所得税法》(1981年),从统一税目、降低税率等方面作了更有利于吸引外商投资的规定。

其二,以行业划分企业法类型。不同行业的企业有其自身的特点,特别是对一些特殊的行业专门进行企业立法工作。主要有《邮政法》(1986年)、《铁路法》(1990年)、《盐业管理条例》(1990年)、《烟草专卖法》(1991年)等。这些立法为不同行业企业的正常经营提供了法律依据。

其三,以搞活企业为目的进行企业立法。为了使股份制这一搞活企业的形式得到健康的发展和规范化,国家体改委会同有关部门制定了股份制企业组建和试点的一整套政策、法规,作为各地试点工作的基本依据。全套政策、法规以《股份制企业试点办法》(1992年5月15日)为主,由《股份有限公司规范意见》(1992年5月15日)、《有限责任公司规范意见》(1992年5月15日)等共15个文件组成。另外,中共中央、国务院于1992年6月16日作出了《关于加快发展第三产业的决定》,为搞活第三产业企业提供了依据。

这一阶段的企业立法围绕落实企业经营管理自主权这一搞活企业的核心,作出了明确的规定，使企业工作走上了一个新的台阶。

3. 1993年以后的企业立法。1993年我国确立建立社会主义市场经济体制，后我国加入了世贸组织，在有关企业立法理念、企业立法的价值取向方面发生了一些变化。主要表现为：其一，将传统的按所有制立法转向按责任制立法。相继颁布了《公司法》、《合伙企业法》、《个人独资企业法》。其二，对现有的公司、企业立法中不能适应世贸组织要求的立法进行修改，尤其对三资企业法的修改。《外资企业法》和《中外合作经营企业法》均于2000年10月作了修订，《中外合资经营企业法》于2001年3月进行了修订。其三，立法围绕建立和完善市场经济法律体系的要求展开，注重企业法律关系的完善。

（二）对我国企业立法的总体评价

综观我国建国以来企业立法的全过程，不难得出四点结论性的概括：

1. 我国的企业立法始终与企业改革的进程密切相关。30年来的企业改革历程，几乎每一步改革都会有重要的法律文件出台。一定阶段的企业立法实际上反映了当时立法者对社会主义经济的认识水平和改革实践达到的层次。以国有企业立法为例，从早期扩大企业自主权到实行二步利改税，从建立破产制度到法人财产权理论的确立，无不相应的配套法律、法规出台。

2. 企业立法发展的进程是探索社会主义市场经济主体定位的进程。就国有企业立法而言，无论是实行承包责任制、租赁制还是公司制，都是在寻求所谓"两权分立"理论在实践中的具体应用方式。至于在不同发展阶段对私营企业法律地位的不同态度也实际上反映了决策层对它们承认、允许、接纳到鼓励发展的态度转变。

3. 传统的企业立法与所有制关系沾在一起，难解难分。改革开放之前，我国的经济体制基本上沿袭了前苏联的模式，经济结构中以所有制关系来划分企业类型的做法不仅通行，而且在认识上和实践上被确定为立国的根本。这种立法结构使之很难建立起一套所有企业均能遵行的现代企业制度，与国外通行的企业立法模式不甚相同。

4. 各种立法模式并存、新旧立法机制并存。"所有制立法模式"与"责任制立法模式"并存被学者们形象地称为企业立法的"双轨制模式"。双轨制立法不仅带来了立法内容上协调统一的困难，妨碍了商事登记制度有机体系的构建，也增大了立法成本、协调成本、维护成本和学习成本。采取统一立法，减少法律资源浪费，消除法律内容冗繁复杂矛盾的弊端，扫除盲点、消灭冲突，已成为企业统一立法的内驱力。

（三）我国企业立法模式转换

从我国现行的企业立法现状可以看出，它既保留了企业立法的身份性，又坚持了立法中的双重标准性，同时，在向立法现代化的发展中又强调了责任制立法的方向。

1. 企业立法的身份性问题。最明显的特征是长期以来，我国企业形态按所有制划分，企业立法以所有制为框架。企业立法的身份性特点存在一系列缺陷。其一，作为立法前提的企业类型划分标准不科学、不统一。所有制即生产资料所有制，是社会经济活动当事人对生产资料或生产要素的占有关系的总和，是一个政治经济学的概念。它只能反映企业的经济属性而不能反映企业的法律特征。用这种标准作为企业的立法标准很难界定经济活动中出现的一些现象。比如按《城镇集体所有制企业条例》第21条的规定，集体所有制企业可以在法定范围内吸收职工或其他企事业单位甚至个人的资金入股。因此，吸收这些股份后，其投资主体既可能有集体的，也可能有个人的，呈多元化态势，此时企业的性质很难再用集体所有制简单概括。其二，立法难以确立企业的法人机制。按企业法人制度理论，投资者将其投入到企业法人中的财产，其财产应当属企业法人拥有。而在按所有制立法模式所建立的国有企业中，投入到国有企业的财产仍归国家所有，国有企业享有经营管理权，这就与法人企业的法人财产权理论产生了悖理。其三，立法没有真正保障企业平等。首先，不同身份的主体取得法人资格的标准不一。比如按《私营企业条例》，私营企业取得法人资格是以企业的责任形式为标准的，只限于私营有限责任公司；而全民、集体企业依《民法通则》及《企业法人登记管理条例》是以财产为标准的。其次，企业之间待遇不平等。与外资企业在税收、政策、用人等方面的优惠条件相比，内资企业尤其是私营企业在税收、信贷等方面的不平等待遇显而易见。最后，企业之间竞争不平等。以国有企业为名的各类国有行政性公司，垄断操纵市场，难以矫正不正当竞争现象。其四，立法阻碍了社会资源的优化配置。不同产权主体共同出资设立企业因企业的身份性而受到排拆；不同主体之间相互进行产权交易也因企业的身份性而受到阻碍。这种状况影响了市场机制对资源优化配置的基础性作用的发挥，影响了经济效益，导致竞争扭曲。

2. 企业立法的多重标准问题。目前我国对企业种类划分践行多重标准：按所有制性质、按责任形式、按投资者国籍等同时采用。就有限责任公司相关制度设计而言，外商投资企业下的有限责任公司，与内资企业下的有限责任公司，相关的法律制度构建存在差异，即使在内资企业下的有限责任公司，依照《公司法》组建的有限责任公司制度与依据《私营企业条例》组建的有限责任公司制度也不统一；就企业注册资本而言，外资企业法对注册资本实行的是分期缴付制度，而修改前的公司法对注册资本实行实缴制度，即使公司法修改后对注册资本实行分期缴付制度，但在分期缴付的制度安排上仍与外商投资企业法存在差异。企业立法中的多重标准致使统一的企业制度体系难以建立。

3. 企业立法模式的转换问题。自从1993年《公司法》、1997年《合伙企业法》和 1998 年《个人独资企业法》颁行以来，我国企业立法模式发生了变化，即由单一所有制标准转变为以资本形态、出资者的法律责任为标准。这意味着我国企业立法模式的总体方向发生相应的转换，即从老四种企业（全民、集体、私营、外资与合资）向新三种企业（公司、合伙、独资）转变。

企业立法模式转换是市场经济发展和企业改革的根本要求。市场经济要求市场主体地位平等，规则统一。以资本形态、法律责任形式立法，正是这种要求的体现。在市场关系中，人们关心的是企业的责任能力，而不是企业的所有制性质。企业作为一种社会化的资本组合形态，对所有投资主体都是平等开放的，任何人均可选择其中一种或几种投资方式。作为一种资本形态，企业资本的流动是自由的，可以通过诸种产权交易形式实现资产重组，从而实现资源的优化配置，提高经济效益。以资本形态、出资者的法律责任为标准建立崭新的立法模式在目前条件下有其存在的价值。首先，它更新了人们的企业观念，从所有制企业向资本企业转变，从注重企业的身份性向注重企业的平等性转变，使人们的视线从政治经济学的角度向法律的角度转变。其次，它显示了我国企业立法的改革方向，即以资本形态和出资者责任为标准划分企业类型，并在此基础上构建我国的企业立法框架。再次，《公司法》中的公司，已开始构建出现代企业制度的法律机制，比如它确立的公司概念，改变了企业分类标准；它确立的法人机制，解决了法人财产权和法人独立责任问题；它确立的股权概念，现代企业的章程机制，通过股东会、董事会、监事会建立的新的企业治理机制等，无不显示了现代企业制度的基本要求。按照《中共中央关于"九五"计划和 2010 年远景规划》的建议，将来国有特大型企业将走集团化、控股公司的道路；国有大中型企业将向公司制转轨，改造成有限责任公司或股份有限公司；集体企业、国有小型企业将通过兼并、拍卖、承包等方式走股份合作制道路；私营企业、集体企业将以独资或合伙来区分：个人出资的即为独资，适用独资企业规则，两个以上出资并负无限责任的即为合伙，适用 1997 年颁布的《合伙企业法》规则。

第三节 企业法的地位与体系

一、企业法的调整对象与特征

（一）企业法的调整对象

企业法是调整企业设立、变更、解散、组织机构与管理、成员权利与义务等关系的法律规范总称。

基于企业法的定义及内容，可以看到其调整对象为部分社会关系。该部分社会关系主要分为以下几类：

1. 企业的内部关系。这主要是指企业的投资者、发起人、管理机关和管理人（如董事会或理事会、监事会）、职工等相互之间的关系，包括出资、利益分配、风险承担等财产利益关系及内部监督、管理关系。

2. 企业与其他组织、个人、社会公众之间的关系。主要是指两大方面内容：其一，企业利益相关者（包括企业与其债权人、债务人、其他经营者之间）的关系，其实质内容是通过立法确定企业的社会责任。其二，在企业组织法视野下的交易行为关系。主要包括企业债、公司债的发行与转让关系；公司股票的发行、上市、转让关系；企业、公司产权交易关系。至于企业与上述组织、个人之间所发生的买卖、租赁、信贷等相关的经营关系则不应属于企业法的调整对象之范围。

3. 企业与国家的关系。这是一种借助国家公权力实施监督、管理关系。突出表现为行政管理与经济调节关系。在行政管理方面表现为登记机关的登记管理和审批机关的审批管理；在经济调节方面，主要表现为对各种企业参与市场竞争的规制、产业政策与宏观调控制度的制定与实施上。

在上述三种调整对象中，既有组织关系，又有部分经营关系；既有平权关系，又有监督管理关系；既有内部关系，又有外部关系。

（二）企业法的特征

1. 企业法是组织法与行为法的结合，但以组织法为主。在法律分类中，始终有一种组织法与行为法的划分。规定某种社会组织或团体的产生、消灭、组织机构、活动范围及活动规划的法律规范为组织法。企业法是典型的组织法。以某种特定的法律行为或活动为调整对象的法律规范为行为法，或称活动法。这种行为一般发生在不同组织之间或组织与个人之间，并表现为典型的交易性行为，如合同法、代理法、票据法、信托法等为典型的行为法。

2. 企业法是实体法与程序法的结合，但以实体法为主。企业法侧重于对投资者（股东）及企业内部组织权利与义务的规定，以及投资者（股东）与企业财产责任的划分，无疑主要是实体法。在侧重实体性规定的同时，企业法还对取得实体权利所必须履行的程序作出了规定，因而又具有了程序法的因素。企业法将实体法与程序法有机结合在一起，便利了法的实施和操作。

3. 企业法强制性规范与任意性规范的结合，但以强调性规范为主。企业法作为一种组织法，具有鲜明的国家干预性，因此，以强制性规范为主，通过强制性规范，目的在于保证主体的适格，以维护社会交易安全和经济秩序的稳定。但是，企业法在突出强制性规范的同时，也有一些任意性规范，以体现投资者（股东）与企业的意愿。企业法所具有的这种"二元性"特征，是组织法中最属方式自由同时又是最为方式严格的法律。

二、企业法的地位

（一）企业法的组织法属性

企业法既非财产法，也非交易法，而是组织法。

通过企业立法，来规定企业的各种组织形式，供投资者、经营者选择采用。企业法对企业的一些行为加以规范，如企业的兼并或改组、股份和债券的发行及转让、盈余的分配等，但这些行为均与企业本身的组织和运作为出发点的，因此，也应由企业法加以规范。凡是超出企业组织范畴的行为，如企业所从事的买卖行为、租赁行为、信贷行为、承揽加工行为、运输行为等活动，均不属于企业法调整的范围。

（二）企业法的非法部门属性

企业法应分属于相应的法律部门。其中《公司法》、《合伙企业法》、《个人独资企业法》属于商事组织法范畴，应分属到商事组织法中，有关国有企业法、三资企业法、集体企业法、私营企业法、中小企业促进法等由于比较多地涉及国家的产业政策问题，在其设立、运行、解散、变更、产业扶持、职工参与制等方面在制度设计上与上述商事组织有一定的差异性，应纳入到经济法的调整范围之内。

同样的调整企业组织和行为的法律，为什么会有不同的法域？这主要是企业法所调整的社会关系具有综合性特征所决定的。在企业法中，一部分法律规范仍由当事人意思自治而未被公法化者，如《个人独资企业法》、《合伙企业法》、《公司法》中关于自主经营方面的规定，市场主体一般性的自由结社权、权益抗衡协调的规定均属于民商法的范畴；而另一部分涉及公有财产和公有主体投资经营的角度，以及职工参与制、企业财务会计制度、企业信息披露和公示制度等均属于经济法的范畴。

三、企业法体系

世界上没有一个国家曾经制定过一部名为"企业法"的法律，在有的国家和地区的立法和实践中，甚至不存在"企业法"这一法律术语。因此，我们不能像对待《刑法》、《民法》、《宪法》那样对待企业法界定其一般适用的标准含义。在我国，目前企业法体系由所有制企业法体系、责任制企业法体系、产业振兴法体系所组成。

（一）所有制企业法体系

1. 国有企业法。国有企业法是一个庞大复杂的法规群体系。[①] 在新的发展时期，对国有企业法体系的完善应着眼于建立分类管理体系。将分布在不同领域的国有企业，依公法和民法分类进行法律规范和管理。即对于主要以提供公共产品和公共服务，追求实现公共利益目标，从事公益事业和自然垄断性公共企业依公法或特殊企业法进行管理和运作；对于按照市场竞争规则、以实现企业利润为主

---

① 漆多俊：《对国有企业几个基本问题的再认识》，载《经济学家》1996年第2期。

要目标的国有企业,按照商事组织法的基本原则进行规范。

2. 集体企业法。经济体制改革后,对集体所有制企业的立法逐步走向系统、科学与规范。目前,除对国务院颁布的《乡村集体所有制企业条例》和《城镇集体所有制企业条例》进行必要的修订外,重点是针对股份合作企业、社区集体企业等集体企业进行规范和管理,使集体企业建立在产权清晰和责任明确的基础上。

3. 私营企业法。私营企业作为一种在法律上具有特定含义的经济组织的概念性术语,体现了我国依所有制为标准划分企业类型的制度环境属性。[①] 我国对私营企业的政策导向从"引导、监督、管理"发展为"鼓励、引导、支持"。随着《公司法》的颁布和《个人独资企业法》、《合伙企业法》的实施,个人投资者创办企业可纳入《公司法》或《个人独资企业法》、《合伙企业法》进行规范,私营企业法已失去存在的制度价值。随着市场主体平等地参与市场竞争理念的深化,私营企业已不再作为一种特殊的企业形态被保留,经济体制改革的结果确实也使私营企业难以找到其对应的组织体形态。1998年由国家统计局和国家工商行政管理局发布的《关于划分企业登记注册类型的规定》,将企业划分为内资企业、港澳台商投资企业和外商投资企业三大类,其中,内资企业中将合伙企业、个人独资企业按私营企业对待,笔者认为不妥。合伙企业、个人独资企业并非是按所有制企业法体系所作的划分。

4. "三资企业"法。"三资企业"是指依我国法律规定设立、由外国投资者全部或部分投资,受我国法律管辖的中外合资经营企业、中外合作经营企业、外资企业的统称。"三资企业法"应当朝外商投资企业法方向发展,其法律规制的重点不在于外商投资企业采取何种商事组织形式,而是着重规定国家对外商投资企业相关的产业政策问题。

(二) 责任制企业法体系

1. 商事合伙法。我国现行《合伙企业法》自1997年8月1日开始施行,截至2003年底,依据该法设立的合伙企业达5.4万家,连同依据《私营企业暂行条例》设立的6.7万家合伙企业,合计12.1万家。2006年8月,全国人大常委会对《合伙企业法》作了修订,增加了有限合伙制度,规定了有限合伙人的权利与义务,有限合伙的事务执行,以及有限合伙不同于普通合伙的特殊规定等内容。考虑到有限合伙人以其认缴的出资额为限对合伙企业债务承担责任,该法特别规定对有限合伙人的出资包括货币、实物、知识产权、土地使用权或者其他财产权利应作价,并在企业登记事项中予以载明。这样规定的目的是起到公示作用,保护债权人。

---

① 甘培忠:《企业与公司法学》,北京大学出版社2004年版,第133页。

2. 商事公司法。我国《公司法》制定于 1993 年 12 月，修订于 1999 年 12 月。《公司法》的制定对恢复商事公司制度，推进国有企业的公司制改建，保护股东和债权人的权益，起到了重要的作用。

3. 个人独资企业法。《个人独资企业法》于 1999 年 8 月 30 日通过，自 2000 年 1 月 1 日起施行。该法是继《公司法》、《合伙企业法》之后我国企业立法的又一重要举措。个人独资企业法的颁布其意义在于，完善了我国的市场主体立法，肯定了个人独资企业对经济发展的重要作用；赋予了个人独资企业与其他企业同等的市场主体地位，为个人独资企业进行公平竞争提供法律保障；有利于消除过去按所有制和行业等属性划分企业而导致的个人独资企业与其他企业在法律地位上以及享有的权利和承担的义务上的不平等。

（三）产业振兴法体系

产业振兴法是规定对某类企业进行政策性扶持、振兴或对某些企业不良行为进行限制，以促进企业健康发展的法律，习称为扶持振兴法，如日本的《中小企业振兴法》，美国、德国等国家或某些地方议会制定的《中小企业促进法》等。

我国《中小企业促进法》于 2002 年 6 月 29 日由全国人大常委会通过，并于 2003 年 1 月 1 日起正式实施。该法明确了社会主义市场经济体制下各种所有制和各种形式中小企业的法律地位及管理体制；制定了符合国际通行做法的扶持促进中小企业发展的法律措施；注重了与其他相关法律的衔接。法律规定的中小企业划分标准、中小企业发展基金的设立和使用管理、中小企业信用担保管理将促进中小企业的发展。由于《中小企业促进法》的主要内容是促进中小企业发展，所以其他相关内容，如中小企业的设立、破产、行为规范、权利与义务、监督与法律责任等，没有包括在该法律规定的范围之内。这些内容很多已在其他的市场主体法和相关法律中做了规定。

我国的产业振兴法体系目前仅限于《中小企业促进法》。但在理论界也有提出要求制定"民营企业法"的主张，并将民营企业法列入产业振兴法体系之中。一些专家学者及人大代表认为，经过 30 年的改革开放，我国已经创造了一个相对宽松的市场经济环境，民营企业已经有了生存和发展的沃土。目前，我国民营企业已经占经济总量一半以上，在拉动国民经济增长方面，民营企业更成为新的生力军。目前，我国正处于跨越式发展的关键时期，发展民营企业是增加就业、提高城乡居民收入的重要保证。而民营企业在法律地位、权益保障和相关待遇等方面与其实际地位、作用和发展前景差距较大，不利于民营企业发展。近年来，国家已制定了一系列促进非公有制经济包括民营经济发展的方针政策，但民营企业的进一步发展壮大仍需要专门立法来保驾护航。优化民营经济发展的法律环境，重在于尽快制定"民营企业法"。因此，自 2001 年以来，在历年全国人大和政协"两会"期间,多有人大代表联名提议制定《民营企业法》。

从法理上分析,"民营企业法"的制定应着手解决两个深层次的问题:一是民营企业的界定问题;二是民营企业立法的目标价值与制度的理性构建问题。

何谓民营企业,它是一个非常具有中国特色的词汇,至少到目前在理论与实践中没有一个统一的概念界定,对民营经济的界定存在着不同的版本。其中,有将民营企业视做私营企业的,也有将民营企业视做非公企业的。就浙江现有的一些统计口径而言,其一,是将民营经济理解为个体、私营经济,据此判断2004年浙江民营经济占全省GDP的比重为55.1%;其二,是将民营经济理解为非公有制经济,据此判断,2004年浙江民营经济占全省GDP的比重为63.0%;其三,即浙江的官方口径,是将民营经济理解为非国有的内资经济,即个体、私营加上集体经济,据此判断,2004年浙江民营经济占全省GDP的比重为71.3%;其四,是将民营经济更宽泛地理解为非国有及国有控股的经济,即个私、私营经济、集体经济、外商及港澳台投资经济的总和,据此判断,2004年浙江民营经济占全省GDP的比重则达79.2%。但在出台相关的立法政策以及研究相关的问题时应对其定位、对象、涵盖面有一个准确的把握。

依我们理解,第一,民营企业是以"民"为经营主体的企业,它是相对于国营或官营的,因此,民营企业不是一个所有制概念,而是从经营层次所作的划分。第二,民营不能等同于私营,私营是从产权上所作的界定,而民营是从经营机制上界定的。第三,从民营企业的外延分析,民营经济中,既包括全部私有制经济,也包括除了国有以外的其他公有制经济,例如乡镇企业,合作社经济,以及社区所有制经济,社团所有制经济,基金会所有制经济等等。但民营企业不应包括外资企业。

民营企业立法是否必要,关键在于其立法的价值目标的确定与法律制度的理性构建。目前我国的企业立法已从按所有制立法向按责任制立法转换,如果将民营企业法的目标价值仍旧停留在按所有制立法上,既无实际意义,也是不理性的。因为,经过30年的改革开放,我们不应再将企业打上所有制的烙印,这对任何一种企业形态进行公平竞争是不利的。但是,如果将民营企业法作为民营企业促进法进行立法,以产业振兴法作为立法的价值目标进行设计,笔者认为是有其积极意义的。通过这一立法,可以构建相应的制度体系,如民营企业对于准入自然产业的立法政策、民营企业对于准入国防产业的立法政策、民营企业对于准入和提供公用产品产业的立法政策、民营企业的准入与产业安全性的立法政策、民营企业社会责任的立法政策等,无疑是有意义的。

第二章 企业登记管理制度的评析与构建

企业登记有其独特的价值定位及具体的制度安排,它涉及有关企业登记种类与登记事项、登记程序与登记主管机关模式以及企业登记内部运行机制等诸多问题。由于各国对企业实施管理的立法传统、管理体制等方面的差异性,在立法政策选择上要求登记管理制度的完全同一是难以实现的,但是市场经济体制下对企业管理的共同价值追求,决定了各国的立法政策更需要尽可能地去反映与记载作为制度自身所应承载的同质性问题。就我国而言,目前尚未制定统一的"商事登记法";企业登记法规范过于强化"管理法"色彩,弱化了私法功能属性;企业登记的公示功能不能得到充分的发挥,从而影响了登记制度效用。如何适应我国经济体制、行政管理体制改革进程,通过制定统一的"企业登记法",以此构建理性且富于效率的企业登记法体系乃当务之急。

第一节 企业登记制度的价值分析与历史演进

一、企业登记的概念与特征

企业登记是企业筹办者或成立后企业为了从事营利事业,将法定登记事项向登记主管机关提出登记申请,并经主管机关审核同意予以注册和公告的法律行为。就我国现行的企业登记制度分析,企业登记是创设企业主体资格、消灭企业主体资格、确认企业营业资格的一种法律制度,并成为市场准入和市场退出制度的有机组成部分。

为全面反映一国的企业登记制度,在国外一些国家专门颁布《商业登记法》。

企业登记具有以下三个方面的基本特征:

第一,企业登记兼具公法行为和私法行为的双重特征。企业登记具有公法行为特征表现为:它是国家利用公权干预商事活动的行为,企业登记规范多属于强制性规范而非任意性规范。其强制性表现在:其一,登记审核通过与否当事人没有选择的余地。企业登记从演变过程看,曾有登记任意主义与强制主义之分,但是由于登记涉及市场交易安全和整个市场经营秩序之稳定,从目前各国情况看,一般均采强制登记主义原则。其二,对登记的事项当事人不能任意改变。各国一般以法律规定企业登记事项,称为绝对登记事项,不允许当事人的任意选择。企业登记具有私法行为特征体现为：其一，是否设立企业、采取何种企业形式系投资者私权，应由投资者决定之。其二，在登记的事项中涉及相对登记事项部分允许当事人有一定的选择性。其三，当登记事项记载注册簿后，依登记事项可以确定投资人、企业、第三人之间的财产关系与责任关系。其四，当登记事项记载注册簿后，依登记事项可以确定企业参加民事活动的主体资格、营业资格以及企业名称的合法性及专用权。因此，企业登记既包含了国家对企业的监督管理，对企业登记资料的公示公信，维护交易秩序和安全，又包含了对企业及其投资人合法民事权益的确认与保障，是公法行为和私法行为的融合。

第二，企业登记是一种创设、变更和终止企业主体资格和经营资格的法律行为。设立登记行为的完成，使企业主体据此取得法人资格或经营资格；变更登记的办理，使企业主体的经营能力发生变化。注销登记行为，则使企业法人资格或经营资格消亡。

第三，企业登记是一种要式法律行为。它是一种"依申请"而为的行政行为，由行政相对人的申请登记行为和登记主管机关的登记注册行为两个部分所组成。登记必须按照法定要求将法定事项在法定的登记主管机关办理，登记的申请、受理、审核、公告等相关程序都有较为严格的法律要求，登记行为的内容以及行为的生效等都必须符合法律设定的要求。

二、企业登记的价值分析

企业登记有其独特的价值定位及具体的制度安排。企业登记的目的与意义在于以下四个方面：

第一，取得或变更、终止经营主体资格。欲取得经营主体资格，依各国法律规定，一般须经登记后才得以合法承认。这在采登记要件主义立法态度的国家中通常将登记行为作为取得法人资格或营业资格的必经程序来对待。

第二，保护社会公众利益。通过企业登记，可以将经营主体的营业状况一一登记于登记主管机关的档案中，公告给公众，使公众能够知道企业的营业情况，与企业为经营业务时，可以有所取舍，从而实现交易安全的目的。

第三，保障企业权益，昭示营业信用。企业可以通过登记行为中所确定的相关登记事项（如投资者的出资与有限责任、企业的住所地、企业的注册资本等）来对抗善意第三人，以保护自己的合法权益。企业还可以通过自己的营业活动来取得商业信誉，通过年检资料记载和反映经营业绩，从而不断地提高企业自身知名度。

第四，便于监管部门的监督。企业登记主管机关和其他经济监管机关可以通过登记簿册了解企业的基本情况，便于政府进行宏观调控。登记成为税务机关对企业进行税收征缴，市场行政管理部门对企业的市场行为进行监管的有效手段。

实际上，在上述四个方面的价值意义中既具有明显的私法意义上的功能，也具有强烈的公法意义上的功能。在现代社会,信息公示并透过其实现确保交易安全则是其最为根本的目的和最为核心的功能。明确这一点,对于推行市场化改革中的我国企业登记立法具有重要的意义。长期以来,由于受计划经济和传统观念的影响,我国企业登记立法中的"管理法"或"经济统制法"色彩十分浓厚,其私法属性被完全掩盖,私法功能被严重忽略。因此,认识企业登记的私法功能属性既是政府角色变迁的客观需要,也是公法服务于私法,公法价值皈依于私法价值的必然逻辑。

三、企业登记制度的历史沿革

(一) 国外企业登记制度历史沿革

现代意义的企业登记制度产生于近代资本主义社会初期。不过,在此之前,以非成文法形态表现的商业登记规则可以追溯到更早。

最早给经营者以一定标志公开其身份以及公开其营业状况的做法,可追溯到古罗马法时代,由行政官署勒令商店挂一定的"看板"、"贴札"或"引札"等牌号,以公开其营业状况。但是商事登记的起源并不发端于罗马法,而是在中世纪时期的商人登记。在中世纪的意大利及地中海一带,商业比较繁荣,形成了一定规模的商人行会,凡是想获得商人资格,并可以从事正常商业经营的商人,必须按照一定的程序将有关事项登记于行会的名册之上。登记内容涉及经营者的营业牌号、经营项目、经营辅助人和学徒等。这种行会成员名录簿后来逐步发展成为公示商人营业状况的习惯性文件。这种形成于中世纪的"商人登记制度"具有浓厚的身份法和习惯法特征。

近代以后,随着资本主义国家商业的发展,中世纪的商人登记规则相继被欧洲各国采用。例如法国法兰克福1666年的《贸易法典》和1673年的《商事条例》,以及德国各邦与瑞士的地方性法典均不同程度地吸收了中世纪的商人登记制度的有关内容。这一时期的各国商事登记立法也只是对中世纪商人登记习惯法的确认,是商人习惯法的成文化过程。

就现代企业登记制度而言,主要体现在各国的商事法律中,1861年的德国《商法典》开创了现代法律意义上的商业登记制度。该法典在第一编中对商人资格和能力的取得、商业登记主管机关、商业登记事项、商业登记程序、商业登记簿、商业名称等均有详细的规定,这些规定不仅适用于一般的商主体,而且也适用于公司登记。德国《商法典》后于1897年又经系统地修改,形成了所谓的"新商人法主义"的立法体制,这一立法体制所创制的商业登记制度成为后世各国企业登记管理立法的典范。除德国商法典外,日本《商法典》中也对商事登记制度作出比较详细的规定。瑞士《债务法》中规定了商事登记的规则。意大利对商事登记在民法典中作出规定。法国原来在商法中规定,后来由专门的商事登记法来规定。英国在公司法中规定商事登记,而美国在社团法中规定商事登记问题。

虽然现代企业登记仍多规定在《商法典》或《商业登记法》中，但由于企业已成为主要的商事主体，因此，商事登记规则实际上已主要成为对企业法人资格或营业资格进行确认的登记制度。

（二）我国企业登记制度历史沿革

我国的商事登记也有比较悠久的历史，最早可追溯至秦朝，据《法律答问》载："客末布吏而与贾，赀一甲"。即外地人到秦国通商，须先经官府登记报告，未经报告核准，秦人不得与之通商，违者要处一甲的经济处罚。[①] 在唐代曾有规定，经商者须于8月15日到京都领贴，这种登记行为，就其实质而论就是一种特许制度。清末官商解禁时期，作为特许制度出现的登记制度应是我国历史上最早的真正意义上的商事登记制度。1903年，清政府设立工部、商部，1906年，两部合并为工商部，其主要职能是对工商企业进行登记管理。此间，清政府颁布了《大清商律》，其中包括《商人通例》、《公司律》、《破产律》、《公司注册试办章程》，这些法律中规定："凡凑集资本共营贸易者名为公司"，"凡设立公司，赴工商部注册者即为合法"。商人独自出资所开设的局、厂、行号、铺店归入独资商业注册。服务性行业登记（包括牙行、经纪、典当），对已开户行有贴（执照）的应更换，无贴（执照）的应领取，对限期不换、不领的，要勒令歇业，可见，当时清政府对工商企业的登记注册的要求是很严格的。到了1914年，北洋政府农商部在修改《大清商律》后，把工业、加工业、公用事业、金融业、服务业等行业都作为商业对待，商人要向所在地的官厅呈报注册。1928年，国民政府颁布《商业注册暂行规则》和《公司注册暂行规则》。1931年，国民政府颁布《工厂登记法》，规定工厂除依其他法规规定注册外，还需要办理工厂登记。[②] 1937年，国民政府正式制定类似于德国和日本的《商事登记法》，这是我国具有实质意义的商事登记立法的开始。

比较国外企业登记制度，我们发现，我国自汉代以来的各朝各代所确立的登记制度与西方社会的商事登记法律制度迥然不同。我国古代的登记虽然具备了西方社会商事登记法律制度的形式，但却缺乏西方社会商事登记法律制度的精神和内涵。首先，我国古代所谓的登记制度是统治者在"重农抑商"、"以农为本"的信条下所采取的对企业经营活动进行控制和抑制的手段，欠缺维护商人利益的内在品格和关怀天下臣民利益的功能。其次，我国古代的登记制度寻觅不到商人阶层为了自身利益而从封建当权者手中争取权利和自由，并不断创新的结果和痕迹，充斥其间的仅仅是统治者武断专权的意志和对商人阶层自始至终的偏见。最

[①] 张晋藩：《中国法制史》，中国政法大学出版社1999年版，第84页。
[②] 高金升：《工商登记注册史话》，载《中国工商管理研究》2005年第7期。

后，我国古代高度自足的一元化农业自然经济形态使得大规模的商品交易行为无从产生，反映不出商事登记制度产生的原动力在于商品经济的勃兴。

新中国成立后，我国对企业的登记管理制度经过了若干个发展阶段，即建国初期的企业登记管理阶段，1957—1977年期间的陷于衰退与暂时停止阶段，1978年以后的恢复与完善阶段。

新中国成立后，我国对于企业的登记管理制度十分重视。1950年，中华人民共和国政务院颁布了《私营企业暂行条例》，此后又有一些商事登记方面的规范性文件相继出台，如《关于公营企业和公私合营企业应进行登记的指示》、《工商企业登记管理试行办法》等。登记管理的主要内容有：（1）开设私营企业必须事先报经地方主管机关核准营业，方得筹设；（2）个人独资企业和合伙企业由所在地市、县工商行政机关登记，公司则由所在地市、县工商行政机关转报中央私营企业局登记；（3）对登记事项作了详细规定，强调应登记的事项非经登记不发生法律效力，而且要追究违反者的责任，予以处罚。对企业实施必要的登记管理，对当时国民经济的调整、稳定、巩固、提高起到了重要的作用。

1957年我国对生产资料的社会主义改造完成，建立起计划经济体制，企业登记的必要性大大降低。公有制企业和公私合营企业都按行业归口管理，私营企业不复存在，工商行政管理机关在许多地方被撤销或合并，企业登记管理陷入停顿状态。1961年为扭转"大跃进"造成的无政府状态，中共中央决定实行"调整、巩固、充实、提高"的八字方针，其中所采取的具体措施之一，就是在1962年国务院发布了《工商企业登记管理试行办法》，试行对企业包括个体工商业者作全面登记管理。此次试行登记在审批和登记方面的要求很严格，但也存在一些问题，主要是把阶级斗争引入到了企业登记，把一些未经登记的经营行为和其他行为作投机倒把处理，甚至上纲上线为"两个阶级、两条道路"的斗争；没有规定国有企业和集体企业的法人地位及其承担责任的形式；没有把企业登记作为一项经常性的工作或制度，带有临时突击性质，被视为一场政治运动。登记一结束，全国的企业登记工作实际上又停止了，加之以后的十年"文化大革命"时期，工商行政管理机关被撤销，企业登记也随之取消和停止。[①]

自1979年我国实施改革开放政策以来，国家对企业登记管理的法制建设日益加强。相继颁布了《中外合资经营企业登记管理办法》（1980年）、《工商企业登记管理条例》（1982年）、《公司登记管理暂行规定》（1985年）、《企业法人登记管理条例》（1988年）、《国家科委、国家工商局关于加强科技开发企业登记管理的暂行规定》（1990年）、《期货经纪公司登记管理暂行办法》（1993年）、《公司登记管理条例》（1994年）、《合伙企业登记管理办法》（1997年）、《企业集团登记管理暂

---

① 史际春等：《企业和公司法》，中国人民大学出版社2001年版，第74—75页。

行办法》（1998年）、《个人独资企业登记管理办法》（1999年）等。2005年《公司法》修改后，《公司登记管理条例》也随之作出修改。此外还针对登记中的各个专项问题以部门规章作出规定，如《企业名称登记管理规定》（1991年）、《企业法人登记公告管理办法》（1990年）、《企业法人法定代表人登记管理规定》（1990年）、《企业登记程序规定》（2004年）、《企业经营范围登记管理规定》（2006年）、《公司注册资本登记管理规定》（2005年修订）、《企业名称登记管理实施办法》（2004年）等。

为了规范外国企业的登记管理工作，我国还于1983年至1993年间制定和颁发了一系列的办法和通知来规范外国企业的登记注册，如《关于外国企业常驻代表机构的登记管理办法》（1983年）、《国家工商行政管理局、经贸部关于受托经营管理合营企业的外国（地区）企业审批登记问题的通知》（1988年）、《外国（地区）企业在中国境内从事生产经营活动登记管理办法》（1992年）。

综观企业登记管理改革成就可以概括出以下几个方面的变化：（1）企业登记管理观念的变化。即由计划经济观念向市场经济观念转变；由政策观念向法制观念转变；由封闭观念向开放观念转变。（2）企业登记管理制度的变化。即改审批制为登记制；改经济性质登记为企业类型登记；放宽经营范围与尊重企业自治。（3）企业登记管理方式的变化。从由受理、审查、核准"三段式"登记逐步改为一审一核和当场登记制；逐步实行了企业的属地管理，实行"经济户口"管理制度和企业信用分类监管制度。[①]

但是也应当看到，由于没有一部统一的涉及企业登记的法律，相关内容分散在各种法律、法规中，导致法律文件之间内容的重叠和冲突。这种多部法律并存的情况，不但增大了立法成本、协调成本、维护成本和学习成本，而且由于缺乏事理的一致性，打乱了人们正常的思维逻辑，不仅企业难以掌握法律，就是长期从事企业登记的工商行政管理人员也难以把握，这是和商事便捷原则相冲突的。在2003年十届全国人大常委会的立法规划中有包含商事登记法在内的共76件法案，这意味着"商事登记法"的呼之欲出将成大势所趋。

第二节 企业登记制度的内容与效力

一、企业登记种类

（一）企业法人登记与营业登记

企业登记可分为企业法人登记和营业登记两个大类。

企业法人登记是对企业主体资格予以确认的登记。其目的是创设法人、变更

---

① 杨卫东：《企业登记工作的回顾与展望》，载《中国工商管理研究》2008年第2期。

法人或消灭法人。企业法人登记管理制度在历史上出现较晚，它是企业制度发展到较高级阶段的产物，是与企业设立普遍实行"准则主义"联系在一起的。

营业登记又称经营登记，其作用则是政府承认某项营业的合法性，准许其开业，并对其营业活动进行监督。营业登记的历史较为悠久，可以追溯到西欧中世纪的行会或商人组织设置登记册，对商人或加入行会者进行登记的做法。我国古代给牙商发放"牙帖"，给盐商发放"盐引"，都可谓营业登记。

在世界上，多数国家和地区是将这两种登记合在一起进行的。但也有将企业法人登记与营业登记分开的做法。将企业法人登记与营业登记分开的做法大致有两种：一种是在同一登记主管机关内分设不同的登记簿，如德国对资合公司和其他公司、企业分别设立登记簿；另一种是由不同的机关分别登记，如我国台湾地区，对公司法人除由"经济部"发给执照准予成立外，尚需由市县政府发给营利事业登记证，方可开业。

我国采两种登记合一进行的做法。工商行政管理机关对符合条件、准予登记的企业发给企业法人营业执照，对非法人企业、法人企业的分支机构和个体经营发给营业执照。

企业法人登记和营业登记作为统一的制度，一并为之，固然有利于对企业的组织、能力和行为等予以统一监督管理，但将它们分别为之，也能找出其合理性之一二。首先，两种登记所要达到的目的有所不同，分别为之，更能体现目的要求。营业登记重在对企业主要营业场所及经营活动进行监管，监管活动动态性强，宜实行基层登记；而企业法人登记则不宜太分散，否则易造成对企业法人的条件及其设立标准控制掌握不一，企业名称重复、冲突在所难免，不利于企业跨区域交易及全国统一市场的形成。从《营业执照》字面意思分析，即执照经营，不表明法人身份。即使是《企业法人营业执照》也只表明企业法人执照经营，不表明是法人证件。其次，两种登记所体现的制度价值不同，分别为之，有利于制度的理性构建。比如企业年检，其设立的制度价值在于对企业的经营状况进行动态监督，主要不是为了审查企业的法律人格或主体资格，因此，针对企业法人年检不合格或未经年检，甚至在经营活动中存有不法行为，可给予罚款或吊销营业执照的处罚，未必一定要令该类企业丧失法人资格。但现有的登记制度中将企业法人登记和营业登记是作为一个整体制度构建的，吊销营业执照处罚的后果势必影响企业的法人格问题。第三，营业登记与法人登记分离有利于各得其所。取得法人登记证以后，可以以此向行政机关申办行政许可，可以开展筹建活动，比如招聘工作人员；当营业执照被吊销而商事主体登记证没有注销时，可以以商事主体身份从事清算、诉讼等活动。

（二）筹建登记、开业登记、变更登记、注销登记、分支机构登记

1. 筹建登记。主要是针对需进行基本建设的工业性项目规定的，在筹建过

程中，企业尚未成立，为设立企业需进行集中的大量的商业采购、施工组织和管理，大额债权债务的清结，大额资金流的支配与管理，各类合同的订立与履行，种种活动既不能以未设立之企业的名义进行，也不宜以投资者个人或群体的名义进行，通过筹建登记建立起代表全体投资者的临时机构，安排和处理筹建活动是适当的。根据我国《企业法人登记管理条例》第36条规定，需要进行筹建的新建企业，其筹建期限满1年的，应当按照专项规定办理筹建登记。筹建申请一经获准登记，即可领取《筹建许可证》，刻制所需要的图章，开设银行账号，进行筹建工作。

按企业法的基本法理，企业的设立行为与成立行为系两个性质不同的行为，企业筹建过程当属设立行为阶段。在设立阶段，企业不享有法人的主体资格，不能以企业名义进行法律行为，领取了《筹建许可证》意味着可以以"筹建处"名义进行与筹建相关联的活动。在企业成立后，设立阶段的债权债务由成立后企业继受，如设立失败的，由发起人（投资者、股东）对设立阶段的债权债务承担连带责任。

2. 开业登记。是指开办企业过程中由申请人向登记主管机关提出申请，并由登记主管机关办理登记，取得经营资格的法律行为。依照我国现行立法，企业开业登记获准后，符合法人条件的企业即取得企业法人资格，领取《企业法人营业执照》，可以刻制公章，开立银行账号，在核准的经营范围内开展生产经营活动。企业法人设立的分支机构，领取《企业法人分支机构营业执照》；而非法人企业，如属合伙企业的，则领取《合伙企业营业执照》，如属个人独资企业的，领取《个人独资企业营业执照》，如属设立分支机构的，领取《分支机构营业执照》。

开业登记的基本程序有：

（1）企业名称预先核准。为防止企业名称发生混淆并提高企业注册的效率，许多国家和地区实行企业名称预先核准制度，我国也不例外。我国先后颁布了《企业法人登记管理条例实施细则》（1988年）、《企业名称登记管理条例》（1991年）和《公司登记管理条例》（1994年），其中有企业名称预先核准制度的规定。

（2）办理审批手续。由于开办企业经营的范围和项目中某些内容涉及国家的行业强制管理，如经营金融、期货、信托、保险、证券、基金、烟草酒类、医药、石油、工程施工和装修、天然气、电力、出租车、出版印刷、航运、爆炸物等，要在企业设立前办理政府许可批准手续。上述审批手续中部分属于产业管制专属审批，部分属于特殊行业经营资格确认审批。

（3）申请开业登记。申请开业应提交相关文件，申请不同种类的企业，应提交的相关文件也会有所不同。

(4) 登记主管机关审查。企业登记主管机关在收到申请人提交的全部申请材料后，对公司企业应发给《公司登记受理通知书》，对其他企业应发给《非公司企业登记受理通知书》。自发给通知书之日起，登记主管机关应在 30 日内进行审查，核实其企业开办的条件，对符合条件并手续材料完备的，即予以登记；对条件不完备或手续不全的，通知申请人完善条件和手续后予以登记，对确实条件不具备、手续不完备却又无法补足的，则不予注册。

3. 变更登记。企业如发生登记事项变更，即改变企业名称、住所、经营场所、法定代表人、经济性质、经营范围、经营方式、注册资本、经营期限以及企业法人分立、合并、迁移，以及增设或撤销分支机构等，应当在主管部门或者审批机关批准后 30 日内到登记主管机关办理变更登记。公司制企业如变更股东或发起人的姓名或名称的也应办理变更登记。国有企业、集体企业因主管部门改变，涉及原登记事项的，应当分别情况申请变更、开业、注销登记。不涉及原主要登记事项变更的，企业应当持主管部门改变的有关文件，向原登记主管机关备案。在公司注册资本实行分期缴付制度后，注册资本的变更不仅仅表现为注册资本的增减，而且还表现为实收资本在不同阶段量的变更，按 2005 年《公司注册资本登记管理规定》，公司成立后，股东或者发起人按照公司章程规定的出资时间缴纳出资，属于非货币财产的，应当在依法办理财产权转移手续后，申请办理公司实收资本的变更登记。

企业申请变更登记应当提交以下文件：法定代表人签署的变更登记申请书；依法作出的变更决议或决定，或者变更事由发生的证明文件；变更须经主管部门或审批机关批准时原批准机关审查同意的文件；登记主管机关要求提交的其他文件或证明。登记主管机关应当在收到符合要求的全部文件、证明文件之日起 30 日内作出核准变更登记或者不予变更登记的决定。

企业变更登记事项涉及营业执照或者登记证书变更的，登记主管机关应当换发营业执照或有关登记证书。

4. 注销登记。企业发生歇业、被撤销、宣布破产以及其他原因终止营业的，应到登记主管机关办理注销登记。另外，满 6 个月尚未开展营业或者停业经营活动满 1 年的视为歇业，登记主管机关应收回执照。

根据我国《企业法人登记管理条例施行细则》之规定，企业注销只要提交主管部门或者清算组织出具的负责清理债权债务的文件，即可办理注销手续，而《公司登记管理条例》和《合伙企业登记管理办法》规定，公司和合伙企业申请注销登记，必须提交股东会或有关机关确认的清算报告或者全体合伙人签署的清算报告，这一规定比《企业法人登记管理条例施行细则》规定来得严格且科学。

关于企业解散后申请注销登记的时限，《企业法人登记管理条例》未作明确规定，其他法规和规章中所作的具体规定是：公司清算组织应当自公司清算结束之日起 30 日内向原登记主管机关申请注销登记；合伙企业应当自清算结束之日起 30 日内向原登记主管机关申请注销登记；外商投资企业应当自经营期限届满之日或者终止营业之日、批准证书自动失效之日、原审批机关批准终止合同之日起 3 个月内，向原登记主管机关申请注销登记。

企业办理注销登记，应提交申请报告、债权债务清理证明。如企业终止必须经原主管部门或审批机关批准的，应提交其批准文件；如法院破产裁定、股东会或董事会解散的，应提交相关的破产裁定书、股东会或董事会决议；如行政机关责令关闭的应提交相关的文件。外商投资企业还须由税务机关和海关出具相关的完税证明。企业注销时，登记主管机关收缴其营业执照和公章，并将注销情况通知其开户银行。

5. 分支机构登记。分支机构是指具备法人资格的企业在其住所以外设立的从事经营活动且不具备法人资格的经济组织。

分支机构的登记包括设立登记、变更登记、注销登记三种。应向分支机构所在地的市、县公司登记主管机关登记。

二、企业登记事项

（一）企业登记事项的一般分析

从学理上讲，企业登记事项可分为绝对登记事项与相对登记事项。在我国，不同的企业法人对登记事项的范围则有所不同。一般类型的企业，其登记注册的事项主要包括：企业名称、住所、经营场所、经营期限、分支机构，有限责任公司股东或股份有限公司发起人的姓名或名称。外商投资企业登记注册的主要事项有：企业名称、住所、经营范围、投资总额、注册资本、企业类别、董事长、副董事长、总经理、副总经理、经营期限、分支机构等。

（二）企业登记事项分述

1. 企业名称。按《企业名称登记管理规定》、《企业法人登记管理条例》、《公司登记管理条例》以及《公司法》等相关法规规定*，其登记要求有：

其一，企业名称结构的法律规定。企业名称应由行政区别、字号（商号）、行业或经营特点、组织形式等部分依此构成。

其二，企业名称的特殊要求。依《公司法》设立的有限责任公司，应在公司名称中标有"有限责任公司"字样，股份有限公司标有"股份有限公司"字样。依特别法设立的公司，企业名称的表示应依特别法的规定，如商业银行、保险公司、证券公司的商号中应分别有银行、保险、证券的字样；联营企业的名称可以使用联营成员的字号，但不能使用联营成员的商业名称，联营企业应当在其名称中标明"联营"或者"联合"字样；企业名称中使用"总"公司或其他类似字样的，必须下设三个以上分支机构；不能独立承担民事责任的分支机构，应加注"分公司"或"分厂"、"分店"字样。

其三，企业名称的申请核准。两个以上企业向同一登记主管机关申请相同的符合规定的企业名称，登记主管机关依照申请在先原则核定。属于同一天申请的，应当由企业协商解决，协商不成的，由登记主管机关作出裁决。两个以上的企业向不同登记主管机关申请相同的企业名称，登记主管机关依照受理在先原则核定。属于同一天受理的，应当由企业协商解决，协商不成的，由各该登记主管机关报共同上级登记主管机关作出裁决。

其四，企业名称的限制。企业名称的限制又称企业名称的消极性规定。我国立法对企业名称的限制主要表现在以下方面：（1）企业名称实行单一制。企业原则上仅可使用一个企业名称；确有特殊需要使用一个从属的企业名称的，须经过省级以上工商登记主管机关核准。（2）企业名称不得违反公序良俗。即企业名称不得含有损于国家、社会公共利益的内容和文字。（3）不得使用不具有唯一性或可辨认性的企业名称。如不能使用可能对公众造成欺骗或者误解的企业名称，不能将外国国家或地区名称、组织名称、政党组织名称、社会团体名称等作为企业名称使用。（4）禁止以不当目的使用企业名称。（5）企业名称经登记主管机关登记注册后方可使用。（6）企业名称不得与同一登记主管机关所辖区域内已登记的同行企业的名称相同或者近似。

其五，企业名称的转让。企业名称只能转让给一户企业，转让方不得继续使用已转让的企业名称。企业名称的转让应与其营业一并转让。企业名称转让时应签订企业名称转让合同，并报原登记主管机关核准。

其六，企业名称的保护。企业名称经核准登记可在规定范围内使用，擅自使用他人注册名称的视为侵权，可通过司法救济手段予以解决；在企业名称争议的解决上，两个以上的企业已登记注册名称相同或者近似的而发生争议时，由登记主管机关依照注册在先原则进行处理。中国的企业名称与外国的企业名称在中国境内发生争议并向登记主管机关申请裁决时，由国家工商局根据我国缔结或者参加的公约规定的原则或者国内法规定处理。在企业名称违法处理上，使用未经核准注册的名称从事生产经营活动的，责令停业，没收非法所得和罚款。擅自改变企业名称的，予以警告和罚款，擅自转让或出借企业名称的，没收非法所得并罚款，擅自侵犯他人注册的企业名称的停止侵权行为，赔偿被侵权人经济损失。登记主管机关有权纠正已登记注册的不适宜的企业名称，上级登记主管机关有权纠正下级登记主管机关已登记注册的不适宜的企业名称。对已登记注册的不适宜的企业名称，任何单位和个人均可以要求主管机关予以纠正。

其七，企业名称与商标争议的解决。当企业名称中的字号与商标中的文字相同或近似，造成对市场主体及其商品或者服务的来源产生混淆时，按国家工商行政管理局1999年颁布的《关于解决商标与企业名称中若干问题的意见》，保护在先权利人的合法权益。即在先权利人可以其商标注册之日或者企业名称登记之日起5年内向工商行政管理部门请求处理，但恶意登记注册的不予受理。

2. 住所与经营场所。住所就是企业主要办事机构所在地。经登记主管机关登记的住所只能是一个，住所应当在其登记主管机关的辖区内。确定住所的意义：一是可以确定企业的诉讼管辖地。二是可以确定企业法律文件和资料的受送达地点。三是有利于确定企业债务的履行地。四是有利于确定企业的登记主管机关。经营场所是企业从事生产经营活动的地点，它包括一定的场地及必要的物质设施，如工业企业的厂房、车间，商业企业的门市、铺面。与住所不同的是，一个企业可以有多个经营场所，而我国法律上只允许一个企业拥有一个住所，非法人企业和企业分支机构只有经营场所，而没有住所。

3. 法定代表人或负责人。法定代表人也称法人代表，是具有法人资格企业的主要行政负责人。在公司制企业中，称为董事长或执行董事，在国有集体企业中称为总经理或厂长。我国法定代表人制度具有中国特色在于法定代表人表现为个数而非复数。按我国现行法律规定，法定代表人为法人企业的登记事项，非法人企业的营业登记中则为负责人。至于非法人企业和分支机构的负责人，在性质上各不相同。合伙企业的合伙人在合伙事务范围内互有代理权，得负责合伙事务，所以《合伙企业登记管理办法》规定对合伙人都要进行登记；同时，合伙企业也可确定一个或数个合伙人执行合伙事务，对此也应作为登记事项。个人独资企业的出资者是企业的当然负责人，所以对其只需登记出资者的姓名即可。企业分支机构的负责人属于职务代理人的范畴，所以在《营业执照》中也应进行登记。

4. 注册资本或出资额、资金数额。对于具有法人资格的企业而言，注册资本是企业在设立时由投资者投资所形成并经登记主管机关登记的财产总额，它构成企业的自有资本。因此，被登记为注册资本，它代表出资人或股东对公司债务的义务及其承担责任的界限。在法人型企业中，至今我国只有公司制企业和外商投资企业有注册资本概念，而其他企业如国有企业和集体企业还只有注册资金概念。2000年修改后的《企业法人登记管理条例实施细则》仍然坚持了这样的制度。严格意义上讲，注册资金和注册资本是有根本区别的，注册资金反映的是企业对其财产的经营管理权，注册资本反映的是企业对其财产的所有权。

个人独资企业和合伙企业，由于不具有法人资格，出资人对企业所承担的责任并不以出资额为限，因而登记为出资额。对于企业的分支机构而言，企业拨给用以营运的资金同该分支机构和企业本身对其债务承担责任没有任何关系，所以该项资金既非资本也不应称为出资，相应的登记事项为资金数额。

外商投资企业的登记事项中还有"投资总额"一项，是指按照投资协议或企业章程规定的生产规模需要投入的基本建设资金和生产流动资金的总和。它包括企业借款，与注册资本概念有异，它所反映的是企业规模。

5. 企业类型。企业类型是指企业的法律形态或法律组织形式。根据1998年国家统计局和国家工商行政管理局发布的《关于划分企业登记注册类型的规定》，将企业划分为内资企业、港澳台商投资企业和外商投资企业三大类，其中，内资企业的具体注册登记类型为国有企业、集体企业、股份合作企业、联营企业、有限责任公司、有限责任公司（国有独资公司）、股份有限公司、股份有限公司（上市）、私营企业（含合伙企业、个人独资企业等）和其他企业；港澳台商投资企业的具体登记注册类型为合资经营企业（港或澳、台资）、合作经营企业（港或澳、台资），港澳台商独资经营企业和港澳台商股份有限公司；外商投资企业的具体注册登记类型为中外合资经营企业、中外合作经营企业、外资企业和外商投资股份有限公司。

6. 经营范围与经营方式。经营范围是法律对企业能力和活动范围的认可及限定，经营方式是法律上允许企业采取的具体经营形式，如制造、加工、修理、批发、零售、代运、代销等，在《公司登记管理条例》中经营方式未将其作为登记事项。在企业登记中需要列出经营范围与经营方式，主要作用在于概括出企业经营的特征，以及政府对于企业经营范围的一定监管。

对于经营范围问题，需讨论以下问题：

其一，经营范围与经营宗旨概念的异同问题。在西方国家的公司法理论中没有经营范围的内容，而称之为公司的目的或宗旨。主流的商法理论普遍认为，不同的商主体根据登记而取得的商事能力具有不同的内容和范围，特定的商主体只能在其具体的商事能力范围内从事合法的商事活动，即商事主体的权利能力除受到某些法律强制性规定的限制以外，也受到自己章程规定的目的或经营宗旨的限制，企业一般不得从事其目的以外的业务。确立了经营宗旨和经营目的，实际上也可以建立起了越权原则。英国法中的"越权原则"就是以法人是否超越其组织章程范围进行判定的。国外有学者认为，此原则是为了"保证一个投资于金矿的人不至于发现自己拥有的原来是一家煎鱼店的股份，从而向那些债券投资者作出他们的投资不会浪费在未经批准和授权的事业上的保证"。[①] 在我国目前的企业法问题讨论中，理论与实务界曾有取消经营范围的主张与实践。但传统理论仍认为，确定企业经营范围并在企业登记中进行登记，至少在现有条件下仍有两个方面的保留价值：一方面，保护企业投资人的利益，使他们知道自己所投资的资金将用于何种事业；另一方面，保护同企业进行交易的第三人的利益，使他们知道企业所享有的权利范围，从而使交易有序安全地进行。

其二，企业超越经营范围从事业务活动后果的承担问题。我国《民法通则》

---

① L. C. B. Gower: Gower's principles of modern company law. 4th' edition. London, Stevens & Sons. 1979, p.161.

第 42 条规定："企业法人应在核准登记的范围内从事经营活动"。我国修改前的《公司法》第 11 条规定："设立公司必须依照公司法的规定制定章程。……公司的经营范围由章程规定，并依法登记。……公司应在登记的经营范围内从事经营活动。"但修改后的《公司法》第 12 条对经营范围的规定是："公司的经营范围由公司章程规定，并依法登记。公司可以修改公司章程，改变经营范围，但是应当办理变更登记。公司的经营范围属于法律、行政法规规定须经批准的项目，应当依法经过批准。"取消了"公司应在登记的经营范围内从事经营活动"的规定。但是上述规定都没有对法人超越经营的行为效力问题作出明确规定。1984 年最高人民法院《关于贯彻执行〈经济合同法〉若干问题的意见》的司法解释中规定，在确定合同是否有效时，应对合同的内容是否超越经营范围进行审查，超越经营范围的合同无效。对企业超越经营范围一概判定无效，其带给企业的弊端是显而易见的。由于市场需求千变万化、瞬息即逝，企业往往会凭借其"一业为主，兼营其他"的经营宗旨，按照市场的需求而超出一定的范围从事经营活动。如果将企业超越经营范围的行为都认定为无效的行为，客观上不利于民事流转的顺利进行。我国新的《合同法》实施后，最高人民法院在对合同效力作出司法解释时已经作了相应的修正，"当事人超越经营范围订立合同，人民法院不因此认定合同无效。但违反国家限制经营、特许经营以及法律、行政法规禁止经营规定的除外。"[①]

7. 经营期限。也称从业期限，是企业进行经营活动的时间限制。经营期限一般由企业章程作出规定，并经登记主管机关进行登记。经营期限自登记主管机关核准登记之日计算，一般由登记主管机关在核发的证明上注明有效期限。

8. 有限责任公司股东或股份有限公司发起人的姓名或者名称。

9. 分支机构。企业如设立分支机构的，在登记事项中还应包括其分支机构设置的情况。

三、企业登记程序

(一) 企业登记的基本程序

各国关于企业的登记程序大同小异，在我国分为四个阶段：

1. 申请和受理。根据我国法律规定，设立企业的申请应由开办者、投资者提出，申请应提交书面申请文件。

对于开办符合法人资格的企业，其基本条件有：（1）符合规定的名称和章程；（2）国家授予企业的经营管理财产或者企业所有的财产；（3）与生产经营活动相适应的经营管理机构；（4）与生产经营范围相适应的场所和设施；（5）与

---

① 参见最高人民法院《关于适用〈中华人民共和国合同法〉若干问题的解释（一）》第 10 条。

生产经营活动相适应的从业人员,其中专职人员不得少于8人;(6)健全的财务制度,能独立实行核算;(7)有符合规定的注册资金;(8)符合法律规定的经营范围;(9)法律、法规规定的其他条件。

对不具备法人资格条件而申请营业登记的企业和经营单位,其基本条件有:(1)符合规定的名称;(2)固定的经营场所和设施;(3)相应的管理机构和负责人;(4)经营活动所需要的资金和从业人员;(5)符合规定的经营范围;(6)相应的财务核算制度。

2. 审查。对登记申请应进行审查,但登记主管机关应就何种程度进行审查,在各国立法与学说上存在三种主张:

其一是形式审查主义。即仅于形式上审查是否合法,至于其登记事项的内容实际上是否真实在所不问。法律上一般要求登记申请人要作出登记事项真实的保证。采此立法主义的国家有美国、瑞士、比利时等。

其二是实质审查主义。即登记主管机关不仅要从形式上审查登记申请书是否合法,而且还必须对申请登记事项的真实性、合法性加以审查。法国采此立法主义。

其三是折中审查主义。即主张登记主管机关有实质审查的职权,但没有必要进行实质审查的义务,登记不能作为推定已登记事项为真实的基础,其证据力如何,仍须由法院的裁判来决定。在登记事务中,登记机关仅在对于申请登记事项产生疑问或者当事人及第三人提出异议时,才开始依照职权进行实质审查。大多数国家采此立法主义。

根据我国《企业法人登记管理条例施行细则》第55条规定,登记机关须审查企业提交的文件、证件和填报的登记注册书的真实性、合法性、有效性,并核实有关登记事项和开办条件,可见我国实行的是实质审查主义。但也有认为登记机关采形式审查主义原则的观点,其依据是2004年国家工商行政管理总局颁布的《企业登记程序规定》,依该规定第9条"登记机关收到登记申请后,应当对申请材料是否齐全、是否符合法定形式进行审查。申请材料齐全是指国家工商行政管理总局依照企业登记法律、行政法规和规章公布的要求申请人提交的全部材料。申请材料符合法定形式是指申请材料符合法定时限、记载事项符合法定要求、文书格式符合规范。"[①] 笔者认为,依《企业登记程序规定》第11条规定,"企业登记机关认为需要对申请材料的实质内容进行核实的,应当派两名以上工作人员,对申请材料予以核实。经核实后,提交'申请材料核实情况报告书',根据核实情况作出是否准予登记的决定。"并未改变《企业法人登记管理条例施

---

① 孙百昌:《企业登记审查应把握"符合法定形式"原则》,载《中国工商管理研究》2006年第5期。

行细则》第 55 条所规定的实质审查主义立场。

3. 发照。我国《公司登记管理条理》第 25 条规定："依法设立的公司,由公司登记机关发给《企业法人营业执照》。公司营业执照签发日期为公司成立日期。公司凭公司登记机关核发的《企业法人营业执照》刻制印章,开立银行账户,申请纳税登记",我国《企业法人登记管理条例》第 16 条规定："申请企业法人开业登记的单位,经登记主管机关核准登记注册,领取《企业法人营业执照》后,企业即告成立,企业法人凭据《企业法人营业执照》可以刻制公章、开立银行账户、签订合同,进行营业活动。"我国《企业法人登记管理条例施行细则》第 39 条规定："登记主管机关核发的《企业法人营业执照》、《中华人民共和国企业法人营业执照》是企业取得法人资格和合法经营权的凭证。登记主管机关核发的《营业执照》、《中华人民共和国营业执照》,是经营单位取得合法经营权的凭证。经营单位凭据《营业执照》、《中华人民共和国营业执照》可以刻制公章,开立银行账户,开展核准的经营范围以内的生产经营活动。"从以上规定可以看出,我国把营业执照的签发作为企业成立的标志和开始营业的依据,营业执照既是确立企业法律地位的合法依据,也是企业从事生产经营活动的合法证件和凭据,企业只有在企业执照确认的范围内从事生产经营活动,才能受法律保护,从而使"营业执照"的颁发被赋予了双重功能,即注册企业主体资格的取得和营业资格的取得。

从国外和我国台湾地区实践分析,颁发营业执照只是个别现象。在公司制企业中,营业执照是公司营业的授权证书,在英国只有开始设立时是公众公司的,才要求取得营业执照,但这种要求在实践中并没有发挥很大作用。我国台湾地区以前也要求公司取得营业执照,但新修订的"公司法"明确放弃了这一要求。

4. 公告。公告就是将登记的有关事项通过报刊或者其他途径告示。其目的有:(1) 可以使一般社会公众都能了解该登记企业的内容及经营情况,便于进行交易;(2) 可以发挥社会的监督作用,能及时反馈信息,便于登记主管机关依法查处;(3) 可以保障企业合法权益不受侵犯。根据国家工商行政管理局 1990 年颁布的《企业法人登记公告管理办法》第 6 条之规定,企业公告基本形式为期刊式,刊名为《中国企业法人登记公告》,规格式样和组织发布时间由国家工商行政管理局统一规定。在实践中,多通过主管机关指定的报纸、期刊进行公告,也可以通过其他方式进行公告。

(二)"核准登记"与"登记"语义的差异性分析

在上述四个基本程序中,值得注意的是新修订的《公司登记管理条例》第 3 条第 1 款规定："公司经公司登记主管机关依法登记,领取《企业法人营业执照》,方取得企业法人资格。"该修改与原《公司登记管理条例》相比,将"依法核准登记"修改为"依法登记",删去了"核准"二字。

笔者认为，核准与登记是两种不同的法律概念。核准是由行政机关对某些事项是否达到特定技术标准、经济技术规范的判断、确定，主要适用于直接关系公共安全、人身健康、生命财产安全的重要设备设施的设计、建造、安装和使用，直接关系人身健康、生命财产安全的特定产品、物品的检验、检疫。核准的功能是为了防止危险、保障安全。而行政机关对自然人、经济组织以特定经营主体资格和营业资格作出确认的应为登记，《行政许可法》实施后，在企业登记用语中，除名称预先核准保留的"核准"字样外，其他均改为"登记"更符合法制精神。

四、企业登记效力

（一）企业登记效力概述

企业登记效力是指登记对相关主体的法律拘束力，具体而言是指企业有关登记事项在登记之后，将会产生以下方面的法律拘束力问题：其一，企业取得什么样的地位；其二，登记事项对投资人、高级管理人员以及该企业产生何种影响和效力，即对内效力；其三，登记事项对第三人产生何种影响和效力，即对外效力；其四，登记事项与公告事项不一致时，如何确定二者的效力，以及应登记而未登记或登记有误的事项的效力。从理论上分析企业登记的效力，对于完善登记制度具有现实意义。

（二）登记的创设效力

这是就登记与企业资格、营业资格关系的分析而言的。登记的创设效力表现在：

1. 登记是企业取得法人资格和营业资格的必经前提。我国严禁无照经营，企业主体资格和营业资格开始于登记后颁发营业执照的签发之时。未经登记者则不具有从事生产经营活动的权利能力和行为能力。未经登记从事生产经营行为者将受处罚。《无照经营查处取缔办法》第2条和第21条规定，除了农民在集贸市场或者地方人民政府指定区域内销售自产的农产品外，任何单位和个人不得违反法律、法规规定，从事无照经营。第4条还列举了五种无照经营行为。

2. 取得企业名称的专用权。企业登记的同时实际上也进行了企业名称登记，一经登记，企业就取得了对企业名称独占性的使用权。

3. 未进行企业登记以企业名义进行商业活动由行为人承担责任。德国的《股份法》第41条第1款规定："在商业登记簿登记注册之前，不存在上述所说的股份公司。在公司进行登记注册前以公司的名义进行商业活动者，由个人承担责任；如果是几个人进行商业活动，他们则作为总债务人来承担责任。"德国《有限责任公司法》第11条规定："（1）有限责任公司在登记入公司所在地的商业登记簿之前，不作为此类公司而存在。（2）如果在登记之前曾经以公司的名义行为，则由行为人承担个人的和连带的责任。"① 另外，德国的判例确立了禁止翻供的原则，即在登记簿上作出公开声明的一方，只要第三方出于善意与其进行商业活动，他就必须遵守自己的声明。欧盟《公司法1968年第1号指令》第7条规定，"在设立中公司取得法人资格之前，如果有人以公司的名义实施了法律行为，而且公司不承担该行为产生的债务，那么，除非另有约定，行为人应当对此承担无限连带责任。"②

在对登记创设法律关系效力的理解上，值得我们思考的问题还有：

其一，登记行为究竟是确权还是赋权，在国外理论与实践中有所不同。根据美国的法律观念和制度，从事营利性商业活动是每一个公民天赋的或法定的权利，无需任何行政部门再以商事登记的程序加以确认和限制。任何有经营能力的公民个人都可以按照自己的意愿，依法从事经营活动，取得合法收益，是否设立企业、设立何种企业、经营何种项目、如何管理，都成为企业所有者的神圣权利，政府只是对企业的选择予以认可和规范而已。澳大利亚、新西兰等英美法系的国家也有类似规定。从英美国家的观念可以分析出，他们对经营主体进行登记实际是对公民天赋权利的一种确认，而不是"赋权"，这就给企业登记行为视作类似于我国的"备案"性质。

但在一些大陆法系国家，商事登记则被视为取得商事权利能力和行为能力的前提。商事主体权利能力和行为能力是通过两种登记行为分别取得的。如德国，投资人要办公司从事经营活动，首先要到法院登记，确认为有限责任公司。这时，投资人只是为其创办的公司申请了一个法人资格，公司还没有营业资格，不能从事经营活动。公司只有到营业局进行营业登记后，才具有营业资格，可以从事经营活动。无论是主体登记还是营业登记，都将其作为"赋权"，即创设新的法律关系对待的。

从我国有关企业登记的相关规定可以看出，经商是公民应有的权利，但法律作出不得无照经营的禁止性规定，就使得公民要从事经营活动，必须取得相关的凭证依据，通过当事人的申请和行政机关的许可，才将这项权利赋予了当事人。因此，我国对企业登记行为实质上属于赋权性质而非备案性质。

其二，登记的创设效力仅是指设立登记、注销登记，而筹建登记、变更登记不应按创设效力对待。就筹建登记而言，它发生于设立阶段，企业不享有法人的主体资格，不能以企业名义进行法律行为，实施筹建登记仅仅意味着可以以"筹建处"名义进行与筹建相关联的活动，不发生创设法律关系的实际后果；就变更登记而言，登记事项是否发生实际变更效果取决于企业是否依法实施变更行

---

① 卞耀武主编：《当代外国公司法》，法律出版社1995年版，第125页、第296页。
② 《欧盟公司法指令全译》，刘俊海译，法律出版社2000年版，第11页。

为，工商登记仅起"证权"作用，登记与否不会影响变更效果。《公司法》第33条规定："登记事项发生变更的，应当依法办理变更登记。未经登记或者变更登记，不得对抗第三人。"尽管从条款安排上看，该条似乎专指公司股东及其出资额变更，但可由此窥见相关的立法思想和意图。此外，该条还规定"记载于股东名册的股东，可以依股东名册主张行使股东权利"，由此可见，公司的"内部登记"即股东名册的记载和《出资证明书》才是确认股东资格的直接依据，"外部登记"即工商登记只是对已经确认的权利或者法律关系加以证明和公示，是否登记不影响实体法律关系。因此，公司依法作出有关事项变更的决定、决议之日起，该事项即在公司内部生效，但第三人可以因公司未办理变更登记为由进行抗辩。

（三）登记的确定效力

这是就登记的对内效力而言的。投资人决定设立企业，就要决定对企业进行投资的方式、决定企业的组织形式。最终反映在企业的登记事项上，这些登记事项对投资人或股东有约束力。首先，在存在隐名投资者与显名投资者的场合，确定谁是合法的投资者，应以登记记载为准；其次，在存在投资协议与企业章程不一致的场合，确定是投资协议还是企业章程具有法律效力，应以登记记载为准；再次，在企业法定代表人已经更换的场合，谁是合格的法宝代表人，应以登记记载为准。这些均说明，企业登记事项对企业内部人员具有确定效力，以此来保证企业的行为表里如一。

（四）登记的公示效力与对抗效力

这是就登记对外效力而言的。登记的内容，应当推定其具有相应的法律效力，善意第三人根据登记事项所为的行为应当有效。反之，应登记的事项未经登记，不得以之对抗善意第三人。大多数国家都规定已登记事项有对抗善意第三人的效力，而不允许援引应登记而未登记事项来对抗善意第三人。德国《商法典》第15条第2款规定，"已经对此种事实进行登记和公告的，第三人必须承受事实的效力。对于在公告后15日之内实施的法律行为，以此第三人证明其既不明知也不应知此种事实为限，不适用此种规定。"[1] 瑞士《债法典》第933条第1款规定："登记之法律效力开始后，针对第三人的不承认登记的请求不予接受。"[2]《日本商法典》第12条规定："应登记事项，非于登记及公告后，不得以之对抗善意第三人。虽于登记及公告后，第三人因正当事由不知时，亦同。"[3] 我国台湾地区的"商事登记法"第19条也规定，商事登记的目的在于使公众知悉商人

---

[1] 《德国商法典》，杜景林、卢谌译，中国政法大学出版社2000年版，第15页。
[2] 《瑞士债法典》，吴兆祥、石佳友、孙淑妍译，法律出版社2002年版，第273页。
[3] 《日本商法典》，王书江、殷建平译，中国法制出版社2000年版，第4页。

的营业内容，而并非创设法律关系，所以应登记事项而未登记的并非无效，只是不能以其对抗善意第三人而已。

我国现行的企业登记立法侧重于国家对企业经营资格的授予以及国家企业经营活动的监督管理，对企业登记事项对第三人的效力未有明确规定。

（五）不实登记的效力

这是就登记事项差错，以及登记事项与公示事项不一致如何确定它们的效力问题而言的。

就登记事项差错时的登记效力问题，日本《商法典》第 14 条规定："因故意或过失而登记不实事项者，不得以该事项的不实对抗善意第三人。"① 这就是说，登记首先应要有作为客观真实的事实才能进行登记，这是公示原则的要求，但是如果登记的事实不存在的，无论如何公示，公示的内容不应得到保护。但是，如果真的贯彻这一原则，那么就会危及交易安全，因此，在没有事实但却具备了公示的场合，对那些相信公示的人同样给予保护。此为"公信原则"。比如，甲非董事长，但却将甲是董事长这一不实事实的事项进行了登记，在此场合下，法律保护那些相信该登记的人。

就登记事项与公示事项不一致时登记的效力问题，欧盟《公司法 1968 年第 1 号指令》第 3 条第 6 项规定："成员国应当采取措施，以避免公报上公开的信息与登记簿或者文档所记载的信息之间互相矛盾。但是，在产生信息矛盾的情况下，公报上公开的信息不得用于对抗第三人。但是，第三人可以运用公报上公开的信息对抗公司，除非公司能够证明第三人知道保存于文档或者进入登记簿的文本。"② 德国《商法典》第 15 条第 3 款的规定与上述规定一致。由此可见，在登记事项与公告事项不一致时，应由第三人从登记信息和公告信息中选择对自己有利的信息对抗该企业；企业不能用公告信息对抗第三人，企业用登记信息对抗第三人时，第三人可以用公告信息进行反驳。

第三节 企业登记管理机关

一、各国登记机关选择模式介评

（一）各国登记机关选择模式介评

企业登记的管理机关是指按照商事登记法的规定，接受登记申请，并具体办理企业登记的相关机构或机关。

目前各国的登记主管机关选择模式大致有以下三种：

---

① 《日本商法典》，王书江、殷建平译，中国法制出版社 2000 年版，第 5 页。
② 《欧盟公司法指令全译》，刘俊海译，法律出版社 2000 年版，第 10 页。

第一种模式：行政管理模式。英国由商业部管理，美国由各州政府管理，新加坡由政府属下的公司商行注册局管理，加拿大归属财政部管理，挪威归属商业运输部管理，我国台湾地区一般登记归县市，公司登记归中央经济部。

美国的公司登记注册主管机关是各州的州务卿办公室。州务卿办公室的工作内容繁杂，公司登记注册仅是其职能之一。美国公司成立的程序非常简单，只需向州务卿办公室提交相关文字材料，并备案即可。州务卿办公室仅从形式上审查公司所提交的文件，如果符合公司法的要求，即可获得公司注册证书或执照，宣告公司成立。在州务卿办公室获得注册证书或执照后，公司即取得法人资格，但要开展生产经营活动，还必须到公司所在地的税务机关进行营业登记，才能取得经营资格。这也就是说，美国公司的法人资格和经营资格是分离的，州务卿办公室只负责公司法人资格的确认。目前美国各州公司法都允许公司永久存在，即公司成立后，如果没有某一特定事件发生或在某一特定日期自动终止，公司是可以永远存续的。由于公司永久存在有利无弊，因此几乎所有美国公司在注册时都选择永久存在，只有决定缩短存在期限的公司才必须在公司注册证书中加以说明。[①]

第二种模式：司法监督模式。在德国，在18世纪初为维护商人道德和信用，为确认公司的内外关系，便设置了公司登记簿、代表人登记簿、商号登记簿。规定在地方法院专设登记法官，并置商业登记簿办理商业登记。并且实行分片设立，在商业发达的省、州多设，在公司少的省、州少设。在法国，《商法典》未对商业登记作出规定。直到1919年3月18日才以特别法作了规定，亦采取在地方法院设置商业登记簿，由"书记"在院长的监督下办理，此乃所谓"地方商业登记簿"。后在1935年10月30日又命令增设"中央商业登记簿"。对商业性公司的登记，实际上由司法和行政共同管理。在瑞士，商事登记主管机关属司法警察部的一个部门。在日本，《商法典》第三章专设"商业登记"，后来在1963年，又颁布了《商业登记法》，依该法规定，"商业登记事务，由管辖当事人营业所所地在的法务局、地方法务局或者分支局、派出所作为管辖登记所予以掌管。"韩国登记注册机构设置在地方法院的商业登记所。比得利时、卢森堡等一些欧盟国家的登记注册机关设在商事法院或法庭。

第三种模式：民间自治模式。如荷兰等国由商会进行登记。瑞典的斯德哥尔摩专利和注册事务所，则是该国公司登记注册的主管机构。他们认为商人不具有特殊的地位，商事登记仅为公众提供信息来源，所以由商会负责登记，从而具有非官方性。

[①] 张泰、王斯洪、邬志明：《美国公司解散制度考察报告》，载《大地》（人民网）2005年第14期。

附表 2－1：大陆法系国家、地区登记制度对照表

国家与地区	德国	法国	日本	澳门特别行政区
登记部门	地方法院。	地方法院（商业法庭）。	法务省下属地方法务局。	商业及动产登记局。
主办人员	法官、书记员。	法官、书记员。	登记官。	登记员。
登记程序	注册官审核申请材料并作出同意登记或驳回之决定，如同意，将公司登记事项登记于商事登记簿并公告，登记完成。	程序与德国基本相同，但地方法院须将登记文件副本交存国家专利事务所的全国商事登记簿。	登记官审核申请人书面材料，核准后记载于登记簿、加盖登记官印章、公告并发给登记簿誊本（现在全部事项证明书）。	公证署"一站式"服务柜台将材料转给登记局，登记员独立完成登记。
赋权程序		由商人选举产生，具备条件为年满30岁；有选举权；是商人；在当地居住3年以上。	由法务局长从该所法务事务官（由国家公务员考试录取人员逐级提拔产生）中指定。	
审查原则	主要审查申请人的权利能力、申请的形式效力、申请材料的法律效力。	只核实申请材料是否符合正常手续要求。	只需审查材料是否符合法律规定。	形式审查。
完成时限		2—3周。		10个工作日。
其他	登记材料及签字全部需经公证。			

资料来源：《现代外商投资企业登记管理体系构架思考》课题组：《现代外商投资企业登记管理体系构架思考》，2004年2月，http://wzj.saic.gov.cn，本著作引用时略加修改。

附表 2-2：英美法系国家、地区注册登记制度对照表

国家与地区	英国	美国	香港特别行政区
登记部门	贸工部下属英国公司注册署（Companies House）。	州政府州务卿办公室（Secretary of state）。	香港公司注册总署（Register of companies）。
主办人员	代理注册官。	州务卿。	注册官。
登记程序	代理注册官审核申请材料并作出同意登记或驳回之决定，如同意，发给开业证明并公告。	程序与英国基本相同，但开业证明后还附有公司章程复印件。	由总署行政组收取文件后分送新公司注册组，注册官审核申请人书面材料，核准后发给公司注册证书。
赋权程序	全国统一从业资格考试取得从业资格（代理注册官由公务员、会计师、审计师或律师担任）。	州长提名，州议院通过。	
审查原则	形式审查。	只审是否按法律规定提供了文件，不审真实性、合法性。	登记只是为必备要件提供行政法律服务，不必确证文件的合法性、真实性。
完成时限	5个工作日（如加急1日可办结）。	7个工作日。	6—8个工作日。
其他	申报全代理制；材料真实合法性实行承诺制；注册资本申报制；所有专项审批后置；材料真实性由申请人承担，会计师、律师承担连带责任。	无注册资金、经营范围限制。	开业证明只需注册总署长电脑签名，但材料无须署长亲自审核。

资料来源：《现代外商投资企业登记管理体系构架思考》课题组：《现代外商投资企业登记管理体系构架思考》，2004年2月，http://wzj.saic.gov.cn。

（二）我国所选择的模式

我国对工商登记实行行政管理模式。其基本特征表现为：

1. 以行政机关作为主管机关，由工商行政管理局具体负责企业的登记注册

事项。《企业法人登记管理条例》第 4 条规定:"企业法人登记主管机关是国家工商行政管理局和地方各级工商行政管理局。各级登记主管机关在上级登记主管机关的领导下,依法履行职责,不受非法干预。"在我国,各级工商行政管理机关有权独立行使职权,依法作出准许或不准许注册登记的决定。对于下级登记主管机关所作的不符合国家法律法规和政策规定的行为,上一级登记主管机关有权予以纠正。

2. 登记注册行为视为具体行政行为。申请人对工商行政管理机关作出的不准登记的决定可以提起行政复议或行政诉讼,请求予以撤销。

3. 登记主管机关对企业在营业执照年检、无证无照经营等违规行为进行处罚,可适用《行政处罚法》的相关规定。

二、我国登记机关职权及其监督管理

(一)我国企业登记机关职权

在登记事项上,我国实行分级登记的管理制度,不同的工商行政管理机关,其登记管辖的内容也有所不同。

1. 国家工商行政管理局的权限。按《公司登记管理条例》规定,国家工商行政管理局负责登记管理的公司有:(1)国务院国有资产监督管理机构履行出资人职责的公司以及该公司投资设立并持有 50% 以上股份的公司;(2)外商投资的公司;(3)依照法律、行政法规或者国务院决定的规定,应当由国家工商行政管理总局登记的公司;(4)国家工商行政管理总局规定应当由其登记的其他公司。按《企业法人登记管理实施条例实施细则》规定,国家工商行政管理局负责登记的非公司制企业有:(1)国务院批准设立的或者行业归口管理部门审查同意由国务院各部门以及科技性社会团体设立的全国性公司和大型企业;(2)国务院批准设立的或者国务院授权部门审查同意设立的大型企业集团;(3)国务院授权部门审查同意由国务院各部门设立的经营进出口业务、劳务输出业务或者对外承包工程的公司。

2. 省、自治区、直辖市工商行政管理局的权限。按《公司登记管理条例》规定,省、自治区、直辖市工商行政管理局负责登记注册的企业有:(1)省、自治区、直辖市人民政府国有资产监督管理机构履行出资人职责的公司以及该公司投资设立并持有 50% 以上股份的公司;(2)省、自治区、直辖市工商行政管理局规定由其登记的自然人投资设立的公司;(3)依照法律、行政法规或者国务院决定的规定,应当由省、自治区、直辖市工商行政管理局登记的公司;(4)国家工商行政管理总局授权登记的其他公司。按《企业法人登记管理实施条例实施细则》规定,国家工商行政管理局负责登记的非公司制企业有:(1)省、自治区、直辖市人民政府批准设立的或者行业归口管理部门审查同意由政府各部门以及科技性社会团体设立的公司和企业;(2)省、自治区、直辖市人民政府批准设立的或者政府授权部门审查同意设立的企业集团；（3）省、自治区、直辖市人民政府授权部门审查同意由政府各部门设立的经营进出口业务、劳务输出业务或者对外承包工程的公司；（4）国家工商行政管理局根据有关规定核转的企业或分支机构。

3. 市、县工商行政管理分局的权限。目前，工商行政管理体制实行省以下工商行政管理机关垂直领导。市、县工商行政管理分局是工商行政管理机关的基层单位，负责本辖区内除国家工商行政管理局和省、自治区、直辖市工商行政管理局负责登记的公司、企业以外的公司、企业的登记管理工作。

（二）我国企业登记机关的监督管理

企业登记具有很强的行政管理色彩，是国家的一种行政管理活动。各国法律对企业登记的监管，主要包括社会公众监督和登记主管部门监督两种方式。

社会公众的监督主要是规定公众有查阅企业登记簿、查阅与登记相关的多项资料和信息的权利。

登记主管机关的监督主要是通过行政检查和行政处罚权予以实现。

根据我国现有的法律规定，登记主管部门的监管包括：

1. 建立企业档案。我国《企业法人登记管理条例》及其施行细则规定，各级登记主管部门应当建立企业法人登记档案和登记统计制度，掌握有关企业法人登记的基础信息，引导主管部门对企业结构进行宏观调控。

2. 进行年检。年检即年度检查。企业应当按照工商登记主管机关的要求，在规定的时间内提交年检报告书、资金平衡表或资产负债表。主管机关应对企业的登记事项进行审查，年检合格的，在企业法人营业执照或营业执照副本上加盖年检戳记。外商投资企业则在每年的5月底以前向主管机关办理年检手续，缴回执照正、副本，经审核后发还。

3. 实施证照管理。登记主管机关核发的《营业执照》、《企业法人营业执照》分为正、副本，具有同等的法律效力。营业执照不得伪造、涂改、出租、出借、转让、出卖；除主管机关依照法定程序可以扣缴或者吊销外，其他单位和个人不得收缴、扣押、毁坏企业证照；企业必须将证照正本置于企业住所或营业场所的醒目位置，以便于工商行政管理机关和公众对其进行检查监督；企业证照遗失或者毁坏的，企业应当在登记主管机关指定的报刊上声明作废，并向登记主管机关申请补领或者更换；登记主管机关对需要认定的营业执照可以临时扣留，但扣留期限不得超过10日。

4. 对违法经营者给予处罚。对未经登记擅自开业从事经营活动的，对申请登记时隐瞒事实情况、弄虚作假的，对擅自改变登记事项或超出经营范围和经营方式从事经营活动的，对侵犯企业法人名称专用权的，对伪造、涂改、出租、出借、转让、出卖执照的，对抽逃、转移资金，隐匿财产、逃避债务行为的，对未按规定办理注销登记的,对不按规定办理注销登记或者不按规定办理年检的,对拒绝监督检查的,应根据不同情节可给予企业警告、罚款、没收违法所得、停业整顿、吊销营业执照等处罚。对企业进行上述处罚时,应根据不同的情节,追究法定代表人的行政责任、经济责任乃至刑事责任。

5. 对经营活动的监管。各级登记主管机关有权对管辖区内的企业依法监督,各企业应当接受检查,提供检查所需的文件、账册、报表及其他有关资料。

第四节 我国企业登记制度的评析与完善

一、我国企业登记制度存在问题之评析

(一) 我国企业登记立法体例之存在问题

有关企业设立的规定一般可分程序性的立法和实体性的立法两大部分。

程序性的立法主要涉及设立须履行的有关程序问题,实体性的立法则是规范各类企业设立时应具备的条件问题,如注册资本、经营场所、发起人或从业人员要求等。各国一般通常把程序性立法与实体性立法分立。实体性立法主要反映在公司法、合伙企业法和独资企业法中,程序性立法一般反映在商事登记法中。

我国做法颇具特色,在企业组织有关主体形态的划分方面,既按照所有制形式来规范企业主体的法律形态,又按照出资方式与出资人承担的责任形式来规范企业的法律形态,两种设立方式并存,由此产生的问题是:

首先,无统一的商事登记法。企业设立的登记主要反映在《公司登记管理条例》、《合伙企业登记管理条例》、《企业法人登记管理条例》、《国家工商局关于外商投资企业登记管理适用公司登记管理法规有关问题的意见》、《乡村集体所有制企业审批和登记管理暂行规定》、《国家科委、国家工商局关于加强科技开发企业登记管理的暂行规定》等中,至于非法人的营业登记更是缺乏系统的规则。我国企业登记立法形式的极度分散性不仅妨碍了登记制度有机体系的构建,而且对不同企业实施登记管理中区别对待,极易导致市场主体的不平等,不利于市场主体积极地依法履行登记义务。更为重要的是,实体规定与登记程序规定时有结合时有分离的状况,增大了登记官员操作登记的难度,既影响工作效率,又不利于登记机关对企业进行监督和管理。

其次,企业登记规范带有层次性。企业登记规范因制定主体的不同具有不同的文件和法规名称,既有国务院制定的条例,也有国家工商局颁布的规定、意见或通知,还有一些地方性的政策或规章。林林总总缺乏宏观考虑和整体协调。庞杂体系和分散立法的直接后果是法律文件的内容既有交叉重叠,又有互冲互撞,

更有疏漏的法律盲点和真空地带。① 这对于有效地设立企业,禁绝国家管理机构滥用职权是不利的。我国应及时出台统一的商事登记法。在立法文件的名称上可顾及中国国内使用"商业"一词的习惯,采用"商事登记法"或借鉴法国立法名称《关于商事及公司登记的法令》。

(二) 我国企业登记制度创设价值之存在问题

就企业设立登记制度的创设价值而言,在国外有设立要件主义与设立对抗主义之分。许多国家立法规定,设立登记是企业组织设立的要件,即企业组织非经登记不得设立。如德国《有限责任公司法》第11条、德国《股份公司法》第41条也有类似的规定。② 我国香港特区《公司条例》也属此制。该条例第16条第(2) 项规定:"自公司注册证书所述的成立日期起,在章程大纲内签署的股份认购人连同随时参加公司股东成为公司成员的其他人,即为一个以章程大纲所载名称为名的法人团体,有能力立即行使一个具有法团地位公司的各项职能,并具有永久延续性及法团印章,而成员的法律责任则一如本条例所述,在公司一旦清盘时,需分担提供公司的资产。"③ 1989年美国《示范公司法》也主张公司章程归档之日标志公司开始存在(除非公司组织章程说明了延迟生效日期)。但也有一些国家规定,企业设立登记视为公司成立后对抗第三人的条件,比利时、荷兰属此制。比利时的"先设立后注册",对公司而言,只需履行公证和其他一些手续,公司即可自动设立。

从当代各国企业设立制度的现状和发展趋势看,设立要件主义为各国所广为接纳,而对抗要件主义只为个别国家采纳。设立要件主义之所以能广为采纳,究其原因有:首先,对抗要件主义未把设立登记纳入成立要件,虽为设立人提供了充分的经济自由和便捷,但也为企业接受国家、社会监督带来了困难。不利于社会整体效率和经济秩序的维护。其次,设立要件主义虽有登记的强制要求,但又

---

① 有关企业登记的诸多法律文件相互之间存在不协调和矛盾之处表现在以下几方面:其一,法律文件之间存在整体上的不协调。如针对公司登记发布了《公司登记管理条例》,但1988年的《企业法人登记管理条例》又未因此而废除,两个法律文件之间的关系并未作出明确。实际上,企业法人可含纳公司,但《公司登记管理条例》又并非《企业法人登记管理条例》的"特别法"。这种状况势必阻滞企业法人公司化及《公司法》真正进入社会现实生活的进程。倘若允许和鼓励非公司的企业法人之发展,也有必要对《企业法人登记管理条例》进行修改;如果试图把企业法人普遍性地公司化,则有必要考虑废止《企业法人登记管理条例》。其二,不同法律文件确立的具体规则、制度上有不协调或矛盾之处。《企业名称登记管理规定》和《公司登记管理条例》在预先申请企业名称上的规定便有差别。前者指出,企业有特殊原因的,可以在开业登记前预先单独申请企业名称登记注册;后者则要求:"设立公司应当申请名称预先核准。"虽然在法律适用上新法应优于旧法,但是新旧法同时有效存续时,两者之间的抵触应该予以消除。参见李金泽、刘楠:《我国商业登记立法亟待完善》,载《社会科学》1999年第7期。

② 《德国股份法·德国有限责任公司法·德国公司改组法·德国参与决定法》,杜景林、卢谌译,中国政法大学出版社2000年版,第17页、第180页。

③ 王叔文等主编:《最新香港民商法律》(公司法上卷),人民法院出版社1997年版,第54页。

不同于核准主义,前者只需设立人提供法定的文件和证明,是记录和存档而非审批,不会过多地妨碍设立者的有效设立。再次,通过注册登记程序不仅增强了设立人及设立后公司遵守法定条件的可能性,而且登记事项作为商业信息的公开性、可查性,为未来相关的交易主体预见有关交易的风险创造了条件。

我国立法所确认的也是设立登记的要件主义。但设立登记的要件主义尚未体现在具体的制度上,企业登记是作为对企业组织进行监督管理的重要手段来实施的,认为登记管理是登记主管机关的工作职责,与社会公众并没有太多的关系。因而不注重登记信息的公开。其实,建立企业登记制度的意义并非仅仅作为登记主管机关的监管手段,其目的还在于登记公开,即将企业登记的内容以一定的方式提供给需要了解登记的个人或组织,以维护交易安全。各国法律一般都要求将登记的内容向社会公开,如德国《民法典》第66条就规定:"初级法院应将登记公布于其所指定为公告用的报纸上。"我国《企业法人登记管理条例》第6条规定"登记主管机关应当根据社会需要,有计划地开展向公众提供企业法人登记资料的服务。"修改后的《公司法》第6条也规定:"公众可以向公司登记主管机关申请查询公司登记事项,公司登记主管机关应当提供查询服务。"但实践中普遍存在着查询公司档案难的问题,如律师须凭律师专用调查证外,还须有法院的立案通知书,如单位仅凭单位介绍信,除查阅自己单位的工商档案外,查询其他企业的档案那就难上加难了。我国目前滥设公司现象的大量存在,一定程度上说与企业登记信息公开制度的不健全有一定的关系。

(三) 我国企业登记内部运行机制之存在问题

如前所述,各国立法在确定设立登记主管机关上有三类:其一,以司法机关为登记主管机关;其二,由行政机构或专设附属机构负责登记;其三,专门的注册中心或非官方的商会负责商事注册。我国企业登记主管机关为工商行政管理机关。

从现有的工商登记机构设置及其职能看,工商登记的主要功能在于确认市场主体资格并监管其经营行为。目前存在的主要问题是:其一,由于工商行政管理系统内部尚未建立起严格的登记官制度,致使登记管理水平不高,在有关企业性质认定,营业执照核发、收缴和注销诸方面时常发生错误;其二,登记主管机关在登记活动的内部运行中实施三级制,即经办人员经办—科室负责人审核—局级领导审批,这种运作流程立足于实质审查,将整个注册登记分为三个环节,从而存三个不清,即每个环节各自审查的内容不清、范围不清、审查责任不清。三个环节的内部流程浪费了人力,增加了登记主管机关的成本支出,又拉长了内部审批程序,形成了审批"瓶颈",影响了审批效率。由于缺乏独立承担责任的工作机制,造成有责不究、有责难究现象普遍存在;其三,根据司法权与行政权相对独立原则,尽管人民法院可通过"司法建议"的形式提请工商部门核实解决,但不能以判决责令收缴《营业执照》或改变其企业法人登记,人民法院也可以基于行政相对人的诉讼行为对工商机关的登记行为进行司法审查,但法院的审查只能采取基本合理标准。① 因此,通过立法进一步完善对工商登记主管机关在企业注册登记过程中的职责,使企业登记行为作为一种行政确认行为性质具有行政可诉性,从而使企业设立行为与司法监督行为建立起法律上的通道是一个值得探讨的问题。

(四) 我国企业登记审批制度之存在问题

由于当今各国企业立法普通采准则主义,因此,政府主管机关的审批已不是必经程序,但各国立法均对特别行业的审批程序留下余地,如在美国,经营银行、保险等行业须经政府许可,在日本,经营烟草、邮政、电力、煤气等由国家和地方垄断的行业,经营交通、金融、保险、保健、治安、旧货行业、酒类销售业等特定行业与项目需经政府批准。总的来说,国外的企业法绝大多数规定无须官方批准企业的设立。

从我国现行的登记制度看,我国《企业法人登记管理条例》作为最基本的登记法律文件,确立了企业登记的前置行政审批制度,并贯穿于企业法人办理开业登记、变更登记和注销登记的各个环节。根据法律法规,前置性行政审批有两种形式,政府有关部门的审批文件和专业管理部门核发的许可证、资质证等资格证书。由行业审批、主管部门审批、授权审批构成的前置审批制,一定程度上仍是我国现行企业登记管理制度的核心,也是导致企业登记效率低下的主要症结所在,是登记审批程序改革的重点之一。

必要的行政审批是保障公共安全、人民健康、保护重要资源和生态环境的利器,但物极必反,过多过滥的现状令良好的初衷结出了恶果。由于缺乏有效的法律约束,目前登记时涉及前置审批已多达两百多种,除法律法规设定的审批外,众多的规章、"红头文件"等也挤身其中。这不仅抬高了企业设立的门槛,增大了企业变更的成本,收费化趋势也加重了投资者的负担,极大地冷却了投资者的投资热情,而一些部门只审批不管理,将审批简单等同于"盖章发证收费"的作风更是民怨所在,加之行业利益和部门利益的驱动,人为地限制社会资本,尤其是民营资本的进入,强化了行业壁垒。尽管我国在 1992 年就确立要建立市场

---

① 笔者赞同王宇先生在《论工商登记的司法审查》一文中的看法。在工商登记管理中存在着大量的自由裁量情形,一般认为,行政机关应当遵循合理性原则行使自由裁量权。那么,法院根据什么标准来审查呢? 为了兼顾个体利益和行政效率,法院应当采取基本合理的标准。正如老师希望学生都能达到 100 分,但实际达到 60 分就通过一样,法律希望行政机关做到尽善尽美,但出于行政效率的考虑,如果行政行为基本合理,法院就不能撤销或变更。按照基本合理标准,只有在自由裁量行政行为达到明显的不合理程度,即学者所说,"足够的荒谬、错误、无逻辑或有违道德以至于理性的人不会赞同或不能容忍"和程度时才能纠正。参见王宇:《谈工商登记的司法审查》,载《人民司法》2001 年第 8 期。

经济体制，但是当下中国市场仍然处处受掣肘，政府权力对市场的限制仍然过多。据报道，目前海南的餐饮业有近20个"婆婆"，其中包括卫生、防疫、劳动、社保、消防、动检、工商、税务、旅游、质监、公安、物价、环保、环卫、文体、城管、街道办事处等政府部门，还有自来水、排污、治安联防等相关业务部门。一些部门不是为企业服务，而是为了本部门甚至个人利益，寻找各种名目对企业进行收费和罚款，使企业除了正常税费外，还得负担各种名目的收费。①

在核准制逐渐弱化的大趋势下，前置性行政审批的大量存在已构成对现代登记制度的严重挑战。我们并不反对在市场主体设立和市场主体进入某类市场时设立审批程序，也并不否认某些审批设立在当时的背景下具有存在的合理性，对于业已发挥过的作用也应当充分予以肯定。但是全面审视我国现有的企业设立和经营的行政审批制度，可以看到有的当时设立的背景已不再存在，如某些领域对外资进入限制取消后所带来的调整（该类审批制度的任务已经完成）；有的是立法体系上的不统一形成的，如全民所有制企业设立时要求的审批问题（当时的认识水平有限，现有的认识是尽可能撤除篱笆）；有的是因立法时考虑到监管便利而设立的审批制度；有的是部门利用立法草案起草时为部门利益而设立的审批制度，这些情形成为我国重新予以审议的重点内容。

应当感到欣慰的是，我国近几年经过多次行政审批制度改革，目前行政审批的数量大幅度的减少。各级政府着力改革企业登记审批制度，积极探索企业登记审批运行的新模式。浙江等地推行了并联审批制度，建立一厅（站）式审批中心、一门式审批协调服务中心等审批服务性机构，依托工商局企业注册大厅，统一受理企业注册登记及前置审批申请，并通过传真、计算机通讯等技术手段，将企业注册登记前置审批事项传达给相关部门，实行部门前置审批与工商部门注册登记于一体的审批方式。上海市浦东新区立足于实现责任主体由政府部门向市场主体的让渡，试行登记注册告知承诺制，在核定经营范围时，书面告知申请人对从事某一生产经营活动所应当符合或者达到的条件、标准和要求，以及企业应当承担的法律责任，在申请人书面承诺已达到法律、法规规定的条件、标准和要求，并承诺承担相应的法律责任后，对申请人所申请的事项即表示同意或认可，在7个工作日内由审批机关和工商部门分别颁发许可证和营业执照。北京市中关村科技园区推出全新的企业登记注册管理办法，对法律、法规规定需要进行专项许可的项目全部实行了后置审批。这些制度创新取得了一定成效，但因比较零散，整体效应不够明显，另外，在全国性的企业登记管理办法未作出修改之前，地方性的制度调整与改革会遭遇"合法性"之质疑。

---

① 赖志凯、王凡：《海南餐饮业竟有近20个"婆婆"》，载《工人日报》2006年2月27日。

二、我国登记制度进一步完善之思考

（一）企业法人主体资格与经营资格的适度分离

我国现在的企业法人登记（包括公司登记），既审查是否具备法人条件，又审查其经营行为允许的范围，合二为一使得法人登记人为复杂化。

针对营业执照在现行制度安排上担负着企业主体资格和经营资格的双重证明作用，并由用营业执照取得注册文件的做法，国内一些学者曾对此提出了尖锐的批评，并提出了由"统一主义"走向分离主义的解决思路，在具体模式选择上提出了"全面分离主义"和"部分分离主义"的设计。所谓"全面分离主义"是指将准予登记视为企业取得主体资格的程序，而将营业执照的签发视为取得营业资格的程序，同时建立两个相对独立的证明体系，即注册证作为其商事主体资格的证明，而营业执照作为其营业资格和营业权的证明；而"部分分离主义"的思路，是指企业只要经过登记即能合法成立，取得主体资格，此登记本身已经包含对企业一般经营资格和能力的认可，无须单独颁发营业执照加以证明，而若欲经营国家管制项目，则应经过政府有关部门的审批，由此颁发营业许可证。由于此种营业许可已经属于行政许可的范围，故已非企业登记的范畴，且不应作为登记的前置程序，而只能作为后置程序。相比而言，我们主张，"全面分离主义"。基本设想为：

1. 企业登记应当把法人登记与营业登记分开。法人登记只设设立登记、变更登记、注销登记三种，不搞年检。登记事项包括法人名称、住所、法定代表人、注册资本、投资者、行业和类型。经登记主管机关确认颁发《企业法人登记证》，取得法人资格。营业登记事项包括企业名称、地址、经营期限。法人登记与营业登记的关系是法人登记是营业登记的基础，营业登记的正常进行是法人合法存续的正常理由。法人登记时需要立即营业的，可同时申请营业登记，需要建设、装修、筹备的，可待建设装修筹备结束后再申请营业登记，须前置审批的，可办理前置审批，前置审批取得资格后申请营业登记。前置审批未获成功，法人资格可申请注销、变更行业等。重庆市在试行主体资格与经营资格适当分离的公司登记制度时，其实践做法为：申请设立法律法规规定应经许可审批方能登记、且筹建期较长的公司，除涉及煤矿、非煤矿山、客货运输、危险化学品、民用爆炸物品等高危行业，以及依法应由环保部门先行审批的行业外，工商部门可先行颁发营业执照（笔者认为应为《企业法人登记证》），确认其主体资格，经营范围核定为"经营筹建，未经许可审批和变更登记，不得从事经营活动"，营业期限最长核定为一年。待公司取得相关批准文件或许可证后，工商部门再核准变更其经营范围和营业期限，确认其经营资格。①

2. 营业登记与年检合并。营业执照有效期一年，营业期限届满，需要进行年检，通过年检可换领营业执照。不申请年检的视为放弃营业，营业执照自然失效，登记主管机关不再因不登记（不年检）而吊销执照。未通过年检的，视为营业执照到期而停业，营业执照自然失效。无论是不申请年检视为放弃营业，还是未通过年检而停业，企业应进入清算阶段。营业登记时可要求企业提交往年的会计报表、纳税、贷款等信用情况。

(二) 小规模营业免除登记

我国目前采取的是强制登记主义，即凡是从事工商经营活动的任何组织和个人，必须履行登记手续，方能开展经营活动，否则，不仅不能取得法律的保护，还要受到法律的制裁。② 虽然强制登记主义在我国仍有长期存在的必要，但在强制登记主义的适用范围或强制登记的对象上则不应该无所不包，而应有所限制。就绝大多数国家的立法来看，强制登记主要适用于从事连续商事营业的组织和个人，至于临时性设摊者则大多被排除在商事登记的范围之外。日本商事登记豁免针对的是小商人，即营业资金在50万元以下的非公司形态商人；德国商事登记豁免对象包括任意商人（从事农业、林业及其从属业的经营者，以及小商人）以及自由登记商人（包括律师、会计师等，虽然也从事营利活动，但是与工商业不同）。德国在其1998年《商法典》的修订中，还取消了小商人的概念，规定小规模经营者可通过自愿登记取得商人资格。在新加坡，三轮车夫、船夫、修鞋、配钥匙等不发执照。我国台湾地区则对沿门沿街叫卖者，于市场外设摊营业者，农林、渔、牧业者，家庭手工业者，由主管机关所定的小规模营业者均免予商事登记。

对小规模营业实施登记，既增加了营业者的成本，其监管效益与监管成本相比也很不经济，我国应当参照世界各国的规定，对那些分散的、拾遗补阙性的小规模营业活动不必要求登记，这样不仅可以促进就业，活跃市场，同时也不会对市场交易秩序和安全带来很大的影响。

事实上，我国目前也有相关政策规定明确，某些从事经营活动的主体可免予登记。如国务院颁布的自2003年3月1日起施行的《无照经营查处取缔办法》第2条规定："任何单位和个人不得违反法律、法规的规定，从事无照经营。"同时第21条明确规定："农民在集贸市场或者地方人民政府指定区域内销售自

---

① 参见《重庆市工商行政管理局关于进一步放宽市场主体准入促进地方经济发展的意见》（渝工商发 [2006] 37号）的相关规定。
② 按国务院颁布的《无照经营查处取缔办法》（2002年）第21条规定和国家工商行政管理总局颁发的《个体工商户分层分类登记管理办法》（2005）第16条，免予工商登记的仅限于"农民在集贸市场或者地方人民政府指定区域内销售自产的农副产品"和"依照国家有关政策法规对农村流动小商小贩"。

产的农副产品，不属于本办法规定的无照经营行为。"国家工商行政管理总局2005年颁发的《个体工商户分层分类登记管理办法》第16条规定："工商行政管理机关依照国家有关政策法规对农村流动小商小贩免予工商登记，对农民在集贸市场或者地方人民政府指定区域内销售自产农副产品免予工商登记。"由此，联想到我国无照经营问题，在处理无照经营户的问题上，有必要进行区分。对于部分符合企业登记豁免条件的无照经营户给予登记豁免而非坚决取缔。同时，对于不符合登记豁免条件的无照经营户，应当予以坚决取缔，以免造成有法不依、执法不严的局面，进而形成"劣币驱逐良币"的恶性循环。

(三) 取消经营范围登记要求

经营范围一直是我国企业登记的一项重要内容。为了配合2004年7月1日起施行的《行政许可法》，国家工商行政管理局发布了《企业经营范围登记管理规定》（2004年7月1日起施行），足以说明经营范围在企业登记中的地位。企业不但要在设立时对经营范围进行登记，而且在经营过程中还要严格按营业执照记载的经营范围进行经营活动，超越经营范围从事经营活动，严重的还会招致吊销营业执照。但是，在国家层面继续推行经营范围制度的同时，各地却在兴起一股放宽经营范围之风的实践。笔者认为，借鉴国外的立法经验，在登记制度的构建中，有取消经营范围的必要。其理由是：其一，经营范围作为企业登记事项是中国特有的一项制度，并非系国际上的通行做法，在市场经济发达的国家在立法时只有要求企业在章程中列明即可。其二，从国外的企业登记立法发展过程看，在一些国家，即使过去曾有过对经营范围的限制，但现代各国对企业的经营范围的管制有逐渐放宽的趋势，企业登记注册基本上已经没有具体经营范围的登记事项或登记内容。其三，企业的经营范围不应由登记机关来核定，而应由企业自己在公司章程加以确定，这样既可避免登记机关干扰企业自主经营嫌疑，又能通过公司章程的公示让交易第三人了解企业的经营业务领域。如此改革至少有两大好处：一是企业设立过程中不会因为涉及部分项目需要审批而影响其他经营项目的及时运作；二是企业可以针对市场需要及时对生产经营进行调整，不必担心超越经营范围而违法，从而丧失市场机遇，也不必因经营范围调整而屡屡申请变更登记，增加经营者负担。其四，对于法律、法规规定某些企业不可从事的行业或经营领域，只要在法规中明示，要求企业予以遵守即可，并辅之于企业登记机关在登记时予以限制即可。

(四) 强化企业登记的公示功能

信息公示和为市场主体提供服务应成为企业登记的主要目的和功能。因为市场经济对市场信息的要求极为苛刻，既要求信息全面真实，还要求信息及时准确，而私人机构在无利可图的情况下要完成信息的采集、保存、公示工作是难以完成的。这时国家的主动介入就成为必要，具体而言，首先，国家以法律的形式对信息的原始拥有者科以信息公开的义务，由专门机构对信息进行收集、整理、公开，从而建立统一、权威的基础信息源。其次，国家通过建立公告公示制度、信息查询制度和虚假信息的法律责任制度，建立起信息交换体系，以法律的形式赋予信息的使用者自由获取信息的权利。而这正是企业登记中公示制度的内容。通过登记公示，以减少交易的不确定性，保证交易安全、有序地进行。①

我国现行的企业登记制度在信息的公开方面存在明显的不足。首先，现行规定并没有明确当事人履行企业登记信息公告之义务，公告义务主要承担者是登记主管机关。这无益于当事人信用的昭示。其次，现行企业登记资料信息查询渠道不畅。依照国家工商局制定的《企业登记档案资料查询办法》规定，只有"公、检、法、司"等部门才能查阅企业登记档案，律师只有凭法院的立案证明才可查阅企业登记档案，至于一般的社会公众、投资者和中介机构则无法查阅到有关企业登记信息。其三，实践中一些登记机关将企业档案这一公众资讯作为商业秘密加以保护，对投资者和中介机构开展业务产生了很大负面影响。

实际上，企业登记主管机关以其登记活动的权威性导致企业经营行为的公示压力容易形成企业自律，该项作用更应有效地发挥。强化企业登记公示主义原则，要求企业就营业上的一些事实，以企业登记档案的方式予以公示，方能发生法律上的效力。企业营业信息的登记与公开首先内蕴了企业在未来交易中履行债务的实力，而有关的企业名称登记、法定代表人的登记、企业负责人特别印章的登记、企业营业场所及分支机构等信息的登记与公示，均有助于增强相关交易主体对特定企业的信任，从而为企业的商事信用奠定基础。

（五）将登记主管机关的实质审查改为折中审查主义

对登记主管机关而言，在国际上通行的企业登记审查形式主要有形式审查制、实质审查制和折中审查制。

实质审查制度确立的初衷希冀借政府之力阻挡不合格企业之进入，但却忽视了市场淘汰机制对虚假现象的惩罚作用，以政府代替市场主体的评判。在有关申请材料真实性的掌握上，显然申请人比登记主管机关更具有优势，而靠登记主管机关有限的人力与财力与申请人进行博弈，只会演绎出一场"猫捉鼠"的游戏，最终使制度设计沦为立法上的乌托邦。

在效率与安全两大价值的追求中我们可以看到其本身所具有的关联性与矛盾性，企业登记审查的立法模式选择要求必须在效率与安全中寻找二者最佳的均衡点。由于社会和企业的复杂性，企业申请材料中涉及合法与否的内容也呈千差万别的形态，实质审查主义、形式审查主义、折中审查主义，其价值目标并不一致，用折中审查主义的有限标准来替代形式审查主义和实质审查主义，其本身就

---

① 王远明、唐英：《公司登记效力探讨》，载《中国法学》2003年第2期。

蕴涵着效率优先，兼顾安全的价值观，实质上是对实质审查主义价值的一种无奈取舍。企业登记的私法性质要求实体性责任为私法责任，应当由私法主体（企业）来承担，同样在法治原则下，有限政府的理念也不允许进行登记的实质性审查。而且实质性审查不仅会拖延登记程序的及时完成，也会为登记主管机关滥用职权提供方便，必然会影响到申请人的商业效率。同时值得怀疑的是在实质审查中，申请人登记不实给相对人所造成的损害是否要求登记主管机关承担责任，以及此种责任的性质如何理解？都会产生法理上的悖理。

将登记主管机关的实质审查主义改为折中审查主义，即主张登记主管机关有实质审查的职权，但没有必要进行实质审查的义务，登记不能作为推定已登记事项为真实的基础，其证据力如何，仍须由法院的裁判来决定。目前在理论界大多数学者均主张我国的登记审查拟改为折中审查制度，这种审查制度既注意保障静态的交易安全，也注意保障动态的交易安全，同时不影响增进交易效率，真实性与操作性兼而有之。[①] 采这种登记审查制度，需要作以下方面的制度完善：其一，修改《企业登记程序规定》中的相关条款，更科学地体现折中审查主义。其二，建立起虚假申请的法律责任制度体系，以确保登记事项的真实有效。其三，建立起合乎折中审查主义要求的登记审查规程，以强化登记机关及其工作人员的工作责任性。

---

① 浙江省工商局企业处：《对企业登记审查制度的立法思考》，载《工商行政管理》2002年第13期。

第三章 企业组织机构设置制度的评析与构建

研究企业活动，少不了分析和解剖不同企业形态下其内部组织机构设置和运行的基本样态。企业形态差异实际上是企业成员结合规则的差异。而企业结合规则差异主要是指有关企业成员之间以及企业、企业成员关系规范的差异。20世纪 90 年代，在研究国有企业和集体企业的产权制度时时常涉及对其内部领导体制的剖析，在《公司法》颁布后，人们开始研究公司的治理结构问题，那么，公司的治理结构与非公司企业的内部组织机构在法律制度设计上是坚持同一性还是差异性，这些都是值得认真分析和思考的。

第一节 公司治理结构与古典企业组织机构：共性与差异性

一、公司治理结构的制度内涵

公司治理结构（Corporate Governance）一词，我国现行的《公司法》并未援用，但它却是近年来频繁出现于经济学界、管理学界和法学界等众多学科领域的一个概念，也是当前公司法研究领域的一大热点问题。

何谓公司治理，迄今没有形成一个统一的定义，各种表述甚多，可谓是"语义丛林"。一个相对普遍的界定是 1999 年 5 月经济合作与发展组织（OECD）理事会在《公司治理结构原则》中给出的："公司治理结构是一种据以对工商公司进行管理和控制的体系。公司治理结构明确规定了公司的各个参与者的责任和权利分布，诸如，董事会、经理层、股东和其他利害相关者。并且清楚地说明了决策公司事务时所应遵循的规则和程序。同时，它还提供了一种结构，使之用以设置公司目标，也提供了达到这些目标和监控运营的手段"。[①]

[①] 1998 年 4 月，由 29 个发达国家组成的经济合作与发展组织（OECD），根据世界各国的公司治理结构经验和理论研究成果，成立了制定公司治理结构的国际性基准的专门委员会。经过一年多的工作，这个专门委员会拟定了《公司治理结构原则》（以下简称《原则》）草案。1999 年 5 月，OECD 理事会通过了这个《原则》，同时 OECD 和世界银行达成协议，以《原则》为基础，就改善公司治理结构进行政策对话和讨论。1999 年 6 月，"七强集团"各国财长、"22 国集团"代表和 29 个 OECD 国家的部长开会一致表示支持这一协议。《原则》是非约束性的，而且不像国家法律那样具有详尽规定的约束，其目的只是提供参考。政府制定者在审议和制定适用于自己国家经济、社会、法律和文化环境的治理结构法律框架时，可以采纳这些原则。

公司治理在我国得到重视，虽只有七八年时间，却形成了大量的文献和著作。理论界对公司治理的研究尽管还没有形成完整的体系，但它一直是主流经济学研究的重点内容。从开始研究以来，主要关注的是国有大型公司企业的治理问题，如委托—代理制度下的权能分解，分权中的激励—约束、利益主体不一致性、团队生产中的搭便车行为、信息不对称下的欺诈与道德风险等相关问题。

由于分析和强调问题的角度、侧重点不同，学者对公司治理结构所作的揭示也不甚一致。归纳起来，有以下几种典型的学说：

一为制衡关系说。学者吴敬琏在《现代公司与企业改革》中认为："所谓公司治理结构，是指由所有者、董事会和高级执行人员即高级经理三者组成的一种组织结构。在这种结构中，上述三者之间形成一定的制衡关系。"①

二为决策机制说。美国学者奥里弗·哈特（Oliver Hart）在《公司治理：理论与启示》中将代理问题和合约的不完全性作为公司治理存在的条件和理论基础，并将公司治理结构看做一个决策机制。认为治理结构分配公司非人力资本的剩余控制权，即资产使用权如果在初始合同中没有详细设定的话，治理结构将决定其如何使用。②

三为制度安排说。斯坦福大学教授钱颖一在《转轨经济中的公司治理结构》中提出："公司治理结构是一套制度安排，用来支配若干在企业中有重大利害关系的团体，包括投资者、经理、工人之间的关系，并从这种联盟中实现各自的经济利益。"③ 英国牛津大学管理学院柯林·梅耶（Myer）教授在他的《市场经济和过渡经济的企业治理机制》一文中把公司治理定义为："公司赖以代表和服务于他的投资者的一种组织安排。它包括从公司董事会到执行经理人员激励计划的一切东西。"④

从理论上分析，对于现代股份公司而言，两方面原因决定了公司治理结构这种制度性安排十分必要。一方面是由于代理问题的存在，尤其是现代公司中存在着公司的投资者和经营者的委托代理关系，公司组织成员间利益有冲突，需要一套解决代理问题的授权和权力制约的制度性安排；另一方面是契约是不完全的，公司利益相关者之间的利益冲突不可能完全通过契约解决。因此，可以这样认为：第一，公司治理结构是一种制度安排。是为适应公司产权制度的基本特

---

① 吴敬琏：《现代公司与企业改革》，天津人民出版社1994年版，第185页。
② ［美］奥里弗·哈特：《公司治理：理论与启示》，载《经济学动态》1996年第6期。
③ 青木昌彦、钱颖一：《转轨经济中的公司治理结构》，中国经济出版社1995年版，第33页。
④ ［英］柯林·梅耶：《市场经济和过渡经济的企业治理机制》，转引自费方域：《什么是公司治理》，载《上海财经研究》1996年第5期。

点——所有权和控制权分离而作出的一种制度设计,[①] 是一整套赖以指导、控制、管理企业运作的组织机制和规则。它使股权的确立、各权力机关的权限、议事程序、表决方式以及委托代理关系的产生以及取消等在这种科学的制度安排下进行运转。第二,公司治理结构是一种权力制衡机制。它至少包含着两层制衡关系:一是公司内部股东会、董事会、监事会三个主体的分权结构和内部制衡关系;二是董事会与总经理的经营决策权与执行权的分权结构和内部制衡关系。由此来确保各利益主体在一定范围内独立行使权力,以及各种权力相互制约、相互监督,从而保证公司处于最佳有序运行状态。三是公司治理结构是一种建立于特定产权制度上的经济民主形式。在这种分权制衡的治理结构中,各方均有充分表达意志的机会和独立可行使的职权,谁都不能也不得滥用权力和干预对正当权力的行使。由此而论,公司治理结构具有权力配置功能、制衡功能和协调功能。

公司治理结构的出现是企业向现代企业即公司制企业演进的必然结果。在个人独资企业和合伙企业这些古典企业中,投资人自己就是企业经营者,公司治理结构这种复杂的制度设计就成为不必要。试想,在个人独资企业中,由于企业的经营收益是属于投资人的,那么他一定会积极地把企业搞好;另外,他也一定会自我约束,避免作出错误的决策使企业受损,因为投资的损失也是由他来承担的。显然当所有权和经营权统一的时候,激励和约束可以实现匹配和自我强化,公司治理这套运行机制就失去其生存与运行的客观环境条件。

应当注意的是,公司治理结构不能等同于公司的组织机构。公司的组织机构是从静态上来规定公司的机关及其相互之间关系的,处于应然状态;而公司治理结构是从动态上来研究公司的机关是如何组成以及在公司经营过程中各自处于什么地位的,处于实然状态。公司治理结构的内容涵盖了公司组织结构的内容,研究公司治理结构是为完善公司的组织结构服务的。

公司治理结构包括公司治理制度和公司治理机制两部分。公司治理制度主要是关于投资者与经营者之间委托与控制、评价与监督、激励与约束的公司运行制度。它主要包括:一是治理主体,即谁参与治理。企业治理主体是利益相关者。二是治理客体。即利益相关者的权责利关系。三是治理的手段。主要是法治手段。法治是公司治理的基础。公司治理机制是指在公司治理结构配置完备的基础

[①] 经济学家和法学家对股东权,特别是股东投资于公司后对公司所拥有的权利含义的理解往往不同。经济学家说股东有对公司拥有所有权,作为一种抽象,它舍去了具体的限制程序和条件。而法学家认为公司作为法律关系的主体,不可能被股东所拥有,股东所有权仅指对股票的所有权或股权,股东个人若对公司实行全面控制则必须满足严格的法律程序条件(如通过股东会,按一定程序和条件行权)。正如布鲁金斯在其1995年出版的《所有权与控制权:重新思考21世纪的公司治理》一书中所称:"将股东视为公司的所有者是一个错误。"实际上,公司制企业所实施的分离主要是两大分离,一是投资者的股东权与公司的法人所有权相分离,二是公司法人所有权与经营权的分离。

上，如何进行运作、运行及相互协调的动态过程。股份公司治理机制包括外部治理机制与内部治理机制两类，外部治理机制指来自企业外部主体（如政府、中介机构等）和市场的监督约束机制，尤其是指产品市场、资本市场和劳动市场等市场机制对企业利益相关者的权力和利益的作用和影响；内部治理机制，是企业内部通过组织程序所明确的投资者、董事会和高级经理人员等利益相关者之间权力分配和制衡关系，具体表现为公司章程、董事会议事规则、决策权力分配等一些企业内部制度安排。实际上，外部治理和内部治理共同构成公司治理结构，使两者形成了总体的互补关系。

二、非公司制企业组织机构的制度内涵

（一）国有企业的内部组织机构

我国国有企业长期以来在其内部组织机构设置上形成了自己独有的一套组织制度体系，实行"主管部门—企业"模式下的厂长（经理）负责制。具体而言，由厂长经理负责制、企业管理委员会制、职工代表大会制和外部稽察制所构成。[①]

1. 厂长（经理）负责制。是指国有企业的生产经营活动由厂长或经理全权负责的一种企业内部管理制度。在厂长（经理）负责制下，厂长（经理）是企业的法定代表人，在生产和经营活动中处于中心地位。厂长（经理）的产生，除国务院另有规定外，应由政府主管部门根据企业的情况委任、招聘或由企业职工代表大会选举。凡政府主管部门委任、招聘的厂长经理予以免职或解聘时，均需事先征求职工代表的意见；由职工代表大会选举或罢免厂长、经理时，则需报政府主管部门批准。

实行厂长（经理）负责制下，企业党组织在企业中具有政治核心地位，起政治保障作用，保证、监督党的方针政策和国家的法律在企业中的贯彻执行，支持厂长（经理）依法行使职权，引导企业做好思想政治工作。厂长（经理）负责制实施之初，强调党委（支部）不直接插手企业经营管理问题，而鉴于在实践中暴露出来的一些厂长（经理）个人独断专行、缺乏监督和责任机制的情况，根据中共十五届四中全会《关于国有企业改革和发展若干重大问题的规定》精神，企业党组织应参加企业重大问题的决策，以便在企业中形成统一的决策监督机制。

2. 企业管理委员会。国有企业设立管理委员会或采取其他形式，协助厂长、经理决定企业的重大问题。企业管理委员会是厂长、经理的咨询或智囊机构而非决策机构。它由总工程师、总经济师、总会计师、党委书记、工会主席等企业各方面负责人和职工代表所组成，厂长（经理）任主任。讨论方案由厂长（经理）

---

① 实际上，我国国有企业内部领导体制是有过沿革过程的，从最早的"三人团"到"一长"制，再到党委领导下的厂长经理负责制，最后到"厂长（经理）负责制"。

提出，讨论中意见不一致时厂长（经理）有最后决定权。

3. 职工代表大会。职工代表大会是国有企业实行民主管理的基本形式，是职工行使民主管理权利的机构，但它不是企业的决策机构。职代会的主要职权有：对企业的发展计划和重要经营事项提供意见和建议；对工资调整方案、奖金分配方案、劳保措施和企业奖惩方法等涉及职工利益的事项提出同意或否决意见和建议；审议决定职工福利的重大事项；评议、监督企业各级管理人员，提出奖惩和任免的建议；根据政府主管部门的决定选举厂长（经理），或提议罢免，报主管部门批准。

厂长（经理）负责制和党委会、职代会、工会等"老三会"构成了现行国有企业法人组织结构和内部体制。在实际运行中，具有固有的行政性、群众性特征。根据社会主义市场经济体制确立前颁布的《全民所有制工业企业法》的规定，国家对国有企业组织结构的干预主要表现在三个方面：第一，在企业内部组织机构的产生问题上，政府或政府主管部门拥有决定权。按照规定，不仅政府或政府主管部门可以直接委派企业的厂长（经理），而且，即便是职工民主推选的厂长（经理）人选亦需政府或政府主管部门批准，同时，政府或政府主管部门还对副厂级行政系统的领导人拥有一定的决定权。第二，在企业内部组织机构的构成方面，立法确认了厂长（经理）、职工代表大会和党委共存于一体的体制，厂长（经理）负责生产经营决策；职工代表大会对有关职工生活福利的重大事项以及其他与职工利益密切相关的重大问题享有决定权；党委则对党的方针、政策和国家的法律在企业中的贯彻、实施实行监督。这种将职工代表大会和党组织作为企业机构的制度安排，意旨即在于推动企业承担并实现国家所担负的对劳动者的社会责任，以及在企业中切实贯彻国家的意志。第三，在企业内部组织机构的权限问题上，立法给予了多方面的限制，旨在为政府或政府主管部门干预企业运行留下余地或提供依据。其突出体现是确认了政府或政府主管部门对企业决策的参与体制，诸如企业的计划决策权、人事任免权、奖惩权等基本权限均由政府或政府主管部门与厂长（经理）分享。这在实践中显现出不能适应在利益关系错综复杂的市场经济条件下有效地经营管理国有企业的问题。

4. 外部稽察制。对于一些大中型国有企业，还制定了《国务院稽察特派员条例》和《国务院关于向国有大型企业派出稽察特派员的方案》，以财务监督为核心，对企业贯彻执行国家的政策和法律法规情况、国有资产保值增值情况、主要领导成员的经营业绩等进行监督。

国有企业的内部组织机构设置与现代股份公司制治理结构形成明显的差异性，可以说两类企业在相关制度设计上既不同源也不同体。究其原因主要在于：

1. 从经济和企业发展史上看，国有企业的出现不是基于效率目标，而是更多的出于社会目标。建立国有企业的主要目的，一是在于反垄断，尤其是在一些领域与其让私人垄断,不如由国家垄断;二是统一处理外部经济,即处理由于在产权难以界定的领域中存在外部性;三是维护必要的市场秩序,特别是通过国有制贯彻政府定价,保持着某些领域的价格标准;四是承担由于市场不确定所导致的私人不愿意也无法承担风险的发展项目;五是解决充分的就业问题;六是改善经营调节机制,丰富国家宏观调控手段。可见,国有企业是为了实现某些社会政策目标而建立的一种特殊的企业形式,是国家干预经济的一种方式,是弥补市场缺陷的一种手段。所以国有企业与其他公司制企业相比,虽有作为企业法人的共性,更有政府的属性。这就使得国有企业的内部领导体制在其本质上是一种包括国家利益在内的利益平衡机制。

2. 与我国国有企业特有的产权制度有关。从我国现有法律政策分析,国有企业的财产权归国家所有,企业享有的是经营管理权。国有企业所特有的这种产权关系决定了国有企业的决策权、监督权与执行权难以形成一种制衡、合作关系,往往是职权交叉重叠。在经济体制改革以前,我国的国有企业长期以来作为一个政府的生产单位而非市场经济的竞争主体,造成企业运行效率低下。从1979年始,国家开始给国有企业扩大经营自主权,改革经历了放权让利(1979—1983年)、利改税(1984—1986年)、转换经营机制(1987—1993年)、产权制度改革(1993—1995年)、推进公用产品领域民营化(1996年至今)等不同阶段。其中,以1992年为分界线,可以将这五个阶段区分为两个明显不同的时期:绝对不能变动公有制产权时期和国有产权民营化时期。在1992年以前对国有企业的改革主要是沿着传统的法人治理结构这一主线推进的,表现为剩余索取权和控制权在政府和国企的经营者之间分配的变动。在这种体制下很难设立一套内部治理规则。

3. 与长期以来国有企业发展的体制内生性问题有关。我国国有企业发展的主要体制障碍并非是过度的市场竞争,而是自上而下过于严格的行政控制,体现在企业的运行活动中有着"上级主管部门"与国有企业之间浓厚的"父子情节",体现在企业党组织与企业经理者的"哥俩好"。在建立现代企业制度以前的国有企业改革,由于基本上没有触动企业的产权结构,也即没有从资本结构(特别是股权结构)方面去完善和改进国有企业法人治理结构,因此,企业法人治理效率不高,所有者(国家)的权益受到侵害。由于"父子情节"和"哥俩好",国有产权主体虚置,在赋予国有企业经营者经营自主权的同时,没有建立起有效的对企业经营者约束机制,形成了事实上的"内部人控制",使国有企业效益下降,国有资产流失严重。

从产权上讲,国有企业是国家(包括各级政府)所有,这在法律上应该是明确的。问题表现在:没有一套比较完善的制度安排来体现这个所有权;国有企业产权的分割、流动在法律、政策上和实践中都有较大的障碍。由此产生国有出资人错位、多位、缺位和越位并存。第一，表现在作为国有出资人所有权代表的政府没有将国有资产管理职能同公共管理职能分开，此为错位。第二，表现在政府将国有资产管理的职能和机构分散化。如企业的人事任免和对企业国资经营状况的监督，由中央大型企业工委和国有企业监事会办公室负责；收益分配和国有资产变动的认可由财政部负责；企业高管人员的薪酬则由劳动部门审定；企业投资由计委审批等，没有设立统一、独立的国有资产管理机构，此为多位。第三，表现在政府没有将经营性国有资产和非经营性国有资产分开，在经营性国有资产内也还没有真正做到"抓大放小"。结果导致政府在国有资产管理上轻重缓急不清，管理手段雷同，效果不甚理想，此为缺位。第四，表现在政府没有将国有资产的所有权和经营权分开。由此必然导致国家过度干预企业经营活动，制约和影响企业的正常经营，此为越位。

（二）集体企业的内部组织机构

与国有企业一样，我国集体企业长期以来在其内部组织机构设置上也形成了自己的一套制度体系。在我国集体企业的分类中通常将其分为乡村集体企业、城镇集体企业和劳动就业服务企业等，它们各有不同的内部组织机构设置模式。

1. 乡村集体企业。《乡村集体所有制企业条例》针对乡、镇、村、村民小组投资的企业，其内部组织结构规定为：其一，企业财产属于举办该企业的乡或者村范围内的全体农民集体所有，由乡或者村的农民大会（农民代表大会）或者代表全体农民的集体经济组织行使企业财产的所有权。其二，企业投资者依法决定企业的经营方向、经营形式、厂长（经理）人选或者选聘方式，依法决定企业税后利润的分配，有权作出关于企业分立、合并、迁移、停业、终止、申请破产等决议。其三，企业实行厂长（经理）负责制。其四，企业职工有权参加企业民主管理，有对厂长（经理）和其他高级管理人员提出批评和控告的权利，通过企业职工（代表）大会对企业经理管理提出意见和建议，评议监督厂长（经理）和其他高级管理人员，维护职工的合法权益。[①]

按照《乡村集体所有制企业条例》第18条规定，企业财产属于举办该企业的乡或村范围内的全体农民集体所有，由乡或村范围内的农民大会（农民代表大会）或者代表全体村民的集体经济组织行使该企业财产的所有权。企业实行承包、租赁制或者与其他所有制企业联营的，企业财产的所有权不变。乡镇集体资产产权属于各个成员构成的集体，而不是属于集体中的各个成员。上述产权安排的直接后果是集体成员缺乏排他性的产权，产生了搭便车和外部性问题，对集体资产的使用出现了利用不足和过度使用现象。

2. 城镇集体企业。按《城镇集体所有制企业条例》规定，城镇集体企业的

---

① 参见《乡村集体所有制企业条例》第18条、第19条、第22条、第26条。

内部组织结构为：其一，职工（代表）大会是集体企业的权力机构，有权制定、修改集体企业章程；按照国家规定选举、罢免、聘用、解聘厂长（经理），副厂长（副经理）；审议厂长（经理）提交的各项议案，决定企业经营管理的重大问题；审议并决定企业职工工资形式、工资调整方案、奖金和分红方案、职工住宅分配方案和其他职工生活福利等重大事项；审议并决定企业的职工奖惩办法和其他重要规章制度；以及行使法律、法规和企业章程规定的其他职权。其二，城镇集体企业实行厂长（经理）负责制，厂长（经理）由企业职工代表大会选举或者招聘，对企业职工（代表）大会负责，是集体企业的法定代表人。

该条例对城镇集体企业的内部组织结构作出如此规定，固然符合成员直接所有的企业性质，然而对于占大多数的投资型或由外部合作制主体控制的集体企业来说，就存在问题了。于是，又在该条例第32条第2款、第3款补充规定，由集体企业联合经济组织投资开办的集体企业，其厂长（经理）可以由该联合经济组织任免；投资主体多元化的集体企业，其中国家投资达到一定比例的，其厂长（经理）可以由上级管理机构按照有关规定任免。由于法律的规定与现阶段的财产关系及其内在要求脱节，就埋下了法律调整中的某种隐患，在合作暨集体企业的产权归属和政府主管部门究竟有无权力任免厂长（经理）方面引发许多不必要的纠纷。

3. 劳动就业服务企业。《劳动就业服务企业管理规定》中规定，在劳动就业服务企业兴办初期，企事业机关、团体、部队等主办或扶持单位应该指导企业制定管理制度，任用、招聘或者组织民主选举企业厂长（经理）；国有企业作为主办单位的，其厂长（经理）人选可以由主办单位提出，由主办单位和劳动就业服务企业共同确定。[①]

形成集体企业内部组织机构设置与公司制企业治理结构差异性的主要原因在于：人们对集体经济性质界定的模糊性和不确定性。

相对于国有经济全民所有，集体经济自然属于集体所有。然而，劳动群众集体所有在法理上不是劳动者共有，也不是单独所有，而是"集体所有"，"集体所有"又构成社会主义公有制的制度形式。这就产生了两个问题：其一，由劳动者组成的"集体"，其边界是不清晰的，因而集体资产的所有者便是虚置的。《城镇集体所有制企业条例》中规定："城镇集体所有制企业的财产属于劳动群众集体所有"。这里所说的劳动群众集体所有，既不是全民所有和国家所有，也不是劳动者个人所有，或劳动者个人所有的集合。就边界范围而言，劳动群众集体所有也是极端模糊的，人们很难弄清楚劳动群众集体所有是指多大范围

[①] 国务院1990年11月颁布的《劳动就业服务企业管理规定》（国务院令第66号）第11条、第15条。

内的劳动群众,也很难弄清楚指哪一个时段上的劳动群众。毕竟在一个较长的历史时段内,劳动者的就业是处在变动之中的,有人退休,有人调动,有人进入企业,也有人离开企业。产权归属不清,资产收益不能直接量化到企业成员身上,因而,在城镇集体企业中,职工代表大会虽行使决策权,但因无投资者的剩余索取权,对决策的科学性、及时性及决策的后果并不十分关心,自然产生低效率现象。其二,"集体所有"则构成社会主义公有制形式,任何对集体财产的毁损都是对公有性财产的侵害。为改变集体资产投资者长期虚置的现实性问题,政府往往代行了集体资产投资者的权利,从而使政府成为利益相关者,更进一步淡化了集体经济性质界定。其结果是在特定历史条件下,集体企业内部组织机构设置则成为公有制经济条件下对集体企业财产增值保值的一项政治任务,缺乏企业设置治理结构的理性安排。

(三) 合伙企业的内部组织机构

合伙企业本身没有独立的法人资格,加上合伙人之间形成的是财产共有关系、合伙经营关系和连带责任关系。合伙企业的制度特性决定了合伙企业的权利能力和行为能力都没有完全与合伙人分离。法律没有要求合伙企业应设立相应的组织机构,在我国《合伙企业法》中法律赋予每个合伙人平等地参与合伙企业事务管理的权力,从而形成了合伙企业独特的以个人为本位的内部权力配置结构。因此,合伙企业不像股份公司和有限公司那样有专门的法人机关,不可能将内部权力分别在这些法人机关之间进行配置,当然也就难以形成现代企业的内部权利配置结构。

合伙企业没有完整的治理机制,并不意味着合伙企业不需要一套组织管理准则,合伙人也会萌生偷懒行为和道德风险问题。尤其是我国在《合伙企业法》修改后允许存有限合伙的情况下,合伙人之间对经营活动的责权利关系显得复杂,合伙人作为投资人,它们之间作出相应的规定是必要的,但是它尚不构成治理体系,因为,仅有投资者责权利关系的约定尚未能涉及对企业控制人的约束与激励机制的规定。

(四) 个人独资企业的内部组织机构

个人独资企业的特点决定了投资人往往集企业的所有权、经营权、控制权于一身,因此,我国的《个人独资企业法》对个人独资企业内部组织机构的设置以及经营管理人员任职资格没有作出强制性要求和限制,投资人可以自行管理企业事务,也可以委托或者聘用其他具有民事行为能力的人负责企业的事务管理。这就意味着个人独资企业的组织机构的设立完全取决于投资人,法律对企业内部机构设置一般不作要求,由企业根据自身情况而定。个人独资企业的经营管理可由投资人自己管理,也可委托或者聘用他人管理,方式比较灵活。

在偷懒行为和"道德风险"问题十分严重的情况下,以个人独资企业为典型的私人业主制的集权模式就是最有效的制度安排。因为它可以提高监督的效率，又可以减少代理的成本和风险，所以可以说，它是解决企业组织效率的一个"解"。但私人业主制的致命弱点就是投资者单一，财力有限，企业规模小，投资风险大，不能适应社会化大生产的要求，在市场竞争中常常处于不利的地位。在现代市场经济条件下，个人独资企业数量依然庞大，就是在发达国家也要占到企业总数的70%以上，但其营业额只占全社会总营业额的10%左右。

个人独资企业业主"一人说了算"的体制不可能形成与公司治理结构相容的组织机构。

三、公司治理结构与古典企业内部组织机构：共性与差异性分析

（一）对共性和差异性的评析

"企业治理结构"一词实际上并不准确，从其英文原文看，更为严谨的用语是"公司治理结构"或"公司治理"，它主要是指公司制企业（即所谓的现代企业）的治理问题，而很少涉及合伙制和个人独资企业等其他企业形态。因此，对古典企业而言，一般应以"内部组织机构"一词进行表述。

那么，公司治理结构与古典企业内部组织机构二者之间它们的共性和差异性是什么呢？有必要在理论上对其作一较为系统的考察与分析。

公司治理结构与古典企业内部组织机构的共性在于：都会设计出一套可供不同企业形态遵行的内部组织准则；都以处理投资者—经营者及其他利益相关者的关系作为制度设计的核心；组织机构的设置成为不同类企业形态识别的重要元素。

公司治理结构与古典企业内部组织机构二者的差异性在于：

1. 两者产生的制度基础不同。公司治理结构源于公司制度，而古典企业组织机构源于古典企业（合伙企业与个人独资企业）制度。

随着企业规模的扩大和每个企业投资者人数的增加，投资者直接管理企业成为一种成本高昂的行为；同时由于个体之间存在着能力的差异，投资者未必是合格的企业家。因此从市场上选择一个善于经营的人代表投资者管理企业就是理性的选择，委托—代理关系由此产生，所有权和经营权实现分离。但是由于委托人（投资者）和代理人（经营者）是不同的利益主体，具有不同的效用函数，代理人（经营者）又具有偷懒和机会主义动机，因而在委托人（投资者）与代理人（经营者）相比处于信息劣势的情况下，必然有代理成本或激励问题的产生。为了解决现代公司中广泛存在的委托—代理问题，就必须设计一套相应的制度安排，使代理成本最小化，提高企业的经营绩效，这种制度安排就是所谓的公司治理结构。

2. 两者所要解决的问题不同。公司治理结构要解决的是在现代公司中所有权与经营权分离情形下所导致的委托—代理问题，即对代理的激励和约束问题，二者之间的制衡成为公司治理结构有效与否的关键。失去制衡的公司治理结构，

只有两个结果,要么代理人成为傀儡,要么内部人控制(insider control)失控,二者都不利于企业的发展。而古典企业组织机构要解决的问题是经营执行问题。决策权集于投资者之身,在大多数情况下,经营权也集于投资者之身,如果经营权分散于经营者之手,也仅仅为经营过程中的约束而言。

3. 两者的组织架构不同。公司治理结构简单地表述为"三会四权","三会"是指股东会、董事会、监事会,"四权"是指股东、董事、监事和经理之职权。"三会四权"表面看起来是一个有"物理层次"的组织架构,实际上是相互独立和制衡关系的游戏规则整体;而古典企业组织机构并不要求有如此严密的架构体系,在立法上体现出较大的随意性。

4. 两者发生作用的机理不同。良好的公司治理结构所呈现的权力制衡关系依赖于适度分散化的公司股权结构。即公司股权具有相当的分散度,如果股东过少,由于缺乏其他股东的力量平衡,股东之间争夺企业控制权的权力斗争的概率会迅速增加,从而使企业经营陷入困境。但过度分散化的股权结构也不利于保证公司治理结构的有效性,因为如果股东过多且股权比例高度分散(如欧美等国的上市公司),那么每一个股东都不会因自己对企业经营者的监督努力而获得太多的收益,理性的选择只能是"搭便车"(free rider),于是大家就都没有积极性去监督企业的经营者,从而形成经营者大权独揽的内部人控制现象,使企业经营陷入无序状态。因此,理想的股权结构应当是股权既有一定的分散度,又不致过度分散的中间状态,这样相对的大股东就会有动力去监控企业经营者,使之不偏离正常的轨道。

(二) 结论:理性地对待公司治理结构

股份公司诞生至今已有400多年的历史了。股份公司"天生"的缺陷——"两权分离"所引发的代理等问题,斯密早在1776年出版的《国富论》中已有涉及,贝利和米恩斯在1932年出版的《现代公司与私有财产》一书中则作了较为系统的分析。由于股份公司诞生后很长一个时期内,规模一直比较小,股东还可以对管理者进行较为有效的监控,所以"两权分离"所引发的代理等问题并不严重。进入20世纪后,虽然西方主要工业国家许多工业性的公司规模有了迅速扩大,但由于当时这些国家实行工业保护政策和贸易壁垒,使垄断力量迅速发展,缺乏有效竞争,所以大公司的"两权分离"所引发的代理等问题也未明显暴露出来。第二次世界大战后,西方国家普遍开始重建,这个时期各国面临的主要问题是商品普遍短缺,各个公司很容易赚到利润,所以"两权分离"所引发的代理等问题自然也被掩盖起来。而进入20世纪60年代末后,西方主要国家产品普遍供大于求,全球竞争日益加剧,因而长期以来掩盖着的"两权分离"所引发的代理等问题日趋严重。1970年美国最大的铁路公司宾夕法尼亚中央铁路

(Penn Central) 申请破产标志着"两权分离"所引发的代理等问题的"爆发"。①

从此,公司治理结构问题开始提到西方主要国家政府的议事日程,并引起了西方学者们的普遍关注。

对公司治理结构的制度价值,笔者认为应当理性地予以对待:

1. 公司治理结构对非公司制企业并不是灵丹妙药,它有其自身适用的制度环境和客观条件。非公司制企业在对企业内部的管理活动中可借鉴公司制企业合理的制度内核,但不能全盘照搬,应遵循自身发展的客观规律性。社会的进步虽然造就了分工基础上产生的商人阶层,从而进一步演进为企业组织体,但企业组织结构的简单和规模的局限还不至于从客观上迫使控制权与所有权分离,从这个意义上讲,适应自身发展要求的对非公司制企业未必一定要跟随公司治理结构模式。

2. 公司治理结构的建立只是为企业运行机制的高效创造了一种可能、一种制度保证,但它没有也不可能解决所有问题。公司治理结构作为现代企业制度的核心,近年来随着很多有公司之名而无公司之实的所谓现代企业的经营失败而得到了高度的强调。研究者普遍认为,很多改制后的所谓股份制公司之所以出现经营失败,虽然原因很多,但主要的原因却在于这些企业大多还是"穿新鞋走老路",即没有建立规范的法人治理结构。这个观点无疑抓住了问题的本质,因此,我们既不能因为有些企业改制成了股份制公司,却没有按股份制公司的游戏规则去运作并重新陷入困境,而否定改制的必要性、动摇改制的决心、延缓改制的步伐,也不能过于迷信于非公司制企业通过改制而"一股就灵"。

3. 公司治理结构也不能替代对公司内部组织的管理。公司治理与公司内部管理是两个完全不同的制度内容。加强管理是企业永恒的主题,即使法人治理结构没有建立,也就是说企业的所有权分配关系还没有理顺,也并不妨碍企业内部加强管理,因为它与法人治理结构是两个层面的问题(虽然企业内部管理必然受到法人治理结构的影响)。公司治理结构建立得是否规范反映的是股东之间的协调关系和法治意识,而内部管理的水平则反映的是经营者的管理能力和努力程度,二者不可偏颇。经常可以看到许多本来可以通过加强管理而提高效益的企业,却一味地埋怨体制不顺;也有许多建立了法人治理结构的所谓现代企业,由于忽视管理而难以走出困境。这充分说明,建立法人治理结构不是万应灵药,可

---

① 1846 年成立的宾西法尼亚铁路公司,其主营业务是修建连接费城到匹兹堡的铁路并运营它。在 19 世纪 60 年代中期,总工程师即后来的总裁汤姆逊不仅控制了董事会,而且控制了股东会。从 1869 年到 1873 年,该公司控制的铁路里程从 500 英里扩张到 6000 英里,股东会没有任何发言权,公司只是将这些结果在地方报纸上公告或者在公司股东会年度报告中公布。这种控制权结构为其他的铁路公司效法,以至于在 1905 年,两位德国官员参观纽约中心铁路后,惊讶不已,发出"股东大会只是一个摆设,它没有被完全踢开,是因为股份公司的形式需要"。——朱羿锟著:《公司控制权配置论——制度与效率分析》,经济管理出版社 2001 年版,第 25 页。

以包治百病。改革和管理共同促进，才是我国国有企业走出困境的正确选择。

4. 公司治理结构是有制度成本的。在公司内部建立董事会、监事会等机关会发生管理成本；公司制组织架构对实现决策和管理会发生有效率损失。因为与投资者个人说了算或经理层说了算的企业相比，决策程序增加了，形成决策的多数原则也一定程度上限制了企业家才能的发挥（因为，真理可能掌握在少数人手里），同样会产生有效率损失。但是公司制企业尤其是股份公司，之所以仍会选择这种复杂的治理结构，是因为面对公司制企业众多的业务，经营者不可能对每一项业务都有正确的判断，所以需要集中集体智慧。由此可见，建立法人治理结构是必要的，在牺牲一定效率的代价下获得了减少风险的收益是合算的。但对于规模不大、经营比较单一的小企业而言，建立复杂的法人治理结构是否有必要就很难有确定的答案。也许一人说了算对这种小企业的发展更合适（事实上，这种小企业的投资者往往就是经营者）。但随着企业规模的不断扩大，对法人治理结构的需求迅速上升，当前许多发展壮大了的民营企业正在进行的"创业者的自我革命"就是这种需求的集中反映。因此，公司治理结构是与企业的规模和发展阶段相联系的，是一种状态依赖，而不是绝对的依存。

第二节 我国企业组织结构模式的类型化分析

一、企业组织机构模式的类型化考察

（一）企业组织机构模式类型化的考察进路

经过十多年企业立法模式的转换进程，我国企业形态已呈明显的多元化趋势，这必然导致不同企业形态的内部组织结构模式的巨大差异。要全面描述我国不同企业形态的内部组织机构设置及治理结构状况，采取分类比较研究是必然的选择。

基于对企业内部组织机构设置与公司治理结构的基本认识以及对我国不同所有制企业状况的基本判断，国内有学者提出我国企业存在三类治理模式，即政府主导型治理模式、家族主导型治理模式和法人主导型治理模式，并从企业投资者类型与股权结构、内部治理、外部治理等方面作出了较为详尽的分析。[1] 这种分析对于考察单一的公司制企业是必要的，也是有理论与现实意义的。但是，如果从各类企业（包括非公司制企业）综合考察来提炼它们的内部组织机构设置的类型化问题，笔者认为是不充分和不全面的。因此，对企业组织结构模式的分析应突出企业的法律形态，不得不考虑公司制企业与非公司制企业的差异性、股份公司与一般中小有限公司的差异性，就此而论，对企业内部组织机构模型的类型

---

[1] 陈佳贵、黄群慧：《我国不同所有制企业治理结构的比较与改善》，载《中国工业经济》2001年第7期。

化分析应以企业形态为考察分析的基点，然后再结合企业的所有制形态，这样便于洞察到各种类型的质的特征。

在目前阶段，我国企业内部组织机构模型的类型化可概括为三类治理模式：其一为股份公司治理模式，其二为中小型有限责任公司治理模式，其三为非公司制企业结构模式。

（二）企业组织机构模式的类型化样态

1. 股份公司治理模式。根据我国《公司法》的相关规定，股份有限公司的治理结构是由股东大会、董事会和经理、监事会构成的，按照权力机构、业务执行机构和监督机构的权力分立和制衡体制建立相应的制度体系。我国公司治理结构除了遵循股东大会、董事会、监事会和经理阶层的权力制约关系外，还对职工参与公司内部治理结构进行了"例外"规定。同时还规定了独立董事问题。

这种治理模式的基本特点是：

其一，较好地体现了公司治理中的制度功能。使公司治理中的权力配置功能、制衡功能和协调功能得到较好体现。

其二，内部监督与外部监督有机结合，使公司治理机制得以有效运行。

其三，与现代企业产权多元化相匹配。适应了股份公司开拓资本市场对公司治理的要求，成为现代企业典型治理结构模式。

其四，我国的股份公司治理模式具有诸多中国特色。具体表现在，既在《公司法》中采取了类似于组织控制型模式的组织机构设置，又在实际操作中执行着近似于市场导向型模式的运作方式，并且尚未形成创新组合的规范，致使现实中公司治理结构的有形组织架构无法发挥应有的无形制衡功能。

应当注意到，我国股份公司治理结构作为一种微观制度安排，其产生和发展具有与发达市场经济国家不同的初始状态和约束条件。首先，作为宏观经济体制改革的一个组成部分，公司治理结构的诞生和发展必然受到客观制度环境和传统计划模式的影响和制约。其次，股份公司的治理结构是一个人为设计的并以干预为主导的制度创新和突变过程，而不是一个伴随现代企业的发展应运而生的自发演变过程。

2. 中小型有限责任公司治理模式。中小型有限责任公司在我国不但数量大，而且组织形式多样（如国有独资公司、一人公司、具有家属企业特色的有限责任公司等），治理模式不同于股份公司，其基本特点表现为：

其一，治理机关的构造具有一定的灵活性，并没有固守股份公司的内部机构设置要求。就股东会的设置上，对于一人公司（包括国有独资公司）法律没有要求必须设立股东会。在董事会与监事会的设置上，法律没有严格要求有限责任公司非要设置董事会与监事会，对于那些股东人数不多，公司经营规模不大的有限责任公司可以只设执行董事和监事。在职权划分上，董事会往往由股东个人兼任，机动性权限较大。董事会职能虽然也是监控，履行的是对经理层的监控，但其自身特点决定了董事会可能会更多地参与企业的经营管理。

其二，在法人治理结构的实际运行上，形成形式上的现代企业而实质上的古典企业。这在民营有限责任公司中表现得较为明显。绝大多数的中小型民营企业因为规避无限责任的风险、减少企业负外部效应和增加商业信誉的需要采用了公司制的形式。但各股东事实上仍遵循"古典企业"的原则，出资人与企业家的职能合二为一。由于历史的原因，我国的中小企业可以分为两类：一类是家族制中小企业；另一类是因国有企业（包括集体企业和乡镇企业）改制而衍生的中小企业。由国有企业改制而衍生的中小企业在产生方式、股权结构、制度安排和组织结构上与国有企业有着割不断的联系，这类中小企业的公司治理更具有特殊性。如在"国退民进"的企业改制潮流中，一些地方政府没有能力买断职工，就安排部分债转股，职工变为股东，但企业的控制权完全控制在经理层。应当看到，中小企业组织结构演变是中小企业治理中的一个关键问题，如何构建一套符合中小企业发展规律的组织结构，对中小企业治理的结构稳定有重要意义。[1] 我国中小企业形式上的现代企业与实质上的古典企业（所有权与经营权没有分离，董事会几乎不起作用）给公司治理提出了新的问题，即中小股东的委托—代理问题。

其三，民营性质的有限责任公司内部治理结构中"家族化"现象较为普遍。家族企业就是由家族成员控制并占有控股股份，家族成员在其中占据控制地位的一种企业形态，家族企业的主要特点是家族拥有绝对占优势股份，并拥有企业大多数控制权和剩余索取权，家族承担着企业经营的主要风险。[2] 据中国私营企业

---

[1] 欧阳文和、杜炎：《中欧中小企业公司治理比较》，载《商业时代》2005年第27期。

[2] 对何谓家族企业，目前相关研究可综述为：美国著名企业史学家钱德勒（1977年）对其定义为："家庭企业是企业创始者及其亲密的合伙人（和家庭）一直掌有大部分股权。他们与经理人员维持紧密的私人关系，且保留高阶层管理的主要决策权，特别是在有关财务政策、资源分配和人员选拔方面。"从钱德勒的定义看，这种家族企业并不是指由家族成员掌握全部的所有权和经营控制权，而是一种大部分和基本掌握上述两种权利的企业组织形式。这个定义未将家族企业的外延全部包括进来。潘必胜（1998年）认为当一个家族或数个具有紧密联盟的家族拥有全部的或部分所有权，并且直接或间接掌握企业的经营权时，这个企业就是家族企业。他还根据家族关系渗入企业的程度及其关系类型，把家族企业分为三种类型：（1）所有权和经营权全部为一个家族所掌握。（2）掌握着不完全所有权，却仍能掌握主要经营权。（3）掌握部分所有权而基本不掌握经营权。这个定义外延较宽，但第三种类型是否是家族企业目前有很多争议。我国台湾地区学者叶银华（1999年）根据以前学者的研究，提出以临界控制持股比率将个别企业的持股结构的差异性与家族控制程度纳入家族控股集团的认定。于是具备以下几个条件就可以认定为家族企业：（1）家族所控制的持股比率大于控制持股比率。（2）家族成员或具有二等以内亲属当任董事长或总经理。（3）家族成员或具有三等以内亲属担任公司董事超过公司全部董事席位的一半以上。甘德安（2001年）从系统论的角度把家族企业定义为是由一个以传统文化为核心，注重人际关系网络，两权没有完全分离，企业生命周期与创业者和家族息息相关，决策常以集中的形式由财产所有者作出，企业重要的职能通常由家族成员担任的一个开放的非稳定系统。而且公司治理结构是区别一个企业是否是家族企业的一个尺度。——谷少永：《家族企业的治理模式选择分析》，载《沿海企业与科技》2007年第5期。

研究课题组对全国私营企业抽样调查显示，50.5%的已婚企业主的配偶在本企业担任管理工作，9.8%负责购销；20.3%的企业主的成年子女在本企业做管理工作，13.8%负责购销。在所有管理人员中，投资者占26.7%，企业主亲属占16.8%，企业主同乡占5%，在社会上招聘的占44.2%。另外，投资者中有12.9%的人是企业主的亲属。可以说，今日中国私营企业大都是家族企业。

家族企业从创业开始，在其不断发展的过程中，根据其所有权结构的变化，大致分为：业主制阶段→准家族制阶段→混合制阶段→公众公司阶段四个阶段。家族企业内部治理随企业资本规模扩大，经由从业主治理→家族治理→泛家族治理→职业化治理的演进次序，符合事物发展的内在逻辑规律。

在不同阶段，家族企业内部组织机构的设置具有很大的差异性。在业主制阶段，所有权基本上集中在业主一个家庭或几个为数不多的亲朋好友之间，企业的经营权和所有权合二为一，家族也将企业的控制权和剩余索取权集于一身，不存在所有权和经营权分离带来的委托代理成本。家族承担了经营的风险，同时也是企业经营成功的受益者。随着家族其他亲缘关系者，如"五缘（血缘、亲缘、地缘、学缘、业缘）"关系者的加入，在企业所有权上打破了业主100%的占有权，所有权有所分散，进入了家族企业发展的准家族制阶段。所有权在家族内进一步分散，家长的权威也随之降低，上升到一定阶段还会引发种种的家族内部冲突。解决的办法是引入家族部分成员的代表加入到重大决策过程中，决策体系的重建，使得家族企业的治理结构发生改变，此时涉及决策机构的人员组成、产生办法、激励约束机制的建立等。这时它已经具有了现代公司治理结构的雏形。

应当认为，尽管家族治理在企业初创阶段具有一些其他治理结构所无法比拟的制度比较优势，在市场不成熟、规则不健全、信息不完备，特别是信任制度欠缺时，家族关系作为一种具有明显比较优势的廉价组织资源，能够较好地弥补市场缺陷。但从总体而言，这一治理结构会随着企业的规模和交易半径的扩展不断内生出一些机制性问题。家族企业在业主制阶段和准家族制阶段，由于产权结构过度集中，股权社会化失灵；管理和决策具有独断性，缺乏集体决策机制；伦理管理（家长制）取代了经济行为规范，委托—代理关系失灵。另外，在家族企业中还会产生诸如家族企业投资者与家族企业经营者之间的代理冲突，家族企业投资者中的控制性股东与其他家族企业投资者之间的代理冲突，家族企业投资者与非家族企业经营者之间的冲突，以及作为控制性股东的家族企业投资者与作为中小股东的非家族企业投资者之间的代理冲突等诸多治理中的问题。

另外，家族企业与现代企业也会存在较大的差异性与不相适应性：（1）家族企业中家族成员之间财产关系的模糊性与现代企业"产权明晰"的内在要求不相适应；（2）创业家族有限的物质资本动员能力与现代企业追求规模经济与范围经济的内在要求不相适应；（3）家族企业内部产权（索取权与控制权）配置结构的封闭性与现代企业专业化分工管理的内在要求不相适应;(4)家族企业中企业家生命的时效性和不可继承性与现代企业对企业家人力资本再生机制的内在要求不相适应等等。因此,现代公司制度虽然未必是企业成长的前提,但它却是现代企业持续成长的制度保证和最终归宿。[①]

3. 非公司制企业的集权化/分权化结构模式。非公司制企业的内部组织机构的设置模式,大致有以下两种:

其一,集权化组织模式。即企业内部组织机构设置比较简单,管理层面基本为二级式,企业主或企业的开办者完全控制着企业的生产经营活动,下设二级管理层,具体负责实施最高领导层的经营决策。这种组织模式属于典型的集权式直线职能制,普遍存在于规模比较小、产权比较集中、内部管理层次不复杂的独资或合伙企业中。

就个人独资企业而言,所有权与经营权出现高度合一,企业由一个人拥有并经营,业主本人既是"委托人",同时也是"代理人",不会产生"委托—代理"链中常见的机会主义风险。如有家族成员共同参与经营时,企业内部形成差序格局的等级制度,往往是业主处在"家长"的位置,成为企业的最高权威,以其为首形成的等级制结构是一种差序式格局,是私人关系搭建起的蛛网,从蛛网中心至外围,私人关系的紧密程度和信任程度逐渐递减。个人独资企业由于业主个人资源的有限性,以及这种所有权与经营权出现高度合一的产权结构与组织结构,决定了企业的规模偏小,仅靠自己的资本积累很难做大做强,难以抵抗现代市场经济的大风大浪,难以实现规模经济。因此,这种类型的中小企业虽然产权很明晰、责权利高度一致,但是,它却可能在市场竞争中处于不利地位。

在合伙制的中小企业里,每个合伙人的产权实际上并不明确。当企业处于创业初期的小规模时,这种产权不明确的问题还不算突出。但是,一旦做大之后,这种由产权不明晰所引发的问题,即利益冲突和决策冲突就凸显出来了。许多中小企业都是由于这种合伙制所引发的内部产权冲突而导致衰落的。

其二,相对分权化组织模式。即企业内部设有相对完善的组织架构,但尚未建立健全有效的企业治理机制。比如在管理委员会、党组织、工会和职代会等机构设置方面虽然取得了突破,但规范性欠佳,发挥的作用有限,没有真正形成内部有效制衡的法人治理结构。这类组织模式比较集中于国有企业与集体企业上。

国有企业相对于个人独资企业而言,其固有缺陷是明显的。既缺乏利益人格化的所有权主体,又缺少较合理的监督。理论上的所有权主体即全民从未行使过所有者权利,实际上也无法行使。各类国有产权代表在代理所有者行使职能时,立法既没有对其如何用好控制权作出充分激励和责任,也没有对其如何用好控制

---

① 高程德:《现代公司理论》,北京大学出版社2000年版。

权作出有效监督和制约。

集体企业也存在类似问题。在集体企业法中,虽然也注意到建立一定的内部组织机构的重要意义与制度价值,并试图通过设置一定的组织机构来解决决策问题、执行问题和监督问题,但是与公司制企业的法人治理结构相比较,仍有不少差距。如今相当部分的集体企业是由最初的投资者设立,经过多年的共同劳动积累而成的。在经营过程中由于企业职工的离岗退出、吸纳加入以及企业的解散倒闭等一些问题,冲击了集体企业不可分割的公共积累的企业财产制度,也影响了对集体企业经营者的激励与约束机制的建立。

综合上述两种模式,笔者认为,无论是何种模式,其共性在于:企业的创始人员或企业的投资者对企业的控制仍扮演重要的角色。无论是个人独资企业、合伙企业还是国有、集体企业,企业的控制权主要在企业的创始人员或国家所寻找的代理人中加以配置。由于私有企业发展历史短,国有集体经济的存在,及资本市场的不成熟等原因,我国现有的大多数非公司制企业均具有这些特点。

二、影响企业组织机构类型化差异的因素分析

(一) 产权结构对企业内部组织机构设置的影响

从公司法人治理结构产生的历史和逻辑来看,它和产权结构有着渊源关系。投资多元化产权结构的存在是决定公司需要建立治理结构的基本前提。

由于有限责任公司与股份有限公司的产权结构是有所不同的,因而,公司内部治理结构的设置也会有所区别。

有限公司股东与公司经营关系密切,他们都或多或少的具有参与公司经营和监督的意愿,希望掌握公司的直接控制权。相反,许多上市的股份公司的股东仅仅是因为公司经营与股票卖个好价钱有关,才对公司保持一种若即若离的关心。

有限公司股东所持股权不像股份公司的股份,不可拆分为小面额股票,同时也没有公开的市场可以交易投资份额,导致了有限公司股东退出公司的成本相对较大,股东就更有必要加强对公司的控制。

有限公司股东资格一般都是在设立时取得的,与股份公司投资者在股市上购买股票成为股东不同,有限责任公司的运营更加注重股东之间的协商,法律应当尊重股东的意思自治,股东可以根据公司特点自行对公司运行方式进行一定程度的创设。

有限责任公司一般股东人数较少,具有较强的人合性和封闭性,这种特点决定了其在组织机构和经营管理方式上有较大的灵活性,其治理模式往往根据公司的不同发展阶段和发展规模而有所不同。

有学者认为,有限责任公司的治理结构可根据公司的不同情况分为五个阶段:第一阶段是一人股东阶段,公司不设股东会,只设执行董事,股东一身兼三职,股东、执行董事和总经理兼一身,如果是法人股东,公司设立董事会,董事会与非一人公司的董事会相同。第二阶段是创始人与股东均参与经营活动阶段，这种公司往往处于发展阶段，全体股东均参加股东会，在股东之中推选一人担任执行董事并选聘为总经理。第三阶段是创始人、多个股东聘请职业经理阶段，公司引进职业经理人参与公司的治理，公司内部逐渐形成三权分立的治理结构。第四阶段是加入新的自然人股东阶段，自然人股东进入公司，将会引起公司内部治理结构的变化，如果是小股资金的加入，公司的治理结构可能不会引起大的变化，变化可能在于建立一个董事会；如果是大额资金加入，可能会引起对于是否建立董事会、董事长的设置以及谁来担任该职务就有一个协商的过程。第五阶段是引入法人机构或法人股阶段，其重要的变化是重新建立董事会，按照入股比例来重新配置权力分配，股东的利益不再是几个自然人股东的利益，权力制衡成为必要。[①]

就公司制与非公司制企业比较而言，非公司制企业中的国有企业、集体企业与个人独资企业由于产权单一，在其内部机构的设置上就很难建立公司制所特有的治理结构。因为，从一定意义上讲，没有财产所有权分割就不会有利益分割，没有利益分割就不会有权力分割，没有权力分割就不会有权力制衡。由此可见，没有多元化的产权主体，企业内部权力的分割与制衡就缺少相应的产权依据，建立企业法人治理结构就会失去现实性基础。

(二) 股权结构对企业内部组织机构设置的影响

所谓股权结构是指公司股东的构成，包括股东的类型及各类股东持股所占比例、股份的集中或分散程度，股东的稳定性、高层管理者的持股比例等。股权结构的安排，影响法人治理机制的运行。

发达市场经济中公司运作的历史表明，公司股权集中度与公司治理有效性之间关系的曲线是倒 U 形的，股权过分分散或过度集中都不利于建立有效的公司治理结构。如果股权过分分散，股东数量过多导致单个股东作用有限，股东行使权利的积极性受到抑制，容易导致所有股东都怀着"搭便车"的心理。如果一股独大，控股股东擅权独断，高层经理人员唯大股东之命是从，小股东因为份额过小而忽视权能的行使，小股东就会采取"用脚投票"机制，从而使大股东失去来自其他股东的有力约束和制衡。

有学者根据其对公司股权结构与公司经营运作治理机制之间的相关性分析，发现具有一定集中度、有相对控股股东，并且有其他大股东存在的股权结构，比高度集中和高度分散的股权结构，更有利于公司治理机制作用的发挥。[②] 也有学者研究了股权结构的适度性与公司治理效率的关系，认为风险成本与股权集中度

---

① 魏秀丽：《有限责任公司治理：一个演进的视角》，载《经济体制改革》2005 年第 6 期。
② 孙永祥、黄祖辉：《上市公司的股权结构与绩效》，载《经济研究》1999 年第 12 期。

关系的平面描述是过原点的一条曲线,斜率为正;而治理成本与股权集中度的关系则是凸向原点的一条曲线,风险成本与治理成本曲线(直线)的交点也是两者之和的最小点,此处所对应的股权集中度也就是他所称的"适度的股权结构"。[①] 在我国的一些上市公司中,过高的国有股比重弱化了股东大会和董事会的作用。股权的过分集中易于形成董事和经理的"合谋",散兵游勇的小股东难以形成对公司运营的实质影响。

(三) 内部人控制行为对企业内部组织机构设置的影响

所谓内部人控制是指在企业所有权和经营权分离条件下企业经营管理人员利用企业制度和其拥有的信息垄断优势在事实上掌握企业的控制权。

内部人控制并由内部人积极行使控制权来经营企业,对股东—企业投资者来说并非有害,因为内部人一般都是具有企业家才能的职业经理人,由这部分人管理企业,股东可以用相对较低的委托成本来获取公司收益,得到投资者的好处。但是,"信息不对称"客观存在,内部人可能会利用其实质上的经营决策权作出对自己有利的选择,或者产生不以股东利益最大化作为目标的道德风险,导致企业资产收益率下降,这就是我们常说的内部人控制问题。

实际情况,是在内部人控制,而内部人又缺乏职业经理人的受托责任感时,一些内部人会轻易地控制和操纵企业原有的治理结构,使企业治理结构中的监督机制形同虚设,导致企业决策和运作以内部人和关键人为核心,无视委托人权益,进而在企业治理中滋生侵犯委托人利益的行为。

内部人控制所发生的不当行为主要表现为:其一,受自身利益的驱动,更多地以追求个人报酬最大化替代企业价值最大化的目标。其二,受内部职工压力的影响,更多地把追求企业内部人的收入福利最大化作为企业目标。出现通常所说的"穷股东、富职工"。其三,出于提升自我人力资本价值的考虑,更多地把追求个人地位作为首要目标,导致经营上的短期行为或信息披露不规范。如在公司遇到改革或重组良机时,担心个人职位被贬或过度担心风险而阻挠改组,在遇到与个人升迁有利的机会时却不顾长远目标或不顾风险而贸然从事;对于公司存在的潜在风险不作预警分析或隐瞒不报,造成公司处于上升期的假象,达到升职的目的,最终侵害股东利益。

企业内部治理是投资者对经营者的一种监督与制衡机制,即通过一种制度安排,来合理地配置投资者与经营者之间的权利与责任关系。它是通过股东大会、董事会、监事会及管理层所构成的企业治理结构及其相关机制来实现。当一个企业出现内部人控制所发生的问题后,内部人控制却反过来又破坏企业治理机制,出现监督者(委托人)与被监督者(代理人)目标歧义的难题。

---

① 马连福:《股权结构的适度性与公司治理效率》,载《南开经济评论》2004年第4期。

人们发现，设立企业制度只能在与经营者的合约上明确涉及的方面对经营者有约束作用。但由于合约主体（委托人和代理人）之间信息的不对称性，委托人总会存在一些合约无法约束的"剩余行为"，由此所造成的后果往往是委托人不清楚的，从企业制度的组织结构上设置控制机制总会存在盲区。

解决这个问题的一种办法就是把"剩余行为"的随机控制权交给与行为人关系最近的监督者，如董事会监督总经理，总经理监督部门经理或分公司经理，强化这种随机监督的办法。解决这个问题的另一办法是依靠市场合约，把企业制度难以顾及的行为人的"剩余行为"与行为后果，置于严酷的市场竞争过程中，进而把行为控制权交给当事人，把本来由企业承担的监督成本转化为当事人的违约成本。这就是外部监控机制。资本市场和经理市场竞争机制所包含的隐性契约，具有企业内部制度所达不到的功效。

（四）投资者责任形式对企业内部组织机构设置的影响

无论是从企业作为"价格机制的替代物"还是从"企业是一系列契约的联结点"来看，企业的产生无疑节约了交易成本。但在不同责任机制下对交易成本的节约是有差异的。有限责任作为一种新型的责任制度节约了交易成本。这是因为，就投资者投资行为的心理分析，有限责任的股东仅以自己的出资对公司或者企业承担风险，投资风险被限定在较小的范围内，有限责任公司准许股份或股权的可转让性，又将风险降低到更小。在这种制度的引导和推动下，公司股东们不必因承担无限责任而亲自去参与企业的日常经营管理事务，可以放手让一些职业经理者去从事企业的经营活动，这样的一种制度安排将推动"二权分离"制度得以实现。

但是有限责任制度的另一方面又使企业内部组织在"二权分离"框架形成后产生投资者对经营者的怠于监督与控制现象。这是因为投资者的有限责任将投资风险降低到最低，经营者的内部控制行为损害的是企业的利益，并不等于直接损害投资者的利益，当企业经营本身已亏损，投资者已难以从企业中获取可分红利时，一些投资者就会认为对经营者的监督与控制已成为不必要，这势必影响企业内部组织机构的运行与设置效率，使得一项本来就有较好制度价值的机构设置模式反而成为影响企业效益的异物。

三、余论：我国企业内部机构设置应进一步完善

综合对不同类型企业形态内部组织机构设置的考察，笔者认为：

第一，应尊重不同企业治理模式的固有性与演进性规律。我国不同企业的三类机构设置模式是在我国经济市场化改革的背景下逐渐演进形成的，而且随着市场化改革的深入，这些机构设置模式会逐渐得到进一步改善。从发展趋势看，政府主导型模式将随着国有企业改革的深化而逐步减少；家族主导型在中小型私营企业还将长期存在；股份公司治理模式主要存在于大集团公司、上市公司以及合

资企业中，它将成为我国企业的一种典型治理结构，起到十分重要的示范作用。

第二，应客观地对待不同企业机构设置模式的差异性。股份公司与中小型有限公司在机构设置模式选择上应坚持其差异性，公司制企业与非公司制企业在组织机构模式选择上也应坚持其差异性。这是基于以效率为考察出发点的。

第三，应注重提高企业机构设置的有效性。企业机构设置的有效性与产品市场、资本市场和经理市场的发育程度以及对利益相关者相应的制度安排十分密切。目前，无论是哪种模式，都没有充分利用兼并、收购、重组、破产等市场机制来改善公司治理效率，这显然与我国目前的市场机制不够完善有关。

第四，重视对董事和经营管理人员的激励机制。设计多元化、激励性的薪酬制度来调动经营管理者的积极性。一般而言，现代公司经营管理者的薪酬结构是多元化的，既包括固定收入（如基薪），也包括不固定或风险收入（如奖金、股票等）；既含有现期收入，也含有远期收入（如股票、股票期权、退休金计划等）。风险收入应该占有相当的比例，以保证经营管理者的积极性。

第五，建立起一套适应我国国情的公司治理规范与治理原则。借鉴国际经验，结合我国国情，既制定对治理结构有强制影响力的法律规定，又制定与市场环境变化相适应的、具有非约束性和灵活性的公司治理原则。

第三节 企业组织机构设置模式的境外法考察

一、境外的实践

(一) 中小企业治理模式的比较法考察

1. 亚洲中小企业的家族式治理模式。在东南亚国家，以及我国台湾地区和香港特区，许多公司都是由家族控制的，表现为家族占有公司的相当股份并控制董事会，家族成为公司治理系统中的主要影响力量。

日本是一个具有浓厚东方传统文化色彩的发达资本主义国家，其家族企业的管理理论和方法，一方面是引进欧美国家先进经营管理方法进行移植和再创造的过程，另一方面又体现了某些鲜明的"经营家族主义"特征。在家族制中小企业中强调"和亲"，注重企业内部人事关系的协调与和谐，并以忠诚意识和归属意识为核心，激发员工对企业的忠诚与献身精神。"自下而上"的禀议决策制度成为日本企业经营决策的方式，终身雇用制、年功序列工资制、企业工会制成为日本中小企业管理的三大支柱。

考察东南亚其他国家和我国香港特区、我国台湾地区的华人企业，我们会发现家族式治理是一个非常普遍的现象。这里面包括一些规模巨大的企业，例如我国香港特区的李嘉诚家族、我国台湾地区的王永庆家族、印尼的林绍良家族等。这些家族企业的规模和效益已经进入了世界前列。

家族治理模式的特点是公司中"一股独大",经理人容易通过串通大股东控制公司的重要决策而侵犯小股东和其他利益相关者的利益,造成对"内部人控制"的失控。

这种模式形成的原因至少有两个方面:一是儒家思想文化和观念的影响;二是政府在推动经济发展的过程中,对家族式企业的鼓励发展政策。这种家族式治理模式体现了主要投资者对公司的控制。在这种治理模式下,主要股东的意志能得到直接体现,因而,理论上也可称为股东决定直接主导型模式。这一模式的缺点也是很明显的,即企业发展过程中需要的大量资金从家族那里是难以得到满足的。而在保持家族控制的情况下,资金必然大量来自借款,从而使企业受债务市场的影响很大,始于1997年7月的东南亚金融危机也反映出家族式治理模式的弊病。

2. 其他市场经济国家的治理模式。除了亚洲外,其他市场经济国家中,中小企业以组建有限责任公司为主要形式。但也有一定的个人独资企业、合伙企业等非公司制企业存在。资料表明:美国在20世纪90年代中期,共有企业2100万户,其中独资企业约为1400万户,占企业总数的66.7%;合伙企业约250万户,占企业总数的11.9%;公司约450万户,占企业总数的21.4%。加拿大的情况也大致相当,在1993年—1994年财政年度中,新登记的独资企业有5.2万户,合伙企业有1.8万户,公司有3.8万家。[①] 对于中小企业的治理模式一般均遵守效率原则,并不十分强调治理模式的复合性和复杂化。

美国著名学者和管理专家钱德勒在其所著的《看得见的手——美国企业的管理革命》一书中,从企业史的角度考察了现代工商企业管理阶层兴起的进程,他展示给读者的是美国企业治理结构总体上的演变过程。根据钱德勒的研究,得出的结论是,由于技术上的原因,1840年前,美国还没有出现需要由专门的支薪经理来协调和管理具有多单位的工商企业。铁路和电报出现后,为生产和生活提供了迅速、定期及可靠的运输与通讯方式,为大量生产和分配提供了必不可少的物质条件,现代工商企业才得以产生和发展。"当多单位工商企业在规模和经营多样化方面发展到一定水平,其经理变得越加职业化时,企业的管理就会和它的所有权分开。"[②] 根据企业所有权和管理权之间的关系,钱德勒把资本主义企业分成三类:第一类企业的投资者直接管理企业,这类企业称为个人企业。第二类企业内部已经出现管理层级和经理人员,但是企业创始人及其最亲密的合伙人(和家族)仍掌握有大部分股权,且保留高阶层管理的主要决策权,这种现代工

[①] 有关资料数据出处见王妍:《中国企业法律制度评判与探析》,法律出版社2006年版,第23页。
[②] 艾尔弗雷德·D. 钱德勒:《看得见的手——美国企业的管理革命》,商务印书馆1987年版,第9页。

商企业称之为企业家式或家族式的企业。第三类企业的管理权和所有权发生了分离，企业的经营管理由专门的经理人员负责。这种被经理人员所控制的企业称之为经理式企业。钱德勒考察的美国企业的三类形态中，实际上第一类和第二类企业多为中小企业，其实行的治理模式与现代股份公司，即第三类企业有较大的差别。这也印证了这样一个命题：个人企业向现代工商企业演进的历程，从企业治理的角度看，实际上是一个企业所有权从集中到分散、管理控制权从业主手中逐步转移到职业经理手中的过程。

（二）股份公司治理模式的比较法考察

1. 日本和德国的股份公司内部治理模式。这种公司治理模式被称之为内部治理模式，也称组织控制型模式。其特点是：其一，财团、银行持股，大股东监督，集体决策以及高级管理人员的终身雇用。银行等金融机构通过持有公司巨额股份或给公司贷以巨款而对公司及代理人进行实际控制。其二，公司及代理人决策受到基于公司之间环形持股的法人组织的支配。日本和德国的企业与企业之间，企业与银行之间形成的长期稳定的资本关系和贸易关系构成一种内在机制实施对经营者的监控和制约。

在日本，银行基于特殊的主银行制度，依其对公司的长期贷款与直接持股而实现对公司重大决策的参与，公司之间的相互交叉持股则抑制公司的独立决策，而公司之间与主银行之间相互交叉持股则又挡住了资本市场对其各自的压力；在德国，银行等金融机构同样主导公司融资及公司控制，大银行常依其在公司的巨额持股与对小股东投票权行使的代理而主宰公司的重要决策机构，并以此对代理人施压与激励，同时，大银行尚以其对公司巨额投资的长期化限制公司股票交易的数量。另外，日德模式对公司长期利益与集体主义的信奉，亦使其组织控制机制得到了强化。

如果将日本与德国两国之间的治理模式比较，日本公司的治理模式更体现出一种经营阶层主导型模式。因为在正常情况下，经营者的决策独立性很强，很少直接受股东的影响，经营者的决策不仅覆盖公司的一般问题，还左右公司的战略问题，且将公司长远发展处于优先考虑地位。而德国的治理模式更体现出一种共同决定主导型模式，在公司运行中，股东、经理阶层、职工共同决定公司重大决策目标、战略等。

2. 英美的公众公司外部治理模式。英美公司治理结构模式根植于18世纪末，当时，两国证券市场业已非常发达，大量企业以股份公司的形式存在，其股权高度分散并容易流通，股份分散在个人和机构投资者手中，个别股东发挥的作用相当有限；银行不能持有公司股份，也不允许代理小股东行使股东权利；机构投资者虽然在一些公司占有较大股份，但由于其持股的投机性和短期性，一般没有积极参与公司内部监控的动机。外部发达的资本市场及其作用机制无疑是英美公司治理结构模式得以根植并在发展中得到强化的根源力量。公司股东依托庞大且发达的自由资本市场,根据公司股票的涨落,在通过股票买卖的方式抑或"用脚投票"的机制而实现其对公司影响的同时,促进公司控制权市场的活跃,并以此对代理人形成间接约束。经理市场的隐性激励和以高收入为特征的显性激励约束作用也很明显。虽然经理层有较大的自由和独立性,但受股票市场的压力很大,股东的意志得到较多的体现。这种治理模式被称为"外部治理模式",也被称为市场主导型的治理模式。其基本特点是,通过资本市场大力培育机构投资者,上市公司的股权分散和经理人持股较小,通过对经理人的激励和有效监督实现股东利益最大化,企业运作高度透明和建立比较完善的立法和执法体系。

(三) 国有企业治理模式的比较法考察

在发达国家,国有企业在规模及比重等方面都无法与私营企业相提并论,但大多数国有企业存在于非竞争性领域,负责为社会提供公共产品,相当一部分国有企业还承担着高新技术的研发和支柱产业部门的发展,在国民经济运行中发挥着极其重要的作用。因此,发达国家对国有企业的发展也是重视的,特别是在注重以市场为基础优化资源配置的同时,采取多种手段和措施,加强对国有企业的监管,以确保国有企业的稳健发展。

各国国有公司制企业的法人治理结构以董事会领导下的经理负责制为基本特征。但是,由于各国国情与法律制度的差异以及国有资产管理体制的不同,各国国有公司制企业中的法人治理结构也呈现出不同特点。从中可以归纳出两个有代表性的基本模式。

1. 单一委员会制下的法人治理结构。单一委员会制又称董事会领导下的经理负责制。英国、法国、意大利等国的国有公司制企业主要采取这种治理结构模式。这种模式主要具有以下几个特点:首先,国家作为国有企业所有者通过人事安排参与国有企业的经营和管理。一方面,选派代表参加企业董事会。例如在法国,国有企业董事会实行"三方代表制",即国家代表、企业职工代表和与企业有关的专家、知名人士代表各占1/3。其中国家代表一般由财政经济和预算部及其他主管部门推选,由政府任命。另一方面,直接任免国有企业的主要领导人。在法国,国有股份在90%以上的企业,其董事长和总经理由主管部长提名,经内阁会议讨论通过,总统签字批准,以法令的形式予以任命。国家股份在90%以下、50%以上的企业,董事长虽然也需经股东大会选举产生,但国家实际上仍然可以左右董事长选举,提名权仍在政府手中。在国有股份占50%以下的企业,政府代表仅仅根据参股比例加入董事会或参与管理,而不一定担任董事长。其次,国家对国有企业实行财务监督。其主要方式依国家而异。主要包括:(1) 国家向企业派驻常驻代表,对国有资产的经营进行监督和核查。(2) 在企业设立专门的监督委员会。例如在意大利,国家控股公司设有专门的监督委员会,由董事会、国家参与部、国库部和国家最高财会当局各派一名代表,外加一名国家级律师组成,其职责是审核企业账目和财务状况,监督其执行各种有关法律和规章制度,有权参加董事会会议,并在必要时随时调阅企业有关账目和文件。财务监督实际上是国家行使其国有资产所有者权利的一种行为。

2. 三权均衡的法人治理结构。即在公司制国有企业中组成股东会、董事会、监事会,分别代表所有权、经营权、监督权,形成职权独立且相互制衡的治理结构。这种类型的法人治理结构主要存在于德国、奥地利、瑞典等国家。它既有利于各种权力有效地发挥独立作用,又形成了各种权力之间的相互制约机制。

上述两种类型的法人治理结构模式各有特点。单一委员会制下的法人治理结构强调国有股权在日常经营中的直接体现。国家作为重要股东,一般都要派遣代表参与国家参股制企业的日常经营管理,以确保国家有关政策目标的实现和国有资产的保值增值。在单一委员会下的法人治理结构模式中,投资者、决策者与经营者三者之间的委托代理关系简单,在董事会领导下的总经理负责制下,企业的大政方针由董事会根据主管部的意图决定,总经理负责具体实施。而在三权均衡的法人治理结构模式中,投资者、决策者与经营者三者之间的委托代理关系层次较多,比较复杂。

同私人公司相比,国有公司的法人治理结构具有自己的特点。首先,在国有公司治理结构中,国有资产的代表占主要地位。政府机构要以某种方式任免国有资产代表,但是对于国家官员是否能成为业务决策和指挥的经营者,不同国家的做法不同。一般来说,在董事会或监事会中,由政府官员出任董事或监事,尤其是在较高层级的控股公司。但在公司日常指挥系统中,公司总经理普遍不是政府官员。其次,国有公司的经营目标主要是利润,但国有公司也要承担宏观调控等社会职能。当公司目标与上述社会职能发生矛盾时,公司必须将社会职能的实现放在首位。否则,政府可以通过撤换公司董事长等方式加以约束。

二、对境外模式的比较分析与借鉴

(一)对境外模式的比较分析

对国外模式进行比较,有助于我们对公司治理结构的全面认识,也有助于选择或构造更为合理的我国各类企业的治理结构。但是在这一过程中,理论界常会走入这样一个误区,将各种现存的不同模式的长处和优点的治理模式希望集合于一身,摒弃它们的短处和缺点,这在理论上是荒谬的,在现实中也是不存在的。正确的思想方法是权衡利弊基础上的选择,以确保所得大于所失。

1. 不同企业类型在其治理制度安排上具有不同的特点,这是必然现象。之所以说其是必然,是因为它更能适应各类企业发展与市场竞争需要。总的来说,各种模式各有所长,都是一种有效的制度安排,不存在孰优孰劣的问题。世界上不存在最佳的企业治理结构模式,基于经济、社会和文化等方面的差异以及历史传统和发展水平的不同,以及受到法律的、历史文化的、制度变迁的"路径依赖"性等因素的影响,在各个国家、各种文化环境中衍生的治理结构模式势必会有各自不同的表现形式。

就股份公司的治理模式而言,美英模式在强化信息披露的透明度,解决分散化的投资者控制公司的问题方面做得较好,但不利于建立长期稳定的合作关系;德日模式则在减少股东的信息不对称,保持利益相关各方关系的长期稳定方面具有优势,但在解决代理问题时显得乏力;就中小企业的治理模式而言,家族治理模式由于内部交易成本降低,可以最大限度地提高内部管理效率,实现资源最优配置,但同时存在忽视中小股东利益,以及家族的继承方式使得董事会在选择代理人时缺少有效的市场机制约束等不利方面。

2. 企业治理模式的生成与发展只有放入到该国所具有的制度环境和商业竞争格局予以考察才有实践价值。就股份公司而言,生成与发展于不同制度环境的上述两种治理模式本身并无优劣之分,对一个国家如何适用则只能从该国所具有的制度环境予以考察。

市场主导型的英美模式很大程度上依赖资本市场的外部监管,而组织控制型的日德模式则更多体现为组织机构的内部监管。两种模式的导向差异源于不同的市场经济模式及其中的公司经营导向、相关的法律环境和文化理念等诸多相关因素的区别。前者主要根植与发展于自由市场经济,崇尚自由竞争,信奉股东财富最大化;后者则更多形成与发展于混合市场经济,长期利益与集体主义是其得以生长的文化理念支持。另一方面,商业竞争格局的变化对公司治理模式也会带来深刻的影响。20世纪90年代以前人们普遍认为内部监控模式比外部监控模式有效。然而20世纪90年代以来,随着企业国际竞争的加剧和信息技术的广泛应用,内部监控模式的弊端日益显露。由于必须协调众多利益相关者的利益,"内部监控"型公司实际上很难制定长期目标,从而导致公司片面追求规模最大增长,而忽略了盈利能力的下降和竞争力的衰弱。在上述背景下,以市场为导向的外部监控模式逐渐成为各国学习的取向。经济学家和企业家们普遍认为,英、美以股东利益为基础、以盈利为导向、重视资本市场作用的模式,更适应20世纪90年代以来经济全球化的发展。

3. 股份公司两种治理模式的差异性会导致对经理人约束的差异性和董事会职权分配的差异性。就对经理人约束的差异性,在市场主导型的英美模式之下,广泛分散的股东因其持股份额相对过小与信息不对称,常无以对公司实行直接监管,而主要依赖资本市场的作用机制,以"用脚投票"的方式对公司代理人施压;此外,公司因经营惨淡而被敌意接管(hostile takeover)将直接导致代理人的解职。外部资本市场与代理人市场的作用机制有利于促进代理人积极开展经营而实现股东财富最大化,但是,股东"用脚投票"与活跃的公司控制权市场容易导致代理人注重公司短期经营而忽视公司长期发展,另外,频繁的公司接管与破产行为尚可能造成经济的动荡与资源的浪费;在组织控制型的日德模式之下,公司代理人约束机制实则为一种机构直接控制机制,身兼股东与债权人身份的金融机构以及基于环形持股的法人组织,以直接干预而非寻求市场的方式对代理人施压,然而代理人因处于相对稳定的地位而注重公司的长期规划与发展。另外,外部监管的缺乏与公司控制权市场的不发达容易导致公司内部管理的松懈与"内部人控制",不过,金融机构对其处于财务危机中的公司的救助与支持,能够避免因公司破产而引起较大的社会成本。因此,尽管难以区分不同模式之下的代理人约束机制之间的优劣,但其间的区别将明显导致代理人行为、公司经营理念与导向以及可能会出现的社会成本的差异。[1]

就董事会职权分配的差异性而言,董事会的构成与地位在西方不同的公司治理结构模式之中有所区别。在美英模式下,组成董事会的执行董事与非执行董事一般分别由代理人与外部董事担任,其中,外部董事在董事会中有较大权力,必要时能对公司的人事安排作出重大调整;而在德国,公司则设相互分离的监事会(supervisory board)和理事会(management board),并以此组成公司的"两极制的董事会",其中,理事会相当于英美模式之中的经理班子,而股东代表与雇员代表几乎各占一半的监事会则负责监督与高层决策,并因其实行"劳资共决制"而具有广泛的控制功能,尤其监事会中的银行代表常给代理人施以巨压而保证监事会的强约束性;日本的董事会却又是另外一番景象,非股东的执行董事依其在董事会中所占的较大比重,而对代理人施压。

(二) 对我国的借鉴

灵活多样的治理模式以适应不同产权主体的现实需要,表现出国外在这一方面务实又呈理性的制度构建。就这一方面,对我国的借鉴意义在于,当我们在讨论企业的治理模式时,不应过多地讨论哪种模式优劣之分。模式的形成或选择主要取决于相应的组织资源与市场资源的发育程度及其利用,此外,还会受到法律的、历史文化的、制度变迁的"路径依赖"性等因素的影响。这对我国尤为重要。

我国企业形态多样且复杂,私营企业和民营性质的有限公司较多采取家族式的治理模式,但对占我国上市公司 80% 的由国有企业改造成的股份公司来讲,不可能完全采用日德式的内部治理模式或英美式的外部治理模式,因为如果完全采用英美模式,我国尚无成熟的经理市场,控股股东也没有选择和监督代理人的经验,很难找到合格的人选以组成有效的董事会;如果采用日德模式,我国的金融体系尚待完善,还缺少大批适应市场竞争机制要求的金融人员,银行对企业的

---

[1] 严若森:《西方公司治理结构模式的比较研究》,载《经济管理》2001 年第 12 期。

约束也很弱。根据我国的国情，宜将多种治理模式结合起来，对不同性质的企业采取不同形式的公司治理结构。

但是，当我们提出不应过多地讨论诸种治理模式优劣时，并不必然得出否定理论上对选择模式的比较分析与国家立法政策的必要引导。实际上企业就好比一部机器，它运转得是否有效率，在很大程度上要看它的动力系统是否能够有效工作。一部机器设计得再巧妙，制作得再精良，只要它的动力系统有问题，这个机器就不可能有效工作。企业股东为了财产增值而进行的种种努力，就像机器中的动力，而企业组织结构，则是动力传导和带动机器运转的部件。为保持动力充足，对动力传导和带动机器运转的部件进行新的组合和构造也是必要的。

当前我国企业，特别是大型国有企业正处在建立和形成具有中国特色的公司治理结构的历史过程中。对这一过程的考察可以反映出在理论认识和实际运行中存在着一些值得关注和研究的问题。组织控制和市场控制的基础条件是组织（这里主要指微观企业）和市场资源的发育程度。从这个意义上讲，我国公司治理结构的建立和完善在很大程度上取决于企业自身和市场的发展、改革。这使我们想到浙江温州前几年在有关民营企业实施企业治理结构变革中出现的问题。众所周知，浙江温州是国内民营经济发展最早、最快、最有名的地区。这里的民营企业，十几年来专家们经常发出忠告，希望他们自觉打破家族式的统治，敞开大门引进外来人才。一些企业认真听取了专家的意见，背着骂名辞掉了自己的家人，高薪聘请高学历的管理专家来当总经理、销售经理等，但是多数结果却没有成功。

第四节 我国企业组织机构设置及模式构建

一、我国企业治理结构模式的选择与制度支持

就我国实际而言，我国企业治理结构的产生与发展具有与西方发达市场经济国家不同的初始状态与约束条件。首先，在由计划体制下的生产经营单位向公司制的市场竞争主体转变的进程中，我国企业治理结构的诞生与发展必然受到客观制度环境和传统计划模式的影响与制约；其次，作为经济体制改革的一个组成部分，我国企业治理结构的构建，很大程度上体现为一个基于西方相关理论与实践的以人为设计和干预为主导的制度创新和突变过程。因此，我国企业治理结构的构建必须从自身初始状态与约束条件出发，选择适宜自身发展的模式，并对其予以相应的制度支持。目前，资本市场、代理人市场及劳动力市场的发展均相对滞后，企业尤其国有企业的生存与发展仍处于一个市场不发育与不规范的历史阶段，依然在很大程度上依赖政府与银行的支持，因此，在我国经济转轨进程之中，市场导向偏离了当前企业治理结构构建所处的现实，我国应暂选择以组织控制导向为主兼市场导向为辅的混合治理模式,并随市场化的推进与成熟,逐步建立市场导向的公司治理结构,这是一个比较理性的选择。

围绕这样一个理性选择,在具体实施过程中,应建立相应的制度支持体系,其中包括:

其一,改进内部监管机制。其重点是,一是以法人相互持股的方式组建企业集团,以期在减少政府直接干预的同时,对代理人实施更好的约束;二是尝试借鉴日本的主银行制度,以期银行及时掌握企业经营状况并对其加强管理;三是正确处理公司内部新老"三会"的关系与职能,实行董事长与总经理的两职分离,提升监事会的地位及其监控与决策权能,借鉴德国的工人参与制度,以期工人选举的代表切实进入决策与监控层面。

其二,加快完善外部监管机制。其重点是,一是加快资本市场建设及其完善的步伐;二是加快经理市场建设与完善的步伐;三是规范产品与生产要素市场。

其三,优化代理人的"激励—约束相容"机制。其重点是,一是通过外部监管与内部控制相结合的方式对代理人予以约束;二是通过剩余索取权的合理分配、股票期权的给予等多种形式对代理人进行物质激励。

二、公司制企业治理结构的制度构建

(一) 股份公司治理结构的制度构建

1. 我国股份公司治理模式主要存在的问题是股权结构不合理与"内部人控制"问题。

(1) 一股独大问题。在许多上市公司中,国家拥有高度集中的股权,是最大的控股股东。据2004年12月份资料,我国境内上市公司A、B股上市公司总家数为1377家,总股本为7149.43亿股,其中流通股2577.19亿股,占总股本的36.05%;非流通股共有4542.91,占总股本的63.54%。在非流通股中,国家股有3344.20亿股,占总股本的46.78%,法人股有827.62亿股,占总股本的11.58%。以上数据充分说明,我国现行的股权结构(上市公司)中,国有股还占据着绝对控股地位,国有股"一股独大"现象一直存在。国有大股东凭借其绝对控股的优势,在公司治理结构中表现出"超强控制",从而削弱其他中小股东的权利。国有大股东可以利用自身的优势全面实施内部人控制,公司治理结构中的内部制衡机制失灵,由此导致公司治理的效率受到严重影响,进而影响公司的经营管理。"一股独大"使得大股东委派的董事控制了董事会,造成董事会结构的不健全和公司治理的制衡功能失效,容易造成对小股东利益的忽视和侵犯。

(2) "内部人控制"问题。从目前我国国有资产的委托—代理关系来看,上市公司实际上是在国有股权代理人控制下。由于国有资产的非己性,国有股的产权代表缺位,使得国有股在产权上表现为"超弱控制",在公司治理内部对经营者的监督机制难以落实,将直接影响到公司治理的有效性。"内部人控制"情况下，很容易造成集体的合谋寻租，直接侵蚀国有资产。我国上市公司股权结构中绝大多数为不可流通的国家股、法人股控股。国家的绝对控股，一方面是政府在管理层的任命中扮演着重要角色，而不存在完全的经理市场来激励约束经理层。另一方面约束机制的失效为集体合谋寻租提供了便利。

2. 解决的主要途径有：

（1）引入机构投资者，建立多元化的投资主体。近年来，由于金融市场的全球化、市场竞争对公司治理的挑战，公司治理结构的各种模式出现了趋同的趋势，其中表现之一就是机构投资者发挥着日益积极的作用。在组织控制型治理模式中，由于竞争的加剧，银行与企业的关系正趋于松散，机构投资者尤其是共同基金的发展，促进了资本市场的发育，日益呈现出许多市场导向型模式的特征；市场导向型治理模式中，机构投资者和公司的关系也越来越亲近，出现了多样化的"关系投资"。并且，养老基金、证券投资基金等机构投资者的持股数额越来越大，他们不再像以往那样通过"用脚投票"来表达对管理层的不满，而是不断加强与管理层的接触，在公司治理中发挥积极主动的作用。目前，我国处于转轨经济中的公司法人治理也应顺应这一趋势，大力引入机构投资者，不仅可以实现股权结构的多元化，而且使其在公司治理中积极发挥他们应有的治理功能。我国2004年1月下发的《国务院关于推进资本市场改革开放和稳定发展的若干意见》中明确，鼓励合规资金入市，使基金管理公司和保险公司为主的机构投资者成为资本市场的主导力量，实际上揭示了我国上市公司股权结构将会发生重大变化，公司治理机制也将向与国际接轨方向逐步发生改变。

（2）建立国有股有序退出机制。对国家不需要保持控股地位的公司，通过破产、转让、收购兼并等多种途径转让国有股权，引入其他股权，使国有股从控股地位上退出。加快股权结构多元化改造步伐，使各产权代表人从维护自身利益的角度，达到相互制约、相互监督，实现对公司控制的目的。

（3）加强职工参与，在企业中推行内部职工持股。在企业中推行内部职工持股，把劳动者的产权引入公司法人治理结构中，有效发挥职工股应有的激励和约束作用，进一步加强治理结构的制衡机制。

（4）明确股东会的法定职权，保障股东权行使到位。公司治理结构要求保护股东权益，而股东权益的保护要求股东能够通过公司治理，有效地行使对公司的控制权。虽然我国《公司法》对股东的权利作了明确的规定，但股东会流于形式的现象在实践中较为普遍。为更好地解决公司内部人控制问题，避免多数股东以及董事会垄断股东会，保护少数或小股东的权利，建议从法律上进一步完善股东的质询权运行机制。在立法上，明确规定股东在股东大会上有权请求董事会或监事会对会议事项中的有关问题进行说明，及对公司日常活动进行质询的权利，而董事、监事应负有书面说明的义务。

(5) 扩大监事会的监督职权,强化监事的监督意识。尽管修改后的《公司法》对监事会制度作出较大的补充规定,但《公司法》没有专门规定股东大会对监事会的监督,现实中大量的公司监事会怠于行使职权。在缺乏外力约束的情况下,监事会可以"少监事"甚至"不监事",体现不出专司公司监督职能的性质。另外,《公司法》赋予监事会的职权仍不完整,从而导致所应监督的事项难以落实。当监事的纠正行为与提议行为不能实现时,如何进行有效的补救,在公司诉讼上如何确立起诉主体,《公司法》未作进一步的规定。为强化监事会与监事的监督意识,切实履行起监督与制衡职能,《公司法》应当细化监事会组成人员的选任条件,强化监事会组成人员的专业化,规定在监事会成员中懂法律、会计、审计的专业人员应占到一半以上,只有做到专业化,才能更好地发挥监督作用。立法还应进一步细化监事应享有的一些特定权利,如监事可以代表公司起诉违法的董事、经理。在扩大监事会与监事法定职权的同时,也应强化监事的民事责任。规定监事疏于履行监督职责或有恶意或重大过失,给公司或第三人造成损失的,要给予赔偿并承担连带责任。

诚然,完善公司法人治理结构,提高公司经营绩效,是一项相当复杂的系统工程。优化股权结构,完善公司法人治理,也不仅仅局限于以上涉及的几个方面,还需要其他外部运行机制的完善,包括资本市场监管的完善、信息披露制度的完善、经理人市场的形成等各种环境与途径。

(二) 中小型有限公司治理结构的制度构建

1. 我国中小型有限责任公司治理模式存在的主要问题是所有权与经营权未作科学的分离,董事会几乎不起作用,形式上的现代企业实质上的古典企业。另外,在两人股东的有限责任公司中,面临实际运行中的障碍。在两人股东的情况下,股东所持股权要么差距悬殊,一方股东能够控制另一方股东;要么股东所持股份干脆持平,对于公司事务如果一方反对,决议就无法形成。在股权相对集中的情况下,极易出现大股东侵犯小股权利益的行为,形成一言堂。小股东自身意志无法在公司事务中得到体现,就会导致其寻求其他非股东表决权利的事项间接地影响公司事务。比如小股东为法人股东(简称 A 公司)的情况下,在其参股的公司(简称 B 公司)与其自身发生关联交易时,A 公司的股东代表在 B 公司股东会上表决时会倾向于哪一方的利益呢?如果 A 公司在该关联交易中获得利益大于其在 B 公司基于股权所获得的收益,在利益驱动下,A 公司是不会看重自己的股东身份的,因而在该项交易中其会竭力争取 A 公司的利益,从而减少了 B 公司的利益,这与实现股东利益最大化的原则是相悖的。由于两人股东公司股权结构上的不足和缺陷,进而导致在决策关联交易问题时无法有效地建立回避制度。

2. 解决的主要途径有：

（1）健全董事会制度。为使董事会更好地发挥职能，建议进一步明确董事会与经理之间的权限，明确规定董事会具有监督经营业务的权利。在具体做法上，建议在董事会内部分离执行职能与监督职能。借鉴国外经验，依法将董事会分为内部董事和外部董事两部分。内部董事是公司的专职董事，具体负责业务执行；外部董事是兼职董事，为银行、财务、管理方面的专家，负责监督业务执行情况。由于外部董事负有监督职责，为更好地使其履行职责，应对外部董事资格作出规定。同时，对经理兼任董事作出严格的限制性规定，以防不当利用。

（2）建立财务决策回避制度。对投资者、经营者个人与企业利益有冲突的财务决策事项，相关投资者、经营者应当回避。

（3）建立健全议事规则和工作规则制度。如股东会议事规则、董事会议事规则、监事会议事规则、总经理工作细则、关联交易确认规则、解决企业相关内部制度的规范问题。

（三）国有独资公司治理结构的制度构建

1. 由于投资主体的特殊性和股权结构的单一性，国有独资公司治理结构不能取得如多元股权结构的国有控股或国有参股公司一样的股权制衡。国有独资公司治理问题的独特性表现在它兼具一般公司所面临的代理问题、一人公司所面临的控制问题，而且还存在自己所特有的委托人问题，即在国有独资公司中并不存在真正的委托人，委托人自身也是代理人。是代理问题、控制问题与委托人问题三大问题的综合。另外，国有企业经改制转化而成的国有独资公司在内部治理结构构建上所遇到的一个棘手问题是新旧"三会"的关系。公司都按新的运行机制要求，设立新"三会"（即股东大会或股东会、董事会和监事会）作为其基本的组织机构。传统的旧"三会"（一说职工代表大会、企业管理委员会、党委会；一说职工代表大会、工会、党委会）在这种情况下如何定位，怎样发挥其各自的作用，对此迄今尚无妥当的解决办法，因此应是今后完善企业治理结构应予认真研究的问题。

2. 解决的主要途径有：

（1）建立起适合国有独资公司相适应的公司治理体制。国有独资公司系由国有资产监督管理机构履行出资人义务，且按《公司法》规定，其治理结构中不再设立股东会，对于这样一种公司运行模式，应针对性地建立起公司治理体制。应将国有独资公司内部监督资源整合，内部与外部监督资源衔接原则，将现行的纪检监察的组织协调，审计、监事会、职工监督等一体化的制度写入法条，由外部监督为主转变为内部监督为主，增强内部制衡能力；应坚持事前监督、事中监督与事后监督相结合原则。采取监督前置，关口前移的方式，将现行规定的事后监督为主，改变为事前监督、事中监督与事后监督追究责任并行，节约成本，提高监督效率；应建立董事与经理的约束机制。在国有独资公司中，董事会在公司治理结构中处于关键性位置。现行《公司法》立法中存在的缺失，影响了公司治理结构的正常运作。在董事会与经理层之间关系上，董事会与经理之间无法形成有效制约监督机制。比如，《公司法》第115条规定："公司董事会可以决定由董事会成员兼任经理。"这一规定在实践执行中，往往出现董事长兼任总经理的现象，或者出现董事会与经理层高度重合，导致"内部人控制"，董事会与经理层之间应当具备的制约、监督关系很难理顺。在公司治理结构中，董事会成员本着股东的利益最大化、诚信、勤勉工作的原则，就公司重大事务作出独立于管理层的客观判断，对公司经营进行战略指导和对经理层保持有效监督。基于国有独资公司没有股东会这一客观实际，为强化董事会及董事职权的有效行使，确保公司股东的利益，董事不应兼任公司经理。

（2）规范董事会运行制度与董事会成员的权利与义务。居于权力中心的董事长和其他董事会成员，因其地位的显赫、权力的广泛而对董事会决策的作出、决议的形成有决定性的作用。缺乏对董事长有效的监督机制，是董事长权力变形运作的重要原因。目前对国有独资公司董事长的监督机制有外派监事会制度、党组织纪检监督、经济审计监督以及职工民主监督等多种形式，但由于此种授权方式的非规范性监督和公司内部权力配置的不对称性，使来自外部的监督主体不能获得企业内部的有效信息；而企业内置的监督机构和主体则因权力与地位远低于董事长、董事会而难以发挥作用，因此，法律创设的多元、多级监督机制无法起到矫治董事长权力变形运作的效果。

规范董事会运行制度，完善国有独资公司董事长权力运行制衡机制，在法律制度层面进行整体设计时可以从以下方面着手进行：其一，改现有上级党政机关对董事长的任命或指定制为提名制，董事长人选须经董事会选举程序产生后，方可正式任命，使董事长权力从形式上、程序上吻合公司法的一般规则。其二，授权董事会有罢免董事长之权，以加强董事会其他成员对董事长的监督，督促董事长自觉地、规范地按照董事会的议事规则与合议程序行使权力，使董事长能切实地向董事会负责，对公司负责。其三，增设董事会秘书，健全董事会制度功能，使董事会闭会期间的工作能经常化。其四，引进独立董事制度，重视职工董事的作用。

三、非公司制企业内部组织机构的构建与完善

（一）国有企业与集体企业内部组织机构的构建与完善

1. 国有企业方面，内部组织机构的构建与完善可从以下方面着手：

（1）根据我国市场经济发展的基本走向，将国有企业分政府控制企业、特殊法人企业和股份公司三种组织形式区别对待。政府控制企业是指为国防、公共教育、基础研究等提供公用产品的企业，这类企业因其性质比较特殊，治理结构

采用类似于政府机构内部的管理机构，带有浓厚的行政管理色彩；特殊法人企业是指水、电、气、通信、邮政等垄断性和具有显著外部效应的企业，这类企业的董事会成员应由政府提名或任免，经理由董事会任命或从经理市场聘请；股份公司企业是指自由竞争行业，这类企业的治理结构也应积极营造外部环境采取英美模式，实行市场化运作，政府不实施行政干预，仅仅是以普通投资人的身份控股和参股而已。政府控制企业、特殊法人企业的治理结构在国有企业法中加以明确，而股份公司的治理结构在《公司法》中作出明确。

（2）对国有企业的出资人与监管人作出合理、科学的定位。按《全民所有制工业企业法》之规定，国有企业是有国家投资开办的，但是它的具体出资人是谁，质言之，谁有资格出资设立国有企业却至今未作明确规定。基于这里所讨论的国有企业并非是《公司法》上的国有独资公司，笔者认为，国有企业的开办单位拟规定各级政府财政部门投资所设立的国有投资公司为宜，其主要理由是，符合"政企分开"原则。对于监管人，可实行内部监管人和外部监管人制度，内部监管人制度以职工代表大会推选的人员、企业党组织推选的人员和企业审计科室人员组成"三人团"行使对厂长（经理）其他高级管理人员行使职权进行监察。改善国有企业的监督效率，重在要建立和形成一种利益制衡机制，在监管机关中不仅要有出资人代表，而且要有利益相关方的代表，逐步向"共同治理"模式过渡。外部监察制度可在原有的《国务院稽察特派员条例》和《国务院关于向国有大型企业派出稽察特派员的方案》所确立的颇具特色的监察特派员基础上，进一步强化稽察特派员职权与责任。

（3）营造一个公平有序的职业经理人市场。经理市场的存在会对那些不努力工作或损害国有企业利益而谋取私利的经理构成威胁。如果一个经理因行为不当而造成国有企业效益下降，他就有可能被来自经理市场的经理候选人替代。在经理市场不成熟的情况下，可以考虑在企业内部划小核算单位，引进竞争机制，尽可能给职工提供表现其管理能力的机会，通过竞争发现管理人才。

2. 集体企业方面，内部组织机构的构建与完善可从以下方面着手：

（1）对集体企业种类作出科学的划分，保留部分确实具有集体经济法律属性的集体企业。如社区集体企业（如社区开办的服务性企业）、按劳与按资共存的股份合作企业，对其他不属于集体经济性质的企业一律正其名、还其身。

（2）对于集体企业在治理结构模式上，重点解决对代理人的激励与约束问题，以及企业的出资人与监管人的科学定位问题。

除了产权单一外，集体企业面临的另一个问题是集体企业都是中小企业，且大多是"长不大"的企业，由此产生的在治理上主要问题还有所有权过于集中或内部人控制，缺乏有效的制衡关系；忽视制度化管理，没有足够的激励机制等。

科学的两权分离并不意味着简单地把经营权与所有权"一分为二"就可以,两权的架设结构是一个系统工程,中小企业的"难言之隐"并不是通过简单的两权分离就能"一分了之"的。中小企业要做大做强,既不能不进行两权分离,也不能进行过度的两权分离。因为,两权分离也有"软肋"。

(3)明确改革方向与重点。当前对集体企业治理模式的改革方向与重点有:①确立法律意义上的企业章程制度,规范投资者与经营管理者之间的关系。②依法规范厂长(经理)的任期。对厂长经理进行任期目标考核。③以书面或合同形式确定厂长(经理)的任期内的经营责任目标,作为对其考核或与主管部门发生纠纷时的处理依据。④加强、完善对集体企业的监察、审计制度。

(二)个人独资企业与合伙企业的内部组织机构的构建与完善

个人独资企业与合伙企业的内部组织机构设置与完善中主要存在的问题是产权的单一性,致使虽能建立起与之相适应的组织架构,但难以建立起健全有效的企业治理机制。这是由个人独资企业的特点所决定的,因此,个人独资企业内部组织机构的完善重点主要不在于如何建立起权力制衡的内部结构体系,而在于如何完善资本雇佣劳动条件下的单边治理结构,但个人独资企业与合伙企业也有一定的制度差异。

就个人独资企业而言,首先,坚持资本投资者利益最大化将是个人独资企业治理的根本宗旨。个人独资企业也是一个由利益相关者所共同组成的经济实体,在这个利益相关者实体中,无论作为物质资本投资者的业主和债权人,还是作为人力资本投资者的经营者和员工,他们都对个人独资企业做了专用性投资,因而都应该拥有企业的所有权,成为治理的主体。但是基于资本雇佣劳动的逻辑,应在坚持利益共享的原则下仍应坚持资本投资者利益最大化。其次,废除"任人唯亲"的用人模式,建立科学合理的人员安排机制。随着个人独资企业的不断扩大和发展,企业主须放弃"内外有别"的用人机制。在保证家族控制的前提下,要对家族内成员和非家族成员一视同仁,要根据员工的能力和才干科学合理的安排岗位。尤其在人才认知与人才结构上,要保证职业经理人与技术创新者及其他员工的合理配置,使人力资本的整体效益最大化。家长式、经验型的人治管理向规范的科学化、民主化的现代制度管理转变。个人独资企业在发展初期,投资者或家族企业里核心人物所掌握的信息足以应付企业经营管理中面临的不确定性,其经验、能力也足以适应企业的发展需要。然而,企业发展到一定规模,管理层级越来越多,而且市场竞争日趋激烈,企业经营管理所面临的技术、产品、市场、融资等问题超出了管理者本人或家族成员们所拥有的经验积淀和知识储备,个人独断拍脑门式的经验决策失误率越来越高,客观上要求私营企业的决策从经验决策走向科学决策,要实现这个转变,除了要建立和完善一整套有关公司章程、董事会议事规则、监事会监督职责以及决策权力分配等企业内部制度安排外，必须提高我国私营企业主的整体文化素质，积极培养懂市场、会经营、善管理、具有创新精神的企业家，同时吸收大量的专业人才，实现私营企业管理专业化、科学化和规范化。最后，积极探索有效的监督激励机制，降低代理成本。如何防止经营者偷懒和降低代理成本，为他们提供合理的激励和约束机制，是构建个人独资企业治理结构要解决的重要内容。实践证明，让经营者参与企业剩余索取权分配是强化企业内部激励与约束的有效途径之一，要通过股权激励或利润分享等方式使经营者获得剩余索取权，从而使经营者的利益和投资者的利益保持一致。

就合伙企业而言，应处理普通合伙人与有限责任合伙之间的利益关系；处理好合伙人与合伙事务执行人之间的利益关系，应处理好合伙人之间的利益关系。

第四章 企业资本制度的评析与构建

企业资本制度,在我国也称为注册资本(registered capital)制度,它是指一国的法律确认的有关资本的出资方式、缴付期限、资本限额、资本增减等相关制度。企业资本制度与企业治理制度共同架构了企业法制度的主干。[①] 企业资本是企业法人资格存在的物质条件,是投资者(股东)对企业承担有限责任的界限,同时也是投资者(股东)行使股权的根据和标准。在企业法中,尤其是公司法里,以资本为对象展开了一系列的原则规定,并在此基础上形成了系统的资本法律制度。在我国,如何适用和完善国家对企业资本管理方面的法律规定,使之建立起一套与社会主义市场经济体制相适应的企业资本管理制度,对于加强企业法制,规范企业经营行为无疑具有十分重要的现实意义。

第一节 注册资金与注册资本取舍的比较分析

一、注册资金与注册资本制度在我国的立法沿革

在我国,作为企业的投资者,无论创设何种类型企业,均需要向其所创设的企业缴付一定的资金,这是企业设立的一个基本条件。但是,企业类型不同,缴付出资的称谓和要求也有所不同。对具有法人资格企业的出资,被称之为缴付注册资本或注册资金,而对于那些非法人资格企业的出资,则被称之为缴付资金或缴付出资。

从我国企业立法发展的过程分析,实际上对于"资金"、"注册资金"与"注册资本"概念的使用,经过了以下几个阶段:

第一个阶段,资金、自有资金、注册资金概念混用。在新中国成立后的很长时间里,人们谈"资"色变,一谈资本就被认为是资本主义的东西,故在法律术语上很少使用"资本"二字。《民法通则》第37条规定,法人应当具备的条

[①] 目前,学者对注册资本概念没有一个统一的解释,有学者认为,注册资本就是经国家工商登记注册的投资;也有学者认为,注册资本就是注册资金,是企业财产总额中业经工商管理部门登记核准部分。笔者认为对注册资本的上述解释尚未揭示出本质内涵。注册资本应当是指由公司章程所确定的,经登记机关核准的公司自有资本。从公司资产的构成角度分析,公司的注册资本是公司成立时由股东出资所形成的资产,是公司最初对外的责任资产,也是公司非常重要的制度要素。在注册资本中,既不包括通过发行公司债券和向银行贷款所获得的借贷资本,也不包括从公司利润中提取的公积金和公益金。

件之一是"有必要的财产和经费",以"财产和经费"来替代"资本"。《全民所有制工业企业法》第17条规定,设立企业必须具备的条件之一是"有符合国家规定的资金",以"资金"来替代"资本"。在1982年国务院发布的《工商企业登记管理条例》第5条规定,工商企业应登记其"资金总额"。该《条例》的《实施细则》第22条进一步明确:"开办工商企业,其登记资金包括固定资金和流动资金。申请登记时,应提交资信证明"。1985年,国家工商行政管理局根据《工商企业登记管理条例》发布了《公司登记管理暂行规定》,就公司的设立条件、登记管理等事项确立了若干法律原则。其中第6条首次提出了"注册资金"的概念,并且明确将注册资金与"实有资金"或"自有资金"联系在一起,"公司章程应载明注册资金数额及来源",公司的"注册资金,除根据国务院有关规定经批准外,应与实有资金相一致","银行贷款不能视为自有资金"。同时该条例还具体规定了生产性公司、商业批发公司、商业零售公司以及咨询、服务性公司所必须具备的最低自有流动资金数额。这也是我国首次按照企业所从事的行业性质规定不同的最低资金要求,然而严格地说,它与法定最低资本额的概念还相去甚远。

第二阶段,注册资金与注册资本概念在内外资企业分别使用。1979年的《中外合资经营企业法》第4条明确提出了"注册资本"概念。1980年国家工商行政管理局发布的《中外合资经营企业登记管理办法》,相应地规定了注册资本的登记及其变更登记的程序。1983年的《中外合资经营企业法实施条例》第18条对注册资本下了一个定义:"合营企业的注册资本,是指为设立合营企业在登记管理机构登记的资本总额,应为合营各方认缴的出资额之和",并且规定了注册资本变更、转让的一般程序。为了将作为注册资本的中外各方投资者出资与企业的其他资金来源区别开来,规范合营各方不实际出资而利用借贷资本充当注册资本的行为,合资企业法还专门提出了"投资总额"的概念,并对注册资本与投资总额的比例关系作出了明确规定。

而对内资企业,仍允许使用注册资金概念。1988年的《企业法人登记管理条例》第12条明确规定:"注册资金是国家授予企业法人经营管理的财产或者企业法人的自有财产的体现。"该条例统一适用于内资企业与外商投资企业、公司与非公司组织形式,原先的三个登记管理办法(即《中外合资经营企业登记管理办法》、《工商企业登记管理条例》、《公司登记管理暂行规定》)均同时废止。在注册资本的问题上,《企业法人登记管理条例》沿用了《公司登记管理暂行规定》的提法,使用"注册资金"的概念。1996年,国家工商行政管理局发布了《企业法人登记管理条例实施细则》(以下简称《实施细则》),在该《实施细则》中区别内资企业与外商投资企业而规定了两套不同的法人设立条件和登记事项:《实施细则》第15条规定内资企业必须"有符合规定数额并与经营范围相适应的注册资金",《实施细则》第 16 条规定外商投资企业必须"有符合国家规定的注册资本";《实施细则》第 31 条规定:"企业的注册资金应当与实有资金相一致。"《实施细则》第 32 条规定:"外商投资企业的注册资本是指设立外商投资企业在登记主管机关登记注册的资本总额,是投资者认缴的出资额。注册资本与投资总额的比例,应符合国家有关规定"。至此,我国注册资本与注册资金双轨制的格局正式形成。对内资企业使用"注册资金"概念的规定在2000 年 12 月修改后的《企业法人登记管理条例实施细则》中仍然没有改变。《企业法人登记管理条例》将"注册资金"定义为"国家授予法人经营管理的财产或者企业法人自有财产的数额体现(或货币体现)",其立法意图是,力图将国有企业所享有的经营管理权与其他法人组织所拥有的法人所有权这两类性质不尽相同但法律责任基本相同的法人组织的注册资金问题均概括其中。

另外,《实施细则》在规定生产性公司、商业批发公司、商业零售公司以及咨询、服务性公司所必须具备的最低注册资金数额时,不再对"最低自有流动资金数额"作出限制。但是 1988 年的《企业法人登记条例》及《实施细则》对注册资金的规定仍过于简略,在某些方面仍不规范。例如,按《实施细则》第 41 条规定:"企业法人实有资金比原注册资金数额增加或减少超过 20% 时,应持资金信用证明或者验资证明,向原登记主管机关申请变更登记。登记主管机关在核准企业法人减少注册资金的申请时,应重新审核经营范围和经营方式"。显然,注册资金的变更登记完全不反映注册资本变更的法定程序,换言之,企业实有资金的增减变动这一经营过程的客观现象能够自然地、必然地引起注册资金的变更,完全不需要企业法人对注册资金的变动履行相应的法律程序,这与注册资本的法律属性是相背离的。

第三阶段,内资法人型企业也使用注册资本概念,国有企业则例外对待。1993 年我国颁布了《企业会计准则》和《企业财务通则》,企业财务会计制度开始采用国际通用的规则,建立了企业资本金制度,实行资本保全原则。同年,国家工商行政管理局发布了《公司注册资本登记暂行规定》,这是我国关于注册资本的第一个专项法规,为 1994 年实施《公司法》适用注册资本制从技术上奠定了基础。至此,我国的公司制企业也开始实行了注册资本制。

依照《公司注册资本登记管理暂行规定》第 25 条"外商投资企业注册资本的登记管理适用本规定",第 26 条"依照《中华人民共和国企业法人登记管理条例》设立的非全民所有制企业注册资金的登记管理,参照本规定执行",因此,不再区别内资企业与外商投资企业,公司与非公司,而只对国有企业实行例外对待,即国有企业实行注册资金制,其他各类企业均实行注册资本制。实践中,《企业法人登记管理条例》与《公司登记管理条例》并行,但交叉适用:在注册资本事项方面,国有企业按照《企业法人登记管理条例》登记注册资金,其他各类所有制性质的企业均依照《公司登记管理条例》和《公司注册资本登记管理暂行规定》登记注册资本；其他登记事项，公司法人执行《公司登记管理条例》，其他各种企业组织形式依旧执行《企业法人登记管理条例》。

为何国有企业仍实行注册资金制而不实行注册资本制？立法者对此并没有作出明确的解读，有学者在分析该一词之差的取决性条件时认为：一是法人的财产是来源于国家投资还是社会公众投资；二是企业的财产权是绝对的所有权还是相对的经营权。[①]

第四阶段，非法人企业登记资金数额，有别于法人类企业。《合伙企业法》、《个人独资企业法》颁布后，对于合伙企业与个人独资企业这些非法人型企业组织，立法并没有使用注册资本的概念，而是使用缴付出资的概念。在工商登记机关颁布的营业执照中，也仅仅为资金数额而非注册资本额。

二、注册资金与注册资本取舍中的相关问题分析

我国长期以来对"资本"一词讳莫如深，回避使用资本制度，主要原因是非理性的意识形态。就国有企业而言，以立法上对国有企业财产权的定性是"经营权"而非"法人所有权"，由此来排斥注册资本概念的适用，不能不说是一种观念上的误区。1983年开始起草公司法时曾有学者提出过，我国的公司法不应当使用资本的概念，资本是资本主义社会所特有的，社会主义国家可以用资产、资金，但它们绝不能成为资本。这也成为1993年实施的《公司法》第4条前后矛盾的原因：一方面，《公司法》规定公司享有股东投资形成的资产的全部法人财产权；另一方面，它又规定公司中的国有资产的所有权属于国家。《公司法》虽使用了注册资本的概念，但是，立法者似乎只想让公司拥有资本之名，而不想让公司拥有资本之实。在2005年《公司法》修改后，这一方面的问题才得以解决。

在市场经济的发展进程中，对法人型企业投资者出资，有必要统一适用企业资本制度。这是由深刻的法人制度和其他管理制度为其基础的。

一是，从法人制度和资本制度的法律功能分析。资本制度产生的历史表明，法律对企业资本的强制性要求固然与市场经济中规范具有法人资格企业的产权关系的需要有关，但更主要是为了保护企业债权人的合法权益。换言之，资本制度在界定有关权利与责任边界时，实际上具有双重意义，一方面，它界定着企业法人与出资人之间的权利与责任边界，反映了投资者对企业债务承担责任的份额（出资额）；另一方面，它界定着债权人与企业之间的权利与责任边界，资本制度旨在表明企业法人因投资者有出资数额业已形成对外承担责任的财产实力，具

---

① 王妍：《中国企业法律制度评判与探析》，法律出版社2006年版，第176页。

有一定的对外独立承担责任的财产能力,力图为债权人或企业的相对人展现企业稳定的财产基础。从这个意义上说,如果一个法人有明确的财产作为其独立承担民事责任的基础,该财产中包括投资者的出资,那么,注册资本就有存在的价值。至于投资者的出资是来源于国家还是其他法人组织与自然人,企业的财产权是绝对的所有权还是权能不完全的经营权,对于资本制度在界定上述二项义务与责任时已无多大意义。我们既然通过立法已承认国有企业具有独立的法人资格,那么,国有企业中国家出资理应按企业资本对待。因此,在立法上以国有企业财产权的定性是"经营权"而非"法人所有权"为由排斥注册资本概念的适用,是一种观念上的误区。

二是,从注册资金制度赖以存在的财务会计制度分析。我国的注册资金制度受制于1993年以前的财务会计制度的影响。1993年之前,除外商投资企业外,我国各类企业的财务会计制度中均没有资本金的概念和资本保全的意识。首先,资金平衡表而非资产负债表是反映企业财务状况的基本报表,其揭示企业资金来源所运用的会计概念不是负债和所有者权益,而是固定基金、流动基金和专项基金,这种分类无法区别企业的资金是来源于股东还是债权人,从而使企业与出资人的关系无法体现出来。其次,在资金来源的核算规则中有许多不利于资本保全的规定。例如,固定资产折旧本来是固定资产的价值转移形式,它首先转移到产品成本或经营成本中,然后通过销售收入或营业收入而获得补偿,这一过程对企业的资本金并无影响。但是按照旧的财务制度,企业计提折旧要冲减固定基金,企业因提取折旧而建立的折旧基金和大修理基金大多上交国家财政,国家又不断对企业进行投入,以满足其固定资产的更新、改造的需要。这导致固定基金的拨入和抽走是一个连续不断的过程,企业的资本金实际上处于不断的变动之中。在这种情况下,注册资本制度既无必要,也不可能建立。正因为如此,1988年的《法人登记管理条例实施细则》规定:企业法人实有资金比原注册资金数额增加或减少超过20%时,应持资金信用证明或者验资证明,向原登记主管机关申请变更登记。这里,不存在注册资本制度的本来意义,对注册资金的登记实际上变成了对企业自有资金的不断变动进行追踪登记的方式。其意义是为政府的宏观经济管理提供数据,而不是为债权人展现企业的财务状况。

1993年财务会计制度改革的一大突破就是实行资本保全原则,建立企业资本金制度,理顺产权关系,保障所有者权益。《企业会计准则》、《企业财务通则》规定,设立企业必须有法定的资本金,投资者投入企业的资本只能依法转让而不能以任何方式抽回;提取折旧、资产盘盈及盘亏等均不再增减资本金。这一企业财务会计制度统一适用于各种所有制形式的企业。因此,注册资本与注册资金双轨制赖以产生的会计制度基础已不复存在,全面实施注册资本制度的所需的财务制度的条件已经具备。

应当认为,注册资金与注册资本双轨制是特定历史阶段的产物,旧的财务会计制度对企业资金来源科目的反映形式,是产生注册资金概念的前提条件。在当时的特定条件下,注册资金概念的引入对企业法人制度的建立与推进起到了其他概念无法替代的作用,但是,其使命在十年后的今天已经完成。现在,我国的各类企业,不论其所有制性质,也不论其是否具有公司的组织形式,均执行统一的财务会计制度(包括法定资本金制度),因此,注册资本与注册资金双轨制赖以产生的最根本的前提已不复存在。将国有企业排除在注册资本制度适用范围之外,要求其继续执行与现行财务会计法规相冲突的注册资金制度,只能造成法律适用的混乱,而且也不利于国有企业转换经营机制,建立现代企业制度。统一我国企业的注册资本制度已是刻不容缓。[①]

三是,从资本制度内涵的确定性分析。注册资本是我国多年来延用的一个概念,这个概念长期而广泛地使用与我国多年来计划经济体制不无关系。在建立现代企业法律制度时,不能不对这个概念的合理性和法律价值提出质疑,从而对注册资本这一概念的存与废作出价值判断。

由于法律制度和文化传统的差异,长期以来,英美法系国家和大陆法系国家,围绕股东出资的期限和资本的形成问题,形成了几种截然不同的模式和特征,如以社会为本位的法定资本制(statutory capital system),以灵活务实的授权资本制(authorized capital system),以及富有生命力的折中资本制。无论是何种形式均没有注册资本这一概念。在外国公司法中,"资本"一词并不像我国公司法那样界定为注册资本。"资本"的含义比较宽泛,包括发行资本、实缴资本等概念。发行资本是指公司已经招募并由股东认购的股本总数,并非股东实缴的资本。实缴资本也称实收资本,是指在公司实际已经收到的现金或其他出资的总额,它是公司实际拥有的资本。

从我国《公司法》修改前第23条和第78条的规定分析,我国《公司法》不仅不允许授权发行资本,也不允许分期缴纳股款,公司的注册资本在设立时必须全部发行,而且必须一次性缴清,这种由股东实际缴纳的资本数额作为确定公司注册资本依据的资本制度,显然属于法定资本制的范围。

我国《公司法》修改后,就公司资本问题修改的重点体现在以下方面:第一,设立公司必须符合法定资本3万元(有限公司)和500万元(股份公司)的最低限额;第二,公司的注册资本在公司成立时必须是发行资本(有限公司和发起设立的股份公司)或实缴资本(募集设立的股份公司);第三,出资必须经法定验资机构验资;第四,股东或发起人对非货币形式的出资不得高估,否则

[①] 刘燕:《我国企业注册资本制度的演进——双轨制的形成与调整》,载《中外法学》1997年第3期。

须承担出资差额的填补责任,设立时的股东或发起人要承担连带责任;第五,虚报注册资本、虚假出资、抽逃出资具有违法性,应承担民事责任、行政责任和刑事责任;第六,股票的发行价格不得低于股票的票面金额;第七,公司原则上不得收购自己所发行的股票,也不得接受本公司的股票作为抵押权的标的;第八,公司分配当年税后利润前,应当提取利润的10%列入公司法定公积金;第九,在弥补亏损之前,公司不得向股东分配股利;第十,公司需要减少注册资本时,必须编制资产负债表和财产清单;第十一,公司减资后的注册资本不得低于法定的最低资本限额;第十二,公司减资必须由股东会作出决议;第十三,公司减资应当在法定期限内通知债权人并作出公告,债权人在法定期限内有权请求公司清偿债务或者提供相应的担保。这些修改实际上并没有摒弃法定资本制中的三大原则(资本确定原则、资本不变原则、资本充实原则),因此,我国《公司法》修改后并没有将法定资本制度修改成授权资本制和折中资本制,无非使法定资本制度适当灵活且更加务实。既然我国《公司法》的资本理念仍旧是法定资本制,就应当适应与法定资本制度相统一的资本概念。一是名义资本(nominal capital),它的法律含义是允许达到或可能达到的最高资本额;二是发行资本(issued capital),它是指股东已经认购的股份;三是实收资本(paid up capital),它是公司已经收到的股本,是判断公司资本实力的标准。

  基于我国企业法实行的是法定资本制这一实际,我们建议,取消注册资本的概念,引用发行资本、实收资本这样一些内涵和外延清晰明了的概念。理由是:其一,现有的注册资本概念在公司法律制度中找不到内涵相同的词,也许是从授权资本中"授权"误译而来。其二,由于注册资本的内涵不清导致实践中的混乱。它既不是实收资本的代名词,也不是授权资本的同义词。[①] 在实践中,我们还须判断已到位的注册资本和没有到位的注册资本。其三,注册资本因没有明确的内涵而失去了其存在的法律价值。它既不是评判企业资本实力的标准,又不是公司和股东承担有限责任的范围。其四,使用发行资本、实收资本不仅有利于投资者合理使用资金,而且有利于政府的有效管理。[②] 其五,《公司法》第26条所规定的"有限责任公司的注册资本为在公司登记机关登记的全体股东认缴的出资额"把"注册资本=出资额"是明显存在概念外延上的错误。公司资本的形成主要有两种方式:一为股东直接出资,包括公司设立时股东认缴的出资额,以及公司经营过程中增资扩股,向老股东配股或向新股东募股时股东认缴的资本份

[①] 也有学者认为,在中外合资经营企业中,注册资本须由股东全部认足,但不必在公司成立时实际缴足,认为这种资本制更类似于发行资本。参见范健、蒋大兴著:《公司法论》(上卷),南京大学出版社1997年版,第335页。

[②] 张国平:《论我国公司法律制度的完善》,载《当代司法》1999年第9期。

额。二为公司经营利润的转化。公司可以以资本公积、盈余公积、未分配利润转增实收资本（股本）增加注册资本，其盈余公积、未分配利润是公司实现的利润，并不是股东的出资。因此，以企业设立时投资者的出资作为"注册资本"的构成内容显然也与企业资本形成的途径相悖，难以反映企业资本的实际运营状况。其六，就会计制度的相关术语而言，企业投资者的出资，在西方财务会计中谓之"股本"，我国的《企业会计准则》中称为"实收资本"，《企业财务通则》使用的是"资本金"的提法，也没有"注册资本"这一提法。当企业从税后利润中提取公积金时，对这部分财产西方财务会计称之为"保留盈余"，我国财务会计则细分为"法定公积金"和"盈余公积金"。"股本"与"保留盈余"之和构成了西方会计中的"股东权益"或"业主权益"，我国的会计制度中，"实收资本"、"法定公积金"和"盈余公积金"共同组成了"所有者权益"，如果企业还有未分配利润，它也属于"所有者权益"。

四是，从法人型企业的信用基础分析。法人型企业的信用基础究竟是基于资产信用还是资本信用，近年来为理论界热烈讨论。赵旭东教授富于见识的论文《从资本信用到资产信用》，[①] 给从事于企业法与公司法研究的理论工作者以许多思考。

一方面，我们应当看到，企业资本是公司成立时注册登记的数额，并不是企业任何时候都实际拥有的资产数额。企业资产与资本的脱节是企业财产结构的永恒状态。

企业资本和企业资产是不同的概念，其区别主要表现在以下几个方面：其一，外延和内涵不同。企业资产在外延上大于企业资本。资本是以股东出资为基础而通过注册登记所核定的财产；而资产则是企业实际拥有和控制的财产。在范围上，企业资产除包括企业资本外，还包括其他股东权益（如公积金、公益金、未分配利润等）和负债。其二，表现形式不同。企业资产是以实体财产的形式表现出来的财产，而资本则是一个单纯的供计算投资者股权用的抽象数据。企业的资本是一个静态的衡量，而企业的资产则是一个动态的变量。因企业经营的盈利和财产的增值，企业的资产会大于企业的资本；因企业经营的亏损和财产的贬值，企业的资产会少于公司的资本。其三，法律要求不同。企业资本是依法核准的一个常数，非经法定程序不能随意更改。而企业资产始终是一个变量，其增减变化无须履行特定手续；企业资本需要在公司章程上作记载，并进行工商登记，企业财产不需要在企业章程中作记载，也不需要进行登记。企业资本的形成和变更需要严格依法进行，而企业财产在使用和管理上与资本的要求有所不同。其四，对外承担责任的基础不同。企业赖以对外承担财产责任的是企业的资产，而不是企业的资本。企业资产的数额才是公司财产责任和清偿能力的范围，从这个

[①] 赵旭东：《从资本信用到资产信用》，载《法学研究》2003年第5期。

意义上认识,以资本为核心所构筑的整个企业信用体系不可能胜任保护债权人利益和社会交易安全的使命。就此而言,由资本所昭示的企业信用多少带有虚拟的成分。资本不过是企业资产演变的一个起点,是一个静止的符号或数字。

但是,另一方面,我们也应当认识到,法人企业是资本企业,市场经济下应强化企业的资本意识。企业的资本意识应当包括以下四个方面的内容:其一,企业资本化意识。在市场经济条件下,企业不过是资本借以聚集和运动的组织形式,企业的生产经营只是资本运动的物质基础或外在的表现形式,企业的土地、厂房、产品等物是资本存在的载体和物化形式,也就是说,企业的一切形态总是和资本相连,企业的生存和发展体现在资本的运动过程中。其二,资本人格化意识。资本人格化是资本营运的产权基础,是资本增值运动的必然要求;资本人格化就是要重塑具有人格化的资本所有者主体;只有实现资本人格化,企业作为资本营运的微观主体,才会具有资本的内在冲动,才能形成必要的激励机制和约束机制。其三,资本价值最大化意识。资本的独特之处就是要在运动中实现价值增值,这是资本的本性,也是资本存在和运动的唯一目的,社会主义的企业也不能例外。其四,在合伙和个人独资企业中,投资者要对企业的债务负连带责任,因而将业主的出资和企业的资本作严格的界定似乎无重大的法律上意义。而法人型企业则不同,它们是有限责任企业,业主的责任和企业的责任是独立的。所以,严格界定投资者的出资并转化为企业的资本具有重要的法律意义。

第二节 企业资本缴付中的法律问题

一、法定资本制、授权资本制与折中资本制比较分析

(一) 法定资本制及制度分析

法定资本制(statutory capital system)为大陆法系的德国、法国等公司法所创立,它是指在公司设立时,须在章程中对公司的资本总额作出明确的规定,并须经股东全部认足,否则公司就不能成立。资本确定以后,非经严格的法定程序,不能更改。公司资本是公司章程载入已全部发行的资本,公司成立后要增加资本时,必须召集股东大会,由股东大会作出决议,变更公司章程中资本数额,办理相应变更登记手续。我国《公司法》修改后,将公司资本制度作了一些变通,主要变通在于:股东对公司的资本总额认足以后,在缴纳股款时全额缴纳变通为分期缴纳。有学者指出,法定资本制的主要特点是资本或股份的一次发行,而不是一次缴纳股款。几乎在实行法定资本制的所有大陆法系国家,都允许股款的分期缴纳,只是要求首次缴纳的部分不得低于资本总额的一定比例。[①]

---

① 赵旭东主编:《公司法学》,高等教育出版社2003年版,第209页。

法定资本制不仅要求公司资本总额必须明确记载于公司章程，使之成为一个具体、明确的数额，而且要求章程所确定的资本总额在公司设立时必须分解落实到人，即由全体股东认足，因而具有保证公司资本真实、可靠，防止公司设立中的欺诈和投机行为，以及有效地保障债权和交易安全等特点。它体现出资本制度中的三大原则，即确定原则、资本充实原则和资本不变原则。[①] 但较明显的不足是，法定资本制不利于公司迅速成立和募集资本，并可能会造成募集资本的闲置和浪费以及限制公司的灵活应变能力，如果从资本运用的效率来看，法定资本制较为僵化。由于设立的公司存在行业、经营范围内容诸方面的差异，对所需资本的数量也会有所不同，完全坚持法定资本制不利于资本运用效率的提高。法定资本制至今仍为一些大陆法系国家所采用。如意大利、瑞士、丹麦、卢森堡等。

（二）授权资本制及制度分析

英美法系国家实行授权资本制（authorized capital system），要求公司设立时，资本总额虽也记载于公司章程，但并不要求公司成立时认足或募足，只认足或募足其中一部分，公司即可成立，未认足或募足部分，授权董事会根据需要，分次发行募集之。其基本特点是：其一，公司资本呈现出注册资本、发行资本、实缴资本以及授权资本与催缴资本同时并存现象；其二，公司章程载明两个资本额，即公司资本总额和第一次发行的股份总数；其三，公司设立时，股东只需要认购章程规定的第一次发行的股份，公司即可成立开业，但不得少于公司最低资本额；其四，股东大会授权董事会于公司设立后发行新股，募足资本总额。因其认定之股份，原在章程所记载的资本总额之内，所以再行募集时，无须变更章程，也不必履行增资程序。这种制度既便于公司的设立，又赋予了公司资本的灵活性，而且还能较好地适应市场经济对公司决策迅速高效的客观要求。方便、灵活、注重效率是授权资本制的巨大优势，也是近几十年来大陆法系国家纷纷借鉴这一制度的主要原因。但在授权资本制下，公司的实收资本可能微乎其微，极易造成公司的滥设和公司资本的虚空，不利于维护交易的安全和保护债权人的利益。

（三）折中资本制及制度分析

鉴于上述两种资本制各有缺陷，为顺应现代经济形势的发展，在德国、日本

---

① 公司法本身并无"资本三原则"一词，而系学者将具有共同法理的条文归纳综合而成，认为它是由公司法所确立的在公司设立、营运以及管理的整个过程中，为确保公司资本的真实、安全而必须遵循的基本的法律准则。资本确定原则是指公司在设立时必须在章程中对公司的资本总额作出明确的规定，并须由股东全部认足，否则公司就不能成立。资本充实原则是指在其公司存续过程中，应当经常保持与其资本额相当的财产。资本不变原则是指公司的资本一经确定，即不得随意改变，如需要增加或减少，必须严格按法定程序进行。公司资本的三原则是大陆法系国家公司资本制度的核心，其基本出发点是为了保护债权人的利益和交易安全，以及公司自身的正常发展。尽管顺应经济关系和经营方式的变化，公司资本制度也在不断地发展，但是公司的资本三原则仍为许多大陆法系国家公司法所确认，并对英美国家的公司资本制度产生重大的影响。

等国家出现了融合性的变革，一种介于法定资本制和授权资本制之间的新型公司资本制度——折中资本制得以确立。它仍要求公司在设立时，章程明确规定公司资本总额，但在股东认足一定比例的资本数后，公司即可成立。资本余额授权董事会在一定期限内发行，其发行总额不得超过法律规定的限制。折中资本制具体可分为许可资本制和折中授权资本制两种类型。尽管折中资本制在各国公司法的实践中，其具体内容和表现形式有所差异，但其共同点在于：其一，对公司资本的含义加以限定，即将公司资本限定为发行资本而非注册资本；其二，对授权发行资本的期限作出限定；其三，对授权发行资本的数额作出限定。这种资本形成制度既能解决法定资本制下公司设立艰难与增资烦琐问题，又能避免授权资本制下公司虚设的可能，克服了纯粹授权资本制下易使相对人对公司资本产生误解的弊端。

二、我国企业资本缴付制度考察

（一）不同企业形态下资本缴付制度的差异性考察

就我国目前立法实际分析，公司制企业、内资非公司制法人企业、外商投资企业中，由于它们的企业形态有所不同，因而反映在企业资本缴付制度上具有较大的差异。

1. 公司制企业的资本缴付制度。就我国《公司法》在修改前所规定的注册资本制度看，学界普遍认为是法定注册资本制度。但《公司法》修改后准许分期缴付出资，在此情形下，我国修改后的《公司法》奉行的是法定资本制还是授权资本制，学者多有不同观点。王保树先生在谈及公司法修改时曾指出："值得注意的是，这次公司法修改采用了股东出资分期缴纳的制度，但这不是授权资本制，也不是折中授权资本制。现在规定的分期缴纳制是在法定资本制框架中的股东缴纳出资制度的改革。"[①] 也有学者在谈及修改后的公司法的资本制度时将其确定为折中资本制，"在《公司法》的修订过程中，我国的公司资本制度究竟是采取授权资本制、折中资本制还是维持法定资本制，以及注册资本的最低限额规定多少为宜，曾是重要的争议问题。大多数人倾向性的意见是将法定资本制改为折中资本制，而且从各国公司立法的发展情况看，原采用法定资本制的国家也都存在向折中资本制、授权资本制转化的趋势。""最终，新《公司法》选择了缴付折中资本制，并大幅降低了公司注册资本最低限额。"[②]

实际上，我国修改后的《公司法》对有限责任公司继续实行法定资本制度。立法规定注册资本最低限额规定为不得少于人民币3万元，在注册资本要求如此

[①] 参见王保树教授等在2005年11月9日清华大学法学院明理楼所作的《新公司法评述》，http://www.chinalawedu.com/news/21604/21630/21652/2006/3/xi8852171111360021728-0.htm。

[②] 王欣新：《谈新公司法资本制度之变革》，载《会计师》2005年第12期。

低的法律环境下，没有必要再让有限责任公司改采折中资本制或授权资本制，而完全可以秉承法定资本制，只不过对于超过3万元以上的注册资本部分允许分期缴付，按《公司法》第26条的规定，公司全体股东的首次出资额不得低于注册资本的20%，也不得低于最低注册资本额，其余部分由股东自公司成立之日起2年内缴足，其中，投资公司可以在5年内缴足，修改后的《公司法》排除了过去一次性实缴制度的做法，这点无疑是立法的一大进步。而对于股份有限公司而言，股份有限公司则采用法定资本制但允许分期缴纳。我国修改后的《公司法》第81条规定："股份有限公司采取发起设立方式设立的，注册资本为在公司登记机关登记的全体发起人认购的股本总额。公司全体发起人的首次出资额不得低于注册资本的20%，其余部分由发起人自公司成立之日起2年内缴足；其中，投资公司可以在5年内缴足。在缴足前，不得向他人募集股份。股份有限公司采取募集方式设立的，注册资本为在公司登记机关登记的实收股本总额。股份有限公司注册资本的最低限额为人民币五百万元。法律、行政法规对股份有限公司注册资本的最低限额有较高规定的，从其规定。"这表明，修改后的《公司法》对股份有限公司仍然沿袭法定资本制，只不过是采取发起设立方式设立的允许分期缴纳。

2. 外商投资企业的资本缴付制度。按我国《中外合资经营企业合营各方出资的若干规定》，如果在合营合同中订明出资期限的，出资各方应在合营合同规定的期限内缴清各方的出资；如果合营合同中规定一次缴付出资的，合营各方应当从营业执照签发之日起6个月内缴清；合营合同中规定分期出资的，合营各方第一期出资，不得低于各自认缴出资额的15%，并且应当在营业执照签发之日起3个月内缴清。《外资企业法实施细则》第30条也规定："外国投资者缴付出资的期限应当在设立外资企业申请书和外资企业章程中载明。外国投资者可以分期缴付出资，但最后一期出资应当在营业执照签发之日起3年内缴清。其中第一期出资不得少于外国投资者认缴出资额的15%，并应当在外资企业营业执照签发之日起90天内缴清。"中外合作经营企业由于既可以是法人型企业，也可以是非法人型企业，法人型企业其注册资本缴付与中外合资企业相同。我国法律对上述三资企业在注册资本认缴问题上采用限期缴付制度其目的是为了更多地吸收外资，并与国际上通常采用的对外投资惯例相适应。

比较我国公司制企业注册资本的分期缴付制度与外商投资企业注册资本的认缴制度，二者有何法律制度上的差异点呢？笔者认为，它们之间的差异点主要在于以下方面：

其一，资本缴付制度的性质不同。公司制企业资本缴付制度属于法定资本范畴，而外商投资企业资本缴付制度由于准许在公司成立后分期缴付属于折中资本制范畴。①

其二，资本缴付的期限不同。公司制企业的资本缴付须在公司成立之前缴付不低于注册资本的 20%，其余部分在 2 年内或 5 年内（针对投资公司）缴足，如股东未作如数缴付，公司则不能成立；而外商投资企业的出资可以在公司成立之后，一次性缴付的，可在公司营业执照签发之日起 3 个月内缴清。分期缴付的，可视中外合资企业和外资企业不同，立法分别作出分期缴付的比例、期限。

其三，资本缴付的规定不同。公司制企业对分期缴付出资的规定期限源于立法的直接规定，而外商投资企业分期缴付的规定源于立法的框架性规定和合营合同、公司章程的具体规定。

其四，资本比例不同。公司制企业资本缴付有分期缴付比例及货币出资比例的要求，而没有外资比例的要求，而外商投资企业则有外资比例的要求而没有货币出资比例的要求。

3. 内资非公司制法人企业的出资缴付制度。根据《企业法人登记管理条例》和实施细则规定，具备企业法人条件的国有企业、集体企业、联营企业和其他企业，对开办单位的拨款、投资实行实缴制，即既不允许如公司制企业一样将投资者的出资在企业成立之前与之后分期缴付，也不允许如外商投资企业一样在企业成立后分期缴付，而是实行严格的实缴制度。

内资非公司制法人企业注册资金的实缴制度其基本特点在于：其一，按企业的类型确定了注册资金的最低限额，即 50 万元、30 万元、10 万元、3 万元不等（《企业法人登记管理条例施行细则》第 15 条）；其二，注册资金应与实有资金相一致（《企业法人登记管理条例施行细则》第 31 条）。不一致的，按国家专项规定办理（《企业法人登记管理条例》第 12 条）；其三，注册资金的来源并非一定是企业设立时具有确定意义的投资者，可以是国家财政拨款、可以是设立企业的单位拨款、投资以及社会集资（《企业法人登记管理条例施行细则》第 31 条）。这就使得企业所有者权益拥有者显得模糊，由此，在这类企业设立登记时就出现了"开办单位"这一术语。实际上企业的开办单位与严格意义上的"出资人"是有区别的。

4. 几点评析。目前不同企业形态中业已存在的不同类型的资本（或出资）缴付方式，不利于建立统一的企业资本制度，不仅使整个制度框架错综复杂，难以把握其基本的思路与脉络，而且相关的法律、法规之间也缺乏应有的统一、连贯和稳定，不符合我国经济体制改革的基本思路和政策导向。从内资企业而言，首先应打破注册资本和注册资金双轨制体系，一体适应注册资本制度；其二，在

---

① 也有学者对外商投资企业分期缴付出资制度理解为法定资本制的另一种形式，而不是授权资本制或折中资本制。参见赵旭东主编：《新公司法制度设计》，法律出版社 2006 年版，第 256 页。

注册资本的制度选择上，可考虑统一适用法定资本制下的分期缴付制。

(二) 最低资本制度

所谓最低资本制度是指由企业法所确立的要求组建法人型企业之资本不得低于法律规定的最低数额的制度，如果低于最低数额，法人型企业就不得成立。

在大陆法系国家的公司法中，最低资本制度被赋予了很多功能，建立该项制度的理论基础在于三个方面：一是达到法定要求，维持公司独立人格；二是设置准入门槛，维护市场交易安全；三是平衡利益冲突，保护公司债权人。[①] 在市场交易具有风险性，当股东又通过采取有限责任公司来进行交易时，建立最低资本制度无疑具有制度价值。

英美法系国家对公司的最低资本金的要求并不严，美国一些学者认为，关于最低资本金的规定无太大意义，因为它与公司经营事业的目的并无直接的关系，所以美国的《标准公司法》和绝大部分州的公司法已取消了最低资本额的规定。美国《标准公司法》早在1969年就取消了有关公司最低资本额的规定，同时也取消了一些类似的规定，目前在美国的大多数州内，从理论上讲，公司可以一分钱的资本开业，公司设立的资本条件极为宽松。当然，在美国也有一些州的法律保留了有关公司最低资本额的规定，在这些州内，董事在未募足法定最低资本额之前，对公司的全部债务要承担个人责任，换言之，法律不承认此类公司具有独立的法人人格。有学者曾指出，美国各州公司法陆续取消最低资本制度的理由是，任何关于最低资本额的规定都是武断的，也不能对债权人提供有意义的保护。[②] 在既定制度框架下，对于债权人来说，为了避免损失，最好的方法是自我保护，公司债权人应多方了解交易公司的各种信用资料，不能仅倚重于公司的最低资本额制度。[③]

美国取消最低资本金的规定，并没有产生公司滥设或严重损害债权人利益的现象发生，原因何在？恐怕与美国发达的商业资信查询体系，并配备完善高效的保护债权人的司法制度有关，因而美国公司法的这一做法并没有最终损害企业资本信用体系。另外，英美公司法在资本制度问题上，不作公司最低资本额的限定，从表面上看，似乎是完全为便利投资人考虑，而置债权人与公司经营能力于不顾，但实际上对公司投资人的行为却有着另一种微妙的否定措施，即公司人格否定原则。当法院判定投资人的行为在滥用公司形式时，即可适用公司人格否定原则，责令公司发起人对公司债务承担无限的连带责任，这无疑是一种行之有

---

① 赵旭东主编：《新公司法制度设计》，法律出版社2006年版，第238页。

② [美] 罗伯特·W. 汉密尔顿著：《公司法概要》，李存捧译，中国社会科学出版社1998年版，第38页。

③ 胡果威著：《美国公司法》，法律出版社1999年版，第44页。

效的债权保障措施。在我国香港特区，注册资本仅是指公司的最高资本募集额，不必在公司成立时即行认足募足，《香港公司条例》对注册公司没有最低注册资本额的限制。①

相比之下，大陆法系国家的公司法一般都对最低资本额作了规定，这正好与英美法系国家的规定有异。公司最低资本限额制度源于大陆法系国家，由于这项制度在债权担保和公司经营能力保障等方面所具有的重大作用，使其影响范围不断扩大，除美国等极个别国家外，绝大多数发达国家，包括英国、爱尔兰等国家在内的不少英美法系国家都通过成文立法的形式确立了该项制度。

我国立法因受大陆法系的立法技术影响较大，一般多以法律明文规定的形式来昭示立法者的意志，对公司最低资本额的限定也是如此，我国修订后《公司法》规定有限责任公司的注册资本不得少于3万元，股份有限公司注册资本的最低限额为人民币500万元。如注册资本的最低限额需高于上述所定限额的，由法律、法规另行规定。其他企业法也规定，非公司制法人企业的注册资本最低不少于3万元。

对于最低制度的法律价值也应有一个适当评价的问题。在我国《公司法》修订之前，我国有着世界上最为严格的法定资本制度，但是我国公司信用状况并不能令人乐观。而以较低的最低资本额甚至没有设定公司最低资本额的国家，公司信用却没有如此不堪，这种反差不得不引起我们的深思。应当看到，企业最低资本额毕竟在设立时形成企业的实际资产，虽然因为物价变化、通货膨胀会影响企业法所确立的最低资本额的价值，但它毕竟是形成企业资产的基础，是企业偿债的物质保障，因此，应当看到它的资本信用价值，把最低资本额作为毫无意义的认识是不正确的。但是把资本额与公司资产等同的看法同样也是不正确的，我国有学者明智地指出，资本不过是公司资产演变的一个起点，是一段历史，是一种观念和象征，是一个静止的符号或数字。② 在我国这样商业资信查询体系并不发达，对保护企业债权人权益司法制度还不十分完善的国家，确立最低资本额制度的法律价值是有限的。对注册资本最低额的规定应该科学合理，否则会失去应有的价值功能。如果最低资本限额定得过低，则失去其债权担保功能，对企业债权人不能提供有任何意义的保护。相反，如果规定得过高，则会无谓地增加企业设立的难度，导致企业资本的闲置和浪费，甚至会扼杀市场经济的活力。

（三）出资形式制度

1. 公司制企业对货币出资比例的要求。按我国修订后的《公司法》规定，有限责任公司和股份有限公司的注册资本中，由公司全体股东或者发起人的货币

---

① 王新建主编：《香港民商法实务与案例》，人民法院出版社1998年版，第121页。
② 赵旭东：《从资本信用到资产信用》，载《法学研究》2003年第5期。

出资金额不得低于公司注册资本的30%。这就是说，修订后的《公司法》对货币出资的比例作了立法上的规制。但非公司制企业以及外商投资企业的有限公司中，立法尚未对投资者的货币出资比例作出明确规定。笔者认为，在企业注册资本中规定货币出资比例是有现实意义的。货币是公司资本中最常见的一种出资形式。由于货币具有其他形式的资本所不具有的一些优点，如货币的通货性，交付的便捷性，用益方面的广泛性，绝大多数国家的公司法都规定，股东可以以货币出资。在有些国家，为保证公司中有足够的货币资本来满足公司的经营需要，公司法规定了货币出资应占公司注册资本的一定比例。在德国法上，有限责任公司的股东可以用现金出资，也可以用实物出资，现金出资在公司设立时必须至少缴纳基本出资的1/4。[①] 法国、意大利等国家的公司法也有类似的规定。我国1992年颁布的《有限责任公司规范意见》曾规定过，货币出资的最低限额为公司法定注册资本最低限额的50%，《公司法》颁布时取消了货币出资的比例，《公司法》修订时又重提货币出资比例要求，不过，将其出资比例调整到30%。

2. 现物出资要求。无论是公司法还是其他企业法，均规定投资者可以用货币以外的实物、知识产权、用益权等出资。现金以外的出资形式在日本被称之为"现物出资"。在现代企业法中，现物出资不是替代现金出资的代物清偿，不能认为是现金出资的抵缴，而是一种与现金出资并列的独立出资形态。

现物出资会存在一个量化为货币问题。如何进行合理量化，有待于立法加以进一步规范。

由于现物出资特别是其中的知识产权出资，对其评估是一个极其复杂的问题，容易引起低价高估问题，既削弱公司的财产基础，又对其他股东造成不公，因而，从安全价值考虑，应对现物出资规定相应的适格条件，有学者认为，现物出资的适格条件应为四个要件，即确定性、现存的价值性、评价的可能性、独立的转让性。[②] 但也有学者认为，现物出资的适格条件应另加有益性，即，对于出资到企业后，对企业具有目的框架内的收益能力。与企业营业无关紧要之物一般不宜用作出资物。[③]

在我国，不同类型的企业现物出资的表现形式及要求也有所不同，按《公司法》组建的公司制企业现物出资表现为股东的实物、知识产权、土地使用权等可以用货币估价并可以依法转让的非货币财产作价出资，但是法律、行政法规规定不得出资的财产除外。按《中外合资企业法》组建的中外合资有限责任公司，投资者可以用建筑物、厂房、机器设备或其他物料、工业产权、专有技术、

[①] 毛亚敏著：《公司法比较研究》，中国法制出版社2001年版，第225页。
[②] [日] 志村治美：《现物出资研究》，于敏译，法律出版社2001年版，第134页。
[③] 冯果著：《现代公司资本制度比较研究》，武汉大学出版社2000年版，第47—48页。

场地使用权等出资。在出资条件上,外国合营者作为投资的技术和设备,必须确实是我国需要的先进技术和设备,另据《中外合资经营企业合营各方出资的若干规定》,合营各方只能以自己所有并且未设立任何担保物权的实物出资,并且应当出具拥有所有权和处分权的有效证明。《中外合作经营企业法》及其《实施细则》规定,中外合作各方进行投资或合作的条件可以是货币、实物或者工业产权、专有技术、土地使用权等。而且要求各方应以其自有的财产进行投资或合作。根据《外资企业法》及《实施细则》的规定,外国投资者可以货币、机器设备(生产上必要的,中国不能生产,或能生产但不能保证性能和到货期的,其评价额不得超过国际市场上的正当价格)、工业产权和专有技术中的任何一项进行出资。

按国家工商行政管理局《公司注册资本登记管理暂行规定》(1995年)所作的规定,公司设立登记或者变更登记注册资本时,应提交验资证明,该验资证明须由会计师事务所或审计师事务所出具,这一规定排除了以往在企业设立过程中由金融机构出具验资证明的做法。在出资过程中,如果是以实物出资的,公司章程应就实物转移的方式、期限等作出规定。实物中须办理过户手续的,公司应当于成立后半年内办理过户手续,并报公司登记机关备案。如果以工业产权出资的,公司章程应当就工业产权转让登记事宜作出规定,其中以专利权出资的,其专利权人为全民所有制单位的,专利权转让须经上级主管部门批准;以注册商标出资的,按有关规定先由商标主管部门审查同意后方能出资。公司应当于成立后半年内依法办理工业产权转让登记手续,并报公司登记机关备案。注册资本中以非专利技术出资的,公司章程应当就非专利技术的转让事宜作出规定。公司成立后一个月内,非专利技术所有人与受让人(公司)应当签订技术转让合同,并报公司登记机关备案。如果以划拨土地使用权出资的,使用人应当向市、县人民政府土地管理部门申请办理土地使用权出让手续后方能作为出资,城市规划区内的集体所有的土地应当先依法征用为国有土地后方能作为出资;农村和城郊的集体所有的土地(除法律规定属于国家所有的以外)应当经县级人民政府登记注册,核发证书,确认所有权后方能作为出资。公司应当在成立后半年内依法办理土地登记手续,并报公司登记机关备案。《公司登记管理条例》颁布和修订后,进一步完善了股东的出资制度。按2005年修订的《公司登记管理条例》规定,股东的出资方式应当符合《公司法》第27条的规定。股东以货币、实物、知识产权、土地使用权以外的其他财产出资的,其登记办法由国家工商行政管理总局会同国务院有关部门规定。2005年国家工商行政管理总局制定了《公司注册资本登记管理规定》,股东以非货币财产出资的,应当由具有评估资格的资产评估机构评估作价后,由验资机构进行验资。出资后应当依法办理其财产权的转移手续。公司设立登记时,股东或者发起人的首次出资是非货币财产的,应当提交已办理财产权转移手续的证明文件。公司成立后,股东或者发起人按照公司章程规定的出资时间缴纳出资,属于非货币财产的,应当在依法办理财产权转移手续后,申请办理公司实收资本的变更登记。

在用益权出资中,用益权的范围大小及用益权出资的基本要件是一个值得探讨的问题。取水权、海域使用权、探矿权、采矿权、狩猎权、渔业权、高速公路收费经营权、桥梁和隧道收费经营权等均可以被视为用益权,但是否均可用作出资,应按照现物出资的基本要件加以把握。

2005年由国家工商行政管理总局制定的《公司注册资本登记管理规定》规定,公司制企业中股东不得以劳务、信用、自然人姓名、商誉、特许经营权或者设定担保的财产等作价出资。然而,合伙企业法并没有禁止合伙人以劳务出资问题。合伙企业可以劳务出资而公司制不允许劳务出资,其制度价值在于:公司制度是以物力资本为基础而设计的,即公司是以资本联合为基础、以资本信用原则为灵魂的企业,从资本企业的特点、精神理解,股东不得以劳务出资。另外,劳务难以符合现行立法和理论上所确定的股东出资标的的适格条件,不具有对公司债权人的担保功能。

关于信用出资问题。信用是利益源泉的财产,但是传统的财产法不论及这种带有比喻意义的财产。在现代社会中,尽管信用的财产性得到认可,但是在以信用形式向公司出资时,各国立法及理论仍相当谨慎。即使在美国、英国等采取授权资本制国家的公司法中,所列举的出资标的物也不见信用。但是在各国立法中,合伙企业、无限责任公司的投资者以及两合公司中的无限责任股东可以用信用出资,这表明信用是企业的运营财产,具有经营功能。有限责任公司股东不能用信用出资,其主要原因在于,信用不能对公司债权人提供稳定的担保。在传统公司制度框架下,信用的价值难以界定,无法有效移转的特点决定了其不可能成为出资的对象,被计入到公司的资本中。

第三节 企业资本增减中的法律问题

一、企业资本增减的功能与途径分析

(一) 企业增资的功能与途径

企业注册资本从登记角度看是静态的,然而企业的实际财产数额却是随着物价波动、营业实绩等因素时时处于变化之中,[①] 因此,注册资本与企业实际拥有

[①] 确保企业资本的确定真实,从而尽可能地维护交易安全,这是立法者的意图所在。但越来越多的立法者发现,公司本身的财产始终处于难以监控的恒变之中,所谓企业资本对交易安全的维护只是法学家虚构的神话。参见蒋大兴著:《公司法的展开与评判》,法律出版社2001年版,第447页。

财产是两个不同的概念。企业在某个时候实际拥有的财产总和，可能大于也可能小于企业的注册资本数额。按注册资本三原则来看注册资本的动态性，就不但要求注册资本确定原则，而且还要求在一定时期内注册资本充实原则和注册资本不变原则。

企业的注册资本应当与实有资本相一致，这是按照注册资本与实有资本相一致原则的体现，其意义在于通过法律规范促使注册资本与实有资本在一定时期内能保持基本不变。

但是注册资本变化是绝对的，不变才是相对的。增加或减少企业注册资本是公司注册资本变化中的两个方面。

企业增资是企业基于筹集资金，扩大经营等目的，依照法定的条件和程序增加企业的资本总额。

1. 增资只能发生于企业设立之后，运行过程中，增资的功能通常表现在以下方面：

（1）筹集经营资金，开拓投资项目，扩大经营规模。企业获取经营资金的方法可以通过发行企业债、借贷等方式进行，增加资本也是其中一种重要的方法。

（2）增强企业实力和对外信用。资本规模直接反映企业的资产实力和经营规模，增资由此成为显示和提高企业商业信用以及取得竞争优势的重要方式。

（3）调整股权结构，改变管理机构的组成。在现有股东范围内的增资，吸收新的股东可以改变股权结构，也可以调整现有股东相互间的持股比例，甚至还可以实现企业管理机构和管理人员的重新安排和调整，包括董事、经理、法定代表人的更换等。

（4）保持现有运营资金，减少股东权益分配。在企业形成大量公积金和未分配利润情况下，将面临股东提出的分配请求，通过增加资本可以停止或减少对股东的收益分配，而使企业继续合法有效地占用现有的资金，维持现有的经营规模。

（5）在企业与其他企业吸收合并时，被合并企业的资产在并入另一企业的同时，可能会导致该企业净资产的大幅增加，被合并企业的所有者也可能会要求取得该企业的股权，由此便会促使企业增加资本。

增资的方式因企业类别的不同而有所差异。在公司制企业中，有限公司通常是采取扩股的方法，即或者增加新股东，或者（由原有的股东）增加投资。股份公司的增资则相对复杂得多，常见的方法有：其一，向社会公众发行股份；其二，向现有股东配售股份；其三，向现有股东派送红股；其四，以公积金转增股本。

2. 增资的方法主要有以下几种：

（1）增加股份数额。即在公司原定股份总额的基础上，增发一定数量的新的股份。增加股份应优先满足现有股东的要求，如有剩余再向社会公开发行。

（2）增加每股金额。即在不变更公司股份总数的情况下，通过提高每股的股份金额，以达到增加公司资本的目的。

（3）既增加每股金额又同时增加股份的数额。

3. 增资资金的来源主要有以下几个途径：

（1）将部分公积金转为公司股本。按照我国《公司法》的规定，股份公司经股东大会决议后可以将部分公积金转增为股本，并可以按股东原有股份比例派送新股或增加每股面值。但法定公积金转为股本时，所留存的该项公积金不得少于注册资本的25%。

（2）将公司债券转化为股份。当公司发行有可转换公司债时，公司应按约定的条件、时间和程序将该债券转化为公司股份。

（3）将分配利益转化为股份。公司股息的分配以金钱分配为原则，但也不排除公司通过股东会决议的方式将部分或全部可分配利益转化股本，即以派发新股的方式代替现金的分配。

（4）通过发行新股而增加公司资本。从我国修改后的《证券法》第13条规定看，发行新股的条件有具备健全且运行良好的组织机构；具有持续盈利能力，财务状况良好；最近三年财务会计文件无虚假记载，无其他重大违法行为；经国务院批准的国务院证券监督管理机构规定的其他条件。

（二）企业减资的功能与途径

企业减少资本（简称为"减资"），是指因企业资本过剩或亏损严重，根据经营活动的需要，依照法律规定的条件和程序削减部分企业资本。

有学者对企业资本的减资类型作了较为系统的考察，认为减资类型有：其一，付还资本型减资，即减资是为了发还股东的部分出资或股款，主要适用于公司资金过剩的情况；其二，弥补亏损型减资，即减资主要是为了达到弥补亏损或损失之目的，适用于公司经营亏损或遭受损失的情况；其三，免缴出资型减资，即减资可以免除股东欠缴的部分资本，在实行授权资本制或折中授权资本制的公司制度中常用，我国实行法定资本制，公司设立登记时公司资本必须全部缴清，因此，此类型减资在通常情况下不适用于我国；其四，混合型减资。即指股东出资的付还和弥补亏损两种目的并存的减资方式，适用于公司资本规模过大又同时发生经营亏损的情况。比如，假设公司注册资本为1000万元，经营发生亏损，亏损额200万元，则净资产为800万元，现股东会决定减资500万元，则减资后的注册资本为500万元。如果返还股东500万元注册资本的话（即采用返还资本型减资），公司的净资产将变为300万元；如果先弥补亏损然后再返还资本（即采用混合型减资),净资产是 500 万元,而公司只能返还股东 300 万元资本。① 这种减资形态划分的最后优点在于将现实生活中的减资情形类型化,便于人们认识减资的原因所在。

但是,更为抽象的一种划分则是根据减资程序启动后是否会真正引起企业财产的实际减少后果可分为实质意义上减资和形式意义上减资两种。

实质意义上减资发生于下列情况:由于公司经营规模、经营范围发生变化,使企业资本过剩,这时再维持过量的资本,势必造成公司资本的凝滞,不利于企业资本的使用效益,适当减少企业资本会使各方受益。形式意义上减资的场合是:企业经营不善造成严重亏损,致使企业资本与实有资产严重不符时,如果再维持实际虚无的资本,不仅于企业债权人利益无益,反而有害,股东也因企业亏损,得不到应有的回报,因此,为了使企业资本与资产基本相当,需要减资。此类减资的表现形式有:其一,企业因亏损严重,致使已留存的公积金不足以弥补其亏损的,企业不得不减少注册资本。其二,因经营效益欠佳,股东的资金回报率太低。为提高股东的资金回报率,激励股东的投资热情而削减作为分配基数的股本。其三,因公司分立,为了理顺彼此间的关系而削减部分公司或全部公司的股份。实质意义上的减资有向股东返还资本之实,不可避免地对债权人产生影响。

在通常情形下,减资的方法主要分为两种:其一,减少股份数额。其二,减少每股金额。

二、企业资本增减履行法定程序考究

(一) 企业增资程序

增加注册资本应履行哪些手续,在我国《公司法》实施前的一些内资企业法规中对此规定并不十分明确。《公司法》对此作了较为明确的规定,即有限责任公司增加注册资本一般要经过下列程序:股东会作出特别决议,变更公司章程并办理公司注册资本变更登记,提交有效验资机构的验资文件。在国家工商局《公司注册资本登记管理暂行规定》中还对有关程序性问题作出要求,即公司增加注册资本的,如果是以非货币出资的,股东应当依法办理财产权转移手续,再向公司登记机关申请注册资本变更登记。《公司法》未对增资形式作出规定,在实务中,有限责任公司的增资方式因其出资方式的不同而不同。采用单一出资制的公司,可以按原有的出资比例增加相应的资本,增资后各股东的出资比例不变,也可以通过增加新股东并增加新的出资方式进行。在我国,有限责任公司的增资大多采取上述两种方法。

---

① 刘乃晗:《公司减少资本的若干法律问题》,http://www.solw.cn/Article/20070622140659_12839.html。

股份有限公司增资程序较之有限责任公司的增资程序略显复杂。其中尤以实行法定资本制的股份有限公司的增资程序更为烦琐。股份有限公司增加资本的方法有三：一为增加股份的数额，即公司在原定股份的基础上发行新的股份。二为增加股份金额，即公司在不改变原定股份总数的基础上增加每个股份的金额。此种方法的增资，只能在原有股东内部进行，不向社会发行。三为既增加股份的数额，又增加每股的金额，即同时采用前两种方式。在实践中由于第二种、第三种方法的运用涉及股东的态度及复杂的计算，不便操作，故多采用第一种方法。股份有限公司增加资本，除可采用上述方法外，还可以将公司的公积金转为公司资本。股份有限公司经股东大会决议将公积金转为资本时，按股东原有股份比例派送新股或者增加每股面值。但法定公积金转为资本时，所留存的公积金不得少于注册资本的25%。由于资本的增加涉及股东的利益和公司资本的变化，因而法律规定了一定的限制条件。我国法律规定，公司发行新股，必须具备下列条件：前一次发行的股份已募足，并间隔1年以上；公司在最近3年内连续盈利，并可向股东支付股利；公司最近3年内财务会计文件无虚假记载；公司预期利润率可达同期银行存款利率。

增资属于公司的重大事项，应经股东会以特别决议的形式加以确定，同时要变更公司章程和办理相应的注册登记手续。由于增资能够增强公司的实力，提高公司的信用，不会造成对社会交易安全和债权人利益的损害，各国公司法对增资的条件限制较少。但在我国，公司增加资本，有较为严格的限制。根据规定，增资须由股东会以特别决议批准。需要报批的（股份公司、特别是上市公司有严格的报批程序），应办理审批手续。

（二）企业减资程序

一般地，各国法律对注册资本的增加限制较宽，但对注册资本的减少作了比较严格的法律限制。从我国有关立法情况看也有这种倾向。按《公司法》规定公司减少注册资本必须依法定程序进行。一般要经过制定公司减资方案→作出公司减资决议→通知或公告债权人→办理变更登记手续等法定程序。

在注册资本减资实务中存在的法律问题不少，由于有些问题我国《公司法》未作出规定，给学界和实务界留下了不少争论的余地，这里略举三题，以供探讨。

1. 对外通知、公告，并允许债权人在公告后的一定期限内提出异议成为公司减资的必备程序。但是，如果公司怠于履行保护债权人程序，不为通知或公告，或对于在规定的期限内提出异议的债权人不为清偿或不提供相应的担保，其减资效力如何？债权人如何救济？学界有一种意见认为，认定民事行为是否无效，应以是否违反法律禁止性规定为准则，我国《公司法》在设计减资程序时，规定了"应当"通知或公告，而未规定"必须"为之，因此，应视为通知和公告为指导性规范而非强制性规范，立法在没有明确规定未尽法定程序减资行为无效情形下，不宜轻率地认定存在上述情形的减资行为无效。台湾学者认为，保护债权人程序之履行，非减资的生效条件，而仅系为对抗条件，即公司不为通知或公告，或对于在指定期限内提出异议之债权人不为清偿或不提供相当之担保者，并不影响减资之效力，但公司不得以减资来对抗债权人，债权人仍可在公司原有资本范围内对公司主张权利。在日本，公司未履行保护债权人程序，则可能成为减资无效或可撤销的理由，债权人可在法定期限内提起减资无效之诉。

依笔者之见，既然保护债权人的程序系为保护公司债权人因减资而不受不公正侵权之设计，当具强行法之效力，公司只有严格遵守义务，不得有所回避。如若舍弃其法定义务，自当构成对强行法之违反，而成为减资无效之诉之理由。因此，在《公司法》中确立减资无效制度实为必要。

2. 债权人提出的减资异议，其法律效力如何？债权人提与未提减资异议对减资会产生什么实质性影响？公司法对此未作更明确的规定，在司法实务中往往引发争执。

减资的争议目前常见于以下几种情形：其一，未收到减资通知且未知悉减资公告内容的债权人，在规定期限后才知悉减资决议的；其二，表达反对意见的债权人意见未被接受且未受清偿或未被提供担保；三是有权提出异议的债权人其债权尚未到期或债权于减资决议公告之后才成立。

第一类争议的实质是涉及公告的方式和公告后办理减资登记的时间问题。对此日本法与德国法的规定有所差异。日本法是对公告的方式作出限制，要求必须在政府公告上刊登；德国法则对公告后的登记时间作出限制，按德国有限责任公司法的规定，自第三次在公开报纸上向债权人发出催告之日起一年内，不得向商业登记所申请登记减资决议。而我国立法则只对债权人在接到通知的期限内或未接到通知在减资公告的期限内可以要求减资企业清偿债务或提供担保，但未要求减资企业在多大时间内才可办理减资登记。

第二类争议的实质是表达反对意见的债权人的异议的正当性问题。债权人在减资决议经过合法程序登记后知悉减资决议内容的，不再享有对减资前的公司资本的请求权，不得要求股东返还资本，这是因为减资对公司债权人的保护程序必须有时间界限，否则必然使社会的财产秩序处于不稳定状态，况且公告及登记行为本身是一种公示行为，除非公告及登记行为有违反法律规定的情形，否则推定通知全体债权人。

第三类争议的实质是对债权性质的认定问题。要求清偿债务的债权人既包括债权已届清偿期的债权人，也包括债权尚未到期的债权人，未到期债权人有权要求清偿债务的权利依据是：公司资本具有公信力，债权人是基于原有资本的信用与债务人进行交易的，如果公司有权对该类债务不予清偿，则公司可轻松地利用减资来逃避债务,至于债权是否到期的时间界限则以减资决议的登记为宜。在减资决议公告后产生而在减资决议登记后到期的债权人不得要求公司提前偿还债务或要求公司提供担保,这是由减资决议公告所具有的推定通知的效力所决定的。

债权人与公司之间因债务的清偿或担保问题发生争议的,从债权先于股权优先受偿的原则出发,公司应当停止减资,先处理争议。当债权人与公司之间不能就减资问题达成一致时,有两种处理模式:第一种以法国为代表,法国《商事公司法》第 63 条规定,债权人可在法令规定的期限内,对减少资本提出异议。法院可裁定驳回异议,或责令偿还债务,或者,如公司提供担保,且所提供的担保被认定足够时,责令设定担保,在提出异议期间,不得开始减少资本的活动,法国《商事公司法》第 216 条也有类似的规定;① 第二种以日本为代表,日本法上有减资无效之诉,不同意减少资本的债权人可以提起该诉讼。② 关于减资争议的处理,法国法采取的是事前防范机制,日本法则是事后补救,显然,就保护债权人而言,法国模式更佳。

债权人要求公司清偿债务或要求提供担保的权利对于弥补亏损型减资是一个例外,因弥补亏损型减资并未有公司资产的现实减少,因此,针对此种情形的减资行为,债权人不应要求减资企业对原有债务进行清偿与担保。为便于债权人知悉企业减资的目的究竟是基于实质意义上的减资还是形式意义上的减资,在减资公告中应明确减资的类型和目的就成为必要。

在实质意义上的减资中,在清偿债务或对债权人提供有效担保之前,应当禁止向股东支付资本。德国《股份公司法》规定,在削减基本资本的基础之上给股东的支付款,只有在登记公告发布之日起 6 个月后,并且已经给及时申报的债权人提供了补偿或保证金之后,才能进行。同样,免除股东支付投资款的义务,不得在上述提到的时刻之前生效,也不得在给已经及时申报的债权人提供补偿或保证金之前生效。③ 欧盟《公司法指令第 2 号》规定,在减少公司实际认购资本的情形下,至少在公司减资决议公告之日前产生请求权的债权人,至少有权就其在决议公告之日尚未届满履行期限的债权获得担保。除非债权人已获清偿、或者法院对其申请不予支持,成员国法律至少还应当规定,公司的减资行为应当归于无效,或者公司不得向股东分配任何股利。④ 如果股东在公司清偿债务或对债务提供担保之前接受返还,无论股东是否知情,均属无效法律行为,公司可以不当

---

① 《法国商法典》,金邦贵译,中国法制出版社 2000 年版,第 112 页、第 113 页、第 178 页、第 179 页。

② 吴建斌主编:《日本公司法规范》,法律出版社 2003 年版,第 190 页、第 301 页。

③ 《德国股份公司法》第 225 条,载卞耀武主编:《当代外国公司法》,法律出版社 1995 年版,第 203 页。

④ 《欧盟公司法指令全译》,刘俊海译,法律出版社 2000 年版,第 30 页。

得利请求返还。如果因公司在此之前向股东返还资本而导致公司不能清偿债务，债权人可以向接受返还的股东行使代位权。

3. 减资给债权人的债权实现究竟会有多大的影响？一些著述普遍认为，注册资本的减少事关重大，不仅会涉及股东股权的数量、质量以及持股结构，而且还关系到公司债权人的切身利害。按这一观点，似乎给人的印象是减资就是在减少公司财产。其实，依笔者私见，减资对债权人债权的实现会有影响，但如果是形式意义上的减资，即公司本身已存在亏损，此类减资就不能与减少责任财产划等号。说减资对债权人的债权实现会有影响，是因为，公司资本是公司运营的物质基础，也是公司偿还债务的物质基础，是对公司债权人的信用保证。债权人之所以与公司发生业务往来，首先看重的是注册资本大小，对于公司债权人来说，能够作为债务清偿担保的只能是公司的财产，而公司财产中最基本的来源是公司的资本。很难想象一个拥有上千万元注册资本的企业，其责任财产不值百万元，按照注册资本维持与充实原则，注册资本与责任财产不相符合时，应对注册资本实施调整，在此种资本原则下，债权人越发认为，注册资本是公司责任财产的化身。此为其一。其二，如果是公司实质意义上的减资，即将超过注册资本额的公司闲置资产通过减资形式而减少，这对债权人利益的损害是巨大的。因此，从严格意义上讲，公司是以全部财产而非资本对公司债务负责。这样，公司资本仅仅是形成公司部分资产的基础，是公司设立时股东认缴的股本（出资额），是一个静态的概念。而公司资产既包括股东出资形成的财产，也包括公司负债形成的财产。它每时每刻都在发生变化。一般而言，公司资产总是大于公司资本，但若公司经营不善，亏损过大，则可能会耗竭公司资产，此时，公司资产则少于资本，所以，公司资本并不能表明公司资产的价值，当公司资不抵债时，公司债权人的利益就会严重受损，从这个意义上说，公司资本对公司债权人而言是虚幻的、没有意义的。因此，正确认识注册资本与公司对外信用之间的关系，是正确把握减资行为的一个重要问题。用减少的资本来弥补亏损实际是将资产负债表中资产项、负债项和所有权者权益项的相关科目进行调整。

4. 公司减资与股份回购、股权收购制度的差异性问题。股份回购、股权收购是指公司通过一定的途径购回已发行在外股份或股权的行为。尽管股东在公司成立后不能撤回投资是公司制度的一项基本要求，但各国公司法无不根据本国具体情况，在一定条件下容许公司回购自己股份或股东的股权。公司回购自己的股份或股东的股权会导致公司资产的减少。如果公司使用资本回购自己的股份或股权，则与减资无异，如果公司动用未分配利润或公积金回购股份或股权，虽然资产负债表上的资产总额和净资产额等量减少，但资本额没有变化，与减资有根本区别。在股份有限公司中，有时股份回购是实现减资的一种手段。

公司股份回购、股权收购与减少资本毕竟是两种不同的制度，其区别点主要表现在以下方面：其一，适用的对象不同，股份回购只适用于股份有限公司，股权收购只适用于有限公司，而减资既适用于股份有限公司，也适用于有限责任公司。其二，适用条件不同，股份回购应符合公司法规定的回购条件和情形，我国《公司法》第143条规定了股份公司股份回购的除外情形，股权收购也应符合公司法规定的收购条件和情形，我国《公司法》第75条规定了有限公司收购股东股权的情形。而减资则应按《公司法》第178条有关减资的程序进行。其三，数量上的限制不同，大陆法系对公司回购股份的数量有限制，一般不得超过已发行股份的10%，而对公司减少的资本数额，一般只要求减少后的资本达到最低注册资本即可。其四，资金来源不同，各国对公司买回自己股份的资金来源，均设有限制，基本上都限制在可分配盈余，而减资的资金则来源于公司资本。

三、当前减资现象的法律透析

（一）减资行为存在问题分析

当前，公司减资现象十分普遍，而相当部分减资是过去公司设立行为无序现象的反映，某些不实出资事后为逃避投资者对公司债务承担法律责任而实施减资。

仔细分析社会上存在的减资行为，应当认为：

1. 许多减资行为本身不合法。从法理上讲，在实行法定资本制下，合法的减资只有两种情况，一种情况是由于公司注册资本的过剩，通过减少注册资本，向股东发还减少下来的部分出资，使公司所拥有的实际财产减少；另一种情况是由于公司的严重亏损致使公司实际拥有的财产显著少于其注册资本，公司不能保有与企业资本相当的财产，注册资本不能达到充实原则的要求，因此，按照资本确定原则的精神和资本充实不变原则的要求，公司应当依照法定程序进行减资。这种减资实质上在公司注册资本反映的财产已经严重与公司实际所拥有的财产不符的情况下，通过减资程序使公司注册资本的数额与公司实有财产保持一致，前一种情况下的减资为实质性减资，后一种情况下的减资为形式上的减资。可知，股东出资不实并不能作为减资的一个理由，如果因为股东出资虚假或出资后抽逃而造成实有注册资本不足，只能通过填补方式来解决，而不能通过减资方式来进行。工商登记机关对此应严格把关，堵塞不法减资现象。

2. 名为减资实为逃避债务。具体表现为：（1）以减资为名来掩盖原注册资本不实。有些公司出资者为了显示自己的经济实力，往往在注册资本上做文章，于是就出现了任意扩大注册资本或抽逃出资等违法行为。近年来，慑于法律的严厉制裁，他们纷纷使出减资这一招，利用减资来掩盖原注册资本不实情况，以规避法律，减少的是原来就没有实际投入的或已经抽逃的注册资本。（2）借减资为名逃避按原有注册资本额度应承担的法律责任。按法理，因亏损减资，其减资的数量一般应和亏损数大致相当。但有些公司减资却是借亏损名义而大幅度减资。更有甚者,在减资中对债权债务处理不合法,借减资为名逃避原有按注册资本额度应承担的债务责任。(3)举债集资,减资减债。公司成立时股东的出资似乎到位了,但注册后这些出资却变成了公司的债务,也就是说公司从设立之日起已负债经营,为减少风险,公司相应地减少了注册资本。

3. 减资程序不合法。按我国《公司法》规定,公司减资应编制资产负债表,编制资产负债表的目的是为了真正地反映公司财务状况,为股东内部表决和债权人等外部审查提供决策基础资料,由于资产负债表的编制主体是公司,在没有责任约束及外部制约的情况下,公司要么就是未依法编制资产负债表,要么编制的资产负债表并不反映公司真实资产负债情况。按我国《公司法》规定,减资前应进行通知和公告,几乎没有一家公司在作出减资决议之日起10日内通知已知债权人,没有一家公司的公告中明示债权人可对减资提出异议,可要求公司清偿债务或者提供相应的担保。有的公司债权人遍于全国各地,而减资公告却只刊登在县级报纸上。以上种种不规范减资最直接的结果是损害了债权人的利益,使债权人不能及时要求公司清偿债务或提供相应的担保,对其债权的实现无疑增加了风险。

产生上述问题,有验资上的问题。验资不实一定程度上助长了滥设公司这一现象。也有工商登记管理上的原因。在公司减资问题上,有些地方的工商管理工作比较松懈,对公司减资问题没有严格按规定操作,出现了诸如债权人尚在异议期内批准减资等情况。更有法律上的原因。至今在有关公司法规及公司登记管理条例中只对减资程序有过简单的规定,但对什么情况下必须补资,什么情况下必须减资却没有明确的要求。如果公司亏损蚀本,达不到注册资本数额可不必强制要求其补足,这对保护债权人利益,维护正常经济秩序是十分不利的。

(二) 完善减资制度的若干设想

要从根本上解决经济生活中那种无序减资现象需要有制度保障。

1. 应明确规定必须减资的法定事由。这方面法国及西班牙公司法的有关规定很值得我国借鉴。按法国公司法规定,当股份有限公司的净资产少于其注册资本总额的一半以上时,该公司必须减资。西班牙公司法规定,当公司累计亏损额持续两年以上达股本总额1/3以上时,该公司必须减资。此时债权人无权反对减资。[①] 我国公司法也有必要对减资的法定事由作出明确的规定。立法将减资事由和一般条件法定化,目的有二:一是避免公司以减资来掩盖公司资本的非法缺失,如出资不实、抽逃资金等,把减资框定在法律允许的范围内进行;二是避免在减资实际运作中的随意性,以平衡公司各方利益关系。任何过于宽松或者过于严格的减资条件的设定,都可能给公司法的实践运用带来不应有的成本或阻碍。

---

① 顾功耘主编:《公司法》,北京大学出版社1999年版,第89页。

2. 应明确规定特定情况下的特定减资方式。从各国公司法的有关规定看，减资不外乎有减少股份总数、减少每股金额或既减少股份总数又减少每股金额等若干种方法。一般来讲，公司可以自由选择具体的减资方法。但当某种特定条件出现时，公司则只能以某种特定的方式来减资。如当公司已经严重亏损时，就不能进行实质性的减资，而只能进行名义上的减资。①

3. 应确立减资问题引发的司法救济权制度。从大陆法系国家的立法来看，在公司怠于履行通知义务时，债权人的救济手段主要有债权人减资停止请求权和减资无效诉权两种。就这一制度性内容的规定，以日本法、德国法最为完善。

所谓减资停止请求权是指公司违反法律规定，不履行债权人保护程序，以至于债权人有蒙受损害之虞时，债权人有请求公司停止减资活动的权利。减资停止请求权发生于减资尚无开始或尚未完成阶段，具有事前防御之功能。债权人行使该权利的方式有两种：一种为诉讼外方法，即债权人运用口头或书面方式请求公司停止减资活动；另一种为诉讼方法，在债权人行使诉讼外方法后公司仍未停止减资的，债权人可动用诉讼方法。为保障减资异议制度的切实实施，在立法上还规定了一些保障性办法，如法国法规定，在债权人提出异议期间内不得减资。法国《商事公司法》第216条规定："在提起异议期限内以及如有异议在法院对该异议作出一审裁决前，公司均不得开始减资，如减资程序已经开始的，则应中止，直至建立了足够的担保或对债权进行了补偿"。②

所谓减资无效诉权则是指公司债权人基于特定事由而享有的请求法院判决公司减资行为归于无效的权利。减资无效诉权发生在减资行为完成且生效之后，属于事后救济措施，就其性质而言，当解为形成权。减资无效诉权按《日本商法》规定，债权人除斥期间应为6个月，自减少注册资本的变更登记日起算，逾期不行使，债权人将丧失其权利。为避免债权人滥用此种权利，危害公司运营秩序和安全，法律还规定原告债权人的担保提供义务。原告如果败诉，在其恶意或重大过失的情况下，对公司应承担连带责任。③ 首先，对提诉债权人范围的界定。日本《商法典》规定，减少资本无效之诉的提起人只能是股东、董事、监事、清算人、破产财产管理人、不同意减少资本的债权人等。韩国《商法》第445条也有类似的规定。但是债权人已从公司中得到清偿时，由于没有诉的利益，所以不能提诉。另外，减资无效判决会严重影响公司的营运秩序和交易安全，因此，对减资无效诉权的行使有必要受到限制，以防止权利滥用可能对公司造成损失。日本《商法典》规定，原告债权人在提起减资无效诉权时有提供担保的义务，

---

① 顾功耘主编：《公司法》，北京大学出版社1999年版，第89页。
② 卞耀武主编：《当代外国公司法》，法律出版社1995年版，第451页。
③ 《日本商法》第380条，载卞耀武主编：《当代外国公司法》，法律出版社1995年版，第691页。

如果败诉，在其恶意或重大过失的情况下，对公司应承担损害赔偿责任。其次，无效原因的规定。在股东大会的资本减少决议中有瑕疵时、未经债权人保护程序时、资本减少的方法或者其他程序违反股份平等原则时、违反法律和章程或显著不公正时，均可成为减资无效的原因。再次，提诉期间的规定。日本《商法典》第 380 条第 1 款、第 2 款规定，债权人的除斥期间为 6 个月，自减少资本变更之日起算。逾期不行使，债权人将丧失其权利。《韩国商法》第 446 条也有类似性的规定。法国《商法典》第 216 条第 3 款和第 4 款还规定："在提起异议期限内以及如有异议在对该异议作出一审裁决以前，均不得进行减资，如减资程序已经开始的，即应立即中止，直至建立了足够的担保或对债权进行了补偿。"最后，判决的效果与溯及力问题。判决效力可以及于第三人。韩国《商法》第 446 条和日本《商法典》第 380 条第 3 款对此作了确认。对于判决的溯及力问题，由于法律上不存在其效果将不溯及为内容的规定，所以不得不解释为减少资本具有溯及力。① 由此应认为，公司减资无效后，公司资本恢复到资本减少以前的状态，减少票面价时恢复到减少以前的票面价；注销的股份将复活，并合的股份将被分割为并合以前的股份。但有学者认为，减资无效判决应当受溯及力的限制。② 资本减少的无效判决后，因从股东处无法回收减少代价而公司蒙受损害时，产生董事责任问题（韩国《商法》第 399 条），对股东或者公司债权人产生损害时，可向公司或者董事请求损害赔偿（韩国《商法》第 389 条第 3 款—第 10 款，第 401 条），董事的责任除了赔偿责任外，还会涉及公法上的责任，即行政责任和刑事责任，法国《商事公司法》第 454 条第 3 项设有此类责任。德国《股份公司法》第 224 条规定，股本随减少股本的决议的登记而告减少。第 225 条第 2 款规定，只有在自登记公告时起经过 6 个月之后，并在向已及时申报的债权人给予清偿或担保之后，才可以根据股本的减少向股东进行支付。股东缴纳出资义务的免除，也不在所称的时刻前，并且不在向已及时申报的债权人清偿或提供担保前生效。③

第四节　企业资本不实与法人格否定

一、资本不实与企业法人格综合考究
（一）立法与司法发展进程的法理解读

法律是社会生活的调节器，协调社会各方面利益，确保公正、正义和秩序的

---

① ［日］末永敏和著：《现代日本公司法》，金洪玉译，人民法院出版社 2000 年版，第 238 页。
② ［韩］李哲松著：《韩国公司法》，吴日焕译，中国政法大学出版社 2000 年版，第 594 页。
③ 卞耀武主编：《当代外国公司法》，法律出版社 1995 年版，第 203 页。

实现，是现代法律的重要功能和追求目标。确保企业投资者和债权人的利益，建立良好的社会交易秩序同样也是现代企业法的首要任务。

公司与独资企业、合伙企业在责任原则上的差异，必然要求公司法对企业资本作出更为清晰的界定。由于合伙企业的合伙人和独资企业的业主对企业的债务承担无限责任，因此，在这些企业中，除因税法或破产法有必要要求企业保持财务账簿并计算盈亏外，对业主的个人财产和企业资产作出区分并无实质上的意义。但对公司则不同。由于股东对公司的债务仅以其出资额或所持有的股份为限承担责任，公司资产便成为公司对外承担责任的唯一担保。因此，法律就有必要将公司的资产和股东个人的财产加以严格的划分，并尽可能保护企业资本的相对充实和稳定，以确保债权人利益和社会交易的安全。

注册资本的多少从一个方面反映法人型企业的经济实力、经营活动的规模大小和承担责任的能力。对于因注册资本不实而取得登记的企业是否承认其法人人格问题，有在理论上探讨的必要。

何谓注册资本不实？我国法律未作明文规定。按法理，注册资本不实通常是指企业出资者实际缴付的注册资本与登记机关登记确认的注册资本存在量的差异和质的瑕疵。

注册资本不实原因较为复杂，既有出资不足问题，又有出资后抽逃问题，还有虚假出资问题等，对此不同情形应予区别对待。

注册资本不实在多数情形下是由投资者的出资虚假引发的，因投资者出资虚假而设立的法人企业，其法人格是否会受到影响，立法是否必然应否定其法人格，我国20多年来的立法和司法进程反映着阶段性上的差异。

自20世纪80年代清理整顿公司以来，出资瑕疵股东对公司债权人责任承担就成为国务院和最高人民法院试图解决的问题。对这一问题的态度也经历了从模糊责任到清晰责任，从无限责任到有限责任的发展过程。

1985—1987年为模糊责任阶段。以1985年国务院《关于要求进一步清理和整顿各类公司的通知》（国务院国发［1985］102号）和1986年中共中央、国务院《关于进一步制止党政机关和党政干部经商办企业的规定》（中共中央、国务院中发［1986］6号）这两个文件为代表。当企业已经出现严重困难，资不抵债，甚至企业已经停业、解散时，确定承担责任的主体范围过于宽泛，既可追究作为所有者权益主体的开办者责任，同时也可追究仅仅履行行政审批手续的行政单位责任；且责任主体承担责任的法律性质不明确，没有明确其对企业债权人应当承担责任的性质和条件。

1987—1990年为补充（连带）无限责任阶段。以最高人民法院在1987年8月29日针对陕西省高级人民法院的请示发布了《关于行政单位或企业单位开办的企业倒闭后债务由谁承担的批复》（法（研）复［1987］33号）为代表。该文件主要明确了以下几方面内容：第一，区别不同性质的开办单位采取不同的政策，在责任主体范围、责任形式、构成要件等方面均采取不同处理方式和处理原则；第二，对于行政单位开办企业的债务，开办单位要依据国发〔1985〕102号、中发〔1986〕6号文件承担连带、无限、补充清偿责任，所谓补充责任是指"企业、公司所负债务先由企业、公司的财产清偿。不足部分由直接批准开办企业的业务主管部门或由开办公司的呈报单位负责清偿"；第三，一般企业开办的分支企业停业或者倒闭后，开办者是否承担责任以及如何承担责任则区分分支企业是否具有法人资格有所不同，如果分支企业具有法人资格，则由分支企业独立承担债务，如果分支企业不具有法人资格，则开办企业负连带责任；第四，如果企业开办的分支企业为公司，则不论其是否具有法人资格，该企业均需要承担连带责任。

1990—1994年为区别、补充、有限责任阶段。以1990年12月12日国务院《关于在清理整顿公司中被撤并公司债权债务清理问题的通知》（国发〔1990〕68号）、1991年3月16日最高人民法院《关于在经济审判中适用国务院国发〔1990〕68号文件有关问题的通知》（法（经）发〔1991〕10号）、1993年5月6日最高人民法院《关于印发〈全国经济审判工作座谈会纪要〉的通知》（法发〔1993〕8号）三个文件为代表。国发〔1990〕68号文件肯定并扩大了法（研）复〔1987〕33号文件确定的"法人独立承担民事责任"原则，限制了开办人的责任范围，同时，为了保护企业债权人的利益，规定了如果开办人存在出资不实或者抽逃出资等违法行为时，应当在一定范围内承担有限连带责任。法（经）发〔1991〕10号文件是最高人民法院为了解决68号文与以前颁布的司法解释之间的矛盾而发布的，其中并无与68号文本质不同的规定。另外，法发〔1993〕8号文件第五条第一项重申了"法人独立承担民事责任"原则。

1994年至今为区别否定法人人格责任阶段。以1994年3月30日，最高人民法院下发《关于企业开办的其他企业撤销或者歇业后民事责任承担问题的批复》（法复〔1994〕4号）和最高人民法院《关于审理军队、武警部队、政法机关移交、撤销企业和与党政机关脱钩企业相关纠纷案件若干问题的规定》（法释〔2001〕8号）为代表。法复〔1994〕4号文件开始初步建立法人人格否认制度，区分不同情况追究法人开办主体不同的民事责任：第一种情况是企业注册资本虽然不实，但是达到了《企业法人登记条例实施细则》中关于企业法人注册资金最低限额，并且符合企业法人其他条件的，确认其法人资格，开办企业仅仅在其不实出资范围内承担有限连带责任；第二种情况是企业自有资金未能达到企业法人注册资金最低限额，则认定其不具有法人资格，其所有民事责任由开办企业承担，但是，对于承担责任的方式、出资人是否享有先索抗辩权等并未明确。而法释〔2001〕8号文件除了是对"军队、武警部队、政法机关移交、撤销企业和与党政机关脱钩企业"作出特别规定外，在处理纠纷的实质原则和方式方面与法复［1994］4号文件并无不同。①

我国在公司登记管理法规中对虚假出资情节严重的可否认法人人格是作过一些规定的。如《公司登记管理条例》第68条、第69条就明确规定对办理公司登记时虚报注册资本、提交虚假证明或者采取其他欺诈手段取得公司登记的可以由登记机关撤销登记，吊销营业执照。1998年国家工商局作出的《公司登记管理若干问题的规定》中则进一步规定按上述不法手段取得登记的公司自始即无法人资格。这是公司人格否认原则在工商管理法规中的具体体现。但是，从严格意义上说，法人人格否认还只是一种法律政策，还没有上升到能十分准确并可以简单地加以适用的法律原则境界。②

从立法与司法发展阶段的进路中，我们不难看到：

1. 我国企业开办者对企业债权人应当承担责任的方式、条件的相关法律规定经历了不同的发展过程，但必须明确的一点是，自第一阶段至今，所有关于追究开办人（出资人）对企业债权人承担连带责任的规定均有一个前提，即"企业经营出现严重困难"、"企业财产不足清偿债务"或者"被撤销或歇业后"等条件，而企业尚在正常经营过程中的，则没有任何法律规定明确出资人（开办人）应当对企业债务承担连带责任。

2. 我国《公司法》在修改前就不实出资股东对公司以及设立时股东承担民事责任有过规定，但并未明确规定其应当对公司债权人承担责任问题。当时，立法者的考虑是，公司是法人，具有独立的法律主体地位，其在经营过程中负担的债务，均由其以自身财产独立承担责任，如果其自有财产不足以承担相应债务，则应当依法宣告破产，以实现公司全体债权人的公平受偿。此时，即使公司债权人债权不能得到全部清偿，其也不能追究公司股东的责任，这就是法人制度下股东的有限责任保护原则。另一方面，不实出资股东与公司之间的法律关系是一般性质的债权债务关系，依据债的相对性原则，公司债权人不能依据其与公司之间的法律关系向股东主张权利。如果公司债权人希望，或者可能存在的直接追究公司股东责任的法律途径只能在法律框架内寻求突破债的相对性，或者依据侵权在其与股东之间建立起新的直接法律关系。

3. 在企业法人格被否定的情形下，债权人要求投资者承担连带责任具有现实性。《公司法》修改后在相关条款上对公司法人格的否认结果是要求公司股东

---

① 林泰松、马彪、刘春生：《不实出资股东对公司债权人承担法律责任分析》，http://www.lawyer.gd.cn/content/437。

② 刘波：《论公司法人人格否认制度》，载《当前民事经济审判疑难问题研究》，人民法院出版社1998年版，第207页。

对公司债务承担连带责任。

（二）公司法人格否定原则的确立对出资人责任承担方式的影响

所谓法人格否定制度是指工商行政管理机关和人民法院经查实某一企业法人组织（包括公司组织）未按照法律规定的条件设立或该企业法人组织实被他人所操纵的行为而丧失其独立性、自主性，并被用来规避法律或逃避合同义务，依据职权确认该法人无独立人格，由工商行政管理机关吊销其企业法人营业执照，或由人民法院判令该法人的开办者、操纵者直接向债权人承担民事责任。

众所周知，法人制度的两大基本特征是法人财产的独立性和法人成员责任的有限性。有限责任在限制股东投资风险的同时，又把本该由股东承担的风险转移给了社会（尤其是债权人），有限责任的不加节制和滥用必然危害交易安全和损害债权人的利益，因而法律必须在有限责任与维护交易安全之间寻求一种平衡，设定一些强制性规定。[①] 由于法人成员责任的有限性，某些法人成员往往利用法人制度赋予的法律优势从事不法行为，当其不法行为受到司法机关追究时，则以法人外壳作挡箭牌，以法人承担有限责任为由逃避债务承担，损害债权人利益。在当前经济生活中，一些单位和个人滥用法人格的情形是较为常见的，如名为集体实为个体；虚设股东实为独资公司；利用企业法人的外壳形式将企业财产抽出用于对外投资把债务甩给"空壳"企业以逃避债务等。在上述种种不法行为中，注册资本不实已成为某些不法分子滥用法人格的一种最惯用手段。就公司组织而言，注册资本不实意味着公司法人格自始不完整，并一定程度上造成对债权人实现债权的影响。从法律上确立注册资本不实法人格否定制度是有积极意义的。当然，因注册资本不实对债权人实现债权影响程度如何，是否足以使工商管理部门和人民法院否定其法人格，具体问题需作具体分析，不应一概而论。

我国修改后的《公司法》第3条规定，公司股东应当在出资范围内对公司承担责任，那么这是否意味着公司债权人可以直接起诉要求不实出资股东对其承担连带责任呢？

司法实践中的通行做法是只要原告能证明被告公司股东存在不实出资的行为，即允许原告同时将被告公司及其股东作为共同被告提起诉讼，但判决结果中被告股东承担责任的具体方式则有不同，少数判决认为该股东享有先诉抗辩权，即只有在公司财产不足以清偿诉争债务的情况下，才对公司债权人在不实出资范围内承担清偿责任，也就是说，此时该股东承担的是补充责任，而非一般连带责任；而多数判例则判令股东应当承担连带责任，当股东承担一般连带责任时，公司的法人独立人格此时没有显现出应有的法律效果。之所以产生不同的判决结果，与历史政策在司法实践中的惯性以及缺乏程序理念的实质公平思维模式有关。

---

① 孔祥俊著：《民商法新问题与判解研究》，人民法院出版社1996年版，第474—475页。

修改后的《公司法》在相关条款中，进一步明确了在公司人格被否认的情形下股东承担责任的情形与责任方式，解决了理论与实践中长期争议的一些问题。其立法例有二：

立法例之一：投资者滥用行为所生的连带责任。《公司法》第20条规定："公司股东滥用公司法人独立地位和股东有限责任，逃避债务，严重损害公司债权人利益的，应当对公司债务承担连带责任。"股东对公司债务承担连带责任，意即公司的债务不仅应由公司财产来清偿，还应由公司股东来连带清偿。其责任主体为公司和公司股东。

股东对公司债务承担连带清偿之责应以"滥用"为前提。从法理上分析，"滥用"之构成要件可分为前提要件、主体要件、行为要件和结果要件：前提要件为公司应有效成立；主体要件为起决定作用的支配股东或控股股东，它们才有可能成为公司法人格的滥用者；[①] 行为要件是指滥用者违背诚信原则，借用公司人格和股东有限责任，规避法定的或约定的义务而给第三人造成损害的行为；结果要件是指该滥用行为造成了损害结果，即对第三人利益或社会利益造成损害。

对于公司人格滥用之股东到底如何承担责任，在公司法修改前，理论界和司法实务界在借用国外的"揭开公司面纱"理论中产生了不同的观点。一些学者认为，应该追究公司背后控制股东违反法定义务或合同义务的法律后果，令公司背后的控股股东承担无限清偿责任。也有学者认为应追究公司和股东的共同责任，即连带赔偿责任。另有一些学者认为，公司应承担主债务责任，而股东应承担补充责任，即先由公司向债权人承担责任，在公司财产不足以抵偿债务时，再由滥用公司人格的股东承担差额补充责任。笔者认为，滥用行为在民事法律制度上是一种侵权责任，侵权行为者因此需要对债权人承担债权责任。而债权人所欲实现的债权则是由公司的行为而产生，公司人格滥用股东的行为只是导致了公司债务清偿不能，故公司之责任仍不能免除，应当由公司和滥用股东共同承担连带责任。因此，应以股东与公司承担连带责任为宜。主张由股东直接承担无限责任之观点完全抛开公司责任，将滥用公司人格股东之责任理解为直接责任，在公司尚有财产而股东偿债能力较弱的情况下，不利于保护债权人；主张将股东承担的责任理解为补充责任，这意味着将直接导致对债权人损害后果的滥用者的责任居于次责任地位，既不利于保护债权人的利益，也不符合公司人格否定制度的本意。

新修订的《公司法》第20条属于衡平性规范，体现出原则性、模糊性和补充性的品质，未对"公司人格否定制度"或"揭开公司面纱规则"的具体适用

[①] 江平：《首届中国律师与企业实务咨讯会（四）》，http://www.69law.com/Article/LAW_art/128080.htm。

标准作出明确规定。① 因此，需要在司法实践中加以完善。

立法例之二：股东与一人公司混同行为所生的连带责任。《公司法》第 64 条规定："一人有限责任公司的股东不能证明公司财产独立于股东自己的财产的，应当对公司债务承担连带责任。"这一法条实际上通过一定情形否定一人公司的独立责任原则。

从立法者的本意来看，一人公司毕竟不是典型的公司形式，而是异化了公司形式，但由于其事实上的存在，以及存续过程中的不可避免性，因此，一方面要允许其存在，另一方面又不能使其成为公司的典型，需要对其加以控制。一人公司的法人人格被否认后，应该如何追究股东的责任，理论界存在以下几种看法：一曰"公司无责说"。该说认为公司法人人格被否认后，一人股东即实际控制者应对所有债务负无限清偿责任，至于被否认了法人人格的一人公司并无责任可言。二曰"共同责任说"。该说认为法人人格被否认后，其责任应该由该公司及一人股东共同承担，债权人需就其二者择一求偿或连带求偿，即由公司与股东负连带责任。因为既然滥用法人人格的事实已经确定，而且已经据此否认了一人公司的法人人格，则此时应该完全保护债权人，应由其自由选择如何求偿，以充分保证债权人的权利。三曰"补充责任说"。此说强调一人公司作为法人的独立性，主张先追究公司的责任，若有不足再追究该公司背后的实际控制者即一人股东的责任，因此，股东的责任仅仅是补充性责任。笔者认为，将公司法人人格否认理论定位于将该公司与其背后之股东的人格视为一体，这样，被否认法人人格的公司的相对人既可以追究公司的责任，也可以追究公司背后之股东的责任，公司与股东应承担连带责任，以充分保护公司债权人之利益或社会公共利益。

修订后的《公司法》采取的是举证责任倒置的规定，即由股东来证明其所设立的一人公司财产是独立于其个人财产。公司的债权人只要提出公司财产与股东个人财产混同的主张，则股东就要承担证明其个人财产与公司财产相互独立的责任。因为，相对于债权人来讲，股东对于公司的有关信息处于绝对的优势，债权人一般无从知道公司财产与其股东个人财产是互相独立的。因此，由股东来承担证明责任是适当的。同时，也给股东一个机会，只要能证明其个人财产与公司财产是互相独立的，则可免予承担连带责任，只以自己的投资额对其债权人承担有限责任。

二、企业资本不实导致法人格否定制度之立法完善

（一）对企业资本不实的情形作出科学的列举

企业资本不实多以投资者的违法行为所致，但哪些违法行为属于企业资本不

---

① 李国光、王闯：《审理公司诉讼案件的若干问题——贯彻实施修订后的公司法的司法思考（中）》，载《人民法院报》2005 年 11 月 28 日。

实行为需要通过立法予以明确。从企业法基本理论出发，可以列举以下几个大类属于企业资本不实之情形：

1. 企业投资者虚假出资行为。虚假出资行为是指企业的投资者违反企业章程规定，未交付货币、实物或者未转移财产权，欺骗债权人和社会公众的行为。虚假出资的本质特征是未支付相应的对价而取得企业的股权，实践中主要有以下表现形式：（1）以无实际现金或高于实际现金的虚假的银行进账单、对账单骗取验资报告，从而获得企业登记；（2）以虚假的实物投资手续骗取验资报告，从而获得企业登记；（3）以实物、知识产权、土地使用权出资，但未办理财产转移手续；（4）企业投资者设立企业时，为了应付验资，将款项短期转入企业账户后又立即转出，企业未实际使用该款项进行经营；（5）未对投入的净资产进行审计，仅以投资者提供的虚假的会计报表验资作为出资依据。

2. 企业投资者出资不足行为。即企业投资者未按照企业章程的规定缴足出资。出资不足与足额的依据是企业章程规定的投资者认缴数额及认缴的期限。这里需注意的问题有：（1）由于有些企业类型法律规定实缴制，有些企业类型法律规定认缴制，出资的足与不足除了遵循企业章程规定外，还应依法律的规定作出认定；（2）企业投资者的出资不足行为发生于企业设立阶段时，系由出资不足的投资者自己承担民事责任还是其他投资者共同承担民事责任，《公司法》的规定与其他企业法的规定有所不同；（3）对公司增加注册资本时发生的虚假出资行为，由于出资环境的变化使责任主体范围也随之发生变化。增资时的其他投资者仅在对虚假出资行为或其损害后果负有过错的情况下才承担责任，如有参与共谋、明知故纵、发现虚假出资行为后阻碍公司行使追索权等行为，因为此时不再是公司设立阶段，股东之间不再视为合伙关系，各股东原则上应其过错原则独立承担民事责任。

3. 企业投资者非货币财产出资不实行为。如《公司法》所确认的"设立公司出资的非货币财产的实际价额显著低于公司章程所定价额"的行为。对以非货币方式作价出资不实的认定，应以"显著低于"标准作衡量。存有争议的是，如果财产现时价值显著低于出资当时的价值，该出资行为能否被视为瑕疵出资？法律对此未作明确规定，但根据资本维持原则，能否得出肯定性的结论，可作进一步探讨。另外，非货币财产出资可以通过评估作价方式确定其价值，但因评估作价基准时间与股东转移财产权时间存在差异，在此期间，非货币财产出资价额受到市场及非市场变动因素的影响。非货币财产评估时的实际价额与公司章程规定的价额是否一致，主要是确定评估作价的时间点问题，不能将时间前移或后移。如甲股东在公司章程中约定以价值25万元的一辆汽车出资，评估作价时的价额为25万元。公司设立后，市场情况发生了变化，该辆汽车的实际价额只有15万元，这时显然不能认为是实际价额显著低于公司章程所定价额。因为，此时财产受到市场及非市场变动因素的影响,属于公司财产的收益风险范围。

4. 企业投资者抽逃注册资本行为。通常表现为下列情形:(1)公司控股股东利用其强势地位,以各种名目将公司资金抽走部分或全部,最典型的是所谓的"股东借款";(2)制造虚假的合同交易,占有企业的注册资金。各国对企业投资者抽逃出资的行为都是明文禁止的。我国修改后的《公司法》第36条规定,公司成立后,股东不得抽逃出资。在司法实践中,对企业投资者抽逃注册资本的行为往往较难认定。究其原因有:(1)企业投资者抽逃资本的行为较为复杂,且手法也较为隐密,外人难以掌握确凿证据。(2)根据证据规则,如果要求案外人来完成企业投资者存在抽逃资本这一行为的举证,从一般常识来讲确实勉为其难,只能强调司法职权主义的合理运用。(3)从股东与公司间的关联交易来判断股东有否转移公司财产的行为,需要司法人员具备良好的财务知识,但事实上又不太现实。司法的过于保守性与中立性,往往导致对企业投资者是否确实存在抽逃资本的行为持审慎认定。依笔者意见,可采取以下办法解决:一是如在司法听证中公司股东就抽逃资金的事实自认的,即可予以裁定确认。二是依执行权调阅被执行人的原验资档案进行查证。三是聘请专业审计部门审计,通过专业审计来取得公司股东抽逃注册资金的证据。

(二)对法人格否定原则的构成要件和程序规范作出科学的界定

理论界有一种观点认为,在我国适用法人格否认制度大可没有在法律、法规中予以明确而具体地界定其适用要件、范围的必要,针对个案,可在司法实践中给出相关解释予以解决,笔者对此不敢苟同。对法人格否认作为一项公司制度创新,有许多问题需要通过法律、法规予以明确。它不仅有实体规范要求,而且还有程序规范要求。

在实体规范要求上,法人格否定情形主要应适用于滥用法人格情形和滥用股东有限责任情形之中,其把握的要件有:一是在主体上,包括股东与公司人格的混同、母子公司人格的混同、姊妹公司人格的混同和因相互投资而引起的人格混同;二是在内容上,包括财产混同、业务混同和组织机构混同。所谓财产混同主要是指不同公司或公司与投资者之间营业场所、主要设备完全同一,或使用同一办公设施;不同公司或公司与股东资本或其他财产混合,公司资本或财产转移为非公司或他公司使用;不同公司或公司与股东账簿不分或合一,盈亏互为混杂,费用互为摊销等等。所谓业务混同主要表现为公司与股东从事相同的业务活动;公司所从事的具体交易行为受同一控制股东或同一董事会指挥、支配、组织;公司集团内部实施大量交易活动,其交易行为、交易方式、交易价格都以母公司或公司集团的整体利益的需要为准;同一个交易的不同履行阶段由不同的公司混合进行;所谓组织机构混同主要表现为不同公司之间、公司集团中的公司之间董事兼任,总经理及公司高级管理人员的统一调配和任命;公司与股东或两个不同实体的董事、经理一致,甚至雇员也完全一致。等等。

在程序规范问题上,法院适用公司法人格否定制度可整体否认法人格与按个案否认整体承认法人格两种规范程序进行。如按前一种规范程序,在作出企业法人格否定之前应通过司法建议的方式提请工商行政管理部门吊销企业法人的营业执照或撤销企业。这样做是必要的,这不仅是不同职能机关职权相互尊重原理的内在要求,同时也可避免产生司法行为代替行政行为之虞。但是,如果法院在经司法建议后发生工商行政管理部门不予吊销情形时,立法应当准允法院仍具有对公司法人资格不予认定的职权。

(三) 进一步完善企业资本管理制度

在已有企业资本制度的基础上,进一步完善的具体设想有二:

1. 在企业实务中应纠正以注册资本作为评价企业信用的做法。在企业的营业资信证明书中增加实收资本和公司净资产的记载。这样,使人们在对外从事经营活动时,考察该公司是否有经营实力,强调看实收资本和公司净资产,这样不会受到"皮包公司"危害之苦。我国原有《公司法》曾在第12条就转投资问题作出规定时有所提及,但对净资产的实质性问题并未作过展开。修改后的《公司法》未提及公司净资产的概念,如果将公司净资产作为评价公司信用的依据,就有必要在《公司法》及其他企业法中对企业净资产作出一些规定。

2. 导入资本公示制度,建立资本信用。在市场经济条件下,企业资本信用传递着企业地位、实力的信息,任何与企业发生交易主体无不希望得到这种信息,以降低风险。资本信息传递迅速、真实,才能建立真正的资本信用。美国有一位法官曾这样说过,阳光是最好的消毒剂,电灯是最好的警察,有关资本的信息公开,即导入资本公示制度是对公平交易的最好保障。

资本公示制度应包括公开实体内容和公开程序两个方面。

在实体内容上,至少应公开企业的注册资本、企业的净资产和企业的现物出资。对于注册资本的公开,可通过企业法人营业执照和公司章程记载而加以公开。对于企业净资产的公开,有限责任公司与股份有限公司的做法不完全一样。有限责任公司中法律并不要求公司的财务信息对外公开,而上市公司中则法律要求公司的财务信息必须对外公开。因此,如何完善公司净资产的公开制度是一个可以探讨的问题,是否可建立一种制度,即当公司的净资产与注册资本发生一定比例(如20%)的差异时,注册资本必须随之增减。关于现物出资公示问题,应当注意到,企业资本的来源是股东的出资,股东出资可以是现金出资,也可以是非现金出资,非现金出资在日本公司法中被称为现物出资,由于现物出资往往需要经过评估确定其货币价值才能纳入企业资本,因而很容易被出资者滥用,以至于降低资本信用的价值,损害公司其他股东和债权人的利益。在日本公司法中,现物出资属于章程的相对必要记载事项。记载事项包括出资者的姓名、出资的标的与价格，出资者所享有的股权等，不经这一程序，公司不得接受现物出资，日本公司法将现物出资作为相对必要记载事项以达到向第三人公示之效果，该制度值得我国公司法借鉴。

对于资本公示的程序可以设计为三个基本程序：一是法律直接规定企业资本的登记与查阅制度。对属于必须公示的内容，应要求发起人（或出资人）在公司成立前到公司登记机关登记并允许第三人查阅。二是构建一个发达的企业信息咨询服务网络，以满足债权人之需要。例如，在美国有记录公司资产和信誉的专门数据库，任何人只需要与该数据库联网就可得到查询对象的财务状况、员工状况、营业额、债务额、偿还利息和本金的记录，有无拖欠、有无悬而未决的法律纠纷等。在我国，这种信息的提供和查询仍然是个空白，目前，一些经济比较发达的地区正着手构建这一信用体系，笔者认为很有必要，有待于大力加强。三是赋予第三人对资本信息的知情权。通过立法确保债权人甚至处于交易行为中的第三人，通过合法的途径对企业资本的相关情况有所了解，从而使债权人为实施救济手段或处于交易中的第三人为作出交易决策提供基础性的资料和条件。

第五章 企业关联交易制度的评析与构建

企业的结构和形式是伴随企业生存环境的要求而变革的，关联企业的产生与存续也印证了这一观点。关联企业是企业组织关系发展的必然结果，它本身是企业主体集团化规则、企业主体转投资规则、股份制企业股权控制规则以及亲属法规则的必然效果。由于企业关联关系的存在，关联企业之间、关联企业的股东之间、关联企业与债权人之间的关系显得复杂。关联企业及关联交易行为控制理论是现代企业法学中争议颇多并正在发展的理论。

第一节 关联企业与关联交易的一般考察

一、关联企业的法律界定

（一）关联企业的概念与立法例

关联企业是一个双向的、与单一企业或独立企业相对应的概念，是指两个或两个以上具有独立法律人格的企业，基于关联关系而结成的企业群体。其中，控制企业基于该关联关系对其从属企业具有直接或间接的控制力，并足以影响从属企业的独立意志和独立行为。

关联企业的概念具有发展性和模糊性，按照多数国家目前的立法与理论概括，关联企业不过是对有统一控制权的企业集团内企业间复杂关系的描述，关联交易不过是对集团化企业复杂类型行为模式的概括。由于关联企业的概念和内涵具有极端复杂性，而各国法律基于其法律控制宗旨，对此类概念之外延概括亦处于发展和变动中，这就使得法学理论对其作确切分析概括具有一定的困难。

关联企业概念又具有技术性与非道德性。就其概念本身而言，并不当然地意味着关联企业和关联交易的存在具有违法性。从法律控制的立场看，各国法律如果要对关联企业和关联交易实施客观、公平、有效的法律控制，就首先要对关联企业滥用关联交易行为作出必要的要件概括。但事实情况是，各国对关联企业与关联交易行为的态度在不同阶段是有所不同的。以美国为例，美国法律对于不公平关联交易的态度大致经历过四个演变阶段，1880年开始的第一个阶段，立法绝对禁止基本自我交易，当时的法律规定，只要公司或者股东提出请求，任何该类合同不论公正与否，都可以被判定为无效。到了1910年的第二阶段，准许进行公平且经无利害关系的大多数董事批准的基本自我交易，一般的规定是，董事与其公司之间签订的合同如果得到了没有利害关系的大多数董事会成员的批准，并且，即使有人提出了异议，法院也不认为该交易具有明显的不公平性或者欺诈性，那么，该合同就具有法律效力；但是，如果批准该合同的董事会的大多数成员对此具有利害关系，不论该交易是否公平，只要公司或股东提出申请，那么该合同都可以被判定为无效。1960年后的第三阶段，法律的规定变得宽容了一些，除非受理异议诉讼的法院认为该合同显失公平，即使是有利害关系的董事会批准订立的这类合同，一般也认为具有法律效力。第四个阶段，法律变得更加宽容，1975年加利福尼亚州通过的一部新的综合性法典，其中有一项新的条款，排除了有利害关系的交易接受司法审查的必要。法院也从实质上把自我交易规则从自动无效规则转向公平规定。[①]

西方一些发达国家，试图从法律的角度对关联企业现象作出规范。在英美国家，最早出现并最经常使用的是"控投公司"（holdingcompany）和"子属公司"（subsidiaries）。在美国，1940年的《美国投资公司法》第2节（a）使用"关联公司"（affiliated companies）这样的术语。目前诸如"公司体系"（company systems）和"关联公司"（affiliated companies）这样的术语也已经开始使用，从其使用的概念中表明了存在于企业之间相对紧密的联系。

在欧洲，只有在德国，这种商事企业的联合才得到了法律的承认并有了正式的法律定义。其最重要的表现形式就是康采恩（konzern），即关联企业（verbuwdene vnternehmn）。然而，这样的名称最多也不过表明公司之间的等级关系。而且，有关这方面的法律也仅存在于判例之中。德国《股份公司法》第一编用8个条文、第三编用47个条文对关联企业作了专门规定。该法第15条对关联企业的范围界定为："关联企业是指法律上的独立企业，这些企业在相互关系上属于拥有多数资产的企业和占有多数股份的企业、从属企业和支配企业、康采恩企业、相互参股企业或互为一个企业合同的签约方。[②] 按照此条的文义，关联企业是一个集合概念，它包括了五种关联企业，即被多数参股的企业与多数参股企业、从属与和支配企业、康采恩企业、相互参股企业或"企业合同"当事人。

在日本法律中，虽然关联企业没有出现在基本法律中，但在《关于股份公司资产负债、损益计算表、营业报告书和附属明细表的规则》（以下简称《规则》）却作出了较为详细的阐述。该《规则》第8条第4款规定："一方公司实质上拥有另一公司20%以上50%以下的表决权，并通过人事、资金、技术和交易等手段严重影响该公司的财务与经营方针者为关联公司。"该《规则》第8条第5款规定，当按照证券交易所的规定向政府报送财务报表的母公司及其子公司、关联公司，以及财务报表报送公司是关联公司时，与其有关联的公司都叫做"关系公

[①] ［美］罗伯特·C.克拉克：《公司法则》，工商出版社1999年版，第137页、第192页。
[②] 卞耀武主编：《当代外国公司法》，法律出版社1995年版，第115页。

司"。换言之，关系公司是母公司和子公司以及其所谓关联公司的统称。[①]

关联企业制度目前也逐步被欧盟各国法律所接受，以规范协调欧盟成员国法律为主旨的欧盟《公司法指令》适时地对关联企业的基本概念作出了概括性规定。关于关系企业的规定包括：垂直的关系企业，即指统一指挥下企业的结合系根据控制契约或事实上的控制力而建立的。如母公司与子公司的控制契约、母公司的片面声明。水平的关系企业，指两个或两个以上的独立企业以书面契约同意集中及统一管理，任何一方不成为另一方的子公司。[②]

法国《商事公司法》将关联企业视为"分公司、参股公司和被控股公司"关系。法国《商事公司法》第354条对子公司的定义是"当一个公司拥有另一个公司半数以上的资本时，根据本节规定，后者被视为前者的分公司"。该法第355-1条规定："一个公司在下列情况下，被视为另一公司的控股公司：——如公司直接或间接持有，赋予在另一个公司的股东大会以多数表决权的一部分资本；——如根据同其他合伙人或股东达成的协议，公司独自享有在另一个公司中的多数表决权时，该协议不应违反公司的利益；——如公司在事实上通过持有的表决权，决定在另一个公司中股东大会的决议。当公司直接或间接享有40%以上表决权时，并且任何其他合伙人或股东都未直接或间接持有高于该公司表决权时，该公司被推定为实际控股公司。"该法第355-2条还规定："任何被控股公司持有的低于10%的参股，视为被控制该公司的公司间接持有。"[③]

我国台湾地区的"公司法"对关联企业有过界定。1997年5月31日进行修订的我国台湾地区"公司法"，仿欧美规定增加了第六章"关系企业"。该法第369-1条规定："本法所称关系企业，指独立存在而相互间具有下列关系之企业：一、有控制与从属关系之公司。二、相互投资之公司。"该条之二第一项规定，公司持有他公司有表决权之股份或出资额，超过他公司已发行有表决权之股份总数或资本总额半数者为控制公司，该他公司为从属公司。第二项规定，除前项外，公司直接或间接控制他公司之人事、财务或业务经营者亦为控制公司，该他公司为从属公司。该条之三第一款亦规定，公司与他公司之执行业务股东或董事有半数以上相同者，推定为有控制与从属关系。该条之九第一项规定，公司与他公司相互投资各达对方有表决权之股份总数或资本总额三分之一以上者，为相互投资公司。第二项又规定，相互投资公司各持有对方已发行有表决权之股份总数或资本总额超过半数者，或互可直接或间接控制对方之人事、财务或业务经营者，互为控制公司与从属公司。

---

① 施天涛：《关联企业概念之法律透视》，载《法律科学》1998年第2期。
② 王泰铨著：《公司法新论》，三民书局1998年版，第393—398页。
③ 卞耀武主编：《当代外国公司法》，法律出版社1995年版，第497页、第498页。

关联企业，在我国作为一个法律术语最早出现于1991年7月1日起施行的《外商投资企业和外国企业所得税法》第13条中。同年6月30日公布的《外商投资企业和外国企业所得税法实施细则》第4章曾从税收角度对关联企业作过较为具体的规定。该《实施细则》第52条对关联企业定义为："与企业有以下之一关系的公司、企业和其他经济组织：（一）在资金、经营、购销等方面，存在直接或者间接的拥有或者控制关系；（二）直接或间接地同为第三者所拥有或者控制；（三）其他在利益上相关联的关系。"《税收征收管理法实施细则》（2002年修订）第36条也作了相同的规定。2007年新修改的《企业所得税法》第41条继续延续了前述对于关联交易的定义并规定"企业与其关联方之间的业务往来，不符合独立交易原则而减少企业或者其关联方应纳税收入或者所得额的，税务机关有权按照合理方法调整。"

1997年5月22日，财政部发布了《企业会计准则——关联方关系及其交易的披露》。根据该"准则"第4条规定，在企业财务和经营决策中，如果一方有能力直接或间接控制、共同控制另一方或对另一方施加重大影响，该准则将其视为关联方；如果两方或多方同受一方控制，该准则也将其视为关联方。

在涉及公司管理的法律法规以及关于上市公司信息披露要求中，也出现了对"关联企业"、"关联方交易"、"关联交易"的规定。比如，1995年由证监会作出的《关于执行〈公司法〉规范上市公司信息披露的通知》中，规定年度报告的内容必须包括"关联企业"及其相关信息。深圳证券交易所《股票上市规则》（2000年修订本）第7.3.1条规定"上市公司关联交易是指上市公司及其附属公司与其关联人交换资源、资产，相互提供产品或者劳务的交易行为"。由2004年中国银行业监督管理委员会通过的《商业银行与内部人和股东关联交易管理办法》中也有关联方、关联交易、关联交易管理相关规定。由2007年4月中国保险业监督管理委员会通过的《保险公司关联交易管理暂行办法》中也涉及关联交易管理相关规定。

我国修改后的《公司法》的一个亮点是首次对公司关联交易作出规定。《公司法》第21条第1款规定："公司的控股股东、实际控制人、董事、监事、高级管理人员不得利用其关联关系损害公司利益"。该法第217条认定："关联关系，是指公司控制股东、董事、监事、高级管理人员与其直接或者间接控制的企业之间的关系，以及可能导致公司利益转移的其他关系。"

我们将各国和地区的有关法律中对涉及关联企业的概念作一介评，旨在想说明这样一个问题，关联企业或关联方是一项复杂的、涉及多重判断规则的复合性概念，从国内外的立法实践看，没有一个较为统一的界定。解释与完善关联企业的定义，不仅应考虑关联企业制度的法律适用宗旨，而且还需考虑关联人自然人化的社会变动现实，以及控股权判断规则、控制权判断规则的变动现实等相关因素。

（二）关联企业的法律特征

结合国内外相关法律的规定，关联企业的基本特点在于：

1. 关联企业并不是一个独立的企业法人类型，而是由若干具有独立法律人格的企业组成的企业群体。传统型企业表现为单体性，它是一个独立的实体，具有民事权利能力和民事行为能力，能够以自己的名义从事交易活动，无须依赖于其他企业。而关联企业则存在于两个或两个以上的企业组成的联合体中，各个关联企业成为企业联合体的一分子。因此，关联企业的概念只有在表述相关企业之间的关系时才有意义。

2. 组成关联企业群体的独立主体不仅包括公司法人，而且包括具有独立法律人格的其他类型的企业，同时还包括可能从事商事交易行为的商个人或者自然人。在现代各国的法律控制理念中，"关联公司"的概念或"关联企业"的概念正在为"关联方"的概念或"关联人"等更为抽象的概念所取代。关联企业不一定都是公司组织形式，非公司法人以及独资企业、合伙企业等非法人企业只要对其他企业具有控制或重大影响等关系，也可以成为关联企业。另外，对企业直接或间接控制以及施加重大影响的不仅仅是法人，一些特定的自然人也能做到，这些自然人也可称为关联方，包括直接或间接地控制一个企业一定比例表决权资本的个人投资者；有权力并负责进行计划、指挥和控制企业活动的董事、总经理、副总经理、总会计师、财务总监、以及行使类似企业内部相关政策职能的人员；在处理与企业的交易时有可能影响主要投资者个人或关键管理人员的家庭成员等。关联方的主体不再要求双方均为企业，而只要求一方为企业，另一方可以是企业，也可以是其他组织或个人，只要他们之间有关联关系即可。

3. 维系关联企业的关联方式可表现为资本、合同和人事连锁。资本联系是关联企业之间最为广泛采用的联系方式。主要体现为股权参与，从而在企业之间形成控股、参股关系。以合同维系方式形成关联企业中的合同主要是指支配合同、盈余移转合同、盈余共享合同、部分盈余移转合同、营业出租合同和营业转让合同等种类合同。① 人事连锁是指当一企业与他企业的董事、监事、经理等有相同者足以形成控制或重大影响时，该企业与他企业互为关联企业。由于企业董事及经理人选受多数股份控制，人事连锁背后一般有着相应的股份支持，故人事

---

① 支配合同，是指一个企业将其企业的管理置于另一个企业之下的合同。盈余移转合同，是指一个企业有义务将其全部盈余移转于另一个企业的合同。盈余共享合同，是指一个企业有义务以分配共同盈余为目的，而将其盈余或其企业中个别营业场所的盈余全部或部分与其他企业的个别营业场所的盈余合并的合同。部分盈余移转合同，是指一个企业有义务将其盈余的一部分或其企业中个别营业场所的盈余全部或部分移转于另一个企业的合同。营业出租合同，是指一个企业将其包括企业名称在内的财产出租给另一个企业经营。营业转让合同，是指一个企业将其包括企业名称在内的财产权转让给另一个企业。

连锁实际上体现了企业之间的资本联系,一个企业对另一企业的资本控制则通过人事控制得以集中体现。

4. 关联企业本质上是控制关系,它既包括股权控制关系,也包括实际控制关系,还包括基于其他因素而形成的影响关系。这些股权控制、实际控制或重大影响足以影响从属企业的独立意志和行为。由此可以看出,只要把握了"股权控制"、"实际控制"和"重大影响"这几个关键词就可以判断是否存在关联方关系。

5. 关联企业须以相互之间存在持续而稳定的控制关系为基本前提。台湾学者何之迈认为,一组企业其中之一透过资本参与或其他方式,持续稳定的控制其他企业,是则形成一母公司控制一群公司之局面,此为"关联企业。"①

二、关联交易的法律界定

(一) 关联交易的概念与表现形式

关联交易就是企业关联方之间的交易。

按照交易的内容划分,关联交易可划分为业务往来型的关联交易和资产重组型的关联交易。

业务往来型的关联交易主要发生在企业的生产经营过程中。主要包括:材料采购、产品销售、提供资金和担保、租赁、费用转嫁等。具体而言,常见的通过业务往来的不正常的关联交易行为有:关联企业之间不按照独立企业之间的业务往来收取或者支付价款、费用,表现为关联公司之间没有按照公平成交价格和营业常规进行业务往来;关联企业之间以消极的方式处理相互间的到期债权,例如,不积极地主张债权,导致债权超过诉讼时效;关联企业之间以积极的方式处理相互间的债权,例如,放弃到期债权;为了集团的整体利益,控制公司实施的滥用股东权和从属公司人格的其他行为。

资产重组型的关联交易主要是在资产、股权的收购、置换、转让等过程中完成的。

业务往来型的关联交易是较为典型的一般意义上的关联交易,已经被纳入了我国税法、财会法等调整范围。在我国,资产重组型的关联交易不仅本身就是一种关联交易的具体类型,而且在目前更多是用来构建或者强化关联关系,具有鲜明的中国特色,并且缺少相应的法律控制机制,因而是在目前现实的法制环境下使用频率较高的形式。

按照关联关系的主体划分,关联方关系可以概括为三类:一是企业与企业之间的关联方关系;二是企业与个人之间的关联方关系;三是企业通过个人与另外

---

① 何之迈:《企业经济力集中之法律问题》,黎明文化事业公司1989年版,第13页。

企业之间的关联方关系。关联方关系存在的主要形式表现为：(1) 该企业的母公司。(2) 该企业的子公司。(3) 与该企业受同一母公司控制的其他企业。(4) 对该企业实施共同控制的投资方。(5) 对该企业施加重大影响的投资方。(6) 该企业的合营企业。(7) 该企业的联营企业。(8) 该企业的主要投资者个人及与其关系密切的家庭成员。(9) 该企业或其母公司的关键管理人员及与其关系密切的家庭成员。

美国学者伯利和米恩在所著的《现代公司与私有财产》一书中曾这样精辟地分析道："随着企业规模的扩大，其所有权日益分散，个人财富中很重要的一部分是由个人在大型公司中所占的利益构成的，没有任何一个人能在这些大公司中占有大部分。"他们认为，随着公司股权分散化的过程，控股权或者控制权将相继发生以下四个阶段的演变趋势："(1) 多数所有权控制，即通过持有多数股份；(2) 通过法律机制控制，即通过法律机制给予未达到多数股份的股东多数表决的权利，这些机制中现在仍被运用的包括金字塔制、无表决权股份、黄金股、投票委托；(3) 少数控制，即通过相当的少数利益和从闭散少数中获得表决代理权来控制；(4) 经营管理控制，即通过高层管理控制。"①

（二）关联交易成因分析

企业关联交易在我国成为普遍存在的现象，并伴随着一些违法问题。2001年全国人大常委会执法检查结果表明，全国共有676家上市公司存在控股股东占用资金的现象，据上市公司自查，有27%的公司存在控股股东及关联方违规占用资金或资产的行为。上市公司为控股股东及关联方提供担保已成为一个突出问题，据2001年年报资料的统计显示，披露出来的涉及重大担保事项的公司有327家，涉及诉讼或仲裁的有137家，有近30家上市公司因为为股东担保而发生纠纷进入仲裁或诉讼。②

有学者认为，关联企业的形成有其深刻的经济和法律上的原因，这些经济和法律上的原因可包括为以下几个主要方面：(1) 企业通过与其他企业联合、兼并其他企业或对其他企业进行控制等外部增长方式，以实现经济实力的迅速壮大。(2) 企业通过相互利用各自的技术优势、资金优势、信息优势、人才优势、产品优势，以优化资源配置，降低成本，获得规模经济效益。(3) 企业通过股权或合同等手段进行联合，能够减少竞争和竞争对手，从而避免过度竞争、两败俱伤。(4) 企业利用关联企业的独立法人人格和股东有限责任制度，进行多元化经营，达到限制和转移经营风险的目的。(5) 在市场经济发达国家通过反不正当竞争法和反垄断法限制经济过度集中、防止滥用垄断势力和垄断行为的情况

---

① 转引自何美欢：《公众公司及其股权证券》（上册），北京大学出版社1999年版，第500页。
② 顾功耘主编：《公司法律评论2003年卷》，上海人民出版社2003年版，第14—15页。

下，企业通过一定的关联纽带进行联合，以达到避免受反垄断法审查的目的。①

目前，企业与企业之间的关联交易究其根本原因，主要是因为企业能够通过关联交易达成一定的目的。主要目的有以下几点：

第一，避税。为实现利润最大化，纳税人往往会利用关联企业的内部交易来达到避税的目的。关联企业避税主要通过转让定价法和税收优惠的利用这两种方式进行。转让定价法是指两个或两个以上有经济利益联系的经济实体为共同获得更多利润而在销售活动中进行价格转让；税收优惠利用是指利用我国不同地区间的税率差距进行避税的方法。

第二，操纵盈余。这主要是为了达到如下一些条件：达到股票上市的条件；为防止连续亏损而被停牌；为达到筹资配股的条件；均衡收益；为兑现管理层的薪金计划；为使盈利与实际相一致等。关联方之间的控制关系，为盈余操纵提供了便捷的手段，如我国大部分上市公司都是由国有企业改制而来，或是剥离企业的一部分加以改制，因此，上市公司与母公司之间存在着千丝万缕的联系，母公司可以通过注入优质资产，置换劣质资产，转移经营项目和利润等非公平交易，使上市公司的经营业绩在短期内迅速提高，重组绩效迅速释放。

第三，企图改变财务状况。有些企业在经营活动中举步维艰，财务状况不佳，营运资金不足，正常运转受阻；有些企业在经营活动中信用不佳，难以筹资，财务指标与同行业之间差距过大，这些企业便通过关联方交易安排，设计有法律依据、无经济实质的关联交易，虚构经营业务，甚至以高价或显失公允的交易价格与其关联企业进行购销活动。通过价格差实现利润转移，或收取关联企业资金占用费，或利用低息或高息发生资金往来，调节财务费用，或分摊共同费用或将管理费用、广告费用等转嫁给母公司。有的企业将关联交易外部化——控股方通过自己控制的上市公司从银行贷款，再让控制的上市公司互相担保贷款，进行关联交易，编造业绩。

第四，节约交易费用，产生规模效益。关联交易是一种独特的交易工具，它可以动用行政力量进行撮合，避免了市场竞争可能带来的损失，其交易费用的节约是显而易见的。关联交易节约费用主要集中在信息成本、监督成本、执行成本这三个方面。由于低于市场交易成本，从而节约了交易费用。关联方之间都存在自己的特长和不足之处，充分利用关联方之间的关联交易进行取长补短，利用各关联企业的技术优势和人力资源进行互补，达到整体利润最大化，产生规模效益。

第五，其他目的。如为维持股价；转移剩余生产能力；有重大诉讼等。

---

① 时建中：《论关联企业的识别与债权人法律救济》，载《经济法论文选萃》，中国法制出版社 2004 年版。

关联交易在市场经济条件下客观存在，但它与市场经济的基本原则却不相吻合。按市场经济原则，一切企业之间的交易都应该在市场竞争的条件下进行，而在关联交易中由于交易双方存在各种各样的关联关系，有利益上的牵扯，交易并不是在完全公开竞争的条件下进行的。关联交易客观上可能给企业带来或好或坏的影响。从有利的方面讲，交易双方因存在关联关系，可以节约大量商业谈判等方面的交易成本，并可运用行政的力量保证商业合同的优先执行，从而提高交易效率。从不利的方面讲，由于关联交易方可以运用行政力量撮合交易的进行，从而有可能使交易的价格、方式等在非竞争的条件下出现不公正情况，形成对股东或部分股东权益的侵犯。

第二节 我国企业法对关联交易的规定及制度框架

一、关联交易规制的制度价值

尽管关联企业的出现引起了一系列的矛盾和冲突，但关联企业已成为一种客观的现实则是不争的事实。"它不仅是一种事实（de facto）存在，而且更为重要的是，它已不容法律所忽视"。[①]

由于关联交易中存在着一种控制因素，致使交易主体在实质上并不平等。当此类交易完全不受法律控制时，即会成为各种不公允交易和各种规避法律行为的基本工具，正是在这个意义上，尽管各国法律在宗旨上均力图抑制关联交易可能发生的不公平后果，但在法律规则和制度设计上却不能不考虑到关联交易形式可能包含的双向性内容。关联企业、关联交易本是中性范畴，有其存在的必然性和一定程度的合理性。从经济学的角度分析，关联交易有其积极一面。例如，通过关联双方明确供产销关系、优化资本结构等多种方式使各自能够发挥生产经营上的优势，进而达到取长补短、平等互惠的目的；同时，也可以使交易的双方节约交易成本、节省交易时间，以提高各企业的运营效率。特别是在我国证券市场的发展中，它被运用于国有企业产权重组、产业结构和产品结构的调整与优化组合中，对国企改革有着积极的推动作用。但是，关联交易一旦偏离了市场交易准则，不仅会出现逃避税收、侵害少数股东利益的行为，而且会发生损害债权人特别是从属公司债权人的情形。从发达国家目前的法制实践看，对于关联交易的法律控制的核心并不在于禁止或取消这种交易方式，而在于约束或者抑制其中可能存在的不公平。

由于关联企业之间的违法行为并不限于公司法、民商法意义上的违法行为，

[①] See Marcus Lutter, The Law of Groups of Companiee in Europe: A Challenge for Jurisprudence. Forum International. Vol.1, 1983, p.10.

还可能包括刑事违法行为、违反税法的转移定价行为、违反反垄断法的限制竞争行为、违反证券法的信息披露不实行为、同业竞争行为以及规避国际贸易法的各种实质违法行为等。因此,对于关联企业的交易行为进行法律控制便成为多法领域共同控制的一个重要内容。关联交易问题是世界各国公司法、证券法、税法乃至反垄断法中极为重要而又无法妥善解决的难题。它涉及证券市场运作,如关联公司之间相互购买对方的股票,或联手操纵股票市场,严重扰乱证券市场的正常秩序;它涉及国家税收管理,如关联公司利用关联关系,违背正常购销活动中的定价原则,通过价格转移方式逃避国家税收,跨国公司更是如此;它涉及行业垄断,如实力强大的关联公司联手打击中小企业,掌控市场等等;它影响到公司运营和股东权利。公司董事或大股东扭曲交易条件,以牺牲公司利益为价码,操纵公司与关联人交易,最终获取非法利益。

就企业法本身而言,关联企业是现代公司制度发展中出现的新现象,随着跨国公司的大量出现,关联企业更引起国际上的注意,由此而产生的关联交易、逃避纳税、转移财产等一系列法律问题也引起法学家和立法者的注意。[①]

二、我国企业法对关联交易的制度框架

(一)禁止不正当交易行为的立法确认

我国修改后的《公司法》第21条第1款明确规定:"公司的控股股东、实际控制人、董事、监事、高级管理人员不得利用其关联关系损害公司利益"。这一强制性规定,体现了法律对关联交易的基本态度,即对不正当关联交易给予禁止。

公司的控股股东、实际控制人、董事、监事、高级管理人员利用其关联关系损害公司利益,在公司丑闻中扮演着重要角色,成为了一个充满诱惑又极具杀伤力、挥之不去的幽灵,它直接破坏了市场公平、竞争、诚信的基本理念,损害了众多公司利益相关者的权益,损害了社会对公司的信任,挫伤了广大投资者对证券市场的信心,甚至影响到国家的税收。

目前常见的损害公司利益的不正当关联交易种类有:第一,产品买卖中的不正当关联交易。在经营中,母公司或其他关联人与公司实际控制人串通,高价向公司供应原材料或以低价购买公司产品,在交易中获得超额利润,并使公司利益受损。第二,费用负担方面的不正当关联交易。董事、大股东、经理为了有利害关系的公司的生存和发展,让公司承担其各种费用。第三,公司资金被关联人占用的关联交易。这种关联交易在我国公司中表现得尤其明显。特别在上市公司发行股票或配股融资后,母公司往往无偿或通过支付少量利息而占用上市公司资

---

① 施天涛:《关联企业法律问题研究》,法律出版社1998年版。

金，轻则影响了上市公司实现新项目投资，严重的导致公司破产。第四，资产重组中的不正当关联交易。重组中将公司的优良资产与其他关联公司的劣质资产置换，或者以高价购买面临破产的关联公司。第五，资产转让中的不正当关联交易。公司将优良资产低价转让给关联人，或者以高价收购关联人劣质资产等。第六，资产租赁中的不正当关联交易。公司与关联人违背对价而建立租赁关系，公司低价将最优质的部分资产租赁给关联人，或者以高价租赁关联人的不良资产。第七，无形资产的使用和买卖中的不正当关联交易。关联人向公司收取过高无型资产使用费，而无偿或低价使用公司无形资产。第八，公司为关联人担保。这类关联交易在我国公司往来中比比皆是。第九，公司委托关联人进行风险投资。关联人利用公司资金投资，营利则享有利润分成，亏损则不承担责任。

修改后的《公司法》禁止不正当关联交易行为为原则性的法条规定，但它为日后制定禁止不正当关联交易行为的相关法规并制定相关规制措施打下了制度性基础。

(二) 规制关联交易行为立法政策的构建

1. 强化关联交易行为人的法定义务。由于我国绝大多数由国有企业改制而来的股份公司的股权结构是一股独大，控股股东、大股东往往掌控公司管理经营权利，形成对中小股东的权利压制。因此，新修订的《公司法》加强了对大股东的权力约束，其中，在关联交易中，对操控公司的董事、高管及控股股东义务的强化主要体现在以下几个方面：

其一，规定控股股东的诚信义务，董事、高级管理人员的忠诚勤勉义务。《公司法》第20条、第148条、第150条明确规定了控股股东、董事、高级管理人员对于公司应尽的义务，对违反义务造成损失的，应当进行相应的赔偿。

其二，规定股份公司董事和高级管理人员接受质询义务。《公司法》第151条规定，股东大会要求高级管理人员列席会议的，高级管理人员应当列席并接受质询。

其三，规定关联股东表决权排除制度。依照《公司法》第16条第2款、第125条的规定，公司为其股东、实际控制人提供担保的，须经股东大会决议；关联股东不得参与该事项的表决。在实际的经济生活中，能够让公司为其担保的往往是控股股东。关联股东排除制度可以在关联交易中起到排除大股东控制与影响公司决策的作用。

其四，规定股东、董事和高级管理人员对违法违规进行关联交易行为造成公司损失的赔偿责任。《公司法》第113条规定，在违反法律、行政法规、公司章程并导致公司严重损失的决议中，参与决议且未表明异议或者虽表示异议但未记载于会议记录的董事就要对公司负赔偿责任。另外，对于董事、高级管理人员还分别规定了对公司利益损害和对股东利益损害两种情况赔偿责任。

2. 强化在关联交易中对中小股东的保护。基于资本多数决的现代公司运作机制，处于控股地位的股东往往利用其优势地位，对公司的关联交易作出安排。当不公允的关联交易发生时，首先受到损害的是公司，进而影响到公司股东的利益分配。为保障公司中小股东的利益，修改后的《公司法》设立了相应的保护措施，主要表现为：

其一，规定中小股东的股东大会召集权。《公司法》规定，股东大会由董事会召集，董事长主持，同时也规定了在符合条件情况下中小股东召集临时股东大会的权力。为了防止控股股东或董事不经过董事会就擅自决定关系到公司重大利益的决定，特别是在存在关联交易的情况下。《公司法》第 40 条、第 102 条规定了在一定条件下，有限公司中代表 1/10 以上表决权的股东，股份公司中连续 90 日以上单独或合计持有公司 10% 以上股份的股东有权自行召集和主持股东大会。

其二，规定了中小股东的临时提案权。《公司法》第 103 条第 2 款规定，股份公司中，单独或合计持有 3% 以上股份的股东，可以在股东大会召开 10 日前提出临时提案并书面提交董事会，董事会应将其提交股东大会审议。与召集权相比较，临时提案权的要求更低，只要求持有 3% 股份的股东即可提出，从而解决行使提案权的股东在没有召集权的情况下，如何保护其自身利益的问题。

其三，规定中小股东知情权。为保障中小股东权益，防止控股股东和公司高级管理层利用股东不明真相，滥用关联交易，各类相关法律均对股东知情权作出了规定。就公司法而言，主要体现在股东对公司章程、会议记录、董事会决议等有查询、复制权；股份公司中，股东可要求董事、高管人员列席股东大会，并可对其进行质询。

其四，规定了股东大会、董事会决议的无效与可撤销之诉。在股东大会或董事会决议涉及关联交易时，若违反公司章程、法律法规时，股东可向法院起诉，要求确认决议无效或撤销该决议。《公司法》规定，决议违反法律法规时，可起诉确认无效；决议内容违背公司章程或决议做出的程序违反法律法规时，股东可以起诉要求撤销。

其五，规定设立独立董事。《公司法》对上市公司规定设立独立董事。在关联交易中，独立董事对董事会决议进行影响，构成对控股股东的牵制。

其六，规定股东派生诉讼。当控股股东与公司进行不正当交易而使公司利益受损时，由于包括董事会在内的公司代表机关往往是控股股东的代言人，所以公司代表机关常常怠于对控股股东起诉。少数股东可代表公司向利益侵害人比如控股股东提起诉讼。《公司法》规定，对于董事、高级管理人员对公司的赔偿责任，有限公司的股东，股份公司连续 180 日以上单独或合计持有公司 1% 以上股份的股东，可以向法院提起诉讼，诉讼胜诉的，所得利益归公司所有。

3. 强化在公司关联交易中对公司债权人的保护。关联交易的滥用不仅会造成对公司和股东权益的损害，在有限责任制度中，对交易秩序、交易安全也构成威胁。在公司控股股东利用关联交易转移资产、规避债务的情况下，公司债权人的利益也必然受损。《公司法》针对债权人的利益保护也设立了相应的保护措施，主要是适用公司人格否认原则。修改后的《公司法》第20条明确规定："公司股东滥用公司法人独立地位和股东有限责任，逃避债务，严重损害公司债权人利益的，应当对公司债务承担连带责任。"

三、现行企业法对关联交易规制的不足与问题

(一) 规制体系的零散性和不完整性

我国税法对关联交易作过规定，但其规定的着重点与企业法不同。

现行企业法体系中仅在《公司法》、《证券法》中涉及一些关联交易的法律规定，但此方面的规定并非浓墨重彩。除此之外，在其他的一些企业法规中很少涉及关联企业的法律规定问题。

从我国修改后的《公司法》设置关联交易的条款看，首先在第217条对关联交易作了明确的界定，其次设立关联交易的一般条款，如第21条第1款，然后又设立了不少直接或间接调整关联交易的具体条款，如第16条、第20条、第21条第2款、第116条、第117条、第125条、第149条等。2005年修订的《证券法》对关联交易作出重要规定的，除了进一步完善和加强上市公司重大信息披露制度以外，还在个别条文禁止证券公司的特殊关联交易事项。其中第130条第2款规定："证券公司不得为其股东或者股东的关联人提供融资或者担保。"第137条第3款还规定："证券公司不得将其自营账户借给他人使用。"据此，证券公司与股东及其关联人之间的部分关联交易（如融资与担保）被明文禁止。

这种对关联交易规制体系的零散性和不完整性与我国目前没有一部系统规制关联交易的立法有关。

(二) 规制制度要素的缺失性

首先，我国《公司法》对股东、董事、高管的诚信义务规定是原则性的，给实践中如何把握标准造成困难。如没有规定关联关系的界定标准，也没有确定关联交易中控股股东诚信义务的具体标准，更没有完整地构建起正当关联交易所必须具备的程序标准和实质标准。

其次，对关联交易的披露要求，我国现行的《公司法》仅有的一个条文是第117条要求公司定期向股东披露管理者的报酬情况。该条是规定在第四章中股份有限公司的设立和组织机构项下，从体系上可将其理解为是专门针对股份有限公司而定的。事实上，利益冲突交易的披露的重要性并不局限于股份公司及股份公司中的上市公司，在有限公司中也同样存在。即使是仅有的一个法条，其披露的内容也与关联交易缺乏直接的关联性，因此，我国现行的《公司法》对关联

交易的披露尚未作出统一规定。

再次，对关联交易的认定与判断尚未建立相应的规则体系。既未在实体上建立起对控股股东诚信义务的具体标准设计，也没有在程序法上建立起关联交易造成损害关系的举证分配规则。《公司法》第 21 条规定，如果关联交易主体利用其关联关系损害公司利益，给公司造成损失，应当承担赔偿责任。但法律在这里没有开出医治关联交易的处方，既没有在第 21 条中确定一般的标准，也没有在具体制度（如《公司法》第 149 条、第 125 条）中加以落实。在司法实践中，对于如何确定某一项交易是否对公司构成损害，法律缺乏审查关联交易的具体的实质审查标准。

第三节 企业关联交易立法模式与法律控制

一、立法模式讨论：企业集团法与关联企业法之选择

在我国，涉及企业关联交易的立法模式选择上，一直有究竟立一部企业集团法还是关联企业法的不同意见与争议。

有学者曾主张制定一部《企业集团法》，其立论依据是，关联交易的实质是企业之联合，对于企业联合行为通过《企业集团法》加以规范，最具针对性；从现有的立法资源看，深圳市人民政府已于 1993 年颁行了《深圳经济特区企业集团暂行规定》，虽是一个地方立法，但对全国立法有借鉴意义；从实际工作进程看，目前有关部门正在起草《企业集团组建与管理暂行办法》，无论是《深圳经济特区企业集团暂行规定》，还是着手起草的《企业集团组建与管理暂行办法》，其立法思路是一脉相承的，所规定的内容亦大同小异。前者包括总则、企业集团的组建、核心企业与其他企业的关系、财务与会计、终止与清算、附则等内容。后者包括总则、企业集团的组建及终止、企业集团的组织与管理、政府对企业集团的管理、企业集团成员企业的公司制改建、附则等内容。

笔者认为，这种模式是否可取，尚需进一步考虑。一个总的看法是，企业集团法模式依旧反映的是旧有的经济管理方式。

首先，在立法思想上，企业集团法的立法反映的是大一统思想，着重体现的是对企业集团的"组建"与"管理"上，因而需要规定一些硬性的"组建条件"和申请和审批程序措施，如要求企业集团的组成成员或母公司的子公司要具有符合规定的数量，对企业集团中的核心企业的注册资本提出要求等，以体现出较强的行政干预因素。而关联企业法的立法思想是在对待关联企业的形成问题上主要依靠的是市场力量并运用法律手段对各种形成关联企业的方式加以规范。企业集团法的立法关心的是对企业集团的统一管理关系这一事实本身。而关联企业法的立法则注意的是对因统一管理关系（控制关系）所产生的各种利益关系

的平衡和调整。

其次,在立法技术上,企业集团法的立法未能处理好与相关法律,尤其是与公司法的关系。一些章节和条文本来属于公司法规定的范畴或现行公司法已有规定了,而《暂行办法(征求意见稿)》却又重复规定或另行规定。比如,既然承认企业集团的成员企业各自是独立的法人,那么,其注册资本本应依照公司法的规定即可,又何必另行规定呢?

再次,在立法所要解决的有关企业关联交易问题上,企业集团法不能起到实际效果。企业关联交易的立法涉及多种法律部门,如公司法、证券法、税法和反垄断法等,这里所谓的关联企业法仅指企业组织法视野下的关联企业交易问题。至于因关联企业所带来的其他法上的问题则应分别由证券法、税法和反垄断法来调整。按照这一思路,企业关联交易立法的重点主要应覆盖如下两方面的问题:其一是对关联企业形成的调整。这一部分主要规定资本参与与关联企业的关系及其所产生的法律后果;具有支配性质的合同与关联企业的关系。其二是对关联企业形成之后所产生的从属公司少数股东及其债权人的保护。从关联企业立法所要解决的上述问题分析,颁布企业集团法难以解决这类问题。

最后,从对国外立法的有益经验借鉴看,对关联交易的立法很少用企业集团法予以替代,对关联关系规制的规范体系上也没有通过颁布专门的企业集团法予以实现。

二、立法模式讨论:关联交易法的立法结构

比较和分析境外法的结构模式,我们发现一些国家和地区法律对待关联企业的态度基本上可以归结为三种模式:

第一种立法模式以美国为代表。美国的公司法基本上是州法,各州皆有其独立的成文公司法,但关于关联企业的法律关系各州并无成文的规定,而仅为判例法(Common Law)所规范。判例法在关联企业的领域里,到本世纪40年代已有了颇为成熟的发展,但迄今为止,仍未法典化。在处理关联企业的法律关系时,法院通常运用以下三个原则,即揭开公司面纱的原则(piercing the Corporate Veil)、深石原则(Deep-Rock Doctrine)、控制股东的诚信义务原则(Fiduciary Duties of the Controlling Shareholder)。第一、第二两项原则的适用,其目的在于保护子公司的债权人,而第三个原则,即控制股东诚信义务原则的运用主要是为了保护子公司的少数股东。母公司为子公司的控制股东,必须对子公司负有诚信义务。因此,母公司不能为任何有害于子公司少数股东的行为。否则,母公司必须对子公司的少数股东负损害赔偿责任。这种立法模式的特点是:关联企业虽已受到立法上的重视,但只是零碎的,而没有试图建立起系统的调整和规范关联企业的法律制度,其普通公司法仍然扮演着极为重要的角色。

第二种立法结构以德国为代表。如前所述,德国于1965年的《股份公司法》第三编之中对"关联企业"（Verbundene Unternehmn）进行了规定。这种全面的法律调整的核心是控制协议（Beherrschungs Vertarg）——关联企业形成的合同基础。德国法承认相对于单一公司之公司利益的集团利益的存在并使之合法化。作为一个整体，德国法提供了一个全面的但却不是完全的调整关联企业法律关系的体系。由于其立法的重心在于规整合同型关联企业，所以，其对事实型关联企业的规定则显得单薄无力。再者，该法只适用股份公司和股份两合公司，这样，法律并不调整由有限责任公司的控制所引起的关联交易问题。因此，对这类问题的解决只能寻求其他办法。这种立法模式的特点是为关联企业建立起了一种取代公司法一般原则的法律制度。

第三种立法模式以我国台湾地区"公司法"为代表。对关联企业不实行专门立法，但却在"公司法"的相关体系和内容上作出专门的规范。

我国的关联企业立法可借鉴我国台湾地区"公司法"的体例结构，在现行公司法中独辟一章的做法，即在现行公司法中增设"关联企业"一章，着重规定四个方面内容：其一，关联企业、关联交易行为的法律界定问题；其二，涉及关联企业的形成以及转投资等问题；其三，关联企业中从属公司的债权人、少数股东与控制公司的利益关系平衡与协调问题；其四，关联报告、联合财务报表及其他相关信息披露问题。

三、关联交易法律控制的相关制度安排

（一）基本概念的法律界定

在关联企业法立法中需要对一些相关的概念作出解释和界定，以便于对法律规定的内容作出正确理解和适用。这些相关的概念主要包括"关联企业"、"控制股东"、"实际控制人"、"公司内部人"、"控制公司"、"从属公司"、"多数股东"、"少数股东"等。

1. 控制股东：在理论与立法实践中，通常认为最简单的标准是"绝对控制权"，"系指公司股东持有过半数之股份"。但是如果公司股东人数众多，任何股东所持股份数如达到相当数量，即使未超过半数，也可能是具有控制权的股东，此谓"相对控权"，这实际上在强调"相对多数"和"达到相当数量"之双重标准。但问题是"达到相当数量"标准又如何掌握？法国规定10%—15%的持即为控股，意大利也承认持有10%（在股票交易所挂牌的公司为5%）的股份为参股，而通过股东大会行使隶属于多数时为控制公司。

值得注意的是，我国在1997年由中国证监会发布的《上市公司章程指引》对控股股东的持股比例推定为30%，且允许各公司在制订公司章程时可根据实际情况进行变动，但是到2006年，新的《上市公司章程指引》颁布时，控股股东的持股比例又发生了变化，《章程指引》附则第192条释义第1款规定："控股股东，是指其持有的股份占公司股本总额50%以上的股东；持有股份的比例

虽然不足 50%，但依其持有的股份所享有的表决权已足以对股东大会的决议产生重大影响的股东。"

笔者认为，法律对控股股东的认定，不仅应关注"相对性标准"和"相当数量标准"，而且不应关注"实际控制效果"。

2. 实际控制人。实际控制人通常是指未构成公司的控股股东，但是通过股东间的一致行动关系或者事实上的控制关系，能够实际上影响公司的管理决策或高级管理人员任免，从而间接控制支配公司行为的人。对实际控制人概念在作出界定时，笔者认为可以从以下方面着手：第一，实际控制人是公司控股股东以外的其他控制权人，是间接控制权人；第二，实际控制权人的控制权主要是通过一致行动关系或者事实上的控制关系实现的；第三，实际控制权人的控制力表现在能够对公司的行为产生实际的支配力。

实际控制人具有三个明显的特征：其一，在身份上不具有股东资格；其二，其控制公司的依据与机制是非股权控制，包括投资关系、协议或者其他安排；其三，控制的程度以达到"能够实际支配公司行为"为认定标准。公司实务上，实际控制人的控制机制主要是母公司对孙公司的控制、非股东与公司之间签订控制协议，如利润上缴合同、盈亏全包合同、营业租赁合同、许可证协议、经营租赁合同、委托经营合同等来控制一个公司；非股东与公司之间签订购销、采购、货款等独占性协议，从而利用成为该公司的独家客户、垄断性原材料的供应商、主债权银行等经营上的重大影响力来控制该公司；通过联锁董事等人事联系达到对另一个公司的控制。①

我国修改后的《公司法》在附则中将实际控制人的含义界定为"实际控制人，是指虽不是公司的股东，但通过投资关系、协议或者其他安排，能够支配公司行为的人"。这一含义较为概括，并没有明确指出实际控制人的具体形态。笔者认为，实际控制人的具体形态应包括：

其一，一致行动人。它是指未构成公司的控股股东，但是通过股东间的一致行动关系，能够实际影响公司的管理决策，从而事实上控制支配公司行为的人。我国所制定的《上市公司收购管理办法》第 83 条对一致行为人的范围进行列举，规定在上市公司的收购及相关股权权益变动中有一致行动情形的投资者，互为一致行动人。投资者有下列情形之一的，为一致行动人：(1) 投资者之间有股权控制关系；(2) 投资者受同一主体控制；(3) 投资者的董事、监事或者管理人员中的主要成员，同时在另一个投资者担任董事、监事或者管理人员；(4) 投资者参股另一投资者，可以对参股公司的重大决策产生重大影响；(5) 银行以外的其他法人、其他组织和自然人为投资者取得相关股份提供融资安排；(6) 投

---

① 李建伟：《关联交易的法律规制》，法律出版社 2007 年版，第 23 页。

资者之间存在合伙、合作、联营等其他经济利益关系；（7）持有投资者30%以上股份的自然人，与投资者持有同一上市的公司股份；（8）在投资者任职的董事、监事及高级管理人员，与投资者持有同一上市公司的股份；（9）持有投资者30%以上股份的自然人和在投资者任职的董事、监事及高级管理人员，其父母、配偶、子女及其配偶、配偶的父母、兄弟姐妹及其配偶、配偶的兄弟姐妹及其配偶等亲属，与投资者持有同一上市公司股份；（10）在上市公司任职的董事、监事、高级管理人员及其前项所述亲属同时持有本公司股份，或者与其自己或者其前项所述亲属直接或者间接控制的企业同时持有本公司的股份；（11）上市公司董事、监事、高级管理人员和员工与其所控制或者委托的法人或者其他组织持有本公司股份；（12）投资者之间具有其他关联关系。一致行动人应当合并计算其所持有的股份。投资者计算其所持有的股份，应当包括登记在其名下的股份，也包括登记在其一致行动人名下的股份。投资者认为其与他人不应被视为一致行动人的，可以向中国证监会提出相反证据。这一规定在整个公司法领域对于明确控制权人的基本含义具有重要的指引作用。

其二，影子董事或事实上的董事。"影子董事"是指为规避限制董事行为的法律规定，而不参加董事会或暂时辞去董事职务，但实际通过某些形式控制公司的幕后董事。在英美法的早期判例中，对"影子董事"的认定较严，要求"整个董事会或者至少大多数董事"、"在一定期间内"、"通常"按照"影子董事"的旨意行事。与英美法上的"影子董事"相类似，20世纪80年代以后，德国、法国、瑞士等国的法律中也产生了"事实上董事"、"事实上关联企业"的概念。其中，法国法、德国法和欧盟公司法第九号指令均将实施不正当控制力的母公司视为"事实上的董事"，即不管母公司是否担任子公司任何正式职称，只要母公司如同子公司之董事般地经营公司业务，即可被认为子公司之董事，母公司也会成为子公司之"事实上董事而受到法律的规范"。不管是影子董事还是事实上的董事，这类当事人均能对公司的日常运营和人事管理等事务产生实际性的影响，能够指令整个董事会。因此，在一定意义上也可以看做是公司的实际控制人。

3. 公司内部人。公司内部人是指公司董事、行政总裁和其他具有类似权力的公司管理人员。此类当事人实际上具有对外代表公司从事订立契约等行为的代表权或代理权。他们基于特殊身份而享有优于一般投资者的资讯便利，可以优先了解到有关企业技术革新、新产品开发、公司分红、公司经营意向等足以影响股票市场价格走势之未公开信息，因而被称做"内部人"，由关联企业法作出规制。

4. "控制公司"与"从属公司"。这是从纵向层面界定公司关联企业范围的。从纵向层面来看，公司的关系企业应当是指具有控制与从属关系的企业。一公司对其他企业是否具有控制权，主要是体现在任免董事、经理等重要人事权或支配公司财务或业务经营权,所以一个企业的人事、财务或者业务经营,如果受到其他公司直接或者间接控制时,就可以认定公司与该企业之间存在控制与从属关系。

控制公司与从属公司,作为具有独立人格的两个不同主体,原本各自独立经营,互不相干。但是控制公司与从属公司间一旦发生交易,它们间的关联关系不可避免地要对关联交易发生影响。即使是具有一定经济合理性的正当的关联交易中,为了集团的整体利益,控制方也可以利用对从属公司的控制力和影响力,牺牲从属公司的利益。而在非正当的关联交易中,控制公司恶意从从属公司抽取利益更是肆无忌惮。无论是正当的关联交易还是非正当的关联交易,控制公司从中受益有益于控制公司股东,而关联交易中从属公司的股东利益因从属公司的受损而受到损害。因此由关联交易引发的相关者权益的冲突,首先表现在关联交易中控制公司与从属公司股东权益的冲突。

异议股东退出机制的建立,使关联交易中处于弱势地位的从属公司中小股东的权益得到切实的保护。然而股东退股必然导致公司资产的实质减少,这对以公司资产作为债权担保的从属公司债权人的债权清偿构成威胁。若要维护债权人的利益,似乎就应当恪守股东严禁退股或抽资这一原则,但倘若如此必然在关联交易场合,当不利于从属公司的交易出现时,处于弱势地位的从属公司中小股东明知将会受到损害而无能为力,这对从属公司中小股东权益的保护又构成不利,也不符合现代公司法注重保护中小股东权益的发展趋向。因此当不利于从属公司的关联交易出现时,是保护股东权益,还是保护债权人权益就发生冲突,法律陷于两难。

若控制公司对从属公司享有债权,且从属公司破产时,作为债权人的控制公司是否享有别除权、破产抵消权,或与其他普通债权人一样享有平等的分配权?破产法设立别除权、破产抵消权和普通债权平等受偿制度,旨在保护正当交易中善意的债权人的合法权益。然而控制公司与从属公司的特殊关系,使得控制公司极易利用其在从属公司的特殊地位,基于不正当目的而与从属公司发生交易。因此当从属公司破产时,作为债权人的控制公司的债权保护是否与普通债权人的债权保护基于同一种保护手段,就会产生债权人之间的权益冲突,法律陷于两难。

5. 少数股东。少数股东一般是指公司中持股较少、不享有控股权因而处于弱势地位的股东,其相对应的概念是多数股东和控股股东。少数股东权是相对多数股东权即控股股东权而提出的一个公司法上的概念,是指拥有公司股份但不是最多比例的股东。这个比例不是特定的,在不同的国家不同的公司会有所不同,在公众化程序高的公司,拥有很少的股份就可以控股。在我国"一股独大"现象比较严重,少数股东一般是指拥有 50% 以下股份的股东,但是在大股东相对控股的公司,少数股东所占有的股份比例也会相应减少。

通过关联交易，多数股东侵害少数股东利益的情形时有发生，最常见的有：其一，在多数股东（控制股东）的支配下，公司违背其真实意愿为其关联方提供担保。这种担保不是以相互之间互惠条件为前提，而是由处于控股地位的多数股东利用其表决权优势而取得的，它不仅使公司徒增经营风险，也使少数股东的权益存在受损之虞。其二，多数股东挪用上市公司配股得来的资金或无偿拖欠公司的货款。这种不公平的关联交易必然损害少数股东的利益。其三，以公司债权抵充多数股东的债务，而将多数股东与公司混为一体，明显违背了股东与公司相互独立原则，必然损害少数股东在公司内的应得收益。其四，多数股东利用不公平关联交易掠夺公司利润。由于许多公司与对其控股的多数股东存在行业上的依存关系，多数股东可能利用其表决权的优势，向其控股的公司高价出售原材料或低价购买产成品，甚至抢占公司前景较好的项目，从而掠夺了公司的利润。

（二）关联企业形成之法律界定

关联企业在法律上可表现为由控制企业和从属企业构成。而控制企业与从属企业的形成主要在于关联企业之间的统一管理关系的存在。这种关系往往借助于控制企业对从属企业实质上的控制而形成。所以，其一，凡是企业基于投资关系直接或间接控制他企业的业务经营或人事安排的，其相互之间即为控制企业与从属企业关系；其二，凡是一企业与他企业之间存在着统一管理关系的合意，如支配性合同和具有支配性质的联营合同、企业承包经营合同、企业租赁经营合同、委托经营合同、信托经营合同等，亦应认定其相互之间为控制企业与从属企业关系；其三，一企业与他企业通过出售控制权、表决权协议、人事联锁等方式形成控制关系的，也可以构成控制企业与从属企业关系。

（三）关联交易法律控制的制度安排

1. 确立关联交易行为合法性的判定标准。判定标准应为：

其一，关联交易是否违反法律规定的程序要件。程序标准一般包括披露与批准两个方面。披露是指涉及关联交易的实质的重大信息的披露是否符合法律、规章披露规则的要求。批准是指进行该交易的决定是否由知情的和无利害关系的董事或股东作出或批准。[①]

其二，关联交易行为是否违反法律和行政法规的规定。如果关联交易本身即违反了法律和行政法规的禁止性或强制性规定，则该关联交易行为即可认定为违法行为，如公司董事、高级管理人员违反公司章程的规定或者未经股东会、股东大会同意，与本公司订立合同或者进行交易的行为；更为明显的如公司关联人之间的毒品买卖行为，无论在何种条件下，均为违法甚至是犯罪行为。

其三，关联交易动机是否存在恶意。关联交易实际涉及着关联人的利益，在

---

① 陈洁：《论关联交易效力确定中的司法审查》，载《人民司法》2003年第6期。

交易时难免会有关联人违反交易义务的情况。司法实践中，应当根据关联交易人交易行为体现出来的交易目的是否正当、交易动机是否出于诸如操纵市场、转移利润或财产、虚假报表、逃避税收等恶意来判断关联交易的合法性。

其四，关联交易本身是否违反常规。所谓违反常规交易，即依商业交易习惯，交易条件明显不当。违反常规交易通常表现为掠夺性交易，常见类型是关联公司之间商品、服务或股票、资产的销售、转让或交易价格，明显地低于国际或国内市场上正常合理价格的；关联公司之间相互融资而不计收利息的；违反公司章程规定提供担保；关联公司之间借贷款项，以明显低于融资成本之利率计收利息的等。

问题在于，如何认定交易行为是否属于非常规的交易行为？实际生活中很难判断。可通过确定商业判断规则和完全公正规则进行。

商业判断规则在国外是在长期的司法实践中逐步发展起来的一项关于董事注意义务的判例法规则，它是指董事基于合理信息所作出的合理决定，无须董事负责，即使在事后从公司立场来看，此项决定是不正确的或有害的，依据该规则，从保护董事的角度出发，在一定条件下，对董事经营上的过失法院一般采取尽量不干涉的态度。根据美国示范公司法的规定，只要满足披露和独立决策者批准两个要求，关联交易只须按相对宽松的商业判断原则来决定其是否可以撤销。换言之，信息披露后为独立董事或股东所批准的关联交易应适用商业判断原则这个较低的标准来确定其公正与否。在这种标准下，法院审查的实际上是公司决策者做决策时是否以应有的注意行事。如果不存在表明董事违背诚意的情况，只要其决定是以合理的商业判断为基础，董事就被免除承担由于其行为而给公司带来损失的责任。

完全公正规则是指如果非经独立决策者批准，要对关联交易按更严格的完全公正规则进行审查。该原则的标准是交易在其缔结时是否对公司是公正的。完全公正规则分两部分，首先是对是否存在着公平的交易提出疑问，即实施交易的财产受托人的行为是否恰当和公正。法院将调查交易的起因、谈判如何进行、是否所有的相关信息都被充分披露等。其次是对公平价格的检验。法院将调查董事是否尽力设法获得高价，以及实际获得的价格是否确实适当等。总之，为确定关联交易是否公正，法院将仔细审查整个交易，并将以自己对交易公平性的公正判断替代董事的判断。

2. 建立关联方回避制度。当股东大会决议的议题与某一或某些股东（特别是控股股东）存在利害关系时，该股东或其代理人不能以其所持表决权参与表决。这一制度在客观上保护了公司和中小股东的利益，有助于从源头上减少不公平的关联交易行为的产生。

3. 建立关联交易行为效力确认规则。不合营业常规的关联交易行为在民事法律制度上有无效的关联交易行为以及可撤销的关联交易行为之分。这意味着对不合营业常规的关联交易行为不能只以行政处罚代替民事责任的追究。当企业关联交易行为违反公司法或者其他民商实体法规范的禁止性规定时,该关联交易行为可以被确认为无效民事行为。当关联交易行为符合可撤销的民事行为构成要件时,则认定为可撤销的民事行为,此时主要是指关联交易一方利用控制地位(如公司控股股东利用控制公司的便利)促成关联交易行为,从而损害关联交易的一方利益,该关联交易的一方当事人或者其股东可以提起要求撤销该关联交易行为之诉。在公司关联交易行为行使撤销权的理解上,应当采取广义的理解,不仅包括《合同法》第54条规定的可撤销合同的处理,也包括《合同法》第74条规定的债权人撤销权行使的相关规定。

4. 完善从属公司债权人和少数股东利益保护机制。在对从属公司债权人保护方面,可采用事前保护和事后补偿两个方面保护机构。在事前保护制度安排中,可借鉴德国立法,比如,规定提高法定盈余公积金,向债权人提供担保等措施,以此保障债权人利益。在事后补偿制度安排中,可借鉴国外法确定的相关原则与规则,如揭开公司面纱原则(the principle of piercing the corporate veil)、深石原则(deep-rock doctrine)、实质合并规则与禁止抵消规则。

揭开公司面纱原则旨在突破严格有限责任的限制,用现实的态度来解决有限责任制度所引发的法律问题,尤其是对债权人的保护。根据揭开公司面纱原则,法律原则上承认控制公司与从属公司各为不同的法律主体,各自仅以自身财产对其法律行为和债务承担责任,控制公司对从属公司债务不承担出资之外的额外责任;但当控制公司无度操纵从属公司,从而使从属公司实际上丧失独立法人资格时,法律可以揭开控制公司与从属公司之间"面纱",把控制公司与从属公司视为同一法律主体,从而责令控制公司对从属公司的债务承担责任。

深石原则又称为衡平居次原则(Equitable Subordination Rule),是一项根据股东是否有不公平行为,而决定其债权是否应劣后于其他债权人受偿的原则。根据该原则,控制公司在某些情况下对从属公司的债权在从属公司支付不能时,不能与其他债权人共同参与分配,或者分配顺序应次于其他债权人。这一法律原则,通常在以下几种情况下适用:从属公司资本显著不足;控制公司行使对从属公司的控制权违反应有标准;控制公司不遵守独立公司应遵循的规范;资产混合或利益输送。

实质合并规则是由美国法官在审理关联企业破产案件时,根据衡平法则创造出的一种公平分配破产财产的救济措施。当关联企业中的控制公司与从属公司同时破产时,传统的处理方法是将各成员公司看做独立的责任主体,其债权人只能就各自公司的财产请求清偿。然而,法官们发现,关联企业不同于单一的独立企业,关联企业通过关联交易,可以很轻松地将公司资产或利益在各关联企业之间进行不公正的非对价转移。其结果是，受益的成员公司用于清偿其债权人的资产不正当地增加了，而受损的成员公司用于清偿其债权人的资产却不正当地减少了，从整个关联企业而言，这就违背了破产法的公平清偿原则。因此，主张在特定情况下，将破产的各成员公司的财产和债务合并，依债权额比例分配于所有债权人，而不去细究某一债权是哪个成员公司的。

抵消禁止规则是指在存在关联交易的控制公司与从属公司中，从属公司因破产清算，立法限制控制公司的破产抵消权，以保护从属公司债权人的利益。按照破产法的一般原理，如果控制公司同时对从属公司享有债权，控制公司可以主张抵消。日本《破产法》第98条、美国《联邦破产法》第553条以及我国《破产法》均有这一方面的规定。但问题在于由于债权人与债务人之间存在控制与从属关系，控制公司很容易运用其控制力制造债权主张抵消，如果允许控制公司利用其对破产从属公司制造的不公平债权抵消其对破产从属公司的债务，则将极大影响破产从属公司其他债权人的清偿。因此，有必要建立抵消禁止规则。我国台湾地区"公司法"第369条之7第1项即确立了这一规则。按该条规定："控制公司直接或间接使从属公司为不合营业常规或其他不利益经营者，如控制公司对从属公司有债权，在控制公司对从属公司应负担之损害赔偿限度内，不得主张抵消。"

5. 建立利益受损者补偿规则。如果控制公司操纵从属公司，直接或间接使其进行不符合常规或者其他不利于从属公司利益的经营活动，则损害了从属公司的利益，进而损害了从属公司少数股东和债权人的利益，控制公司应当主动补偿从属公司所受的利益损失；未补偿的，应当承担损害赔偿责任。德国《股份公司法》第311条第1款和我国台湾地区"公司法"第369条之4第1项均有相关规定。德国《股份公司法》第311条第1款规定："如果不存在支配合同，那么支配企业不得利用其影响，迫使从属的股份公司或股份两合公司采取不利于他们自己的法律行为或采取不利于他们的措施或中止这些措施，除非这些损失能够得到补偿。"[①] 我国台湾地区"公司法"第369条之4第1项规定："控制公司直接或间接使从属公司为不合营业常规或其他不利益之经营，而未于会计年度终了时适当补偿，致从属公司受有损害者，应负赔偿责任。"基于上述规定，从属公司享有利益补偿请求权。在从属公司破产时，从属公司对控制公司赔偿请求权将构成破产财产一部分，由从属公司的债权人公平受偿。

6. 建立关联方关系及其交易披露制度。由于关联交易形式具有掩盖交易内容的隐蔽性，几乎所有存在关联交易法律控制的国家，均将关联人权益公开和信息披露制度作为法律控制的基本手段。

---

① 卞耀武主编：《当代外国公司法》，法律出版社1995年版，第243页。

关联交易在市场经济条件下既广泛存在，又与市场经济的基本原则不完全相符。按照市场经济的原则，一切企业之间的交易都应该在市场竞争的原则下进行，包括定价原则、交易方式等。而关联方的交易存在着各种各样的关联关系，存在利益上的牵扯，不是在完全公开竞争的条件下进行，因而，客观上可能给投资者、债权人、国家、企业带来或好或坏的影响。在我国目前企业制度下，各企业间的关联交易普遍存在。但是，目前上市公司年度报告中，关于关联交易的披露并不充分，存在避重就轻或对重要信息隐瞒不报的现象。首先，关联交易的内容披露不充分。《准则》中明确规定，企业支付给关键管理人员如董事、总经理、总会计师等的报酬都属关联交易，应在附注中予以披露。但是，目前的上市公司中披露较少，有些公司根本就不披露。在《准则》中列举了11种关联交易的范围，但实际在年报的披露中，大多数都是关于销售和采购、提供或接受劳务等方面，而对管理方面的合同、研究开发项目的转移、许可协议等方面披露极少。其次，对关联交易的要素披露不完全。《关联方关系及其交易的披露》中规定，在企业与关联方发生交易的情况下，企业应当在会计报表附注中披露关联方关系的性质、交易类型及其交易要素。这些要素一般包括：交易的金额或相应的比例；未结算项目的金额或相应比例；定价政策（包括没有金额或只有象征性金额的交易）。而在目前的公司报表中，真正完全披露这三要素的企业并不多，特别是在定价政策方面的披露比较混乱。如上市公司报表披露的关联交易定价方法多种多样，没有一个统一的具体的法律规定，从而造成一些公司利用关联交易进行利润操纵或进行避税等，侵害关联企业股东和国家的利益。再次，非上市公司、企业集团在关联交易披露方面很不规范。非上市公司、企业集团在全国的企业中占有相当的比例，远远超过上市公司的比例。而且，它们之间存在大量的关联交易。但是，现有的关于关联方方面的会计准则仅仅适用于上市公司，而对非上市公司、企业集团关联交易的法律规定还很少，即使做了规定，也是非常简单，造成非上市公司、企业集团在关联交易方面披露得不规范，甚至几乎就不披露，造成会计信息失真，并有可能使国家的税收收入减少和债权人合法权益受损。

解决关联方关系及其交易披露问题的方法主要有：

其一，加快关联交易相关法律建设。针对非上市公司、非公司制企业、企业集团会计报表不需向社会公众公布，主要是对税务部门和出资者等负责之实际，制定出关联交易披露的相关法规，使非上市公司、非公司制企业在关联交易披露方面尽快规范化。

其二，健全证券市场管理体制。证券监督部门应制定一套切实可行的监督检查办法，加大执法力度，尽快在广大上市公司及证券市场参与者心目中树立起法制意识。

其三，发挥中介机构的作用，加快社会监督机制的建立。注册会计师的独立审计是会计信息披露规范的可靠保证。应加强中介机构的作用，尽量使注册会计师发表准确的审计意见。若上市公司存在欺骗投资者的行为，相关的中介机构应承担连带责任。此时，社会监督机构应发挥其自身的功能，对相关的中介机构予以严惩，使中介机构真正实现其提供准确会计信息、监督企业行为的职能。

其四，编制关联报告及联合财务报表。编制关联报告及联合财务报表的目的在于明了控制公司与从属公司之间的法律行为及其他关系，以便于确定控制公司对从属公司的责任。关联报告应由从属公司董事会编制，由监事会审查，向股东会报告。联合财务报表应由关联企业中的控制公司的董事会编制，由监事会审查，然后由股东会认定。最后，由控制公司将其依公司章程所确定的方法公告，并申请公司所在地的工商行政管理机关登记。

第四节 关联企业立法对传统企业组织法的影响

一、对传统公司法原则和制度的影响

(一) 关联企业与关联交易对传统公司法立法结构的影响

通过对关联企业及其行为特征的分析，可以看出，尽管各种类型的关联企业整体上并不构成统一的法律主体，但这并不妨碍关联企业利用现有制度环境从事合资、投资、托管经营等经营性行为。这就向各国的公司企业法和相当一部分仅以"单个公司为规范对象"部门法律提出了挑战。相对于关联企业之间的十分复杂的关联关系，各国有关关联企业的规定事实上普遍都显薄弱，而且，这些法律规定的执法成本太高，有人竟揶揄其为"无牙之法律"（the provisions without teeth）。

国际知名的企业集团法专家、美国的菲利普·布鲁门伯格教授在其所著的《企业集团法》总序中指出，最早的公司理论就是建立在公司之间互不持股的基础之上的，公司就是单个公司，公司之内中只存在简单的二元结构关系，即股东（或者投资人）与公司（股东会、董事会、监事会）之间的关系。在公司二元结构基础上所形成的传统公司法，美英国家一般称之为"单体法"（entity law）。被称为"单体法"的传统公司法是以公司的独立法律人格和后来逐渐完善的股东或者投资人的有限责任制度为核心内容的。但是，在"单体法"形成之后的一百多年里，企业的规模、结构和活动范围都发生了巨大的甚至根本性的变化。在大公司之间，法人股东代替了原来的自然人股东；跨国公司代替了当地的小公司。"单体法"所依据的公司简单的二元结构和公司的独立法律人格已经不能完全适用于今天的拥有数十甚至数百家子公司的有着统一管理的康采恩的经济实体。公司的二元结构因为公司间的投资或者持股变得更加复杂化了。

传统的公司法原则和制度（如法人格独立原则、股东有限责任原则）是以单一的公司为调整对象的，公司独立的法律人格、股东的有限责任均建立在公司经济独立的基础之上。

但当某一公司因参加关联企业成为关联企业成员并因此而丧失经济上的独立性时，当转投资行为导致关联企业形成后，传统的公司"独立主体说"理论就遭受了严重的冲击与挑战。

一方面，从属公司具有独立的法律人格，应该能够以自己的名义自主决策，从事经营管理活动，独立地享有权利，承担义务。另一方面，由于经济上的依附性，从属公司自主决策的能力却部分或全部地被剥夺，从属公司的经营管理活动实际上是为关联企业整体利益服务的。由于关联企业中控制公司的支配地位，从属公司的日常经营活动不得不受到控制公司这个外部力量的干涉和影响，服从于控制公司的意志。而这些意志往往反映的是整个关联企业的利益，且关联企业利益最大化并不总与单一从属公司的利益最大化相一致，有时二者相冲突，从而出现有利于关联企业却无益于从属公司的局面。例如，将利益转移给关联企业内的控制公司，由控制公司制定与市场条件不发生联系的转让价格，贷款以低于市场流行利息的方式移转到控制公司等。在这些情况下，控制公司所付出的不充分对价的结果是吸吮了从属实体的利润，损害了从属公司的偿付能力。

其结果是，把从属公司当做其实现关联企业整体利益的工具，并可能损害从属公司及其债权人的利益，但同时却又享受着因独立法律人格所带来的股东有限责任的庇护，造成对公平正义的法律精神的损害。

在此情形下，企业立法是否还应承认关联企业各成员企业是否具有独立的法人地位便成为关联企业立法所要解决的一个重要课题。

由于关联企业与法人独立人格密切相关，关联交易平衡机制的入手便是法人制度的完善。考察其他国家的立法，他们对关联交易涉及的独立法人问题就采取了积极的应对措施。在德国，关联企业法律规范已法典化，其早在1965年《股份公司法》第三编之中就对"关联企业"进行了专门规定，将关联企业分为合同形成的关联企业和事实控制形成的关联企业，并要求控制企业负有注意义务，不得在未订立控制合同情况下，利用其影响力使从属公司为不利于从属企业的行为。美国对付关联企业的经验则被视为这一领域的典范，其判例法已有颇为成熟的发展。法院在处理关联企业法律关系时，通常可运用这样三个原则：揭开公司面纱原则、深石原则和控制股东的诚信义务原则。其用于保护从属企业债权人的揭开公司面纱原则是指，法院在某些情况下，可揭开子公司面纱，即否认子公司的法人人格，把子公司及母公司视为同一法律主体，母公司直接对子公司的债权人负责。这些规定无疑是对关联交易逃避法律的一种制约，起到了很好的规范运用，促使企业无法滥用法人独立人格，在关联企业利益和债权人利益、股东责任和社会责任之间,建立了良好的平衡制约机制。

(二) 关联企业与关联交易对传统公司法责任形态的影响

企业法人作为独立主体的设计,包括责任上的独立和财产上的独立,即每个企业法人以其财产独立承担民事责任,投资者的财产与法人财产相分离。这一法人制度实际上在投资者和所投资企业的债权人之间竖起了一堵有限责任之墙。显然,享受该制度的最大收益人就是投资者,因为该制度中的投资企业只不过是投资者为降低投资风险、谋求最大经济利益而借以实现其目标的工具,或者说是能使股东在生意兴隆时坐享其成,在其经营失败时逃之夭夭的灵丹妙药。出资人既可以直接或间接的方式控制投资企业,实现自己的利益最大化;同时,又可利用法人独立人格,把自己的股东责任限于出资内,以避免经营风险并使自己的损失最小化。因此,在如今大量关联交易存在的情况下,这一制度极易产生这样一种局面:企业法人独立主体的假定被现实中成员企业利益失衡的经济事实所推翻,关联企业成员事实上须听命于控制公司,其法人人格的独立性丧失,成为控制企业可供利用的工具和手段。

在成员企业独立法人地位发生动摇后,关联企业利益便与债权人利益发生了冲突。

(三) 关联企业与关联交易对传统公司法治理结构的影响

传统公司法确立的公司独立人格原则是以公司在经济上具有自主意志和独立利益为基础的。典型的公司组织机构中既包括反映股东意志的股东大会,也包括日常的决策和执行机构,还包括监督机构,整个公司的运作是以公司自身利益为准则的。

然而在关联企业情形下,当处于从属地位的公司企业被操纵于某一控制权人之手,被作为实现控制权人自身意志和利益的工具时,无疑已经丧失了其经济上和法律上的独立性,这就导致了传统公司法规则据以建立的基础发生了实质性变异。传统公司法首先面临的挑战即是公司法人及其行为可能并不反映公司全体股东的意志和利益,可能违背或侵害部分股东和公司自身的意志和利益,而仅仅体现了控制权人或控股股东的利益,并且此种片面的意志和利益甚至被抬高到集团战略或跨国战略的高度。不仅如此,传统公司法所精心设计的股东共益权规则、股东监督规则和董事会选任规则等,在资本多数决原则的支配下完全不能发挥其自身的抑制作用,在控股股东促使公司放弃利益的条件下,少数股东和公司其他利害关系人显得无能为力。

二、对传统企业组织形式的影响

(一) 关联企业与关联交易对企业组织体形态的影响

关联企业这一概念不仅在各国的称谓有所不同,而且其表现形式也极为不一致。从企业发展史上看,曾经出现过各种各样形式的商事联合,如卡特尔

(cartel)、辛迪加（syndicate）、托拉斯（trust）、康采恩（Konzern）、跨国公司（transnational companies）等等。这些商事联合与我们所说的关联企业有何联系和区别呢？

卡特尔一词源于法语Cartel，意为协定或同盟。它是指生产同类产品的企业，为了获得高额利润，在划分销售市场、规定商品质量、确定商品价格等方面达成协议，形成一个垄断联合组织。但参加卡特尔的企业在生产上、贸易上、财务上和法律上都保持着各自的独立性。卡特尔的类型主要有：规定销售价格的卡特尔；规定销售条件的卡特尔；规定产量的卡特尔以及规定利润分配的卡特尔等。

辛迪加一词源于法语Syndicate，原义为组合之意，是指同一生产部门的少数大企业为获取高额利润，通过签订共同销售产品和采购原料的协定而设立的垄断组织。它们销售产品和采购原料的业务都由辛迪加的总办事处统一办理，然后再在参加者之间按照协议规定的份额进行分配。这种在流通领域的集中和垄断导致辛迪加可以按抬高的价格销售产品，按压低的价格收购原料。由于这种统一经营辛迪加的成员不再与市场发生联系。这样就使辛迪加成员很难脱离辛迪加。如果它要退出，它就必须建立自己的购销机构，开辟市场，建立供应原材料的渠道。这样却又很容易遭到辛迪加的排挤。因此，同卡特尔相比，辛迪加是较为稳定的一种垄断组织形式。辛迪加也是一种合同型关联企业。参加辛迪加的企业在生产上和法律上仍然保持着独立的地位，但在商业上已失去了独立性。

托拉斯一词源于英语Trust，意为"信托"、"托管"，它是由许多生产同类商品或在生产上有密切关系的企业，为了垄断某些商品的产销，以获取高额利润而组成的大型垄断企业。托拉斯主要有两种不同的类型：一是以金融控制为基础的托拉斯，实质上是一种控股公司。二是以完全合并为基础的托拉斯。它们是由同类企业合并所组成，或由强大的企业兼并实力较弱的同类企业而组成。这种类型的托拉斯的总公司是直接掌握产销的业务公司。其特征是，托拉斯是一个独立的法人，参加者在法律上和业务上完全丧失了其独立性，而由托拉斯的董事会控制所属企业的生产、销售和财务活动。由此可见，只有第一种类型的托拉斯才属于我们所要研究的关联企业的范围，而第二种类型的托拉斯，由于其已成为一个统一的法人组织，固不发生关联企业意义上的法律问题。

康采恩一词来源于德语Konzern，原义为多种企业集团，是一种最为典型的企业集团，同时也是一种典型的关联企业。从康采恩集团内部企业之间的关系来看，存在着两种类型：一是合同型康采恩；二是事实型康采恩。前者是指通过合同手段建立，后者则是指通过母公司—子公司—孙公司形态的股权控制建立。[①]

从我们对关联企业的定义和特征的探究来看，在所有这些商事联合中，康采

---

① 施天涛：《关联企业概念之法律透视》，载《法律科学》1998年第2期。

恩算是比较典型的关联企业；而卡特尔、辛迪加虽也具有关联企业的一些特征，但却不具有典型性。至于托拉斯，则要区别对待。这是因为托拉斯有两种形式：即以金融控制为基础的托拉斯和以完全合并为基础的托拉斯。前一种托拉斯的参加者仍保持着其法律上的（形式上的）独立性。就此而言，它属于关联企业这一概念范畴。就后一种托拉斯而言，由于合并各方已丧失了其法律上的独立性而合并成为一个整体，因而，也就失去了其作为关联企业意义的商事联合的法律基础。至于跨国公司这一概念，其本身并不表明其属性。这要看它究竟属于哪种结构形式的商事联合。不过，一般而言，跨国公司应属于关联企业这一范畴。

（二）关联企业与关联交易对企业监管行为的影响

在我国，由于工商行政管理机关对企业开办及存续期间的管理漏洞，成了关联企业以母子裂变、金蝉脱壳之术成立新企业，转移资产，逃废债务的一条通道。

1. 法人设立中的管理漏洞。《公司登记管理条例》第12条对公司住所地的唯一性作出了规定，明确了公司注册地和经营场所必须一致。然而，某些税收政策优惠的区域（如私营经济城），为了招商引资，庇护、甚至鼓励一些企业违规开设公司，公司注册后又易地经营或游击经营的状况也大量存在。这类"隐身企业"、"形骸企业"无疑是控制企业的另一自我，被当做转移资产或变相获取贷款的工具，使得金融机构的贷款利益有名无实。因此，这一环节的漏洞实际上给关联企业提供了悬空、逃脱贷款债务的外部宽松环境。

2. 经营活动中的监管漏洞。工商管理部门不仅对企业的设立登记进行管理，对企业经营活动也负有监督管理的职能。如企业经营遇有变更情形需向工商部门办理变更登记；企业必须参加年检等。由于工商管理机关对企业经营活动缺乏行之有效的监管措施，不按期年检，人去楼空的企业比比皆是，难以发现关联企业不正常的交易问题。

3. 企业终止清理中的监管漏洞。根据《民法通则》、《公司法》和其他企业法规定，企业法人终止应当进行债权债务清理。但是，事实上工商管理机关要求开办单位、主管企业或投资股东办理注销保结手续往往只是形式，保结书中"负责处理"用语不规范，法律含义也不明确，债权债务的清理工作难以得到实质性落实。清理环节的漏洞给了控制企业出于集团利益而随意关闭亏损从属企业的便利，造成了债权人的损失。

三、对企业相关者利益保护的影响

（一）对从属公司债权人利益保护的影响

在控制公司控制之下，从属公司虽然在法律上是独立的主体，但在经济上却部分或全部地丧失了其自主性。因此，从属公司的经营往往不是为了其自身利益，而是为了控制企业或关联企业整体利益，从属公司的营业计划也常常是整体关联企业营业计划中的一部分或者一个环节而已。从属公司的人力、财力、物力常常被利用来作为追求整体关联企业或控制企业的利益的资源和工具，在特定情况下，从属公司的设立往往只是为了增进另一家"模范公司"经营或营业利润而已。

然而，从属公司本身又是法律上独立的民事主体，可以与第三人进行交易而承担相应的民事责任。因而，从属公司资产的减少势必影响从属公司债权人的利益。如果公司或某一关联企业成员公司为了要逃避债务而把资产转移到另外一家成员公司，则从属公司债权人的利益将受到不利的影响。

（二）对从属公司及其少数股东的利益保护的影响

从属公司常常是为控制企业利益而经营和服务的，从属公司的利益因此受到损害就不可避免，从属公司的少数股东的利益亦因之受到损害。理论上，控制股东的利益也必将受到损害，但实际上，控制公司在从属公司中所受到的损害，可以从其他成员企业直接获得的利益中获得补偿。因此，从属公司股东中最后受到不利影响的必然只是少数股东。

四、对企业组织法视野下交易行为的影响

（一）对企业组织法视野下交易行为平等自愿原则的影响

由于关联企业和关联交易在内容上具有掩盖其行为动机和目的的作用，具有规避法律的作用，这一问题对于以个人和法人具有独立利益和意志为假设前提而制定的相当一部分法律来说，都是始料未及的，它暴露出传统法律中的相当一部分规则实际上是有缺漏的，是无法有效控制不公正关联交易行为的。

传统的合同法是以"平等主体的公民之间、法人之间、公民和法人之间"的协议关系为规范对象的。正是为了调整此种平等独立主体间的关系，传统合同法确立了平等自愿原则、诚实信用原则、等价有偿原则、公平原则等基本规则。可以说，传统的合同法所追求的自愿实际上是以合同当事人双方之间具有平等的主体地位和独立的主体意志为假设前提的。但是，在关联企业之间，在关联企业之间交易的条件下，传统合同法所奉行的自愿公平理念受到了严重挑战。在关联企业之间订立交易协议的情况下，合同法中的上述效力性规范处于适用两难的尴尬境地：一方面，被控制企业基于控制股东意志和压力而从事的此种关联交易协议行为明显与各国合同法上的平等自愿原则相抵触，被控制企业意志表示的自愿真实无从谈起；但另一方面，各国合同法中的现有效力性规范对于此种明显无自愿真实意志的协议行为又完全不具有适用性和限制力，此类协议或合同既不属于"受胁迫行为"或"受强制行为"，也不属于"一方乘人之危，使对方在违背真实意志的情况下所为的行为"。实际上，在我国和许多国家的合同法实践中，上述关联交易行为往往被无条件地认为是"合法、有效"的合同行为。

问题的严重性还在于，从合同法的原理来说，典型的关联交易协议行为是根本违背合同法上关于合同的基本含义的。按照许多国家的合同法规定,"合同是当事人之间产生、变更、终止民事权利义务关系的意思表示一致的法律行为",而许多国家的代理法还进一步认定,"代理人为本人而与自己为法律行为,或一人为两造之代理人而为法律行为者,为双方代理。双方代理,利害必相冲突,故就原则上言,应为法律所不许。"然而,在典型的关联交易协议行为的条件下,协议之内容实际上仅仅体现了当事人一方的意志和利益,协议之达成实际上是在控制股东一手安排下完成的,甚至协议双方的法定代表人竟往往为同一人。这无疑使"协议行为"、"两造行为"、"意思表示一致"、"意思表示合致"等概念徒有虚名,同时也使代理法关于原则禁止双方代理行为的规则如同虚设。我国有学者对此形象地概括道,此种在控股股东意志下成立的关联交易协议行为,实际上就是"大股东左手与右手的交易"。

(二) 对企业组织法视野下交易行为公平原则的影响

由于关联交易行为的存在,使得各国在对待交易行为的公平性标准问题上,遇到了难以解决的矛盾:一方面,传统交易法长期以来所建立起来的意思自治原则不容动摇,交易公平观念只有在意思自治原则支配下才具有合理的意义,因而立法者和司法者都被认为无法代替当事人判断交易内容的公平性,并且原有的交易法规则也仍然对相当一部分交易关系具有公平合理的规范作用;另一方面,由于关联企业之间交易行为的出现从根本上改变了此种"合意行为"或"意思表示一致行为"的含义,人们对于此种交易行为或者合意行为究竟是否属于有效之合同已经陷入了不可自拔的困惑,又进而对交易秩序所要求的法律应当规定的公平性标准陷入了无可奈何的境地。

在此矛盾面前,各国法律与法学理论开始了两方面的探索。一些国家的司法实践和法律理论认为,对于关联交易,不能简单地以显失公平的标准或者对价之标准来判断其公平性,而必须以"公允"的标准来替代。正是基于这一认识,美国法中相继发展起了一系列旨在保障市场化交易条件的判断规则,如"常规交易规则"、"经营判断规则"等。但另一些国家的法律和法律理论则在英美等国现有法制实践的基础上得出了这样的认识:关联交易的本质在于它改变了意思表示一致的基础,因此判断关联交易的公平性,不能仅仅依赖于合同法规则,而应当考虑更广泛的法律控制手段,这些法律控制手段除了运用合同法外,还应更多地吸收组织法视野下产权交易行为中的相关规则,如独立董事判断规则和信息公开规则。无论是适用独立董事判断规则还是信息公开规则,最终都离不开市场化交易条件之判断规则,并且利害关系人之异议权也显然离不开关联交易合同的撤销权规则与除斥期间规则。

第六章 企业解散清算与注销制度的评析与构建

企业解散到企业终止是一个包括众多程序的动态过程，是一种线型结构，有起点和终点，而不是一个点式结构。当企业组织体因各种原因而解散时，该企业组织即进入了最终目标为消亡的事实状态及法律状态，但企业人格并未消灭，需要通过清算与注销程序最终达到企业人格的消灭。由于我国企业立法长期以来重"准生"、轻"销户"，重"善始"、轻"至终"，企业多以非正常方式退出市场，造成社会信用危机。因此，理性地构建企业的解散制度、清算制度、注销制度是规范企业退出市场行为，保障利益相关者利益的重要途径。

第一节 企业解散制度

一、企业解散概念及相关学说

企业解散（dissolution）是指企业因法律或章程规定的解散事由出现而停止营业活动，并逐渐终止其法人资格的行为。它是企业主体资格消灭的必经程序。

对企业解散的概念，学界存有不同的理解与认识。一种主张认为解散为企业法人资格消灭之原因，就公司而言，"公司之解散，非公司法人人格之消灭，乃公司法人人格消灭之原因。详言之，即已成立之公司，发生法律上之原因而丧失其营业上之能力。"[1] 另一种主张解散是包括公司在内的企业组织法人资格消灭的一种程序。即认为解散不仅是指法律或章程规定的解散原因，还包括结束公司营业、处理公司善后等一系列活动，因而解散仅为企业法人资格消灭的一种程序。[2]

在对企业解散这一概念理解时，不能在广义上将其理解为包括清算及注销程序在内的一个总体概括性的概念，而应是以停止营业活动为内容并逐渐走向清算和注销程序的一个阶段性行为。当企业组织因各种原因而解散时，该企业组织即进入了最终目标为消亡的事实状态及法律状态。此时，企业组织虽然存在，但其业务活动已被大大地局限在债权、债务的处理及资产的处理方面，法律往往限制此时的企业再进行新的营业活动。

---

[1] 张国键著：《商法概论》，三民书局1980年修订版，第186页。
[2] 石少侠主编：《公司法教程》，中国政法大学出版社1999年版，第226页。

企业组织进入解散程序后，该企业组织体的性质如何，学者对此鲜有研究。不过，有学者对解散后后续公司的性质还是作过一些研究，大致可概括为以下几个方面的学说：

其一，为人格消灭说。即主张公司因解散而丧失法人人格，公司财产归股东共有。近代日本、德国学者曾持此说，但因此说意味着在清算前公司即已消灭，使清算无法进行，与事实相悖，故此说在现代已遭到摒弃。

其二，为清算公司说。主张解散后清算中的公司是专为清算目的而存在的，清算中的公司与正常营业中的公司只是目的不同，其余均无差异。依此类推，清算中的公司可变更其目的而成为以前营业的公司，抹杀了清算是为了终止公司法人资格这一目标，与公司解散的法理不符。

其三，为拟制说。认为公司虽因解散而丧失资格，并不得从事经营范围内的活动，但由于法律的拟制，在清算范围内，公司仍应视为存在，享有权利能力。此说与法律规定不符。因为公司解散时，其法人资格并未消灭，而是一直延续到清算终结为止，故在清算期间，公司当然享有法人资格，无须法律之拟制。

其四，为同一人说。认为公司虽已解散，但其法人资格在清算终结前视为继续存在，从未间断，而且与清算前的公司法人资格并无本质区别。只是权利能力范围有所缩小而已。按此说，清算中的公司虽不得再享有从事营业活动的权利，但在清算的目的范围内，与解散前的公司一样具有权利能力；在清算期间，公司自然地、概括地承受着公司正常存续期间所产生的权利与义务。各国现行的立法多持此说。[①]

二、企业解散原因

企业解散的原因也称之解散的事由。企业解散的原因较为复杂，既有投资者要求解散的意愿，也有投资者以外的其他因素使然。既有自愿解散的事由，又有强制解散的情形，况且不同类型的企业组织其解散的原因也会有所不同。比如合伙企业、个人投资企业以及按所有制形态进行立法的国有企业、集体企业以及三资企业，其有关解散的原因可能会与公司制企业不完全相同。再如在个人独资企业中，投资人死亡或宣告死亡，无继承人或继承人决定解散，均可作为解散的原因对待；在合伙人企业中，合伙协议可约定解散事由从而解散合伙企业，当合伙人已不具备法定人数时也会解散合伙企业，但在公司制企业中少有此类原因发生。

从大的归类来分析，企业解散的主要原因可概括为以下几个方面：

第一，经营期限届满而未决定延长。在企业章程或营业执照记载有经营期限

[①] 有关对上述诸种学界观点的概括与评述可参见石少侠主编：《公司法教程》，中国政法大学出版社1999年版，第227页。

时，经营期限一经届满，如未按相关决议或决定延长期限的，企业即当解散。此类解散属于企业自愿解散之原因，且无须企业组织的权力机关作出解散决议。

第二，企业章程规定的解散事由出现。企业法或公司法为体现当事人的意思自治，在不违反法律前提下，允许在章程中载明企业解散事由。当章程规定的解散事由发生时，即可解散企业，并按照章程规定的清算办法进行清算。此为企业自愿解散之原因，且无须企业组织的权力机关作出解散决议。那么，章程规定的解散事由应为什么？立法对此并不明确。就一般而论，可以是企业的存续期限，还可以规定其他解散事由，如企业成立的目的完成或者无法完成、企业亏损达到一定数额、经营条件发生重大变化（如，矿产开采公司在公司章程中可规定该矿产开采完毕或者探明无矿产可供开采时公司将自行解散）、发生不可抗力等。①

第三，企业设立的目的已经实现或不能实现。企业的开办者或投资者开办企业，均会有其期待实现的目的，经过企业的实际运行后，此项目的有可能如期实现，也有可能不能实现。目的如期实现，企业最终归于解散，目的不能实现也有可能解散企业。此解散也为企业自愿解散之原因，无须企业组织的权力机关作出解散决议。

第四，决议解散。虽无法定的或章定的解散事由出现，但企业在经营中认为有必要时，经权力机关的决议可以解散企业。比如，股东之间分歧较大而解散、因企业亏损或市场的变化而解散等。由于决议解散应属于公司、企业的重大事项，与企业以及投资者关系重大。因此，决议解散在立法中应持严格态度。解散公司必须采取股东会特别决议的方式，在表决通过的人数上应作出较为苛刻的条件限制。如我国《公司法》规定，在有限责任公司，解散决议必须经代表三分之二以上表决权的股东通过；股份有限责任公司的解散决议应由出席会议的股东所持表决权的三分之二以上通过；在国有独资公司中，解散必须由国家授权投资的机构或者国家授权的部门决定。德国《股份公司法》第289条则规定，以于有限责任公司股东宣布解散公司或者赞同解散公司，需由股东大会作出决议。大会通过解散决议需要一个在作出决议时代表着基本资本的至少四分之三的多数通过，同时章程还可以规定一个更大的资本多数和提出其他要求。②

---

① 我国《中外合资经营企业法实施条例》（2001年7月22日修订）第90条、《中外合作经营企业法实施细则》（1995年8月7日国务院批准）第48条中，将"企业发生严重亏损，无力继续经营"；"因自然灾害、战争等不可抗力遭受严重损失，无法继续经营"；"合营企业未达到其经营目的，同时又无发展前途"；"合作企业发生严重亏损，或者因不可抗力遭受严重损失，无力继续经营"；"中外合作者一方或者数方不履行合作企业合同、章程规定的义务，致使合作企业无法继续经营"是作为法定解散事由而非章定解散事由规定的。值得讨论的问题是，诸如此类的解散事由究竟法定还是章定更显立法科学而严谨，我们赞成于后者。

② 卞耀武主编：《当代外国公司法》，法律出版社1995年版，第233页。

第五，合并与分立。企业组织体的合并与分立会导致企业的解散。在吸收合并时除存续企业继续存在外，其他参与合并的企业均解散；在新设合并时，所有参与合并的企业均告解散；在新设分立时，原企业均宣告解散。此为企业自愿解散之原因，且因合并或分立解散时，无须进行清算。

第六，投资人死亡或者被宣告死亡，无继承人或者继承人放弃继承。个人独资企业在投资人死亡或宣告死亡的情形下，如果其继承人继承了独资企业，则企业可继续存在，只需办理投资人的变更登记，但若出现无继承人或全部继承人均决定放弃继承的情形，独资企业失去继续经营的必备条件，故应当解散。

第七，违法经营被吊销营业执照。吊销营业执照乃是中国大陆所特有的一种企业法律制度，是指企业登记主管机关强行收回企业营业执照的行为，属于行政处罚性质。由于我国营业执照总体上分为《企业法人营业执照》与非法人性质的《营业执照》两种，故吊销营业执照亦可相应分为"吊销企业法人营业执照"与"吊销营业执照"两大类。前者主要是针对获得法人资格的公司及各类企业，后者适用于个人独资、合伙、分支机构等。由于吊销营业执照是由工商行政管理机关以行政处罚的方式作出的，因此，它属于行政解散企业组织体的一种方式。我国吊销营业执照的违法情形主要有：（1）虚假注册。即以各类虚假文件（含虚假注册资本证明等）骗取注册的情形。这几乎是所有的吊销营业执照类型所共同采用的理由。无论是个人独资企业、合伙企业、公司以及其他各类企业，凡以虚假注册或者欺骗手段骗取营业执照，并情节严重的，皆有可能被吊销营业执照。（2）无故不开业或者停业。《公司法》第212条规定，公司成立后无正当理由超过6个月未开业的，或者开业后自行停业连续6个月以上的，由公司登记机关吊销营业执照。除《合伙企业登记管理办法》未将此纳入外，《个人独资企业登记管理办法》、《企业法人登记管理条例》皆将此明文规定为吊销营业执照的事由。（3）逃避年检。按国家工商行政管理总局2006年颁布的《企业年检办法》第19条规定，企业不按照规定接受年度检验的，由企业登记机关责令其限期接受年度检验，并予以罚款，企业在责令的期限内未接受年检的，由企业登记机关予以公告。自公告发布之日起，60日内仍未接受年检的，依法吊销营业执照。（4）滥用执照。任何伪造、涂改、出租、出借、转让营业执照的行为皆有可能引发营业执照之吊销。（5）非法经营。我国《企业法人登记管理条例》、《消费者权益保护法》、《水污染防治法》、《大气污染防治法》、《价格法》等对企业从事非法经营活动可吊销营业执照作出了明确的规定。如我国《产品质量法》第49条—第53条以及第56条便规定了可以吊销营业执照的6种非法经营情形；《消费者权益保护法》第51条也明确规定了9种可以吊销营业执照的情形。

凡因吊销营业执照被宣告解散的企业，无论是法人还是非法人企业，其企业主体资格并不随之消灭，解散后的企业直至其注销登记前，仍应该有一个进行清算的过程，清算完毕经登记主管机关注销登记后其主体资格才告终止或消灭。

第八，因违法被责令关闭或撤销。责令关闭是指政府部门对于从事生产经营活动的企业依法作出决定，命令其关闭。有学者将关闭企业行为分为两种情形：处罚性关闭和撤回许可性关闭。所谓处罚性关闭是针对具有严重违法行为的企业而言，如违反了法律、行政法规的强行性规定而给予严厉的行政处罚，又如吊销营业执照、停业而导致关闭。所谓撤回许可性关闭，又称为政策性关闭，是针对不符合国家产业政策、环境及资源保护政策的企业而言。这类企业的经营活动并不具有违法性，行政机关之所以撤回许可其营业的承诺，主要是因为，随着社会经济的发展，国家相应对国民经济发展规划、计划进行必要的调整，或者采矿企业，资源枯竭，企业的生产经营方针、策略、方式已不能适应这种变化，二者产生了不可调和的冲突、矛盾。国家对因政策调整而被迫关闭的企业应当给予必要的补偿，对该类企业职工进行就业安置或给予其他形式的救济等。①

企业被撤销是指企业主管机关对那些未依法定条件和合法程序成立，或者形式上经合法成立但不符合相关法律法规的实体规定，经查处发现后而被取缔。未依法定条件和合法程序成立的，属于撤销企业登记范畴；形式上经合法程序成立但不符合相关法律法规的实体规定而被取缔，属于撤销企业范畴。

责令关闭与企业撤销在企业法上是两个不同的概念。按一般理解，被责令关闭的企业原本是合法建立的，只因后来在存续过程中未能一贯严格遵守有关法律法规，以致被有关政府部门查处。另外，政策性关闭当属例外。而企业撤销是指企业未经合法程序成立，或者形式上经过合法成立，但不符合相关法律法规的实体规定，后来被政府部门发现或被查处。企业被决定关闭或撤销，会导致企业解散的后果，应依法清理债权债务。

第九，歇业。所谓歇业，根据《企业法人登记管理条例》的规定，是指企业法人领取营业执照后，满6个月尚未开展经营活动或者停止经营活动1年。属企业解散的一种情形。实践中，歇业一般分为两种：一是企业自行申请歇业；二是企业领取营业执照后满6个月尚未开展经营活动或者停止经营活动满1年的，视同歇业。企业停业整顿，不存在终止情形的，不属于歇业范畴。② 企业歇业应视为解散事由，在自行申请歇业情况下应视为自愿解散，而在后一种视同歇业情形下应作为强制解散处理。

第十，破产。企业不能清偿到期债务，达到破产界限的，依债权人或债务人

---

① 马怀德、解志勇：《关闭企业的法律思考》，载《人民法院报》2001年5月11日。
② 2001年10月9日，北京市高级人民法院审判委员会第二十二次会议通过《关于企业下落不明、歇业、撤销、被吊销营业执照、注销后诉讼主体及民事责任承担责任若干问题的处理意见》。

的申请，法院可依法宣告破产。自法院作出破产宣告之日起，企业即告解散，从此丧失对企业财产的管理权和处分权，并由法院指定的管理人管理财产，进行清算。此外，在企业因其他原因解散而进行清算的过程中，清算组发现企业财产不足以清偿债务的，应向法院申请宣告破产。企业破产为解散原因之一，但在企业自行申请破产的情形下，究竟属于自愿解散还是强制解散，理论界有不同观点。从破产解散是在法院的严格监督下进行以及破产清算是一种由司法权介入的清算方式分析，笔者认为应理解为强制解散为宜。

第十一，司法解散。又称裁判解散，是指当公司出现法律规定不得不解散之情形时，法院基于股东解散公司之诉请，判决公司强制解散以保护股东的利益。就目前国内外现行的企业法制度设计分析，该项解散制度仅限于公司制企业。[①] 按我国《公司法》规定，法院裁决公司解散，一般应具备的条件有：一是司法解散之诉须由"持有公司全部股东表决权百分之十以上的股东"提起；二是法院只有在公司经营发生严重困难（即通常所说的公司僵局），通过其他途径不能解决时才可以采取强制手段解散公司。公司的司法解散制度其设立的初始理由就是为公司的小股东提供维权的工具，但在其适用中也为在股东纠纷不可调和的情况下提供了彻底解决纠纷的途径。司法解散属强制解散性质。

三、企业解散的法律效力

企业一经解散，便产生以下效力：

一是，企业的权利能力受到限制。除为了清算的必要外，企业停止一切积极活动，不得再开展新的经营业务，对原来进行的尚未完结的业务，企业仍可视具体情况决定是继续完成还是终止。

二是，清算程序依法启动。除企业合并分立而解散外，都应成立清算组，清理债权债务。该历程的路径应当是：解散事由出现——清算（企业法人人格虽未消灭，但行为能力受限）——注销登记（企业法人人格消灭）——公告。解散仅为企业清算的启动环节。

三是，由清算组代替业务执行机关履行相应的职责。企业解散后，原企业的

[①] 美国《示范公司法》第 14 章第 3 分章规定了公司的司法解散，确认法院可以解散一家公司，如果公司的股东向法院提起了解散公司的请求，并且证明以下事实中的任一一项：（1）董事在经营公司事务时陷于僵局，股东没有能力打破这一僵局，并且不可补救的损害正威胁着公司或公司正遭受着这一损害，或者正因为这一僵局，公司的业务或事务不能再像通常那样为股东有利地经营；（2）董事们或者那些支配着公司的人们的行为方式曾经是、正在是或将会是非法的、压制性的或欺诈的；（3）在投票力量上股东们陷入僵局，它们在至少两次年会的会期内不能选出任期已满的董事的继任者；或者（4）公司的资产正在被滥用或浪费。德国《有限责任公司法》第 61 条、日本《有限公司法》第 71 条之二分别规定，持有相当于资本的十分之一以上的出资股份的股东有不得已之事由时，当然包括不能容忍大股东滥权的情况，可向法院请求解散公司。我国修改后的《公司法》第 183 条也确立了公司司法解决制度。

业务执行机关，如企业中的经理机关，公司中的董事会其地位由清算组所取代。但相关的决策机关和监督机关仍然存在，必要时仍可按照章程的相关规定行使相应的职权。

四是，企业的法人资格并不消灭。企业解散后，企业与投资者之间的关系仍然存在，公司法中关于股东与公司的关系的规定仍然适用。日本《民法典》第73条规定："解散了的法人，在清算目的的范围内，结束清算前，看作继续存在。"我国台湾地区"民法典"第40条第2款规定："解散之法人，至清算终结止，在清算之必要范围内，视为存续。"德国《民法典》第49条第2款规定："在清算目的所需范围内，社团在清算结束之前视为继续存在。"法国法则将处于清算阶段的公司称之为清算法人，法国《商事公司法》第391条第1款规定："自解散事由发生之日起，公司名称前应冠以清算字样。"由以上列举可以看出，上述立法例基本上都将清算视为企业法人民事主体资格消灭的必经程序，都将解散视为这一程序的肇始之原由，而非将解散等同于企业法人之死亡，但对于继续存在之法人是原来法人的延续还是成为一个新的清算法人则态度不一。①

四、企业解散法律制度中的不足与完善

（一）企业解散法律制度的不足与问题

我国企业解散制度由于法条不详且立法分散，存在一些问题与不足。

1. 企业终止与企业解散概念混用。所谓企业法人终止，是指企业法人丧失民事主体资格，不再具有民事权利能力和行为能力，也就是企业法人资格的消灭。但在《民法通则》第40条与第45条中，将企业解散的情形与企业终止混用，一方面，依据《民法通则》和最高人民法院《关于贯彻执行〈中华人民共和国民法通则〉若干问题的意见（试行）》（以下简称《意见》）的规定，"企业法人解散或被撤销的应组织清算组进行清算"，"企业法人终止，应当向登记机关办理注销登记"。由此得出结论，当企业法人终止原因出现时，应进行清算，但法人仍存续，在办理注销登记后到企业法人终止。但另一方面，在《民法通则》第40条中规定企业法人"终止"应当进行清算；《意见》第60条又规定，企业法人解散或被撤销的，应当由其主管机关组成的清算组负责对"终止的企业法人财产"进行保管、清理、估价、处理和清偿，由此得出的结论是先终止企业法人，然后组织清算。法条之间前后矛盾。应当认为，企业法人解散和被撤销是企业法人终止的原因，企业法人终止是企业解散、被撤销的结果。原因与结果混同，由此产生企业法人不进行清算就可以终止的错误认识。对此，我国著名民商法学家江平教授曾对《民法通则》第40条的规定"法人终止，应当依法进

----
① 毛德龙：《试论解散后未经清算的企业法人诉讼主体地位的架构》，载《中国民商法律网》http://www.civillaw.com.cn。

行清算，停止清算范围外的活动"有过这样的评论："该条所用'终止'一词，似有不当，实际上应当为解散。"这里，江平教授所称"解散"即指引起法人终止的诸事由出现，如关闭、被撤销、歇业、吊销营业执照等。①

在我国涉及外商投资企业的三部法律中，此方面的混用依旧存在。比如，《中外合资经营企业法实施条例》（2001 年 7 月 22 日修订）第 90 条规定合营企业"解散"的情形为：合营期限届满；企业发生严重亏损，无力继续经营；合营一方不履行合营企业协议、合同、章程规定的义务，致使企业无法继续经营；因自然灾害、战争等不可抗力遭受严重损失，无法继续经营；合营企业未达到其经营目的，同时又无发展前途；合营企业合同、章程所规定的其他解散原因已经出现。《中外合作经营企业法实施细则》（1995 年 8 月 7 日国务院批准）第 48 条规定合作企业"解散"的情形为：合作期限届满；合作企业发生严重亏损，或者因不可抗力遭受严重损失，无力继续经营；中外合作者一方或者数方不履行合作企业合同、章程规定的义务，致使合作企业无法继续经营；合作企业合同、章程中规定的其他解散原因已经出现；合作企业违反法律、行政法规，被依法责令关闭。而《外资企业法实施细则》（2001 年 4 月 12 日修订）第 72 条却规定外资企业"终止"的情形为：经营期限届满；经营不善，严重亏损，外国投资者决定解散；因自然灾害、战争等不可抗力而遭受严重损失，无法继续经营；破产；违反中国法律、法规，危害社会公共利益被依法撤销；外资企业章程规定的其他解散事由已经出现。前后三个涉及外商投资企业的立法就存在企业解散与企业终止概念的混用问题。从严格意义上来分析，企业解散与企业终止是两个不同的概念，彰显着不同的法律制度内涵。解散情形其本身并非企业终止的时间标志，其仅仅是导致企业终止的原因。

2. 企业解散与企业撤销概念混用。企业解散是针对已经依法成立的企业而言的。没有依法成立的企业不存在解散之说，这是企业解散制度的题中应有之意。对于设立瑕疵所生"企业"最终被登记机关撤销的，当应发生企业成立无效的法律后果，其责任主体应为投资者与开办者，不应按企业解散情形对待，不属企业解散的范畴，而应以"撤销"程序予以处理。但在现行的企业立法中，并没有将企业撤销的情形进行严格分类，一概作为企业解散的情形对待。

另外，现行的立法中，对在行政机关的强制解散中，应属关闭性质与撤销性质也未将严格划分。比如，国务院于 2001 年颁布的《金融机构撤销条例》中将"撤销"定义为"中国人民银行对经其批准设立的具有法人资格的金融机构依法采取行政强制措施，终止其经营活动，并予以解散"。且将应撤销的情形概括为"金融机构有违法违规经营、经营管理不善等情形，不予撤销将严重危害金融秩

---

① 江平主编：《法人制度论》，中国政法大学出版社 2004 年版，第 159 页。

序、损害社会公众利益的,应当依法撤销。"《金融机构撤销条例》中的"撤销"类似于《公司法》中的"关闭"而"解散"情形,并产生与《公司法》中公司的"撤销"一词在性质与内容上的差异。

3. 对营业执照的吊销行为在性质认定上存在纷争。对于吊销《企业法人营业执照》的性质认定上,最高人民法院和国家工商行政管理机关的意见并不一致。长期以来,国家工商行政管理机关一直坚持企业法人一经吊销营业执照,其法人资格即终止,不应存在企业法人依然存续的情形。1999 年国家工商行政管理局颁发的《国家工商行政管理局关于企业登记管理若干问题的执行意见》[工商企字(1999)第 173 号]第 10 条曾规定,企业被吊销营业执照的,其法人资格和经营资格终止。2002 年国家工商行政管理总局在《关于企业法人被吊销营业执照后法人资格问题的答复》[工商企字(2002)第 106 号]中又重申,企业法人营业执照是企业法人凭证,申请人经登记主管机关依法核准登记,领取企业法人营业执照,取得法人资格。因此,企业法人营业执照被登记机关吊销,企业法人资格随之消亡。而最高人民法院一直认为工商行政管理机关发放、收缴《企业法人营业执照》的行为,不具有绝对的确立或者消灭企业法人资格的效力。最高人民法院在法经(2000)第 23 号和第 24 号答复函中指出,吊销企业法人营业执照是工商行政管理机关依据国家工商行政法规对违法的企业法人作出的一种行政处罚。企业法人被吊销营业执照后,应当依法进行清算,清算程序结束并办理注销登记后,该企业法人才归于消灭。因此,企业法人被吊销营业执照至其被注销登记前,该企业法人仍应视为存续,可以自己的名义进行诉讼活动。清算期间,企业民事诉讼主体资格依然存在。不应以企业被吊销企业法人营业执照,丧失民事诉讼主体资格为由,裁定驳回起诉。

(二)企业解散制度的立法完善

1. 企业解散的登记备案制度。企业解散是否需要办理解散登记备案,从国外的有关规定看,一些国家在公司法中规定了除因破产和合并而解散外,应在法定的期限内向公司所在地登记机关办理解散登记。经核准后,还应在公司所在地公告。其目的在于使有关利害关系人知悉公司解散的事实,从而免除不可预见的损害,以保护社会交易的安全。德国《有限责任公司法》第 65 条第 1 款规定:"公司的解散必须申报以登记入商业登记簿。"① 美国对待这一问题也采用同样的态度,甚至要求更严格。美国《示范公司法》第 85 条规定,解散意向申明的复制原件,不管是由股东同意的,还是由公司提出的,都应递送州务卿,如州务卿认为该申明是合法的,在支付本法令规定的所有手续费和特种税后,他应(1)在每一份复制原件上批准"已备案"字样,并标明年、月、日;(2)将 1 份复制

---

① 卞耀武主编:《当代外国公司法》,法律出版社 1995 年版,第 315 页。

原件存放在其办公室备案；(3) 将另一件复制原件退还给公司或公司代表。由此可见，根据德国和美国有关公司法律规定，公司的解散必须进行登记或备案。美国甚至要求公司的解散意向先要经过州务卿的认可，即公司解散的决定并不当然有效，其有效性是建立在州务卿认可和备案登记的基础之上的。通过这种登记备案制度，由此确立了公司清算的正式开始。①

我国企业法和《公司法》对企业解散的登记备案制度未作规定，在实践中一般也不要求进行解散登记。在公司的解散情形下，如果企业不将解散的决定对外公开或者进行登记备案，我国《公司法》所规定的公司应当在15日之内成立清算组的这一规定就很难操作。为了督促企业进行清算，我国应当建立解散的登记或备案制度。登记机关在登记或备案之后应当进行公告，公告的目的一方面让企业债权人了解企业已经解散将进入清算程序；另一方面也向社会宣布企业将不进行新的营业性活动，从而避免产生新的债权债务关系。

2. 企业解散的继续制度。企业解散的继续制度，又称解散的撤销制度，是指将已经解散的企业再次恢复到解散前的状态，维持与解散前企业的同一性。

企业解散的继续制度的设置主要是考虑，在某些解散事由出现后，如企业存在期限届满，不存在必然阻止公司存立的事由，只要企业成员愿意企业继续，与其强求企业清算终止后再由企业成员重新设立新的企业，还不如尊重他们的意志，允许企业继续，这样更符合企业维持的理念。因此，企业解散的继续制度实际上立法者在针对某种解散事由发生后，倡导商主体的稳定性与商主体营业的连续性，从而给投资者更多的从事商事活动的便捷性。

企业解散的继续制度须由继续的事由发生，一般情况下，可以继续的事由主要指因企业章程规定的存立期限届满或者企业章程规定的其他解散事由的出现、股东会决议解散、破产程序中作出强制和解或破产废止决定等事由。韩国商法学者李哲松认为，可以继续的公司系不存在必然阻止存立的事由，而对于那些被命令解散的公司即使社员们（股东）愿意维持公司存续，也应当强制进行解散后的程序，剥夺其法人格。②

国外许多国家在立法中确立了企业解散的继续制度。如美国《示范公司法》规定，公司自愿解散，在解散生效后120天内可以撤销解散，撤销解散的批准方式和程序与解散一样，只有在批准解散文件上有特别授权时，才允许董事会单独决定撤销解散。撤销解散的办法是向州务长官送交一份撤销解散文件及原解散文件，撤销文件记载公司名称、解散的有效日期，该解散后被撤销的决定；批准撤销解散的日期，对批准撤销机关的陈述。撤销解散的文件归档时，撤销便生效。

---

① 徐蓉：《建立我国公司解散清算登记备案制度的设想》，载《理论学刊》2005年第10期。
② 李哲松著：《韩国公司法》，吴日焕译，中国政法大学出版社2000年版，第110页。

但为了使公司经营业务具有连续性,法律规定以公司解散生效日为撤销解散生效日。公司依行政命令解散后,解散生效之后 2 年内,如果公司解散的根据已消除,公司可以向州务长官申请恢复。当撤销解散生效时,这一生效和公司解散的生效相联系,以公司的解散的生效日为撤销公司解散的生效日,公司重新经营业务就如同从来没有解散过。①

德国《股份公司法》规定,股份公司解散后,如果公司系期满或股东大会决议解散;或因破产程序开始解散,但破产程序已经公司申请取消,或强制和解协议生效后予以取消、或因章程缺陷而被解散,但股东会已作出了消除缺陷的修改章程的决议,在上述前提下,如果公司剩余财产尚未被分配给股东,那么股东大会可以作出使被解散的公司继续存在的特别决议(占股份四分之三以上股东同意)。清算人应当将修改章程的决议以及关于公司继续存在的决议,申报商业登记簿中登记注册,登记注册后,决议方生效。② 公司解散继续后,公司回归解散之前的状态而存在,但它并不溯及而排除公司解散的效果。即,即使公司继续,也不影响解散后清算人所为的清算事务的效力。如公司继续,清算人的活动终了,由存续中的公司机构来代替。对公司解散的继续,有的国家也规定必须进行登记。

韩国公司法区分不同种类的公司对公司继续的解散事由分别作出规定。在无限公司,公司因存立期间届满以及发生章程所规定的事由而解散,或以全体社员的同意解散时,可以以全体或者部分社员(至少有两个以上社员)的同意继续公司。没有同意的社员视为已退股;社员仅剩为一人而解散时,加入新的社员可以继续公司。这时让有限责任社员加入,可以将无限公司变更为两合公司;在两合公司,解散继续的事由包括无限公司中除社员仅剩为一人情形之外的全部事由。另外,由于两合公司是由无限责任社员和有限责任社员组成的公司,任何一种社员全部退股则该公司就解散,这时残存的社员以全员的同意,重新让异种社员加入或变更部分社员的责任,可以继续公司。在股份公司,股份公司存立期间届满以及发生章程规定的其他事由或者依股东大会决议解散时,可以依股东大会的特别决议继续公司。另外,由于没有 5 年以上登记的事实而被视为解散的休眠公司,在 3 年之内可依股东大会的特别决议继续公司;在有限公司,有限公司因存立期间届满以及其他章程规定的事由的发生或者依社员大会的决议而解散时,以社员大会的特别决议可以继续公司,社员仅剩 1 人而解散时,让新的社员加入而可以继续公司。因破产而解散时的继续和其他种类的公司相同。对于公司继续可能的时期,即剩余财产分配开始以后,是否可以继续公司问题,韩国公司法理

---

① 卞耀武主编:《当代外国公司法》,法律出版社 1995 年版,第 94 页。
② 卞耀武主编:《当代外国公司法》,法律出版社 1995 年版,第 227 页。

论界存在不能进行继续决议说与清算终了之前可以进行继续决议说两种观点。因考虑到事实上剩余财产分配后公司很难继续,而且这种继续公司不一定比新设公司实益大。故韩国《公司法》规定剩余财产分配开始时,不能允许公司继续。如公司继续,须进行继续登记。由于公司继续,公司回归解散之前的状态而存在,但它并不溯及而排除解散的效果,于是,即使公司存续,也不影响解散后清算人所为的清算事务的效力。如公司继续,清算人的活动终了,由存续中的公司机构来代替之。①

在日本,依日本《商法典》第406条之三第3项的规定,一家被视为解散的休眠公司,在被宣告解散后3年内仍可依特别决议使公司继续,从而恢复至解散前的同一公司状态。②

在我国,建立企业解散的继续制度也确有必要。一些企业因经营期限届满导致企业解散之时,可通过一定的制度构建使该企业继续存续,一些进入破产程序的企业,通过破产和解和破产重整程序使企业起死回生,但在我国现有的法律框架下,由于相应的制度体系不够完善,使之缺失可供实际操作的途径,比如,企业因经营期限届满导致企业解散之时,股东会决议公司不再解散而继续,需要采全体股东一致决原则还是多数决原则,抑或过半决原则,立法并不明确,从修改后的《公司法》第75条的规定分析,当有限公司章程规定的营业期限届满或者章程规定的其他解散事由出现,股东会会议通过决议修改章程使公司存续的,对股东会该项决议持反对票的股东可以请求公司按照合理的价格收购其股权。立法虽然规定的是少数派股东权的保护问题,但实际上也隐含着解散公司的继续制度,但立法并没有明确股东会决议的方式和有效决的原则。

由于企业解散事由复杂,在考虑建立解散后继续制度时,需要考虑的制度要素主要有:一是不同的解散事由与解散类别对建立解散后继续制度的影响;二是企业继续决议的效力与溯及力问题;三是企业清算且已进入剩余财产分配期间能否实施企业继续问题;四是企业继续的登记问题。

3. 司法解散制度的建立与完善。司法解散属于强制解散情形,目前在我国修改后的《公司法》中有所体现,修改后的《公司法》第183条规定,公司经营管理发生严重困难,继续存续会使股东利益受到重大损失,通过其他途径不能解决的,持有公司全部股东表决权百分之十以上的股东,可以请求人民法院解散公司,这实际上为股东解散公司提供了司法保障。以司法力量启动股东解散公司之诉,既开辟了股东权利救济的新大门,又彰显了司法倡导社会公平正义的崇高原则。

---

① 李哲松著:《韩国公司法》,吴日焕译,中国政法大学出版社2000年版,第112页。
② 《日本商法典》,王书江、殷建平译,中国法制出版社2000年版,第130页。

但是，司法解散制度目前仅局限于公司制企业，即使是公司制企业中也只适用有限责任公司。

要使司法解散制度在其他企业形态中得以推行，立法上需要完善之处在于：

其一，修改其他类型的企业法，增加司法解散条文，或在专门性的法律中规定企业司法解散制度。从法理上分析，解散公司的事由可概括为以下方面：（1）公司事务陷于"僵局"（corporate deadlock），即公司的股东会和董事会内部成员之间存在分歧而不能根据有效多数决通过决议，此种僵局应是持续的、不可化解的，且严重危及公司的生存。法国在其《民法典》第九编"公司"第1844-7条中将其概括为"法庭根据一个股东基于正当理由、尤其在一个股东不履行其义务或股东之间不和致使管理活动陷于瘫痪的情况下提出的请求而判决提前解散"。①（2）公司经营恶化、公司资产正在被滥用和浪费。公司控股股东和公司董事如果恶意处置公司财产，造成公司资产被滥用或浪费，会严重损害公司利益。如果这种损害危及公司存在时，股东有权提起解散公司之诉。（3）股东遭受不公正行为侵害。当控股股东和公司董事的行为具有明显的非法性、压制性或欺诈性，公司成为侵害股东的工具时，股东可以请求解散公司。（4）公司违反公司目的或公共利益，包括违反章程规定和法律规定，不能达到公司设立目的，或法定资本不符合法律规定等情形，股东可基于公共利益的理由请求解散公司。德国《有限公司法》第61条第1款规定，如果公司所追求之目的不可能达到，或者存在其他由公司情况决定的、应予解散的重要事由，公司可以通过法院的判决而解散。②美国《示范公司法（修订本）》规定股东提起程序中的司法解散根据是：（1）董事在经营公司事务时陷于僵局，股东没有能力打破这一僵局，并且不可补救的损害正威胁着公司或公司正遭受着这一损害，或者正因为这一僵局，公司的业务或事务不能再像通常那样为股东有利地经营；（2）董事们或者那些支配着公司的人们的行为方式曾经是，正在或将会是非法的、压制性的或欺诈的；（3）在投票力量上股东们陷入僵局，他们在至少两次年会的会期内不能选出任期已满的董事的继任者；或者（4）公司资产正在被滥用或浪费。③

其二，以立法确保司法解散之诉的实现。司法解散制度需要启动诉讼程序，诉讼的当事人及其形成权，诉讼提起的情形（诉的理由）等都须法律作出规定，当事人不可自行设定，无论章程规定，亦或事后协议，均不能构成向法院诉请的依据，同时章程或协议也不能剥夺或限制股东请求公司解散的权利。

其三，以立法确立司法解散制度中司法权的运用规则。由于司法权的被动性

---

① 卞耀武主编：《当代外国公司法》，法律出版社1995年版，第372页。
② 卞耀武主编：《当代外国公司法》，法律出版社1995年版，第314页。
③ 卞耀武主编：《当代外国公司法》，法律出版社1995年版，第99页。

和事后补救性,司法不应主动介入公司事务,仅以修复和填补利益损害为出发点,提供利益失衡的公平救济。司法不能代替权利人作出解散公司的决定,须在权利人提起解散诉讼后并在仔细衡量各方利益的基础上作出判决。司法介入的程度取决于权利人请求的程度。

4. "休眠公司"的解散拟制制度。所谓休眠公司是指已经停止进行经营活动,没有实体存在,但也未经解散及清算程序而闲置于登记机关的公司。在我国现实生活中,成千上万家公司在张灯结彩地注册挂牌之后,在两到三年甚至更短的时间内,很快就隐姓埋名或者销声匿迹。然而,这些一向默默无闻的公司并非寿终正寝——人们很难找到它们,它们却无处不在,只是保持着鲜为人知的"休眠"状态。它像幽灵一样游离于经济生活的灰色地带,而其中暗藏的破坏力又常常令人熟视无睹,这种普遍的粗心大意使"休眠公司"变得更加危险。

休眠公司任其存在,其后果是由于事实与登记的不一致而违背企业登记制度的宗旨,妨害登记簿管理,可能出现恶用公司登记的后果,以法律的手段排除此类休眠公司,以维护交易安全,恢复一般公众对公司的信任。日本和韩国的公司法特别设置了休眠公司的解散拟制制度。

日本《商法典》第 406 条之三规定,法务大臣以官报公告,自最后登记日起经过了 5 年的公司,应向管辖其本公司所在地的登记所申请其不废止营业的意旨时,在公告日已经过了上述期间的公司,如果自公告日起 2 个月内不依命令所进行申报,则视为该公司于上述期间届满时解散。这显然是以行政公告的手段来拟制解散连续 5 年皆未经申报登检的休眠公司。依照该法第 417 条的规定,凡公司解散时,除合并及破产情形外,皆进入清算程序,以上对休眠公司的拟制解散,当然引发公司的清算;同时,依照该法第 430 条及第 116 条,公司虽已解散,但在清算的目的范围内,仍视为存续。[①]

韩国《公司法》规定,法院行政处长以官报公告,自最后登记之日起经过 5 年的公司应在总公司所在地的管辖法院进行尚未废止其营业之意的申报的情形下,自最后登记之日起已逾 5 年的公司成为其对象。其根据为,商法规定的董事、监事的任期为 3 年,因此如果正常营业的公司,应自最后登记之日起 5 年之内,至少应进行一次以上的登记,如在该期间内未进行一次以上的登记,则应视为休眠公司。有此公告时,法院应向该公司发送已进行该公告之意的通知。自公告之日起,未依照总统会进行申报或者登记的公司,视为其申报期间终止时已被解散。解散登记由登记所依职权进行。[②]

---

① 《日本商法典》,王书江、殷建平译,中国法制出版社 2000 年版,第 129 页、第 136 页、第 138 页,第 24 页。

② 李哲松著:《韩国公司法》,吴日焕译,中国政法大学出版社 2000 年版,第 689 页。

我国要建立"休眠公司"的解散拟制制度,有必要与现行的工商行政管理机关吊销营业执照的监管制度结合起来,将吊销营业执照的监管制度向"休眠公司"的解散拟制制度发展。

第二节 企业清算制度

一、企业清算的概念与特征

"清算"的本意是"彻底地计算"。不仅有把企业的账目作完全、彻底的清算之意,还含有通过清算,终结现存法律关系,处理其剩余资产,使之归于消灭的意思。因此,企业清算(winding-up)是指企业解散后依照法定程序了结企业未了结事务,收回债权、清偿债务,使企业归于消灭的一种活动和制度的总称。

企业清算的法律特征表现为:1. 清算是在企业解散以后进行的。并非所有的企业解散都要履行清算程序。企业合并分立而导致解散的,就不需要进行清算。2. 清算的直接目的是了结企业现存的各种法律关系,保护股东和债权人的合法权益。3. 清算的内容是对企业的财产、债权债务进行清理、处分。4. 清算是由清算组进行的活动,其他人员的活动不产生清算的效力,清算必须严格按照法定程序进行。5. 清算期间停止清算范围之外的活动。我国《民法通则》第40条规定:"法人终止,应当依法进行清算,停止清算范围之外的活动。"

二、企业清算的分类

(一)破产清算与非破产清算

这是从清算原因所作的划分。破产清算是在企业资不抵债被宣告破产后进行的清算,各债权人公平受偿后法人终止。非破产清算理论上是在企业资产大于负债情况下进行的清算,企业以其资产偿还完所有债务后尚有剩余财产,各出资者按照出资比例分配剩余财产后,企业法人人格消灭。故非破产清算中所有债权人的债权均能得到实现,不存在是否公平受偿问题。因企业解散未清算时其资产状况不明,故应首先进入非破产清算程序,在非破产清算中,如发现企业财产不足以清偿所有债务,则应由非破产清算程序向破产清算程序转化,最终消灭法人。应当注意的是:其一,在非破产清算中,为保证各债权人在最终可能因资不抵债转化为破产清算而得到公平受偿,在申报债权期间,清算组不得对债权人进行清偿。其二,在非破产清算时,如存在企业财产不足以清偿所有债务也并非绝对地向破产清算程序转化。"对于解散清算中已经资不抵债的法人企业,可以与债权人达成债务清偿协议，应作为免除向破产清算的例外。"① 实际上，最高人民法院在《关于适用公司法若干问题的规定（二）》第 17 条第 1 款中确定了这一原则。

（二）任意清算与法定清算

这是从清算对象所作的划分。任意清算适用于出资者承担无限连带责任的企业和公司，如独资企业、合伙企业、无限公司等，因清算程序的完结并不免除出资者对企业债务的无限责任，故对该类企业的清算按照出资者意志或章程规定的方式进行。我国立法对法定清算与任意清算的差异性问题未做规定。实际上通过立法强化任意清算制度具有现实的意义。比如我国《合伙企业法》中既规定清算制度，又规定破产制度，就债权人权利主张而言，破产制度与清算制度二者如何从制度层面上进行选择，立法并不能给债权人作出明确的回答。

（三）普通清算与特别清算

这是从清算程序是否由有关机关介入所作的划分。普通清算是在正常情况下由企业自行组织进行的清算。特别清算是指进行普通清算存在显著障碍，或企业财产超过债务有不实之嫌时，为保障债权人权利不受侵害，由有关部门组织进行的清算。我国修改后《公司法》第 184 条规定："逾期不成立清算组进行清算的，债权人可以申请人民法院指定有关人员组成清算组，进行清算。人民法院应当受理该申请，并及时指定清算组成员，进行清算。"

三、我国企业清算立法现状评析

（一）我国企业清算立法现状

从总体上说，当前我国有关企业清算立法并不完善。

我国《民法通则》作为一部以调整民事关系的基本法，仅以一个条文提及企业法人解散应当实行清算，至于如何清算，则未作详尽的明文规定。

国有企业、集体企业在其解散时如何组织清算，《全民所有制工业企业法》、《全民所有制工业企业转换经营机制条例》、《乡村集体所有制企业条例》、《城镇集体所有制企业条例》等虽有条款规定，但这些规定极其原则，难以作为清算工作的规范和准则。《城镇集体所有制企业条例》在第 19 条中较具体地规定了集体企业终止时有关财产的清偿顺序，但其规定也仅仅是作为清算规范的一个侧面，至于大量的在清算过程中应遵行的制度与规则仍未作明确规定。

中外合资经营企业、中外合作经营企业、外资企业在终止时如何组织清算，《中外合资经营企业法》、《中外合作经营企业法》、《外资企业法》（以下简称三资企业法）对此也有规定。但是，上述外商投资法所提及的依照法定程序进行

---

① 游伟、李春：《公司清算程序转换的实务问题》，载《人民法院报》2008 年 7 月 24 日。

清算却在长时期内没有以立法形式建立起一套清算规范。1996年7月，经国务院批准，国家对外贸易经济合作部发布了《外商投资企业清算办法》，才第一次比较全面地规定了对设在我国境内的中外合资经营企业、中外合作经营企业、外资企业有关清算办法。由于该清算办法适用面较窄，法规等级效力不高，导致实际执行过程中存在一些问题。有的主管部门在缺乏法律依据的情况下，为了将特别清算进行下去，自行采取有关措施组织清算，其结果招来了不必要的行政诉讼。2008年该《外商投资企业清算办法》被废止。

随着我国社会主义市场经济体制的确立，我国的企业立法模式也发生了一些转化，从过去偏重所有制层面立法逐渐向企业的投资方式和责任制度转化。这几年，国家陆续颁布了《公司法》、《合伙企业法》。对于公司制企业、合伙制企业解散时的清算问题分别在《公司法》和《合伙企业法》中作了一些规定。修改后的《公司法》在其第十章规定了有关公司解散时清算组的成立时间（应在15日内成立）、清算组的组成人员（有限公司的清算组由股东组成、股份有限公司的清算组由公司董事或股东大会确定的人员）、逾期不成立清算组的法律补救办法（债权人可以申请人民法院指定有关人员组成清算组进行清算）。清算组的职权范围（共七项）、清算工作的法定程序（通知、公告债权人，债权人有关债权的申报，清算方案的制定与确认、债务清偿的顺序、清算结束后清算报告的上报与报送）、清算组成员勤勉要求及清算组成员因故意或重大过失给公司或者债权人造成损失的有关赔偿责任问题。但应指出的是，《公司法》的这些规定主要是针对公司章程规定的营业期限届满或者公司章程规定的其他解散事由出现、以及股东会决议解散时有关如何组织公司清算所作的规定，对因公司被工商机关吊销营业执照后如何组织清算未作明确规定，造成实际工作中无法可依的现象常有发生。

（二）对我国企业清算立法现状之评析

从上述企业立法对企业清算问题的规定看，不难发现其存在的问题：

1. 散乱，未能建立各类企业所能普通适用的清算制度。从清算立法的模式看，由于清算规范散见于各种企业立法中，而各种企业法规对该问题的规定又囿于简单的条款上，没有一部统一的清算法规，致使目前清算方面法条简单而散乱，难以建立起适应社会主义市场经济体制需要的清算制度和准则。

2. 仅作原则规定，缺乏可操作性。企业终止时如何组织清算，涉及大量的法律问题，这些法律问题，不是某个法规中一二个条文所能解决的，如清算组应由谁组织成立，清算组成立后如何开展清算活动，债权如何申报，债权的种类和性质如何核定，等等。对这些纷繁复杂的法律问题，现有的企业法规仅作原则性的规定，对企业清算工作缺乏指导性和操作性，无法从根本上甄别清算行为的有效和无效，合法和违法。

3. 法律文件在其内容上既存在矛盾重叠的弊端，又有疏漏的法律"空白"和"盲点"。同样属法人型企业终止清算，但由于法律依据不同，清算规定也就不同。比如，2008年以前，按《外商投资企业清算办法》（已废止）第35条规定，"企业进行特别清算，由企业审批机关或其委托的部门组织中外投资者、有关机关的代表和有关专业人员成立清算委员会"。那么如果企业审批机关或者委托的部门未组织清算，债权人是否可申请人民法院指定有关人员组成清算组进行清算，该清算办法未作规定，最高人民法院在有关司法解释中认为，三资企业由人民法院组织清算没有法律依据；而对公司制企业，"逾期不成立清算组进行清算的，债权人可以申请人民法院指定有关人员组成清算组，进行清算。人民法院应当受理该申请，并及时指定清算组人员，进行清算"。二者之间的规定就存在不一致之处。再比如，按《外商投资企业清算办法》（已废止）第17条规定："清算委员会应当自成立之日起十日内，书面通知已知的债权人申报债权，并应当自成立之日起六十日内，至少两次在一种全国性报纸、一种当地省或者市级报纸上刊登公告。"而《公司法》第186规定："清算组应当自成立之日起10日内通知债权人，并于60日内在报纸上公告。"对于公告的要求（报纸类别、公告次数）二者的规定也不一致。

4. 清算立法滞后，无法解决当前司法实践中遇到的诸多问题。清算问题不是一个孤单的问题，它往往与破产、债权诉讼诸方面相联系。比如在企业进入普通清算程序后，一方债权人向法院提起诉讼，要求清算组织中止清算，主张将该清算企业财产单独受偿，那么该诉讼是否应予中止，债权人应否纳入统一的债权申报工作中来？立法未作规定；再比如，按新《合同法》第286条、《海商法》第21条规定，特定的债权人享有优先受偿权，这一优先受偿权，在企业清算时如何得以进一步的体现，仅凭现有的清算法条尚难以解决。

（三）完善企业清算制度之设想

针对当前清算立法存在的问题，有必要对清算制度的构建进行探讨。

1. 关于企业清算的类别问题。从各国立法对企业清算的规定看，清算可分为普通清算和特别清算两类。

我国现有的有关清算法条中，对特别清算的规定过于简略，没有形成一整套制度体系，如修改后的《公司法》第184条规定："逾期不成立清算组进行清算的，债权人可以申请人民法院指定有关人员组成清算组，进行清算。人民法院应当受理该申请，并及时指定清算组成员，进行清算。"实际上很难在司法层面上进行运作。《外商投资企业清算办法》中虽有特别清算的规定，但仅限于三资企业，目前已被废止。之所以废止，从立法者的意图分析是想建立统一的企业清算制度，但在特别清算未作出具体规定的情形下，外商投资企业的特别清算处于自流状态。

由于企业立法中没有特别清算的规定，突出体现在没有明确适用的法律程序、清算步骤及清算结果审核等，因此，对那些依法被吊销营业执照，或企业法人未经清算即被上级主管部门或有关机关撤销的企业无法实施特别清算。其结果是债权人及小股东的利益往往得不到切实保护。据此，在构建企业清算制度时，划分上述两种清算类别是必要的，普通清算程序和强制清算程序在许多方面存在着明显的不同，前者属解散清算，只有在清算程序完成后法人资格才于消灭，因此，清算不仅是公正处理企业财产的一种法律行为，而且也是消灭法人资格的一种法定程序。而后者则是法律对那些无法实施普通清算所作出的补救手段。对于债权人而言，现行破产程序所费时间长、费用高，不利债权及时实现，因此，在我国确立特别清算制度，对诸如被吊销营业执照后未实施清算、被主管机关依法撤销发生清算障碍、普通清算过程中存在虚假清算的一些特定企业既不受破产宣告，但又在法院和债权人的严格监督下进行清算，这对企业、债权人及整个社会都是有利的。

因此，针对特别清算问题，有必要制定司法清算法，对组织清算的部门、清算组织的组成和义务、清算人任职资格，以及特别清算的条件、程序、期限、中止和终止等作出明确的规定。其中应着重对相关义务人不积极履行清算义务的违法行为所应承担的法律责任作出规定。其违法行为通常有：清算义务人不依法进行清算，导致企业解散而长期无人清算，公司财产贬值、流失，债权人利益无法得到保护；清算过程中，清算主体不按法律规定程序进行清算，或隐匿财产，对资产负债表或财产清单虚伪记载，未清偿债务前分配公司财产；发现企业财产不足以清偿全部债务时，不及时向人民法院申请破产。①

针对司法清算立法条文过于原则不易实际运作之实际，最高人民法院在《关于适用公司法若干问题的规定（二）》中作了一些较为详细的展开。其中规定的主要内容有：（1）关于债权人申请人民法院指定清算组进行清算，人民法院应予受理的情形。包括：①公司解散逾期不成立清算组进行清算的；②虽然成立清算组但故意拖延清算的；③违法清算可能严重损害债权人或股东权益的。（2）法院受理清算案件有关清算组成员的产生情形。可指定以下人员或机构作为清算组成员：①公司股东、董事、监事、高级管理人员；②依法设立的律师事务所、会计师事务所、破产清算事务所；③上述机构中具有相关专业知识并取得执业资格的人员。清算组成员在存有违法行为、丧失执业能力和民事能力、有严重损害公司或者债权人利益行为发生时可以依法更换。（3）关于司法清算的期限。人民法院组织清算的，清算组应当自成立之日起 6 个月内清算完毕。因特殊情况无法在 6 个内完成清算的，清算组应当向人民法院申请延长。（4）司法清

---

① 刘敏：《公司的解散和清算》，载《人民法院报》2003 年 10 月 8 日第 3 版。

算中公司财产不足清偿债务的处理。可以与债权人协商制作有关债务清偿方案。该债务清偿方案经全体债权人确认且不损害其他利害关系人利益的，人民法院可依清算组的申请裁定予以认可，并按终结清算程序处理，债权人对债务清偿方案不予确认，或者人民法院不予认可的，清算组应当向人民法院申请宣告破产。

2. 关于企业清算组织的设立与运作问题。企业清算须通过一定的清算组织实施，清算组织应在什么时候成立，其成员应由谁出任，是构建清算制度所面临和必须解决的问题。

清算组织何时成立，应结合清算事由。由于清算事由不同，清算组织的成立时间也应有所不同，如因解散事由实施清算的，拟在解散决议通过并生效后15日内成立为宜，如因属被工商管理机关吊销营业执照的，拟在吊销处罚通知书送达之日起30日内成立为宜。

清算组成员应由谁组成，现行的《公司法》规定了有限责任公司的清算组由股东组成、股份有限公司的清算组由董事或者股东大会确定的人员，这样规定是可行的，但从清算制度着眼考虑还不够。因为在社会经济生活中，还存在大量的非公司制的企业法人和其他经济组织，对这些企业法人和经济组织如何成立清算组织尚需进一步规范。清算组产生方式除遵行法定性规范外，还可适用委任性规范。即清算组人员可以分为法定清算人，章定清算人、选任清算人和选派清算人。但最终应强调两点：一是逾期不成立清算组的债权人可以申请人民法院指定有关人员组成清算组，负责进行清算。二是从国外的立法实践看，无论通过哪一种方式产生的清算人，都必须具备一定的资格。凡属未成年人、被禁止治产人、被剥夺公民权利尚未恢复者、受破产尚未复权者、曾任清算人而被法院解除者均不得被选派为清算人。目前，我国法律对清算人资格尚无类似的限制性规定，不仅如此，对清算人的解任也无规定，这实际上反映了我国在这一方面法律制度上的不完善。

清算组的登记备案问题，按照修改后的《公司登记管理条例》规定，公司解散，依法应当清算的，清算组应当自成立之日起10日内将清算组成员、清算组负责人名单向公司登记机关备案。但该条例尚不明确由人民法院指定的清算组是否也须纳入这一备案制度，以及在清算过程中清算组负责人更换时是否须办理备案变更手续。笔者认为，由人民法院指定的清算组也须纳入这一备案制度，在清算过程中清算组负责人更换时须办理备案变更手续。

清算组在清算期间职责有哪些，《公司法》规定为七项，即（1）清理公司财产、编制资产负债表和财产清单；（2）通知公告债权人；（3）处理与清算有关的公司未了结的业务；（4）清缴所欠税款以及清算过程中产生的税款；（5）清理债权债务；（6）处理公司清偿债务后的剩余财产；（7）代表公司参与民事诉讼活动。清算组代表企业参与民事诉讼活动，究竟是以企业名义还是以清算组自身的名义进行，我国司法解释前后不一。最高人民法院《关于贯彻执行〈民法通则〉若干问题的意见》第60条曾规定，对于涉及终止企业法人债权、债务的民事诉讼，清算组可以用自己的名义参加诉讼。最高人民法院《关于贯彻〈民事诉讼法〉若干问题的意见》第51条也规定，企业法人未经清算即被撤销，有清算组织的，以清算组织为当事人。最高人民法院在《关于适用公司法若干问题的规定（二）》第10条则作了与上述不同的规定，"公司依法成立清算结束并办理注销登记前，有关公司的民事诉讼，应当以公司的名义进行。公司成立清算组的，由清算组负责人代表公司参加诉讼；尚未成立清算组的，由原法定代表人代表公司参加诉讼。"这表明，企业的清算组并不具有民事诉讼的主体资格。

《外商投资企业清算办法》（已废止）曾规定为八项，除《公司法》规定的上述七项外，再加一项，即提出财产评估作价和计算依据。分析清算组职责范围应着眼于清算工作全过程，从这一出发点看，上述规定仍不够全面，还应当包括以下几项：一是清算结束后，制作清算报告，报股东会或主管机关确认，并报送登记机关。二是向登记机关申请办理注销手续。三是在清算过程中发现资不抵债，已有的企业财产不足清偿债务的，应向人民法院申请宣告破产，经人民法院裁定宣告破产后，应将清算事务移交给人民法院。

在规定清算组职责时，立法还应对清算完结期限、清算文件的保存、清算人责任的解除、发现财产的重新分配等问题作出规定。

3. 关于清算组及其成员的法律责任问题。我国修改后的《公司法》仅在第205条第2款和第207条第2款就清算中的法律责任进行了规定。第205条第2款规定为："公司在进行清算时，隐匿财产，对资产负债表或者财产清单作虚伪记载或者未清偿债务前分配公司财产的，责令改正，对公司处以隐匿财产或者未清偿债务前分配公司财产金额百分之一以上百分之五以下的罚款。对直接负责的主管人员和其他直接责任人员处以一万元以上十万元以下的罚款。"第207条第2款规定："清算组成员利用职权徇私舞弊、谋取非法收入或者侵占公司财产的，由公司登记机关责令退还公司财产，没收违法所得，并可处以违法所得一倍以上五倍以下的罚款。"根据现有规定，当清算中出现隐匿财产或者未清偿债务就分配财产，承担法律责任的主体居然是公司，这样的规定从结果上和逻辑上都不合理。从结果上分析，公司清算中直接的利害关系人是股东和债权人，由股东组成的清算组如果不清偿债务就进行分配或者隐匿财产，事实上是将应当清偿债权人的财产分给了股东自己，出现这种情况后法律却规定对公司处以罚款，这样只会进一步减少公司能向债权人分配的财产，对公司罚款的结果会使得债权人的利益进一步受到损害；从逻辑上分析，公司清算时隐匿财产或未清偿债务前分配财产是清算组的行为，尽管从理论上在清算期间清算组取代了公司董事会的地位，但是清算毕竟不同于正常的经营过程，清算组的违法行为如果由公司来"埋单"，实际上等同于债权人在承担这种责任,这显然是不公平的。其他国家和地区的法律就清算中的法律责任的规定值得借鉴。比如德国《有限责任公司法》第73条第3款规定:"违反上述规定的清算人,对已分配的款项承担连带赔偿义务。"在确立清算组法律责任的同时,要注意区分是清算组集体的责任还是某个清算组成员的责任。如果是清算组的集体责任,那么就由每一个清算组成员共同承担连带法律责任。① 日本《商法典》第134条第1款规定:"清算人怠其职务时,应对公司负连带损害赔偿责任。"② 法国《商事公司法》第400条第1款也规定:"清算人对在执行其职务过程中,所犯错误所造成的损害,向公司和第三人承担责任。"③ 此种立法,足资借鉴。

4. 关于对外通知、公告及其效力问题。企业清算会涉及债权通知和债权申报,按现行《公司法》规定,清算组成立后,应当自成立之日起10日内通知债权人,并于60日内在报纸上公告。但是对于公告是一次性公告还是需进行三次公告,如二次以上公告的,是连续公告还是间隔公告,是在全国性报纸公告还是可以在地区性报纸公告,相关法律并没有作详细的规定。从确保公告所起到的应有作用考虑,公告应在二次以上,且为间隔公告,以每次公告间隔一个星期为宜,报纸应为全国性报纸,这样使得未知债权人看到公告的概率更高一些,使公告更富有实质意义。最高人民法院在《关于适用公司法若干问题的规定(二)》第11条规定,清算公告根据公司规模和营业地域范围在全国或者公司注册登记地省级有影响的报纸上进行公告。如清算组未按规定履行通知与公告义务,导致债权人未及时申报债权而未获清偿,债权人主张清算组成员对因此造成的损失承担赔偿责任的,人民法院应依法予以支持。

申请债权应为何种方式,立法未作明确规定。从有利于明确职责考虑,应采用书面形式,送达方式为直接递交或邮寄。送达的日期可参照《民事诉讼法》的规定,直接送达的,以签收日期为送达日期;邮寄送达的,以回执上注明的收件日期为送达日期。

债权人在规定的期限内未申报债权的,如何处理,《公司法》未作明文规定,在实践工作中形成多种意见。一种意见认为,债权人弃权,即过了申报时间再申报,即使发生在清算结束之前都不得再主张权利;第二种意见认为,如在清算结束前申报的,应将其列入清算范围,否则不列入清算范围;第三种意见认为,应视清算企业实际而定,如果清算企业明知债权人而未通知的,不受申报时

---

① 卞耀武主编:《当代外国公司法》,法律出版社1995年版,第317页。

② 《日本商法典》,王书江、殷建平译,中国法制出版社2000年版,第129页、第136页、第27页。

③ 卞耀武主编:《当代外国公司法》,法律出版社1995年版,第516页。

间限制。非因债权人责任造成逾期未申报,并且在清算财产分配完结前申报的,不在此限。第四种意见认为,因未在债权申报期间内申报债权的,可作为被排除的债权人,只能在未分配给股东的财产范围内请求予以清偿,一旦分配完剩余财产,则丧失权利。最高人民法院在《关于适用公司法若干问题的规定(二)》第14条规定,债权人补充申报的债权,可以在公司尚未分配财产中依法清偿。公司尚未分配财产不能全额清偿,债权人主张股东以其在剩余财产分配中已经取得的财产予以清偿的,人民法院应予以支持;但债权人因重大过失未在规定的期限内申报债权的除外。

债权人在申报债权的同时,又向法院提起了诉讼,或者债权人对清算组核定后的债权有异议,如何处理。这是构建清算制度中应当作出明确规定的问题。债权人在企业清算期间诉讼活动应中止,法院应当根据《民事诉讼法》第111条规定,告知原告(债权人)先向清算组申请解决或者等待清算组的债权核定决议出来,因为此项债权已经由作为企业财产代管人的清算组处理。当事人只有在收到清算组的债权核定决议有异议之后一定时间内才能向法院起诉,如有仲裁约定条款的,则向仲裁机关申请仲裁,立法作这样规定的意义在于保障企业清算工作的正常进行。

四、普通清算程序与法律要求

(一) 确定清算义务人

清算义务人,应依企业的不同性质分别确定:1. 国有企业以企业的上级主管部门为清算义务人。2. 集体企业以企业的开办单位、部门,或投资人为清算义务人。3. 联营企业以各投资主体为清算义务人。4. 子公司以母公司为清算义务人。5. 有限责任公司以全体股东为清算义务人。6. 股份有限公司以公司章程规定负有清算责任的股东、或股东大会选定的股东为清算义务人;股东大会不能选定清算组的,派员担任董事会成员的股东为清算义务人。7. 外商投资企业以各方合营者为清算义务人。8. 其他如个人独资合伙企业、合伙企业非企业法人组织,其投资人为清算义务人。

(二) 成立清算组

有限责任公司的清算组由股东组成,股份有限公司的清算组由董事或者股东大会确定的人员组成。其他企业组织的清算组成员可以由清算义务人自己担任,也可以推选一些会计、法律等方面专业人员组成共同参与。根据《公司法》规定,解散的公司,应当自解散之日起15日内成立清算组。

(三) 接管企业财产

接管企业财产是清算组成立后的首项工作,其目的是不使企业财产因进入清算阶段而受到损失。在接管企业财产的基础上,了结企业未了结的业务。

（四）通知并公告债权人

当清算组织成立后，应在法定的期限内通知已知债权人，并履行公告程序。通知、公告其意义有二：一是便于社会公众知晓该企业现状，不再与之发生新的营业性业务关系；二是便于债权人及时申报债权，以保障债权人的合法利益。

（五）清理财产与债务

当企业进入清算程序时，清理企业财产是必要的。法定意义上的清理应包括：对实物财产的登记与盘点，以确定实施财产的实际价值；对无形财产的估价与评价，以确定无形财产的价值；收取债权，清理债务，在此基础上编制资产负债表和财产清册。

（六）登记债权

对债权人申报的债权按债权发生的时间、债权的数额，债权的性质（担保债权与无担保债权）进行登记，这是进行债权分配的基础性工作。

（七）提出财产估价方案与分配方案，并分配财产

对企业中的不易分割的财产、无形资产等，通过销售、变卖、拍卖等手段转化为货币，对此，清算组应当事先对此提出方案，在此基础上提出财产分配方案。财产分配清算方案的主要内容有：1.担保债权优先受偿；2.清算费用；3.应支付的职工工资、劳动保险费；4.应缴纳的税款；5.清偿公司债务。清算组在作了上述支付后，如果仍有剩余财产，按企业法与公司法相关规定，分配给企业的开办者或公司股东。

（八）终结清算工作，办理企业注销登记手续

清算组在终结分配后，应制作清算终结报告，报企业开办单位或主管机关认可，如公司制企业应报股东会认可，在此基础上办理企业注销登记手续。

（九）清算材料的移交和保存

清算终结后，清算材料的移交和保存关系到日后企业相关权利人查阅、了解企业的整个清算情况，以及了解清算主体是否存在不履行或者不正确履行清算职责的问题，监督清算主体的行为，追究相关人员的责任，因此，必须予以妥善保存。但是我国现行的法律对此亦无明确规定。

企业清算材料应由谁保管，有一种观点提出应当交由企业登记机关，与企业开业登记及经营情况材料一并保存。其基本理由是：其一，清算终结后，清算组要向企业登记机关办理企业注销登记申请，提交清算报告及主管部门、开办人或者股东会、股东大会认可的相关材料，在办理企业注销登记时可一并移交、保存；其二，企业的全部材料统一由企业登记机关保存，既能保证企业档案材料的完整性，又方便公众查阅；其三，将企业清算材料交由主管机关、开办人或者股东保存并不现实。企业注销后，主管机关一般没有专门的部门来保存这些材料，开办人或者股东则往往各奔东西，甚至有的股东为逃避责任，早已不知去向，导

致无人保管企业清算材料。① 笔者认为，企业清算相关材料并不构成工商登记档案所保存的材料要求，由登记机关进行保管并不现实，具有切实可行的做法有二：一是可参照最高人民法院《关于审理企业破产案件若干问题的规定》，对破产企业的账册、文书等卷宗材料由清算组移交破产企业上级主管机关保存；无上级主管机关的，由企业的开办人或者股东保存。二是可借鉴城建档案资料保管、保存的做法，专门成立企业档案保存机构，其相关保管、保存费用可由政府部门拨款和企业清算费用列支共同得以解决。

五、企业清算民事责任制度的不足与完善

（一）问题的提出

在清算活动中，围绕"清算人"这一问题，会产生清算义务人与清算组、清算组成员三个不同的法律概念与由此错综复杂的关系。目前，我国企业立法中一直未对其作出严格的划分。《公司法》只规定了清算组织在清算过程中的法律责任，却没有规定清算义务人不组织清算、不在规定的时间内清算完毕、未按规定的时间任命清算组织等所应承担的法律责任，这在法律制度体系的构建上是不完整的。从法律规范的实践效果来看，导致了公司解散而不清算的情况大量发生。

清算义务人是指在企业解散时有义务组织清算、清理的主体，也称清算责任人。当企业解散情形发生并作出解散决定后，除企业合并与分立外，应依法作出清算的决定。这一决定的主体，在不同类型企业中是有所不同的，如前所述，国有企业以企业的上级主管部门为清算义务人；集体企业以企业的开办单位、部门，或投资人为清算义务人；联营企业以各投资主体为清算义务人；子公司以母公司为清算义务人；有限责任公司以全体股东为清算义务人；股份有限公司以公司章程规定负有清算责任的股东、或股东大会选定的股东为清算义务人；股东大会不能选定清算组的，派员担任董事会成员的股东为清算义务人；外商投资企业以合营各方为清算义务人。

而清算人通常是指清算组织和清算组成员，是指根据法律规定具体负责清算工作的主体。

尽管清算义务人一般也要参加清算组织，但可能不直接担任清算人，而是确定他人担任。清算义务人在通常情形下是与企业存在资产投资关系或者对企业拥有重大管理权限的组织或者自然人，如公司的股东或者董事，而清算人则不限于此，会计师和律师等与企业没有任何实质性联系的人员也可以担任。因此，清算义务人与清算人这两个概念在主体的担当与相关权利、义务、责任等方面都存在着很大的不同，对它们的内涵作一明确界定并由此构建相关的法律制度具有重要

---

① 王勤伟：《企业法人清算应注意规范的几个方面》，载山东企业法律顾问网 http：//www. sdelaw. cn。

的现实意义。

在企业自愿清算情况下,在进入清算程序之前,首先应当确定清算义务人,然后由清算义务人选任清算人,因此明确清算义务人是清算程序的前提。一般认为,投资主体或者企业组建者在企业清算程序中负清算之责是现代法人制度中不可或缺的重要环节,各国法律通常规定股东或者董事是清算义务人,负有在公司终止后组织清算的责任。最高人民法院《关于审理解散的企业法人所涉及民事纠纷案件具体适用法律若干问题的规定(征求意见稿)》第11条建议有限责任公司的清算主体是公司全体股东,股份有限公司的清算主体是控股股东。由于公司股东参与公司投资的动机并不相同,更重要的是公司作为合同联结体,应当充分尊重公司章程的公司宪章性质,故首先应当根据公司章程中的有关规定确定清算义务人,在章程没有规定的情况下,对于有限责任公司可以根据情况确定股东为清算义务人;对于股份有限公司而言,由于其所有和经营分离的特殊性,可以确定由担任董事的股东作为清算义务人,毕竟那些分散的投资者并不关心也不参与公司管理。

那么,清算义务人在企业解散发生后未依法组织清算活动或迟延组织清算活动,是否应当承担民事责任?对谁承担民事责任?如何承担民事责任?会涉及以下几个基本问题:

其一,清算义务人承担相应民事责任的法理基础。应当认为,清算义务人是企业清算过程中最为重要的主体。一方面,清算的进程由清算义务人全程掌握与启动(强制清算另当别论),实际的清理工作也由清算义务人负责组织,清算报告由清算义务人负责确认,清算义务人在企业清算过程中享有广泛的职责;另一方面,清算义务人享有过大的职责又往往会带来一些消极影响,比如清算义务人不及时组织清算,或者为尽快结束清算(如因徇私情照顾个别股东或个别债权人)而不正确履行其清算职责,如不通知已知债权人申报债权而仅在报纸上公告,不集中清偿债务,无故放弃债权等。因此,清算人的法律责任乃是企业清算法律责任的重点。但是,清算义务的民事责任应建立在过错责任基础之上,因此,认定清算义务人该不该承担责任,重在于确定在整个清算活动与过程中,清算义务人是否存在过错。无论从保证企业清算的公正高效进行,还是从保护债权人利益的角度出发,要求企业清算义务人在违反法律规定,并实施积极或消极的行为时承担一定的法律责任实有必要。

其二,清算义务人承担民事责任的基本形式。清算义务人在组织清算活动中应对企业、企业债权人和清算组承担相应的民事责任。就清算义务人对企业债权人承担民事责任的基本形式判断,主要系因侵权行为所生的民事赔偿责任,其种类和情形较为复杂。对于不履行清算义务对债权人产生的侵权责任如何在清算义务人之间分配的问题,有多种不同的观点。有主张由企业控制者(如公司制企业中的控股股东)承担责任的,也有主张由全体投资者(股东)按出资比例按份承担的。应当认为,企业清算的义务是清算义务人的一项法定义务,违反这项义务造成债权人损失的,有过错的义务人均应承担责任。由于对控制股东和非控制股东的过错认定和举证责任是不同的,所以,事实上控制股东与非控制股东的责任大小会有不同。那么,承担责任的责任义务人之间是按份关系呢?还是连带关系呢?这要从清算义务的性质来考察。有过错的清算义务人对债权人是共同侵权,应当承担连带责任。

其三,清算义务人与清算人的责任界定。由于清算义务人与清算人是两个不同的责任主体,它们之间的责任范围与内容具有一些不同点。首先,责任的内容不同,清算义务人的责任主要是组织清算的责任,而清算人的责任则是实施清算的责任。其次,责任的指向主体不同。清算义务人的责任针对的是企业债权人、清算人与清算企业,一般不会涉及企业投资者,而清算人的责任则还会指向企业投资者。再次,责任承担的形式不同。清算义务人的责任可表现为在企业注销前未经清算的责任、不在法定期限内组织清算组的责任,在企业解散后恶意处置企业财产的责任,在清算活动中未依法补缴出资的责任等,而清算人的责任形式主要为清算过程中的故意、严重过失导致债权、债务的遗漏、差错,损害利害关系人的权益所引发的责任问题。

如果清算义务人未在法律规定的期间内启动清算程序,债权人可以向法院申请清算,由法院作出清算义务人在一定期限内进行清算的裁定,在清算义务人不履行时,法院可对其实行制裁或强制其履行。所谓制裁是指人民法院对清算义务人在裁定规定的期限内不进行清算的,可以根据修改后的《民事诉讼法》第102条第(6)项、第104条的规定,对清算义务人予以处罚。所谓强制则指清算义务人拒不履行清算义务的,由人民法院选任清算人对企业进行清算,清算费用由清算义务人负担。

(二)清算义务人的民事责任制度构建

清算义务人不履行清算义务时,应承担何种责任?

对此问题存在两种观点:一种观点认为,清算义务人一般不对解散企业承担直接赔偿责任,但如果清算义务人的过错造成损失扩大及出现财产混同、抽逃出资、恶意处置财产或保洁等情况的应由清算义务人根据不同情况承担相应的民事责任。另一种观点认为,企业解散后的清算义务是法定义务,应清算而不清算,究其原因系违法行为所致,存在过错,有过错就应给利害关系人承担责任。另外,从强化清算义务人责任,督促其履行法定义务,更好地保护债权人利益的角度出发,在清算义务人未依法组成清算组织进行清算的情形下,人民法院应当直接判决其承担债务人的债务或与债务人承担连带责任。

第一种观点比较符合股东承担有限责任的原则,清算义务人未依法清算,违反法定义务，应承担一定的侵权责任。但在实践中，赔偿范围与损失的确定具有一定的难度，故在司法实践中往往对清算义务人难以科以相应的民事责任。而第二种观点，以过错应承担相应的民事责任为主线，在司法实践中往往对清算义务人难以科以相应的民事责任。

笔者认为，清算义务人的民事责任既要体现企业法人有限责任原则，又要体现过错责任原则和权利义务相一致原则。因为根据企业法人制度理论，企业对债权人清偿债务首先是企业法人财产承担的，清算义务人不履行清算职责的直接后果造成企业本身财产的减损，从而间接地侵害了债权人的利益。所以，清算义务人因不当履行职责而造成企业资产减损的，其应承担的赔偿责任实际上也是一种补偿责任，即恢复企业相应减损的资产。对于清算义务人在企业解散后抽逃出资、隐匿、私分、转移资产等行为都是对企业法人资产的一种侵权行为，依法应当承担侵权赔偿责任。故在企业解散的情况下，原则上应由企业法人独立承担民事责任。企业的清算义务人在企业解散时负有的基本民事责任只是清算责任，即对企业的资产和债权债务进行清算的责任。只有在以下几种例外情况下，才能够追及到清算义务人的民事责任。

其一，清算义务人的侵权责任。即基于清算义务人的作为和不作为的侵权行为直接导致其对债权人所应承担的民事责任。清算义务人的侵权责任具体包括以下三种情况：1. 清算义务人在法定期限内未依法履行清算义务，造成企业财产贬值、流失、灭失等实际损失的，债权人可以要求清算义务人在损失范围内对公司债务承担民事赔偿责任。2. 清算义务人怠于履行清算义务，导致企业的主要财产、账册、重要文件等灭失，无法进行清算，债权人可以要求清算义务人在损失范围内对公司债务承担民事赔偿责任。3. 清算义务人恶意处置企业财产给债权人造成损失的，应当在损失范围内对企业的债务承担赔偿责任。4. 清算义务人侵占企业财产的，应当在其侵占财产份额内对企业的债务承担民事赔偿责任。5. 清算义务人以给虚假的清算报告骗取企业登记机关办理企业注销登记，给债权人造成损失的，应当在损失范围内对公司的债务承担赔偿责任。

其二，直索责任。清算义务人在企业出现解散事由时，不仅未及时依法进行清算，而且侵占公司的财产，造成该公司财产与其财产混同，利用企业的独立人格和有限责任逃避债务，清算义务人应当对企业的债务承担连带责任。追究清算义务人的直索责任有利于通过加大清算义务人的民事责任来防范实践中借解散之机逃避债务的恶意行为，以加大规范民事主体退出市场的力度，保护债权人利益。另外，清算义务人对企业存在投资不足或者实际没有投资的，以致企业自始不具备法人资格，被责令撤销。在这种情况下，清算义务人对企业债务的承担也应按直索责任处理。

其三，清算义务人对公承诺的民事责任。《企业法人登记管理条例》第21

条规定:"企业法人办理注销登记,应当提交清理债务完结的证明或者清算组织负责清理债权债务的文件",该条例《施行细则》第 50 条规定:"企业法人申请注销,应提交主管部门或者清算组织出具的负责清理债权债务的文件或者清理债务完结的证明"。正是基于上述规定,企业登记机关在具体办理企业法人注销登记时,要求企业法人的出资者、开办者向其出具负责清理债权债务的文件后,即可办理法人的注销登记。实践中,清算义务人向企业登记机关出具的承诺可谓五花八门。有些企业登记机关不仅要求其提交清理债务完结的证明或者清算组织负责清理债权债务的文件,而且还要求提交当债务遗漏或组织清算行为存有差错给债权人造成损害应承担相应民事责任的承诺。清算义务人未履行清算义务,且在申请注销企业登记过程中,作出对企业债务承担偿还、保证责任等承诺的,应按照其承诺的内容对企业债务承担相应的民事责任;作出对企业债权债务负责处理等承诺的,应在造成企业财产损失范围内对企业的债务承担赔偿责任。清算义务人未履行清算义务,以欺诈手段骗取企业登记机关办理企业注销登记的,清算义务人应当对企业的债务承担赔偿责任。

其四,清算义务人基于投资不足产生的民事责任。主要是指清算义务人对解散的企业的实际投资与注册资金不符,但解散的企业已具备法人资格的,清算义务人在清算企业不能清偿债务时,在其实际投入的自有资金与注册资金差额范围内承担民事责任。当然,此种情况下,由于解散的企业有独立的财产,具体承担责任时可首先由解散的企业承担偿还责任,不能偿还的,再由其投资者承担。

(三)清算组织及清算组成员民事责任制度的完善

清算组织是负责进行企业债权债务清算和清理的机关,是清算中企业行为能力的实施机构,具体执行企业的清算事务。我国目前对清算组织称谓不统一,如《公司法》上称为清算组,在《合伙企业法》中称为清算人,在《外商投资企业法》中称为清算委员会。称谓不统一,容易引起混乱。

在我国,按照《公司法》及其他企业法的有关规定,清算组织产生的方式有以下几种:

第一,股东担任。修改后的《公司法》第 184 条明确规定,有限责任公司清算组由股东组成。这里值得讨论的问题是,在有限责任公司股东人数不多的情况下,股东成为公司的清算组成员直接参与清算事务,有利于保护股东自身的利益,并能提高清算效率,降低清算成本。但是,有限责任公司的股东最多可达50 人,公司法的这一规定对股东较多的有限责任公司就不一定适宜。因为,清算组具有执行清算事务的职能,较多的股东组成的清算组织,与清算执行机构的性质不相适应,难于执行公司清算事务。另外,有限责任公司具有一定的人合性因素,公司法还应当允许公司依章程规定的方式产生清算组或通过股东会选任清算组成员。

第二，董事或股东大会确定的人员。修改后的《公司法》第184条明确规定，股份有限公司的清算组由董事或者股东大会确定的人员组成。股东大会作为公司最高权力机构，有权决定公司清算组的人选，无可非议。但是，考虑到股份有限公司较强的资合属性，为及时产生清算组进行清算，降低清算成本，大多数国家的公司立法直接规定董事为股份有限公司的清算组成员，并严格规定清算组的职责，同时也不排除股东大会选举清算组成员的方式。

第三，人民法院指定。当有限责任公司、股份有限公司在法定期限内未成立清算组进行清算的，债权人可以申请人民法院指定有关人员组成清算组进行清算。人民法院应当受理该申请，并及时组织清算组进行清算。按照公司法的规定，只有债权人有权申请人民法院指定人员组成清算组，股东则无此权利。但最高人民法院《关于适用〈中华人民共和国公司法〉若干问题的规定（二）》第7条则指出，当解散事由出现之日起15日内公司解散，逾期不成立清算组进行清算，债权人未提起清算申请，公司股东申请人民法院指定清算组对公司进行清算的，人民法院应予受理。这一规定在司法实践中具有现实意义，因为按我国现行的法律规定，对公司自愿解散不实行公示制度，债权人在多数情况下无法知晓公司运行状况，而公司股东最清楚解散事由发生后应当在规定的期限内组织清算，司法解释规定在债权人未提起清算申请的情况下，公司股东申请人民法院指定清算组对公司进行清算有利于将清算工作落实到实处。人民法院组织清算的清算组应当自成立之日起6个月内清算完毕。因特殊情况无法在6个月内完成清算的，清算组应当向人民法院申请延长。

第四，由主管机关选任。这主要是针对一些具有法人资格的非公司制企业，如国有企业和集体企业，在开办中一般均存在主管部门。企业依法被撤销或者被责令关闭、无正当理由自设立之日起6个月内未营业或者营业后自行停业连续6个月以上，由清算主管机关组织清算组清算；由企业组织清算组清算的情形，经企业申请，也可以由清算主管机关组织清算组清算。企业由清算主管机关组织清算组清算，须满足下列条件：1. 企业的财务资料较为完整；2. 企业的资产大于债务；3. 企业或其投资人能预缴部分清算费用。

各国公司法均对公司清算责任作出了规定。我国《公司法》的规定为，在责任主体上，有清算义务人的责任，清算公司的责任，还有其他人的责任。如不按规定通知或公告债权人的，对公司处以罚款（公司法第205条第1款）。清算时隐匿财产或虚伪记载财产清单或违法分配财产的对公司处以罚款，对直接负责人、主管人员和其他责任人处以罚款（公司法第205条第2款）。清算组违反真实报送清算报告的，责令改正（公司法第207条第1款）。在归责原则上，清算人仅对其故意或重大过失造成公司或债权人的损失负赔偿责任；清算组成员徇私舞弊，责令退还公司财产，没收违法所得，并处罚款（公司法第207条第2

款)。

在公司清算阶段,法律的目的则是保证清算的公正高效进行,保证债权人利益的实现。为实现这一目的,规范清算组织的行为从而要求清算人承担责任是最好的选择,从其他法律的规定看,公司清算的主体也只是清算人,不包括公司,如《刑法》第 162 条规定的清算舞弊罪,只有清算人才是该罪的犯罪主体,公司则不是。

第三节 企业注销制度

一、企业注销的概念与特征

(一) 企业注销的概念界定

注销,即注销登记,是指登记主管机关依法对歇业、被撤销、宣告破产或者因其他原因终止营业的企业,收缴营业执照、公章等,撤销其注册号,取消其企业法人资格或经营资格的行政行为。

《企业法人登记管理条例》第 20 条规定:"企业法人歇业、被撤销、宣告破产或者因其他原因终止营业,应当向登记主管机关办理注销登记。"《公司登记管理条例》也规定,公司清算组织应当自公司清算结束之日起 30 日内向原登记机关申请注销登记。

在理解企业注销登记时,应注意区别注销登记与外国法上解散登记制度的不同,二者的区别主要有:1. 发生的时间不同。解散登记发生于解散事由出现之后,清算程序之前,而注销登记发生于清算完结之后;2. 登记的目的不同。解散登记的目的是监督清算依法、按时进行,以保护债权人和公司小股东的利益,而注销登记对清算进程几乎不能产生影响,只是因为未履行清算义务的不得注销企业法人资格,因而为完成清算程序提供法律上的屏障;3. 登记要求不同。注销登记以清算为前提,除非法律规定无须清算的几种情形(如合并与分立),登记机关要求提交清算报告,而解散登记不以清算完结为前提,所以无须提交清算材料;4. 登记所产生的法律后果不同。注销登记意味着企业法人人格的消灭,非企业法人经营资格的消灭,而解散登记与法人人格消灭并无关系,大陆法系国家公司法通常明确规定在清算的目的范围内,已经解散的公司其法人人格视为存续。

(二) 企业注销的法律特征

企业注销具有以下法律特征:1. 从时间与程序看,注销行为应发生在清理结束之后。2. 从法律后果看,注销导致企业组织法人格的消失或经营资格的消灭。3. 从法律属性看,注销行为为一种具有行政权内容的具体行政行为。

值得一提的是,吊销与注销是不同的概念。吊销的对象是营业执照,注销的对象是工商登记；吊销是注销的原因之一，注销是吊销的必然结果；吊销的法律后果是终止相关经营资格并进入清算，注销的法律后果是终止民事主体资格。因此，这两个概念不可相互混淆。

目前，企业因解散事由发生后，主动办理注销登记的比例并不高，据北京市2002年统计，主动办理注销登记的企业占全部退出市场企业的比重不到12%。沈阳市2002年退出市场的内资企业总数为5124户，其中自愿退出市场、办理注销登记的企业只占11.69%；2003年沈阳市的这一比重进一步下降为11.1%。①

二、企业注销登记的基本程序

（一）申请

企业应按相关规定向原登记机关提供注销申请，并提交相关的申请材料。不同类型的企业组织，所提交的申请材料会有所不同。

1. 办理非公司制企业注销登记手续应提交的申请材料。主要包括：（1）企业清算组负责人签署的《企业注销登记申请书》；（2）企业（公司）申请登记委托书。委托书应标明具体委托事项和被委托人的权限；（3）申请注销登记的相关文件或决议。如企业出资人申请企业注销的决议或决定，或政府部门依法责令企业关闭的文件，或法院裁定企业破产的文件等；（4）企业出资人出具的债务清理完结的证明文件；（5）《企业法人营业执照》；（6）法律、行政法规规定应当提交的其他材料。

2. 办理公司注销登记手续应提交的申请材料。主要包括：（1）公司清算组织负责人签署的《公司注销登记申请书》。（2）《公司申请登记委托书》，委托书应标明具体委托事项和被委托人的权限。（3）申请注销登记的相关文件或决议。如有限责任公司、股份有限公司提交股东会决定公司注销的决议；法院宣告公司破产或行政机关依法责令公司关闭的提交法院的裁定文件或行政机关的决定；国有独资有限责任公司提交国有资产监督管理部门或人民政府有关注销决定的文件。（4）公司清算组织成立文件。（5）经确认的清算报告。（6）法律、行政法规规定应当提交的其他文件。（7）《企业法人营业执照》。（8）出示公司在报纸上刊登的清算公告。

3. 办理分公司注销登记应提交的申请材料。主要包括：（1）公司法定代表人签署的《分公司注销登记申请书》；（2）《企业（公司）申请登记委托书》。委托书应标明具体委托事项和被委托人的权限；（3）申请分公司注销登记的有关决议文件；（4）分公司的《营业执照》；（5）法律、行政法规规定的其他文件。

---

① 胡峻箫：《试论企业法人登记"一体制"的弊端及解决办法》，载《中国工商管理研究》2007年第12期。

4. 办理企业集团注销登记应提交的申请材料。主要包括：（1）母公司法定代表人签署的《企业集团注销登记申请书》；（2）《企业（公司）申请登记委托书》。委托书应标明具体委托事项和被委托人的权限；（3）申请企业集团注销登记的有关决议文件；（4）《企业集团登记证》；（5）法律、行政法规规定的其他文件。

（二）受理

原登记机关收到注销申请及相关申请材料后，应发给申请人《企业注销登记受理通知书》，并在30日内作出审核决定。

（三）核准与公告

经登记机关审核、决定注销登记后，企业法人终止，注册号注销，营业执照、印章及有关文件封存并依法进行注销公告。

三、企业注销的法律效力

企业注销制度是企业制度中维护交易安全的最后一道屏障，企业一经登记机关办妥注销登记手续，其法律效力表现为：

（一）企业法人资格消灭

企业法人是一个拟制的民事主体，依法成立后享有法人资格，可以以自己的名义独立地开展经营业务；企业进入解散与清算阶段，企业的人格特征依然存续，只是不得开展与清算无关的经营活动；企业注销，意味着其法人资格的消灭，失去了独立的民事主体法律地位。

在企业法人人格消灭或者法人权利能力终止的问题上，我国采取的是登记要件主义，即企业法人人格注销登记时消灭，民事权利能力随之终止。《民法通则》第46条规定："企业法人终止，应当向登记机关办理注销登记并公告。"修改后的《公司法》第189条规定："公司清算结束后，清算组应当制作清算报告，报股东会、股东大会或者人民法院确认，并报送公司登记机关，申请注销公司登记，公告公司终止。"新制定的《企业破产法》第121条规定："管理人应当自破产程序终结之日起十日内，持人民法院终结破产程序的裁定，向破产人的原登记机关办理注销登记。"根据以上法律规定和《企业法人登记管理条例》第20条、第21条，《公司登记管理条例》第43条的相关规定，应当认为我国在企业终止问题上实行的是登记要件主义。我国的企业法人从依法登记之日起成立，开始取得法人人格，具有民事权利能力和行为能力；从注销登记之日起法人人格消灭，民事权利能力与行为能力终止。

（二）非法人组织对外债务应按相关规定处理

不具备法人资格的企业主要是指个人独资企业、合伙企业以及其他不具备法人资格的组织，如依法设立并领有营业执照的法人分枝机构等。个人独资企业按我国《个人独资企业法》第31条规定，个人独资企业财产不足以清偿债务的，投资人应当以其个人的其他财产予以清偿。合伙企业,按我国《合伙企业法》第 63 条规定,合伙企业解散后,合伙企业财产不足清偿债务的,各合伙人依法承担剩余债务责任。但债权人在 5 年内未向债务人提出偿债请求的,该责任消灭。

对合伙企业对外债务的清偿,在司法实践中往往产生混乱,有的债权人在向法院起诉时列合伙企业为被告,同时将合伙人列为共同被告,这实际上产生如何对待合伙企业债务的清偿制度问题。

按《合伙企业法》的相关规定,在合伙企业不能清偿到期债务时,合伙人应当承担连带责任。这里的"不能清偿"指的是合伙企业在资不抵债时所导致的清偿能力上的客观不能,而不是指合伙企业未按约履行义务所产生的迟延清偿现象。当合伙企业不能清偿到期债务时,债权人可以向法院提出破产清算申请,也可以要求普通合伙人进行清偿。合伙企业被宣告破产的,普通合伙人对合伙企业的债务应承担无限连带责任。因此,所谓合伙人的无限连带责任是一种补充责任。之所以在合伙企业的正常运行期间不涉及投资人消极责任的启动,是由于我国的合伙企业法已经赋予了合伙企业的商事主体地位,虽然并不是独立的法人,但其独立的商事主体地位不容否认。[①] 据此而论,在原告(债权人)不能以充分的证据证明合伙企业的财产不足以清偿债务时,合伙企业与原告之间发生的合同纠纷涉诉的应列合伙企业为被告,不应以合伙人应承担连带责任为由贸然地将合伙人列为共同被告。

四、企业注销登记中对公承诺行为的性质及民事责任

(一) 企业注销登记中涉及对公承诺行为的效力分析

企业注销登记中涉及对公承诺行为主要包括两个大类:一是在企业设立时的对公承诺行为;二是企业注销时的对公承诺行为。所谓对公承诺是指企业设立时的投资者、开办者甚至银行在未经法定验资的情形下提供证明或担保,以保证企业出资的真实与按期履行;而企业注销中的承诺行为是指清算义务人向企业登记机关提供有关清算报告的同时又作出了承担企业债务的承诺,由于这种承诺是向国家主管企业登记工作的机关所作出的,而不是对一般的当事人所作,故称之为对公承诺。

就企业注销时的承诺行为而言,企业解散后未进行清算,清算义务人即向登记主管机关承诺,如原企业存在债务由其承担保证责任或者由其保证清偿等,并申请办理企业注销登记的,即为企业法人终止中的对公保证承诺。登记主管机关因清算义务人作出承诺而办理企业的注销登记,原企业即因注销登记而丧失,在

---

① 师安宁:《合伙债务清偿的基本制度》,载《人民法院报》2008 年 6 月 29 日。

这种情况下，债权人无法向原企业主张债权或者向清算组申报债权，可否要求清算义务人直接向其清偿债务？对于清算义务人对公承诺行为的效力，目前存在以下不同意见：

一种意见认为，应当认定该承诺无效。理由是，企业解散后依法进行清算是企业法的强制性规定，不允许投资者（股东）通过向企业登记机关保证的方式予以变更，企业登记机关仅凭投资者（股东）的承诺即决定企业注销属滥用行政权力的行为。因此，若这种承诺行为有效，既违背了法律的强制性规定，又会使企业登记机关更加放纵此种行为，故此种承诺的实质是以承诺清偿企业债务为代价换取企业注销登记，具有明显的违法性，属于规避法律的行为，应当认定为无效。

另一种意见认为，应当认定该承诺有效。理由是法人型企业中，投资者（股东）承担有限责任，并不能排斥投资者（股东）自愿放弃有限责任原则保护，有限责任对于投资者（股东）来说不是义务而是权利，既然是权利，就应当允许其处分，包括放弃权利。因此，一旦投资者（股东）向企业登记机关作出了承担企业债务的承诺，就应当赋予其承诺以法律效力，这种做法没有违反法律规定，也不损害债权人的利益。

笔者认为，无论针对哪一种意见，轻率地肯定或者否定都是不正确的，对于这个问题的回答需要从理论与实践两个层面来分析。

就理论层面而言，投资者（股东）承诺对企业债务承担责任的行为属于债权法上的单方允诺行为，而单方允诺行为，只要该允诺系其自愿作出而且允诺的内容又不违法（或不违反公序良俗），那么承诺人自然应当对自己的允诺负责，否则即是对诚实信用原则的公然违反，从而破坏整个社会信用体系。

就实践层面而言，办理企业法人登记过程中，向登记主管机关作出承诺的当事人是否应当对企业法人的债权人承担民事责任，司法实践中曾经有一个认识过程，在最高人民法院《关于适用〈中华人民共和国担保法〉若干问题的解释》（以下简称《若干解释》）出台以前，全国各地法院多将其作为一种内部承诺对待，认为承诺人虽然对登记主管机关出具了书面承诺，但该意思表示并未对外明示，属于对登记主管机关的一种内部意思表示。由于债的关系的相对性特征，债权债务关系的产生应由双方当事人通过要约和承诺的意思表示方能成立，而这种承诺显然不具备这样的特征，所以不能在承诺人与企业法人的债权人之间产生一种新的债权债务关系，承诺人不应向企业法人的债权人承担民事责任。江苏省高级人民法院《关于当前经济审判工作中的若干问题的讨论纪要》中就表明这一态度。① 而《若干解释》施行以后，司法实践发生了变化。《若干解释》第 27 条规定，保证人对债务人的注册资金提供保证的，债务人的实际投资与注册资金不符，或者抽逃转移注册资金的，保证人在注册资金不足或者抽逃转移注册资金的范围内承担连带保证责任。所以，当事人对登记主管机关的承诺在司法实践中不再被简单地作为一种内部承诺处理，而赋予其法律约束力，作出对公承诺的当事人应当承担相应的民事责任。依据《若干解释》的规定，人民法院可以依承诺人的对公承诺直接判令其向企业法人的债权人承担民事责任。

笔者认为，对公承诺行为具有单方允诺责任承担性质，应属有效。单方允诺是指表意人向相对人作出的为自己设定某种义务，使相对人取得某种权利的意思表示。单方允诺是债发生根据之一，在表意人作出意思表示之时，就产生债权债务关系，表意人即负有了其为自己所设定的义务。单方允诺作为债发生根据之一，具有如下特征：其一，单方允诺是表意人单方的意思表示，不需要相对方对其意思表示进行承诺，因而区别于合同关系。其二，单方允诺的内容是表意人为自己单方设定某种义务，使相对人取得某种权利。单方允诺不需要相对人付出对价，相对人对于表意人也不负实施某种特定行为的义务。其三，单方允诺一般是向社会上不特定的人发出。凡是符合单方允诺中所列条件的人，都可以成为相对人，取得表意人所允诺的权利。其四，单方允诺之债在相对人符合条件时才发生。单方允诺之债为附条件的债务，当具备条件的相对人出现时，单方允诺之债对双方当事人生效。

单方允诺的核心在于，民事主体单方为自己设定义务，使对方获得权利。根据民法的意思自治原则，民事主体可以任意处分自己的财产或权利，其处分只要不违反法律的禁止性规定，就应当受到法律的承认和保护。民事主体一旦作出允诺的意思表示，即应恪守信用，自觉受其约束，不允许随意撤回允诺，如果因撤回允诺造成他人损害的，应负损害赔偿的责任。

就清算行为中的单方允诺责任而言，它既不属于合同之债的债务转移或并存的债务承担，也不属于保证担保。首先，它与债务转移或并存的债务承担的特征并不相符。根据《合同法》以及《民法通则》的有关规定，债务的转移应当是原债务人将其债务转移给受让人的民事行为，债权人同意时该债务转移成立，从债务转移的成立要件来分析，原债务人转让债务的意思表示是必不可少的，而在清算义务人作出承诺的情况下，原企业法人已经解散，一般也不会作出债务转移

---

① 江苏省高级人民法院《关于当前经济审判工作中的若干问题的讨论纪要》（1995 年 9 月）第 145 条规定，企业开办单位在给工商部门的申请开办企业的报告上写明该企业对外经营中发生的债务由开办单位承担，而未对外明示的，属于其对工商部门的一种内部意见，不能认定为担保行为，开办单位不因此承担担保责任。

的意思表示,所以不符合债务转移的法律特征。清算义务人的承诺虽然与并存的债务承担有许多相似之处,但也有其自身的特征。在并存的债务承担中,原债务人与债务受让人之间承担的民事责任是没有区别的,而清算义务人因这种承诺而应当承担的民事责任,显然与原债务人的清偿债务责任是不同的,其归责原则也有所不同。清算义务是一种内容较为复杂的民事义务,不仅包括了要以清算法人的财产清偿原企业法人债务的义务,而且还包括妥善保管原企业法人财产以及积极收取对外债权的义务,对清偿债务后的剩余财产还负有进行分配的义务,这种义务的内容已经远远超出了一般合同之债的内容,所以将这种承诺仅仅归结为一种债务承担或者债务的转移并不能涵盖其义务的全部内容。其次,单方允诺清算义务也不同于保证担保。因为清算义务人作为保证担保人参加到债务中来,其所应承担的责任也仅仅是对债务清偿的担保,而不包括清理收取债权的担保,所以将其确定为保证责任的一种也不恰当。

(二) 企业注销登记中对公承诺的表现形式及其民事责任认定

企业终止中的对公承诺就其内容而言,包括清算完毕证明和债务落实保证两个方面。现分别加以考察与分析。

1. 清算完毕证明的虚假及其民事责任。清算完毕证明虚假是指清算义务人以提交虚假的清算报告承诺原企业法人的债权债务已经清算完毕,而事实上企业法人存在债务或者清算义务人并没有进行清算。属于欺诈型对公承诺。对于欺诈型承诺,应当对企业债权人承担赔偿责任。主要理由为:其一,在这种情况下,作为债务人的企业法人已经被登记主管机关注销,丧失其主体资格,债权人无法向其主张权利,只能直接向清算义务人主张权利。其二,由于清算义务人未履行清算义务,债权人即无法对原企业法人的财产损失进行举证证明,也就无法要求清算义务人在原企业法人的财产损失范围内承担民事责任。其三,清算义务人之所以要对登记管理机关作出这样的承诺,一般情况下是因为原企业法人的财产数大于其债务数额;而且在这种情况下,清算义务人常常已经将注销的企业法人的财产占为自己所有,依据债务随企业资产的原则,也应当由清算义务人直接向债权人承担民事责任。其四,清算义务人向登记主管机关作出欺诈型承诺行为,直接破坏了国家对企业法人的行政管理秩序,出于维护公权力的需要,也有必要加重清算义务人的民事责任。

认定清算义务人办理企业法人注销登记时的欺诈行为,其依据是清算义务人对法定陈述义务的违反。主要表现为:在未履行清算义务的情况下,向登记主管机关出具证明文件,称已经对原企业法人的财产进行清算并且已经清算完毕;在原企业法人的债权债务并未落实的情况下,向登记主管机关出具证明,称有关原企业法人的债权债务均已经落实;在原企业法人存在债权债务特别是存在债务的情况下,向登记主管机关出具证明称原企业法人无债权债务,不需要进行清算等；编制虚假的清算资料如财务报表等，以骗过登记主管机关的审查，骗取注销登记等等。但是还应当注意，清算义务人对登记主管机关的欺诈，应当是指严重的欺诈行为。如果清算义务人虽然向登记主管机关出具的证明文件中有虚假成分，但该行为仅是一般的瑕疵，而不足以影响企业法人注销登记后债权债务的承担问题的，则也不宜认定清算义务人承担欺诈的民事责任，而只是由登记主管机关责令清算义务人改正即可。①

2. 债务落实保证及其民事责任。清算义务人在办理原企业法人注销登记时，对登记管理机关所作的债务落实保证其表现形式主要有：其一，以原企业债权债务已清理完毕为前提，承诺如发生遗漏或清理过错，愿承担清算中的民事责任。其二，以原企业债权债务已清理完毕为前提，承诺如发生遗漏或清理过错，愿承担代偿责任。前者为清理清偿责任，而后者则直接表现为赔偿责任。

(三) 企业设立登记中的担保行为对企业债务清偿的法律效力

企业设立登记中担保是指企业设立之时未经验资程序，企业的投资者、开办者或银行出具保证函，确认企业的投资者、开办者已将注册资金实际到位，或者企业设立之时企业的投资者、开办者并未实际投入注册资金，其开办单位、主管部门向登记主管机关作出承诺，保证被设立企业法人的注册资金在企业设立后到位，承诺被设立企业注册资金如不到位，由其承担民事责任。由于这担保行为是向企业登记机关作出的，而不是对一般的当事人所作，故具有对公承诺性质。

最高人民法院《关于适用〈中华人民共和国担保法〉若干问题的解释》第27条规定，保证人对债务人的注册资金提供保证的，债务人的实际投资与注册资金不符，或者抽逃转移注册资金的，保证人在注册资金不足或者抽逃转移注册资金的范围内承担连带保证责任。

对注册资本担保承诺的性质如何认定，在理论与实践中存在一些争议。

有观点认为承诺人的意思表示不符合《担保法》第6条规定的要件，因为没有与债权人形成合意，仅仅是承诺人单方面的意思表示，不符合保证合同的特征，所以债权人不能据此主张承诺人承担保证责任。也有观点认为，典型保证担保的债权人应当是特定的。而对公承诺所针对的是不特定的人，这种承诺不属于担保范畴。笔者认为，保证担保一般情况下是双方民事法律行为，即应由债权人与保证人双方约定方始成立。但保证担保也可以以独立的担保书等形式作出，而不必一定以书面合同的形式才能形成。《若干解释》第22条也规定，第三人以书面形式向债权人出具担保书，债权人接受且未提出异议的，保证合同成立；这一规定确立保证担保可以依保证人单方出具的书面文件而成立。企业法人设立中的对公保证承诺与一般保证担保比较，虽然是向登记主管机关所作出的，是针对

---

① 蔡晓明：《论企业登记过程中的对公承诺责任》，来源：http://www.lxlawyer.com。

不特定的债权人,与《担保法》所规定的典型保证担保的特征表面上并不相符,但是法律并没有禁止当事人向不特定的债权人提供担保。相反,司法实践中已经承认针对不特定的债权人提供担保的有效性,最高人民法院《关于沈阳市信托投资公司是否应当承担保证责任问题的答复》(法民二〔2001〕50号)中,针对企业发行企业债券时所提供的担保效力所作答复认为,我国《担保法》所规定的保证,是指保证人和债权人约定,当债务人不履行债务时,保证人按照约定履行债务或者承担责任的行为,这里所称的"保证人和债权人约定"系指双方均为特定人的一般情况。由于公司向社会公开发行债券时,认购人并不特定,不可能要求每一个认购人都与保证人签订书面保证合同,因此,不能机械地理解和套用《担保法》中关于保证的定义,向社会公开发行债券时,债券发行人与代理发行人或者第三人签订担保合同,担保合同同样具有担保人之真实意思表示的作用,而认购人的认购行为即表明其已接受担保人作出的担保意思表示,只要保证意思表示是自愿作出的,且其内容真实,该保证合同即应为有效。[①]

在处理企业设立过程中的对公承诺时,还应注意确定对公承诺责任的主体,也就是说并非作出这种承诺的所有人都是按对公承诺责任处理。对企业法人的注册资金,作为公司制法人而言,其发起人负有实际履行出资的义务,作为应当履行出资义务的股东本人无须再对公司的注册资本到位与否作出保证或者其他形式的担保,因为其本人即负有出资义务,在其未出资或者抽逃出资的情况下是直接承担瑕疵出资的民事责任,而不宜按对公承诺责任处理,否则实质上是减轻了其出资义务。但是,作为公司股东可以为其他股东的出资义务设定担保,即担保其他股东的出资到位或者不抽逃出资,在其他股东有上述行为时,即应当承担对公承诺责任。对于非公司制企业法人,参照公司制企业法人的上述处理原则,负有出资义务的开办单位、主管部门即使作出对公承诺,也是按瑕疵出资处理。在开办单位或者主管部门并不负有出资义务时,其作出对公承诺的,则按对公承诺责任处理。

[①] 李国光主编:《民商审判指导与参考》(2002年第1卷),人民法院出版社2002年版,第90—91页。

第七章 企业破产制度的评析与构建

破产是市场经济社会的必然现象。破产制度的产生首先来源于债权人公平分配要求的满足,同时也是对破产债务人实施破产救济和破产重整,彰显制度文明的产物。破产法最明显的性质特征表现为程序法和实体法的结合,破产法所确立的在调整实体性权利中的法律政策和规则,对于实现债务清理和企业治理的制度目标起着决定性的作用,而破产程序则为这种清理和治理的过程提供了秩序保障。我国的企业破产制度长期以来受国家计划经济体制的影响,存在着立法滞后、制度体系欠缺、市场化运作程度偏低等问题,如何借鉴国外先进的立法经验并结合我国国情,理性地构建破产法体系和破产制度体系是一个需要解决的现实性问题。

第一节 企业破产制度的价值评析

一、破产制度的历史发展

(一) 破产与法律意义上的破产

破产(Bankrupt)一词就一般词义而言是指业主无力支付所负债务。英文中的 Bankrupt 一词源于意大利语"banca rotta",banca 意为"板凳",rotta 意为"砸烂",它来源于中世纪后期意大利商业城市的习惯。当时,商人们在市中心交易市场中各有自己的板凳,当某个商人不能清偿债务时,他的债权人就按照惯例砸烂他的板凳,以示其经营失败。[①]

就法律上的含义而言,破产指债务人在无力偿债的情况下将其财产对债权人进行公平清偿的法律程序。在传统的破产法上,这种法律程序主要是指破产清算程序,破产清算的目的是强制地将债务人的财产加以变卖并在债权人中进行公平分配。在企业破产的场合,破产清算必然地导致企业法律人格的消灭和出资人权益的丧失。

现在,"破产"在法律程序上的意义已不与"倒闭清算"相等同,它表现在:1. 破产被视为一种事实状态,它并不必然导致清算程序的发生。当债务人

---

① 覃有土主编:《商法学》,中国政法大学出版社 2002 年版,第 150 页。

处于无力偿债状态时,债务人和债权人可以有各种不同的选择,通常的做法是通过协商找出解决债务的办法;2. 破产案件被法院受理后,无力偿债的债务人可以寻求通过和解程序与重整程序清理债务,倒闭清算并不是无力偿债的必然结局;3. 进入 21 世纪,各国(尤其是发达国家的破产法)更注重设置破产的重整程序,对陷入困境的债务人以强有力的法律手段予以救济。因而,破产程序中不仅包括传统的清算制度,而且也包括以重建和更生为主要目标的破产和解和破产重整制度,和解和重整制度是现代破产法与传统破产法的显著区别,也是现代破产法追求的更高目标。

(二)破产制度的历史发展

破产法的形成和发展过程,就大陆法系而言,它经过了古代破产法时期、中世纪破产法时期、近现代破产法时期。

1. 古代破产法时期。主要是指古罗马法时期,当时还没有系统的破产法的规定,但在当时实行的一些法律中有关于债务清偿程序的规定。这些规定被看做是近现代破产法的雏形,也是破产法的最早的渊源。其中古罗马颁布的著名的《十二铜表法》第三章"债务法"中关于债务执行的规定为:(1)债务人在承认债务或者得到债务判决后,有 30 日特许宽限期;(2)该期限届满而未偿还的,债权人可以将债务人押解法庭;(3)债务人仍不能偿还的,则债权人可以将债务人押回家中,加以拘禁,拘禁期间,债务人的生活费自理;(4)拘禁期间,债务人可与债权人谋求和解,并在此期间,债权人应于连续三个日内,将债务人押往广场,当众宣布其所欠债额;(5)第三个集市日,仍无人代为清偿或提供担保,债权人有权将其处死,或卖于国外。债务清偿具有明显的人身处罚色彩。以后随着商品经济的发展与社会的不断进步,罗马法中的债务清偿制度也逐渐向财产执行过度,出现了"财产委付"、"财产扣押"等执行方式。在罗马破产法律程序中还有一种"支付犹豫制度",即经多数债权人同意,债务人就可在所同意的犹豫期限内积极从事整顿,以免遭破产命运。[1]

2. 中世纪破产法时期。以意大利破产制度出现为最早。这一时期与破产制度相关的较为著名的法律主要有 1244 年的《威尼斯条例》、1341 年的《佛罗伦萨条例》等。当时实行"扣押制度",一种是个别扣押制度;一种是总括扣押制度。当债权人向法庭提出有关债权和扣押原因的证明,法庭向债务人发出财产扣押委任命令,扣押后,债务人不在一定期限内出面了结债务,可由法庭主持(早期由债权人主持)将扣押财产变卖或分配以清偿债权。"扣押制度"对防止债务人逃废债务或欺诈有积极作用,并对当时及以后的欧洲各国的破产法产生了很大的影响。

---

[1] 夏雅丽主编:《商法学》,人民法院出版社、中国社会科学出版社 2002 年版,第 137 页。

1673 年法兰西国王路易十四颁布了《商事敕令》，其中第 11 章规定了破产制度，标志着破产法的成文法趋以完备。

　　在 15 世纪、16 世纪，德国尚无统一的破产法，许多地方只是个别执行的程序。到了 17 世纪、18 世纪，德国开始制订破产法，形成了两类破产制度：其一，债务人主动提起的善意委付程序；其二，债权人为了阻止个别债权人扣押和执行财产的行为而提起的破产程序。债权的调查与清算都由法院完成，债权人较少参与。欺诈性转让行为可被撤销。但这两种程序都未对债务人提供免责。

　　3. 近现代破产法时期。自 19 世纪以来，商品经济发展迅猛，与此相适应的有关破产制度也有了极大的发展和变化。法国的破产法是近代这一时期破产法的典型。1801 年拿破仑主持颁布了法国《商法典》，其中有破产制度的规定。主要有：(1) 采取商人破产主义；(2) 实行破产溯及主义；(3) 以债务人停止支付为破产原因；(4) 破产宣告一旦作出，债务人不仅丧失财产，且其人身也受羁押。此时的法国破产制度中仍保留了人身惩罚的烙印。

　　德国在 1855 年公布了《普鲁士破产法》，到 1871 年又颁布了德国《破产法典》，之后又经过了多次修改。日本近代在移植和效仿外国法的基础上，于 1890 年颁布了《商法典》，其中第三编为破产法。这也是日本第一次关于破产的成文法。1899 年日本颁布新的商法典时，原破产编未列入，而是作为单行的破产法继续有效。

　　资本主义进入到了垄断阶段，破产法发生了巨大的变革。法国于 1967 年对原破产法进行了修改，命名为《有关司法清理、财产清算、个人破产及破产犯罪的法律》，1980 年又修改了公司法有关规定，设立了内部预警程序及和解清理程序。1984 年，颁布了 1985—1998 年法律《困境企业司法重整及清偿法》，建立了以重整前置主义为特征的债务清理法律体系。1994 年又颁布了 94—475 号法律《企业困境防治法》，确立和修改了和解清理程序。

　　在现代破产法中，比利时的破产法独具一格。在它的破产法之外，单独颁布了一部《预防破产之和解制度》，赋予了破产法更新的内容。

　　德国于 1916 年和 1935 年也曾两度制订和解法。1994 年德国颁布新的破产法。该法共分 10 章，335 条。

　　日本于 1922 年采用奥地利立法体例，颁布和解法。1938 年又引进了英国公司法中关于公司整理和特别清偿制度。二战后，又采用美国法，于 1952 年颁布了《会社更新法》，实行一般破产主义和破产免责主义。

　　现代破产法的基本特征表现为：第一，和解制度的确立；第二，在破产事件中国家干预的加强；第三，非惩罚主义的发展。

　　破产法的产生与发展就英美法系而言，主要以英国和美国为典型。

　　(1) 英国破产法。英国在制定成文的破产法之前，普通法的债务清理制度没有管理破产财产和集体清偿的程序，法律任凭债权人扣押债务人的财产，甚至拘禁债务人。

英国最早的破产法是 1542 年亨利八世颁布的《破产条例》，该法采用一般破产主义，凡不能清偿债务而有欺诈行为者，无论是商人与否，皆适用该法。1571 年伊利莎白颁布破产法，适用商人破产主义，1705 年的破产法仍适用商人破产主义。破产申请仅得由债权人提起，创立诚实债务人部分财产豁免制度。1732 年又颁布了《防止破产人欺诈法》，与 1705 年立法相比，其篇幅更长，内容更复杂。在 18 世纪后期以前，不能清偿债务被看做是一种犯罪，债务人常常被监禁（但监禁费用由债权人负担）。

1849 年颁布的破产法作出一项有趣的创新，将债务人按过错分为三等（无过错、部分过错、完全过错，以诚实程度为准），颁发不同的免责证书。1861 年改革破产法，恢复亨利八世时代的一般破产主义。

1869 年修改破产法，认为破产纯属个人之事，取消官厅监督，由债权人会议自行选举破产受托人。到 1882 年修改破产法，又否认破产纯属私事之说，将破产置于商务部监督之下，规定破产开始时必须由商务部委派财产接管人。

1914 年，英国国会将亨利八世以来的破产法规整理成一部破产法，次年 1 月 1 日颁布。后经多次修改。该法仅适用于自然人破产，而法人破产则适用公司法的规定。1914 年还颁布了旨在预防破产的和解文据法。

英国的公司破产规则奠基于 1844 年公司法。该法首次确立了有限责任原则。由于自然人不对公司债务承担责任，传统的破产法难以对公司适用，需要建立新的法律制度来处理公司无力偿债问题。在 1855 年有限责任公司法和 1862 年公司法（该法含有详细的破产清理程序）的基础上，形成了独立的公司破产制度。

1986 年，英国颁布了《无力偿债法》，将破产法中的自然人破产与 1985 年公司法中的法人破产合为一体，并建立了重整制度。

英国的 1986 年破产法改革，对英联邦国家的破产法改革产生了重大的影响。新加坡在 1987 年、澳大利亚在 1988 年、新西兰在 1989 年、加拿大在 1992 年相继通过了破产法改革的立法。[1]

（2）美国破产法。美国破产法直接继受于英国。1776 年美国宣告独立，1800 年 4 月，第一部破产法颁布。美国破产法从一开始便成为联邦的统一立法。该法仅适用于商人，并实行惩罚主义。该法公布后，大量债务人身陷囹圄，遂于 1803 年废止。

1841 年颁布了第二部联邦破产法，建立了非商人破产程序，并采用保护债务人的立法政策。该法因过分善待债务人（如，规定债务人价值 300 美元以下

---

[1] 胡君彦、姜跃军：《英国破产法》，来源：http://www.lawbase.com.cn。

的衣服、家具和其他"必需品"可予以豁免），该法于1843年废止。

1867年颁布了第三部联邦破产法，设立自愿申请与非自愿申请两种程序，并设立了和解制度和破产财产管理制度。

1898年颁布了第四部破产法。根据该法，成立了破产法院成为联邦地区法院的一部分。1938年，国会通过了《钱德勒法案》（Chandler Act），对破产法进行了全面修订。其中尤其引人注目的是修订后形成的由第10章"公司重整"和第11章"偿债安排"组成的一般企业重整制度。该法在20世纪50年代和60年代曾经历了多次重大修订。

随着时间的推移，1898年破产法日益陈旧。1978年，卡特总统签署并颁布了《破产改革法》，即美国现行的破产法。该法后来被称为《破产法典》。1978年的破产立法确实是编纂的结果，并具有现代的语言和完整的体系。它取消了旧法赋予法官的某些管理职能（例如，法官不再担任债权人会议主席）。而该法在国内和国际上影响最深远的，还在于它的第11章所建立的全新的重整制度。近年来，美国又对该法作了一些细节上的修改。

（三）我国破产立法与司法概况

我国自1979年以来，着力于经济体制的改革，尤其是中共十一届三中全会提出的"使企业真正成为相对独立的经济实体，成为自主经营、自负盈亏的社会主义商品生产者和经营者，具有自我改造和自我发展的能力，具有权利和义务的法人"。市场经济体制为破产法的起草奠定了经济基础。1986年12月颁布了《中华人民共和国企业破产法（试行）》，该法分6章，共43条。但该法存在的问题是适用范围比较窄，适用于全民所有制企业的破产问题，再加上受计划经济的影响，有些规定显得比较陈旧。

实践中，由于非全民所有制企业的破产问题比全民所有制企业更为突出，于是在1991年颁布的《民事诉讼法》第19章中，设置8个条文规定了"企业法人破产还债程序"，适用于非全民所有制企业法人。

为了解决法律在适用过程中出现的问题，国务院在1994年作出《关于在若干城市试行国有企业破产有关问题的通知》，在1997年作出《关于在若干城市试行国有企业兼并破产和职工再就业有关问题的补充通知》。另外，最高人民法院在1991年颁布了《关于贯彻执行〈企业破产法（试行）〉若干问题的意见》，在1997年颁布了《关于人民法院审理企业破产案件应当注意的几个问题的通知》，在2002年作出《关于审理企业破产案件若干问题的规定》。

2006年8月27日，第十届全国人大常委会通过了新的《企业破产法》，共136条，自2007年6月1日起施行。新破产法的诞生具有历史价值，对于我国建立法治的市场经济具有支撑性的作用。

新颁布的《企业破产法》有以下方面突破与制度创新：

1. 在破产法的适用范围上，覆盖了所有的企业法人。不管是国有企业还是非国有企业，内资企业还是外资企业，上市公司还是非上市公司，金融机构还是非金融机构，均予以适用。对于非企业法人组织的破产问题，新颁布的《企业破产法》第135条作了这样规定，"其他法律规定企业法人以外的组织的清算，属于破产清算的，参照适用本法规定的程序"。对于本条的理解是，现行的破产法对于非企业法人组织的清算适用破产法的程序是作了一定限制的，即一是要有法律规定；二是必须是破产清算；三是"参照"破产法的有关规定，同时要结合非企业法人组织的相应特点作出灵活性的调整。就现有法律规定而言，《合伙企业法》第92条和《农民专业合作社法》第45条已经有过破产清算问题的规定。《合伙企业法》第92条规定，"合伙企业不能清偿到期债务的，债权人可以依法向人民法院提出破产清算申请，也可以要求普通合伙人清偿。合伙企业依法宣告破产的，普通合伙人对合伙企业债务仍应承担无限连带责任"、《农民专业合作社法》第45条规定，"清算组发现农民专业合作社的财产不足以清偿债务的，应当依法向人民法院申请破产"。

2. 破产条件重新作出了界定。按《企业破产法（试行）》第3条规定，"企业因经营管理不善造成严重亏损，不能清偿到期债务的，依照本法规定宣告破产"。新颁布的《企业破产法》则将企业破产的条件改为"不能清偿到期债务，并且资产不足以清偿全部债务或者明显缺乏清偿能力的"，这样更具有可操作性。[①]

3. 第一次引进了管理人制度。用比较市场化、专业化的机构和专业人士来处理复杂的、市场化的破产事务。

4. 强调债权人自治。强化了债权人会议的职权，新创设了债权人委员会，并在债权申报、债权人会议，清算和重整程序中进一步强化保护债权人利益。

5. 建立了重整制度。第一次引进了重整制度，使得破产法不仅仅是一个死亡法、清算法、市场退出法，而且还是一个恢复生机法、市场主体复兴法、拯救法与再生法。

6. 实施对欺诈性破产的预防与打击。在"债务人财产"法条设计上特别规定了可撤销的行为和无效的行为，为预防和阻止恶意破产、欺诈性破产作出了更

---

① 值得探讨的问题是，"企业法人不能清偿到期债务，并且资产不足以清偿全部债务"在司法实践中较易证明，但是要证明债务人"明显缺乏清偿能力"较为困难。在司法实践中可以从以下四个方面进行：其一，提供证据证明，债务人已丧失盈利能力；其二，经中介机构审计确认，债务人资产负债表上列明的资产项目中有大量的待处理资产；其三，经中介机构评估确认，债务人资产负债表上列明的资产项目中部分资产的评估现值低于资产负债表上的记载价值；其四，提供其他证据证明，债务人资产负债表上列明的资产项目中的部分资产已经处理变现。例如，债权无法收回，投资没有收益并且无法转让投资有预期收益，资产实际价值低于账面价值等。

严格的规定。

7. 界定了担保债权和职工债权在清算中的清偿顺序问题。对于破产财产的清偿上,担保债权优先受偿还是职工债权优先受偿,在我国近几年的破产处理实践上一直未能很好地解决此类问题,新颁布的《企业破产法》通过相关法条的规定,用中国式的智慧解决了这个在立法起草中争论极大的问题。

8. 规定了金融机构的破产问题。新颁布的《企业破产法》对金融机构的破产也作了相应的规定,表明了我国在资本市场、金融市场更为开放的态度,这是前所未有的。

9. 规定了严格的破产责任。对于债务人以及破产人的董事、监事、高管人、管理人的忠实义务、勤勉尽责义务以及破产程序中的义务都做了非常严格的规定,同时规定了他们相应的民事责任和刑事责任。

10. 第一次把跨境破产的条文写入法律。为将来与国际跨境破产接轨做了非常好的铺垫。

二、破产立法主义解析

(一)破产法的性质与破产立法价值

破产法最明显的性质特征表现为程序法和实体法的结合。在破产法中包含有比较多的实体法规范,如破产财产、破产债权、破产撤销权、破产取回权、别除权、破产免责等,它是构成破产法的实体性规范。另外,在破产法中还有大量的程序性规范,实际上自债权人或债务人申请破产起,自始至终每一步骤和阶段,破产法都对此作了规定。如破产的申请与受理,债权人会议、和解、重整、破产宣告、破产清偿等。

破产法在调整实体性权利的法律政策和规则对于实现债务清理和企业治理的制度目标起着决定性的作用,而程序则为这种清理和治理的过程提供了秩序保障。

破产制度具有以下方面的社会价值:

1. 有利于公平清偿债务。破产制度的产生首先来源于债权人公平分配要求的满足,此可谓破产立法的首要目的。"为维持多数相互竞合的债权人间公平清偿起见,不能不特别考虑债权之实现方法,为此需要而产生的制度,则为破产制度。"[①] 公平清偿包括两个方面的含义,即以债务人的所有财产对其所有债权人按比例偿还,以防止部分债权人捷足先登;债权人的损失也是公平地按比例来分担。破产法所建立的是一个集体清偿机制,而集体受偿正是破产程序的一个显著特征,也是破产法的一项基本原则。英国破产法学者弗莱切(Fietcher)曾指出:

---

① 陈荣宗:《新颁布的企业破产法》,(台湾)三民书局1982年版,第1页。

"发达的破产法的一个最重要特点就是集体受偿原则(principle of collectivity)……集体受偿原则的根本信条就是,在管理债务人资产和处理债权人请求时,不必考虑资产取得和债务发生的时间顺序。破产法运行的进一步特点则是它旨在体现道德正当性的独特理念,这种道德正当性贯穿在债权人与他们的无力偿债的债务人的关系中,也贯穿在作为一个群体的债权人当中。"① 破产制度使每一个债权人在破产过程中得到公正、公平地清偿,并追求有效率的结果,所以,破产法又是一个在司法框架下受程序约束的有秩序的制度安排。

2. 可以充分地保护债务人的合法权益。破产是将债务人的所有财产进行清算,用以偿还其全部债务,无法偿还的部分则予以豁免,以便债务人重新再起。对破产人的救济是破产制度文明发展的产物。只是到了近代,对债务人的救济才引起人们较多的注意。如18世纪意大利古典刑事学派创始人贝卡里亚提出,重要的是应该把故意破产者与无辜破产者区别开来,后者如果能向法官证明使他丧失财产的原因是他人的作恶或不仁或是人的谨慎所无法避免的不测风云,难道应该剥夺他唯一可怜财产——赤贫的自由,而确定他有罪让他体尝罪犯的痛苦吗?对于后者,应为其保留选择恢复元气的方法的权利。② 债务人不能清偿到期债务时,可自己申请开始破产程序,从个别诉讼和执行的烦琐中解脱出来,免去相当的时间和费用;在破产程序中,债务人还可以与债权人达成和解,从中享受到部分债务的免除、分期或延期偿还债务甚至避免最终破产的好处;在自然人破产的情况下,固定主义立法例可以使自然人利用破产宣告后取得的财产开始新的营业;免责主义立法例可免除自然人对剩余债务的清偿责任,债务人可以收集资财,东山再起。

3. 发挥优胜劣汰机制,实现资源优化组合。破产是市场经济社会的必然现象,20世纪80年代,我国香港地区每年有3000多家企业破产,日本每年有4万多家企业破产,瑞典每年有3万多家企业破产。③ 这么多企业破产并未使这些国家和地区经济垮台,相反,更具有生机和活力。破产制度在淘汰落后,促成新生,实现资源优化组合方面具有重要的作用机理。破产法通过对破产债务的及时、合理的清理,可以消除破产状态下债务的恶性循环;破产法通过对经营水平低下企业的淘汰,有助于合理调整产业结构,进而促进整个社会生产力水平的提高;破产法还可以通过对破产企业的处理,敦促一般企业增强危机意识,改善经营状况,避免和减少破产现象的发生。

4. 协调、界定、确认利益主体之间的关系。破产法涉及的利益主体和市场

---

① Fletcher IF, the law or Insolvency, 2 nd, ed., Sweet &Maxwell, London, 1996.
② [意]贝卡里亚著:《论犯罪与刑罚》,黄风译,中国大百科全书出版社1993年版,第82—83页。
③ 官欣荣主编:《商法原理》,中国检察出版社2004年版,第273页。

参与者甚多，债权人、债务人、管理人、政府、雇员、消费者，甚至公众利益，可以说一部法牵动几乎所有市场主体的利益。因此，制定和实施破产法的过程相对较为复杂，而制定和实施过程本身，实际上就是一个如何合理地界定各市场参与者的利益的过程。只有主体与主体间互相尊重、公平竞争，相关利益相互协调，市场经济才得以有序发展。

当我们在评价破产制度对价值效用的时候，也应当理性地看到，破产制度也会存在一些无法回避的缺陷，表现在：

1. 偿债率低，对债权人极为不利。实践证明，近几年，我国通过破产处理的案件中，相当数量的破产案件中偿权受偿率只有10%左右。

2. 破产资产处理折现率低。由于破产拍卖或变卖企业资产，使企业所拥有的价值受到严重损失，各种生产要素为分开处理，降低了企业的整体价值。

3. 破产处理对社会稳定带来负面影响。这主要是指破产将造成工人失业，当一个地区破产案件数量过多、破产处理相对集中时甚至会引起连锁反应。

破产制度实施中存在的问题，将通过破产法中的破产重整制度得以纠正和弥补。

(二) 破产法的立法主义解析

各国破产立法上的原则或主义很多，素以相配套的对偶范畴出现，且又经"正—反—合"式的历史演进。

1. 商人破产主义和一般破产主义。这是从破产法的适用范围所作的划分。商人破产主义是指有权进入破产程序的主体仅限于商人（包括企业和商个人），其他组织和自然人不能被宣告破产。意大利、比利时和法国旧法采取此立法主义。此种立法主义多将破产制度规定在商法典中。一般破产主义是指破产法对商人及一般人均得以适用。德国、日本、英美法系国家采此种立法主义。此种立法主义多制定独立的破产法典。此外，还有折中破产主义。指商人和非商人均可以破产，只是商人适用的程序与非商人适用的程序不同。西班牙、丹麦、挪威等国家采此立法主义。折中破产主义实际上是一般破产主义的一种表现形式，晚近立法有放弃商人破产主义改采一般破产主义之趋势。

2. 申请主义和职权主义。在破产程序开始上，有申请主义和职权主义之分。申请主义是指破产程序的开始由债权人或债务人申请，经法院宣告而进行；职权主义则指一旦查明债务人达到破产界限，无须当事人指使，即由法院依职权进行破产宣告。早期的破产立法视破产为犯罪，故多采职权主义，现今破产立法虑及破产事件虽关乎整个社会经济之命运，但具有私权性质，故大都以申请主义为原则，辅以职权主义。

3. 惩罚主义与非惩罚主义。这是就破产行为是否视为犯罪，追究刑事责任所作的划分。惩罚主义将破产行为视为犯罪行为，法国采此主义；非惩罚主义则

第七章　企业破产制度的评析与构建

不将破产行为看做犯罪,而是当成债务人与全体债权人之间的清算程序,不因破产宣告而对债务人的身份加以各种公私法上的限制。德国多采这一主义。随着社会的进步,文明的发展,破产有罪转化为破产无罪,但欺诈破产行为当另论。

4. 免责主义和不免责主义。这是就破产人在破产偿债后未清偿的债务是否被完全豁免所进行的划分。免责主义是指破产人在经过破产程序以其全部财产还清后,未清偿的债务不再清偿。英美法采此主义。不免责主义是指破产人清偿的义务不因破产程序的终结而豁免,其未因破产程序而清偿的债务,在他日财力恢复时,仍负完全的责任。德、法采此主义。

5. 普及主义与属地主义。这是就破产宣告的地域效力所作的划分。普及主义是指破产宣告的地域效力不仅及于债务人在本国的财产,而且还及于其在国外的全部财产。采普及主义的结果是,债务人在国际上只能发生一人一破产现象。但实际上国外财产执行起来困难重重。属地主义是指破产宣告的效力只及于债务人在本国的财产,不涉及其在国外的财产,属地主义易致各国同时或先后对同一债务人作多次破产宣告的结果。故有灵活机动的折中主义之产生,即对债务人之动产,适用普及主义;对债务人之不动产则适用属地主义。①

6. 和解前置主义与和解分离主义。这是就破产清算程序与作为破产预防之和解程序之间的关系所作的划分。和解前置主义是指于申请宣告债务人破产前,应先行和解,只有在和解不成立时,始得宣告债务人破产;和解分离主义是指破产程序与和解程序相互分离,并无前后置关系,未经和解程序仍可径行进入破产程序。

7. 固定主义与膨胀主义。这是就破产财产的范围所作的划分。固定主义是指破产财产的构成仅以破产宣告时的债务人的财产为限,破产宣告后债务人所取得的财产不属于破产财产而划归自由财产;膨胀主义则是指破产财产的构成不以破产宣告时破产人的财产为限,凡于破产程序终结前归属于破产人的所有财产均属于破产财产。

需要指出的是,尽管不同时期不同国家的破产立法模式存在一定差异,但其发展却呈现出一些共同的趋向,即(1)由商人破产主义趋向于一般破产主义;(2)由有罪破产(即视破产为犯罪)转向无罪破产;(3)由单纯保护债权人利益转向兼顾债权人、债务人及其他利害关系人利益;(4)由偏重债务人财产之破产清算趋向于崇尚和解等破产预防制度。

比照以上分类,分析我国新颁布的《企业破产法》的相关条文,可以认为我国现行的立法系采和解分离主义、破产程序开始的申请主义、破产财产的膨胀主义。而在破产法的适用范围上,由于现行破产法只赋予企业法人以破产能力,

---

① 官欣荣主编:《商法原理》,中国检察出版社 2004 年版,第 274—275 页。

非法人企业、个体工商户、农村承包经营户、个人合伙以及一般自然人并无破产能力，故可算作有限的商人破产主义；因自然人不具有破产能力，所以并无免责与不免责之分。①

第二节 企业破产程序法评析与构建

一、破产案件的申请与受理

（一）破产原因与破产要件

破产原因，通常也称为破产界限，是指认定债务人丧失清偿能力，当事人能够据此提出破产申请，法院可以此启动破产程序的法律事实。

世界各国立法对于破产原因的规定，主要有两种模式：其一，是英美法系采取的列举主义模式，即对破产原因不做抽象性的规定，而结合具体案情，在法律中明确规定破产原因的基本类型，如果企业发生的行为不在法律规定之列，就不能启动破产程序；其二，是大陆法系国家立法采取的概括主义模式，即对破产原因从法学概念上作抽象性的规定，在此模式下由法官来自由作出裁量。

通常在适用概括主义模式下，破产原因一般有三种概括模式：一是资产负债标准，即资不抵债。是指债务人的全部资产总额不足以抵偿其所负的全部债务。这一标准一般是适用于股份有限公司、有限责任公司和其他依法可以宣告破产的法人。二是现金流量标准，即债务人不能清偿到期债务。一般认定债务人不能清偿到期债务的条件是债务人欠缺清偿能力；不能清偿已届清偿期而且债权人已经向他提出清偿要求的债务；且持续地不能清偿该债务。三是停止支付标准。债务人以明示或默示的方式向债权人作出不能支付一定金钱债务的主观意思表示。在这三个标准中，采现金流量标准对债务人、债权人比较公平，在实践中也得到广泛应用。

对于破产条件，学理上存在着不同的学说，有"一要件说"，即具备破产原因，破产程序就可启动；"二要件说"，即除破产原因外，还应具备破产能力；"三要件说"，即还具备多数债权人。

从我国现有的立法情况看，原破产法对破产申请的实质要件规定不一，显得比较混乱。国有企业的破产原因应包括两个事实状况：一是企业经营不善；二是严重亏损不能清偿到期债务。并且还须考虑严重亏损是由经营管理不善而造成的，如果是基于政策上的原因就不能破产。针对商业银行而言，《商业银行法》第7条规定为，商业银行不能支付到期债务，经中国人民银行同意，由人民法院宣告其破产。这样商业银行的破产实际上须具备两个要件，即不能支付到期债务

---

① 范健主编：《商法》，高等教育出版社、北京大学出版社2002年版，第206页。

和经中国人民银行同意。依我国《公司法》第189条规定,公司破产申请只须具备"不能清偿到期债务"一项实质要件即可。

新颁布的《企业破产法》第2条规定:"企业法人不能清偿到期债务,并且资产不足以清偿全部债务或者明显缺乏清偿能力的,依照本法规定清理债务",即将"资产不足以清偿全部债务或者明显缺乏清偿能力"与"不能清偿到期债务"并列为破产原因,便于法院审查。

新颁布的《企业破产法》在附则中规定了金融机构破产有一个特别程序,即由国务院金融监管机构提出。新法规定:"商业银行、证券公司、保险公司等金融机构有本法第二条规定情形的,国务院金融监督管理机构可以向人民法院提出对该金融机构进行重整或者破产清算的申请。国务院金融监督管理机构依法对出现重大经营风险的金融机构采取接管、托管等措施的,可以向人民法院申请中止以该金融机构为被告或者被执行人的民事诉讼和执行程序。"

(二)破产申请及其法律要求

破产申请是指破产申请人请求人民法院受理破产案件的意思表示。在整个破产法的发展过程中,破产案件的申请有职权主义和申请主义两种。在现代各国破产法中总体态势是以申请主义为主,有时辅之以职权主义。因此,当事人申请主义成为发动破产程序的主要立法准则。

破产申请的主体主要是指与破产案件有利害关系,依法具有破产案件申请资格的民事主体。一是债权人,二是债务人,三是一定范围的第三人。就第三人而言,在有些国家的破产法中赋予其破产申请的资格,如日本破产法中就规定,破产法人的理事及无限责任公司的会员或成员作为第三人可以提出破产申请;英国破产法中的"准债务人"也可以提出破产申请。"准债务人"是指破产和解协议或破产整顿程序中的监督人以及依破产和解协议或破产协调计划负担实体法律义务的第三人。我国新颁布的《企业破产法》第7条规定,"企业法人已经解散但未清算或者未清算完毕,资产不足以清偿债务的,依法负有清算责任的人应当向人民法院申请破产清算。"该"依法负有清算责任的人"可理解为第三人。但是,负有清算责任的人只能申请破产清算,而不能申请重整或者申请和解。清算组申请破产清算,依然需要向法院提交申请破产清算的破产申请书。

作为维护自己利益的一种救济方法,债权人自然有权提出破产申请。债权人提出破产申请,其法律要求是:1. 债权人的申请资格。即申请破产的债权应当具有给付内容的请求权,并且须为已到期的请求权。在破产法上,债权人申请不具有集体诉讼的性质,提出破产申请的债权人只能行使自己的请求权。2. 申请形式。应当采用书面形式。其申请内容应载明债权的性质、数额、债务人不能清偿到期债务的事实,并提供相应的证据材料。3. 预交破产费用。在破产宣告后,破产费用可从破产财产中优先支付,若与债务人达成和解协议后,破产费用应从债务人的财产中及时偿还。

债务人也可主动申请破产。在我国新颁布的《企业破产法》第 7 条规定，债务人"可以"提出破产清算申请，而不是"应当"申请破产，这意味着，在我国，新破产法中未规定债务人申请破产的义务。债务人申请破产，其法律要求是：1. 债务人应具有法人资格，不具备法人资格的企业、个体工商户、农村承包经营户不具备破产主体资格，但我国《合伙企业法》对合伙企业的破产问题也作过规定，合伙企业另当别论。2. 债务人申请破产除应提交破产申请书外，还应向人民法院提交财产状况说明、债务清册、债权清册、有关财务会计报告、职工留置预案以及职工工资的支付和社会保险费用的缴纳情况。

（三）破产案件管辖与受理

破产案件由债务人所有地法院管辖。就级别管辖问题，新颁布的《企业破产法》对此未作规定，在最高人民法院 2002 年 7 月 18 日作出的《关于审理企业破产案件若干问题的规定》第 2 条中指出，破产案件的级别管辖，按如下原则确定：1. 基层人民法院一般管辖县、县级市或者区的工商行政管理机关核准登记企业的破产案件；2. 中级人民法院一般管辖地区、地级市（含本级）以上工商行政管理机关核准登记企业的破产案件；3. 纳入国家计划调整的企业破产案件，由中级人民法院管辖。对外资企业的管辖由法院确定，《深圳经济特区企业破产条例》规定，系由中级人民法院管辖。

破产案件的受理是指有管辖权的法院收到破产申请后，对符合法定条件的案件予以接受，并由此开始破产程序的司法行为。

人民法院受理破产申请，应审查破产申请主体提交的文件、资料、报表等是否符合法定的要求。如主体资格审查、管辖权审查、申请材料的法定要求审查等。

对债权人提出破产申请的，人民法院应当自收到申请书之日起 5 日内通知债务人，债务人对申请有异议的，应当自收到人民法院的通知之日起 7 日内向人民法院提出。人民法院应当自异议期满之日起 10 日内裁定是否受理。如债务人或第三人提出破产申请的，人民法院应当自收到破产申请之日起 15 日内裁定是否受理。如特殊情况需要延长受案期限的，经上一级人民法院批准，可以延长 15 日。

人民法院受理破产申请的，应当自裁定作出之日起 5 日内送达申请人。债权人提出申请的，人民法院应当自裁定作出之日起 5 日内送达债务人。债务人应当自裁定送达之日起 15 日内向人民法院提交财产状况说明、债务清册、债权清册、有关财务会计报告以及职工工资的支付和社会保障费用的缴纳情况。

人民法院裁定受理破产申请的，应当同时指定管理人，并自裁定受理破产申请之日起 25 日内通知已知债权人，并予以公告。通知与公告应记载的事项有：1. 申请人、被申请人的名称或姓名；2. 人民法院受理破产申请的时间；3. 申报债权的期限、地点和注意事项；4. 管理人的名称或者姓名及其处理事务的地址；5. 债务人的债务人或者财产持有人应当向管理人清偿债务或者交付财产的要求；6. 第一次债权人会议召开的时间和地点；7. 人民法院认为应当通知和公告的其他事项。

在何种情形下的破产申请将被法院裁定不受理？新颁布的《企业破产法》对此未作明确规定，仅规定，对法院裁定不受理的案件申请人对裁定不服的，可以在裁定送达之日起 10 日内向上一级人民法院提起上诉。而按最高人民法院作出的《关于审理企业破产案件若干问题的规定》，人民法院经审查发现有下列情况的，破产申请不予受理：1. 债务人有隐匿、转移财产等行为，为了逃避债务而申请破产的；2. 债权人借破产申请毁损债务人商业信誉，意图损害公平竞争的。

（四）破产案件受理的法律效力

1. 对债务人的约束力。破产案件受理，对债务人直接的后果是使其丧失对财产的处分权。其次是对债务人的相关人（主要是指企业的法定代表人和经人民法院决定的企业财务管理人员和其他经营管理人员等）的活动进行必要的限制。按新颁布的《企业破产法》第 15 条规定，债务人的法定代表人和经人民法院决定的财务管理人员和其他经营管理人员承担下列义务：（1）妥善保管其占有和管理的财产、印章和账簿、文书等资料；（2）根据人民法院、管理人的要求进行工作，并如实回答询问；（3）列席债权人会议并如实回答债权人的询问；（4）未经人民法院许可，不得离开住所地；（5）不得新任其他企业的董事、监事、高级管理人员。另外，人民法院受理破产申请后，债务人对个别债权人的债务清偿无效。

2. 对债权人的约束力。债权人不得个别行使追索权；债权人不得自行划扣债务人的现有存款和以债务人的汇入款抵扣。对债权人的约束力还表现在对双方均未履行完毕的合同的处理上。按新颁布的《企业破产法》第 18 条之规定，人民法院受理破产申请后，管理人对破产申请受理前成立而债务人和对方当事人均未履行完毕的合同有权决定解除或者继续履行，并通知对方当事人。管理人自破产申请受理之日起 2 个月内未通知对方当事人，或者自收到对方当事人催告之日起 30 日内未答复的，视为解除合同。管理人决定继续履行合同的，对方当事人应当履行；但是，对方当事人有权要求管理人提供担保。管理人不提供担保的，视为解除合同。

3. 对原有财产保全或民事诉讼程序的影响。中止或终结民事诉讼程序；中止民事执行程序。对债务人的财产保全措施应当解除；有关债务人的民事诉讼，只能向受理破产申请的人民法院提起。按笔者的理解，中止或终结民事诉讼程序所指的"民事诉讼"应是指旨在满足债权的诉讼，并不排除一切诉讼行为，如破产债权额的诉讼,有关财产归属的诉讼等。

(五) 破产债权的申报和确定

1. 破产债权的范围。按最高人民法院《关于审理企业破产案件若干问题的规定》第55条,主要是指:(1) 破产宣告前发生的无财产担保的债权;(2) 破产宣告前发生的虽有财产担保但是债权人放弃优先受偿的债权;(3) 破产宣告前发生的虽有财产担保但是债权数额超过担保物价值部分的债权;(4) 票据出票人被宣告破产,付款人或者承兑人不知其事实而向持票人付款或者承兑所产生的债权;(5) 清算组解除合同,对方当事人依法或者依照合同约定产生的对债务人可以用货币计算的债权(违约金不作为破产债权,定金不适用定金罚则);(6) 债务人的受托人在债务人破产后,为债务人的利益处理委托事务所发生的债权;(7) 债务人发行债券形成的债权;(8) 债务人的保证人预先行使追偿权而申报的债权;(9) 债务人为保证人的,在破产宣告前已经被生效的法律文书确定承担的保证责任;(10) 债务人在破产宣告前因侵权、违约给他人造成财产损失而产生的赔偿责任;人民法院认可的其他债权。

不属于破产债权的情形:(1) 职工向企业的投资;(2) 超过诉讼时效的债权;(3) 债权人参加破产程序所支出的费用;(4) 债务人开办的单位对债务人未收取的管理费、承包费;(5) 政府无偿拨付给债务人的资金。

新颁布的《企业破产法》对债权申报的范围未作出明文规定,可参照上述原有司法解释精神来确定债权申报的范围。

对于债务人所欠职工的工资和医疗费、伤残补助费、抚恤费用、所欠的应当划入职工个人账户的基本养老保险、基本医疗保险费用,以及法律、行政法规规定的应当支付给职工的补偿金不必申报,由管理人调查后列出清单予以公示。

2. 破产债权申报的期限。依新颁布的《企业破产法》第45条规定,债权人应当自发布受理破产申请公告之日起30日内,最长不超过3个月应向管理人申报债权。申报方式应采取书面形式。并明确说明债权数额、债权性质、提交相关的证明材料,申报的债权是连带债权的,应予以说明。

连带债权人可以由其中一人代表全体连带债权人申报债权,也可以共同申报债权。债务人的保证人或者其他连带债务人尚未代替债务人清偿债务的,以其对债务人的将来求偿权申报债权,但是,债权人已经向管理人申报全部债权的除外。

在人民法院确定的债权申报期限内,债权人未申报债权的,可以在破产财产最后分配前补充申报;但是,此前已进行的分配,不再对其补充分配。为审查和确认补充申报债权的费用由补充申报人承担。

3. 破产债权申报的受理机构。《企业破产法》第48条规定,债权人应当在人民法院确定的债权申报期限内向管理人申报债权。管理人在收到债权申报材料后，应当进行登记造册，并对申报的债权进行审查，编制破产债权表，债权表中应当记载债权人的身份情况（名称或姓名、住所地、工商营业执照、开户银行账号等）、债权的数额及相关证据、债权有无财产担保、债权申报时间、联系方式以及其他必要的情况。对于有财产担保的债权和无财产担保的债权应当分别登记造册。

4. 破产债权的确定。谁有权审查确定破产债权？依德、日、法为例，由法院行使；按英国法例，由破产事务官或破产委托人审查、确定，有异议的由法院作出裁定。依我国现行的破产法，破产债权由债权人会议行使审查权和确定权。对债权人会议作出的决议，债权人有异议的，可由受理破产案件的人民法院受理后作出裁定。

5. 逾期申报的处理。按我国原有的《企业破产法（试行）》，债权人逾期申报债权的，视为自动放弃债权；按最高人民法院《关于审理企业破产案件若干问题的规定》，债权人虽未在法定期间申报债权，但存在《民事诉讼法》第76条规定（当事人因不可抗拒的事由或者其他正当理由耽误期限的，在障碍消除后的10日内可以申请顺延期限，是否准许由人民法院决定）的情形的，在破产财产分配前可向清算组申报债权。清算组负责审查其申报的债权，并由人民法院审查确定。债权人会议对人民法院同意该债权人参加破产财产分配有异议的，可以向人民法院申报复议。按新颁布的《企业破产法》第56条规定，"在人民法院确定的债权申报期限内，债权人未申报债权的，可以在破产财产最后分配前补充申报；但是，此前已进行的分配，不再对其补充分配。为审查和确认补充申报债权的费用，由补充申报人承担"。

6. 对或然债务的处理。破产债权既可以是现实的债权，也可以是或然的债权。所谓或然的债权是指在发生上不确定的债权。关于该类债权，最典型的是因产品质量责任、环境健康安全责任而产生的将来可能发生的债权。我国现行的破产法对此未作规定。在美国，可以通过设立环境侵权责任基金来解决，但我国目前尚无相关的案例，对这一问题的解决有待于立法与司法机关予以明确。

二、债权人会议与债权人委员会

（一）债权人会议法律地位

债权人会议是全体债权人参加破产程序并集体行使权利的决议机构。它是一个组织体，是全体债权人作为一个债权人团体在破产程序中就他们共同的权利进行行使和处分的一个机关。

从破产法的相关规定分析，债权人会议的地位可概括为：1. 债权人会议是一个组织体，但不具备法人所具备的条件，也无须进行工商登记；2. 债权人会议的决议对全体债权人具有法律上的拘束力；3. 债权人会议在整个破产程序中有一定独立的自主权，但受法院的领导，在确定债权或债权人会议违法时，法院可行使司法裁定的权力。

(二) 债权人会议的组成及职权

债权人会议由全体债权人组成。包括有财产担保的债权人、无财产担保的债权人和代替债务人清偿债务后的保证人等。在理解时应注意能够成为债权人会议组成人员的，应为已在规定期限内申报债权的债权人，而不是任一债权人。未申报债权的债权人，在未经人民法院裁定确认的情况下，不应成为债权人会议的成员，不享有出席债权人会议的权利。

按我国新颁布的《企业破产法》第61条规定，债权人会议职权有：1. 核查债权；2. 申请人民法院更换管理人，审查管理人的费用和报酬；3. 监督管理人；4. 选任和更换债权人委员会成员；5. 决定继续或者停止债务人营业；6. 通过重整计划；7. 通过和解协议；8. 通过债务人财产的管理方案；9. 通过破产财产的变价方案；10. 通过破产财产的分配方案；11. 人民法院认为应当由债权人会议行使的其他职权。

债权人会议设主席1人，由人民法院从有表决权的债权人中指定。债权人会议主席主持债权人会议。

(三) 债权人会议的召集与表决

第一次债权人会议在债权申报期限届满后15日内召开，由法院召集；以后的债权人会议在人民法院认为必要时或者管理人、债权人委员会、占有债权份额四分之一以上的债权人向债权人会议主席提议时召开，召开债权人会议，管理人应当提前15日通知已知债权人。

债权人会议决议程序与表决涉及的问题主要有：

1. 债权人会议决议通过的条件。债权人会议的决议，由出席会议的有表决权的债权人过半数通过，并且其所代表的债权额占无财产担保债权总额的二分之一以上。但是对于重整计划和和解协议草案的通过，需经出席会议的同一表决组的债权人过半数同意，并且其所代表的债权额占该组债权总额的三分之二以上。各表决组均通过重整计划草案时，重整计划即为通过。

债权人会议通过和解协议的决议，由出席会议的有表决权的债权人过半数同意，并且其所代表的债权额占无财产担保债权总额的三分之二以上。

2. 债权人会议应否由职工参加。我国《企业破产法》第59条的规定是，债权人会议应当由债务人的职工和工会的代表参加，对有关事项发表意见。但立法并未对职工和工会的表决权作出明确的规定。

3. 关于有财产担保权人的表决权问题。各国立法存在以下几种模式：一是规定担保权人为债权人会议成员，但无表决权。二是规定担保人不是债权人会议成员，自然也无表决权。三是按债权性质将债权人会议分为不同种类的债权人会议，一种是破产债权人会议；另一种是担保债权人会议，各自决定与其利益相关的事项。我国《企业破产法》第59条规定:"依法申报债权的债权人为债权人会议的成员,有权参加债权人会议,享有表决权。债权尚未确定的债权人,除人民法院能够为其行使表决权而临时确定债权额外,不得行使表决权。对债务人的特定财产享有担保权的债权人,未放弃优先偿还权利的,对于本法第六十一条第一款第七项(通过和解协议)、第十项(通过破产财产的分配方案)规定的事项不享有表决权。"因此,对债务人的特定财产享有担保权的债权人有权参加债权人会议,但对其表决权作出了限制,这主要是考虑某些事项的表决与享有担保权的人在利益上并无关系,准许其行使表决权可能会导致影响其他债权人利益的实现。

4. 对债权人会议决议的异议。债权人认为债权人会议的决议违反法律规定,损害其利益的,可以自债权人会议作出决议之日起15日内请求人民法院裁定撤销该决议,责令债权人会议依法重新作出决议。人民法院经审查后视不同情形,可裁定驳回请求,也可以裁定撤销该决议。

5. 债权人会议决议的效力。债权人会议的决议对全体债权人均有法律约束力。当债权人会议对"债务人财产的管理方案"和"破产财产变价方案"未能通过时,由人民法院裁定;当债权人会议对"通过破产财产的分配方案"经二次表决仍未能通过时,由人民法院裁定。对人民法院裁定不服的,可按新颁布的《企业破产法》第66条有关规定行使复议权。

(四) 债权人委员会

债权人委员会系作为债权人团体的利益维护和意思表示机关。

债权人会议可以决定设立债权人委员会。债权人委员会由债权人会议选任的债权人代表和1名债务人的职工代表或者工会代表组成,债权人委员会成员不得超过9人。

债权人委员会的职权主要有:1. 监督债务人财产的管理和处分;2. 监督债务人财产分配;3. 提议召开债权人会议;4. 债权人会议委托的其他事项。

债权人委员会执行职务时,有权要求管理人、债务人的有关人员对其职权范围内的事务作出说明或者提供有关文件。当管理人、债务人的有关人员违反破产法规定拒绝接受监督的,债权人委员会有权就监督事项请求人民法院作出决定,人民法院应当在5日内作出决定。管理人应接受债权人委员会的监督,就涉及土地房屋不动产权益之转让事项、探矿权和采矿山权以及知识产权等财产之转让事项、全部库存或者营业之事项、借款事项、设定财产担保事项、债权与有价证券之转让事项、未履行完毕合同之事项、放弃权利之事项、担保物的取回之事项、对债权人利益有重大影响的其他财产处分之事项均应及时向债权人委员会报告。

三、破产重整和破产和解

(一) 破产重整与破产和解的法律特征

破产重整是指在企业无力偿债的情况下,依照法律规定的程序,不立即进行清算，而是在法院主持下由债务人与债权人达成协议，制定重组计划，规定在一定期限内，债务人可以继续经营其业务，并按一定方式全部或部分清偿债务。引入重整这一项新的程序，是新破产法的一大亮点。其目的是，使面临困境但有挽救希望的企业避免破产清算，获得恢复生机的机会。它维护了企业的"运营价值"，保留了就业机会，实现了现代社会所要求的秩序、效率与公平。美国的安然和联邦航空公司破产案，都启用了破产重整程序。过去我国一直没有这样的制度设计，郑百文案、南方证券行政接管、德隆危机等，当时的处理方式更多采用了非市场的、行政的重组方法。

新颁布的《企业破产法》第70条规定："债务人或者债权人可以直接向人民法院申请对债务人进行重整。债权人申请对债务人进行破产清算的，在人民法院受理破产申请后、宣告债务人破产前，债务人或者出资额占债务人注册资本十分之一以上的出资人，可以向人民法院申请重整。"

破产和解是指在破产程序中，无力偿债的债务人为避免破产清算，而与债权人团体达成的由全体债权人以让步方法了结债务的协议，该协议经法院认可后生效的法律程序。

把握破产和解与破产重整两者的特征应从破产和解、破产重整、破产清算、公司重组诸方面的关系上进行考究，还应从新颁布的《企业破产法》与原有的《企业破产法（试行）》在制度构建上的差异性中进行比较分析。

1. 破产和解与破产重整的关系。破产和解和破产重整实际上都是一种破产预防程序。破产和解侧重于债权人与债务人之间通过自愿协商的方法来安排偿债；而破产重整则侧重于对一些大型的企业的复兴和整顿。两者相互独立，相互补充。

2. 破产重整与破产清算的关系。破产重整程序的目标价值是拯救那些濒临破产而有拯救价值的债务人，而破产清算的目标价值是通过清算和清偿使全体债权人能公平受偿，为的是保护全体债权人的利益。破产重整程序由债务人自主决定，且由债务人提出，而破产清算程序债权人、债务人均有权提出；破产重整程序实施后，债务人的主体资格并不丧失，相反是更好地发展，而破产清算程序的结束，则债务人的主体资格归于消灭；破产清算程序往往是在重整程序无明显成效时所采取，成为重整无效的后续程序。

3. 公司重组与破产重整的关系。公司重组是指公司为了获得长期的发展及未来的融资能力而进行的重组活动，具体包括公司的改制上市、兼并、合并等企业资产重组、债务重组以及人员重组等各项活动。公司重组与破产重整的区别在于：其一，适用范围不同。公司重组适用范围较广，是作为公司谋求长远发展所需的一种经营战略，而破产重整的适用范围和适用条件则受到法律的严格限定；其二，手段与目的不同。公司重组通过对公司的资本、资产和各种资源进行重新组合，改变公司所占有资产的形态与数量，以实现获得利润与股东投资回报率最大化的目标。企业破产重整则是企业、债权人和股东三方利益进行协调，通过制定重整计划，对处于财务困境中濒临破产的企业进行积极挽救的过程，其目的是避免企业破产，促进企业再生。

4. 新旧破产法对破产和解与破产重整制度构建中差异性比较。我国原有的《企业破产法（试行）》中将和解与整顿混为一谈，两项完全不同的法律制度均被规定在同一章中，该法第 17 条规定："人民法院在受理破产案件后的三个月内，由被申请破产的企业上级主管部门提出整顿申请，整顿期限为二年。整顿申请提出后，企业应向债权人会议提交和解协议草案。"和解协议不能执行，将导致整顿的失败和破产程序的开始。这一规定实际上是把和解与整顿的关系理解为内容与形式、手段与目的的关系。另外，我国原有《企业破产法（试行）》试行中规定和与整顿的申请由上级主管部门提出，存在浓厚的行政色彩，使和解整顿的法律程序行政化。

（二）破产重整程序

1. 申请破产重整的主体。从学理上分析，应为债务人或债权人。在国外和一些地区，破产重整的申请人的立法例中，主要有三种模式，即以美国为代表的以债务人提出重整计划为主，以其他人提出重整计划为辅的模式；以日本为代表的以破产管理人提出重整计划为主，以其他人提出重整计划为辅的模式；以我国台湾地区为代表的以完全由重整人提出重整计划草案的模式。

新颁布的《企业破产法》将申请人范围扩大，不仅债务人自身可以提出重整申请，债权人也可以提出，甚至连债务人的股东（达到一定的持股比例，即出资额须占债务人企业注册资本的十分之一以上）也可以提出申请。但在实践中，提出破产重整申请的，债务人为多。这是因为债务人对企业的经营状况比较熟悉，另外债务人提出重整计划，也有利于重整计划的实施。

2. 申请破产重整的条件。一是债务人无力清偿债务；二是债务人具有复兴的可能，具有重整的能力。重整申请允许在债务人已经发生破产损失、陷入破产境地的情况下提出，也允许在债务人陷入债务危机、有可能发生破产的情形下提出。

3. 申请破产重整的基本程序与法律要求。破产重整是破产预防程序体系中的一个组成部分，它具有启动的私权化（重整程序只有经利害关系人的申请才能开始，法院不依职权主义发动重整程序）、过程的公权化（贯彻国家干预主义原则）等基本特点，其基本程序与法律要求体现在以下方面：

其一，申请人申请与法院裁定。对相关申请人提出的重整申请，人民法院经审查认为符合规定的，应当裁定债务人重整，并予以公告。人民法院裁定债务人重整之日起至重整程序终止为重整期间。

其二，重整期间经营活动的法律要求。债务人可以在管理人的监督下自行管理财产和营业事务。管理人负责管理财产或营业事务的,可以聘请债务人的经营管理人员负责营业事务。在重整期间,对债务人的特定财产享有的担保权暂停行使;在重整期间,债务人或者管理人为继续营业需要而对外借款的,可以为该借款设定担保;在重整期间,债务人的出资人不得请求投资收益的分配;在重整期间,债务人的董事、监事、高级管理人员不得向第三人转让其所持有的债务人的股权。但是经人民法院同意的除外。

其三,重整计划的制定和批准。债务人或者管理人应当自人民法院裁定债务人重整之日起6个月内同时向人民法院和债权人会议提交重整计划草案,有正当理由的可以延期3个月。如未能按时提交的,人民法院应当裁定终止重整程序,并宣告债务人破产。重整计划草案应当包括以下内容:债务人的经营方案、债权分类、债权调整方案、债权受偿方案、重整计划的执行期限、重整计划执行的监督期限、有利于债务人重整的其他方案。

其四,重整计划草案的通过与法院强制设置重整计划。人民法院应当自收到重整计划草案之日起30日内召开债权人会议,对重整计划草案进行表决。会议表决按债权分类分组进行,出席会议的同一表决权的债权人过半数同意重整计划草案,并且其所代表的债权额占该组债权数额的三分之二以上的,即为该组通过重整计划草案。当各个表决组不能一致以法定多数通过重整计划时,只要有一个表决组同意,那么债务人或管理人可根据企业具体情况,决定将重整计划草案提交法院强制批准。但法院强制批准重整计划草案,须符合法律规定的各项条件,保证所有当事人的既得利益不受损害,债务偿还优先顺序不被打乱。当重整计划草案既未获得通过又未获得人民法院强制批准的,人民法院应当裁定终止重整程序,并宣告债务人破产。

其五,重整计划的执行。重整计划由债务人负责执行,当人民法院裁定批准重整计划后,已接管财产和营业事务的管理人应当向债务人移交财产和营业事务,但在重整计划规定的监督期内,管理人监督重整计划的执行,债务人应当向管理人报告重整计划的执行情况和债务人财务状况。当监督期届满时,管理人应当向人民法院提交监督报告,由此管理人的监督职责终止。①

4. 破产重整的法律效果。在重整过程中,会产生两种情形:一种是重整计划执行完成,债务人经过重整得到拯救、复兴,经人民法院审查后裁定终结破产程序;另一种是重整计划实施过程中,出现债务人经营状况继续恶化,债务人有

---

① 需要讨论的问题是,管理人是否也可以作为重整计划的执行人?因为从管理人的角度考虑,管理人更具有专业性与中立性。我国新颁布的《企业破产法》第74条中规定:"管理人负责管理财产和营业事务的,可以聘请债务人的经营管理人员负责营业事务。"这是否意味着管理人也可以作为重整计划的执行人?如果认为可以,又如何协调与新颁布的《企业破产法》第89条中"重整计划由债务人负责执行"的规定?

欺诈、恶意减少和转移财产行为、或债务人有其他显著不利于债权人的行为，或不执行重整计划等，可由重整管理人提出，由法院依职权裁定终止重整计划，而转入破产清算程序。

新《企业破产法》颁布后，在司法实践中严格按照破产重整程序进行公司重整的首例案例见之于浙江海纳股份有限公司案。1999年6月11日，浙江海纳（000925）在深圳证券交易所挂牌交易，总股本9000万股。2004年3月，浙江海纳实际控制人和原公司高管人员挪用上市公司2.51亿元巨额资金，还以浙江海纳的名义擅自为其掌控的公司向银行贷款或个人借款提供连带保证担保，本金总额高达3.95亿元。当这些担保债务到期后，债权人纷纷起诉、申请执行，导致债务危机全面爆发，资不抵债近3亿元，公司经营难以为继。2007年杭州市中级人民法院受理了该公司的破产案。到同年10月19日破产债权申报期限届满，共有15家债权人向杭州中院申报债权，债权总金额为人民币5.4亿元左右，而浙江海纳经评估资产价值为1.1亿元左右。破产债务人提出破产重整申请，后经债权人会议表决程序通过重整计划。这也是全国首例上市公司重整案件。这一案件将对全国以后的类似案件起示范作用：上市公司可以避免暂停上市或者退市；战略投资者可以获得更多的投资渠道，进一步增加资本运作的深度和广度；而中小股东因企业重整获得新生，可以避免因上市公司退市而使其投资利益受到损害。[①]

5. 破产重整行为的法律约束力。（1）经人民法院裁定批准的重整计划对债务人和全体债权人均有约束力；（2）按照重整计划减免的债务，自重整计划执行完毕时起，债务人不再承担清偿责任；（3）为重整计划的执行所提供的担保继续有效。

（三）破产和解程序

1. 破产和解程序的开始与成立。破产和解程序发生于法院受理破产案件前后，或破产程序终结前，由债务人申请和解。债务人申请和解应当提出和解协议草案。人民法院经审查认为和解申请符合破产法相关规定的，应当裁定和解，予以公告，并召集债权人会议讨论和解协议草案。对债务人的特定财产享有担保权的权利人，自人民法院裁定和解之日起可以行使权利，不受和解裁定的影响。

和解协议草案须经债权人会议由出席会议的有表决权的债权人过半数通过，并且其代表的债权总额应占无担保债权总额的三分之二以上。只有符合该项决议程序，和解协议才告成立。和解协议的生效还须经人民法院的认可。人民法院认可和解协议后，应由人民法院发布公告。

[①] 廖小清、徐鸣卉、黄宏：《全国首例上市公司浙江海纳破产重整案在杭终审》，来源：http://www.chinainsol.org/Article_Show.asp?ArticleID=1322。

2. 破产和解程序的法律效力。表现为：(1) 中止破产程序；(2) 和解协议对债务人和全体和解债权人均具有法律拘束力，所谓和解债权人是指人民法院受理破产申请时对债务人享有无财产担保债权的债权人。债务人不按和解协议清偿债务的，人民法院经债权人请求，应当裁定终止和解协议的执行，并宣告债务人破产；(3) 因债务人的欺诈或者其他违法行为而成立的和解协议，人民法院应当裁定无效，并宣告债务人破产；(4) 按照和解协议减免的债务，自和解协议执行完毕时起，债务人不再承担清偿责任。

四、破产宣告与破产清算

(一) 破产宣告及法律效果

破产宣告是指法院对具备破产原因的债务人作出的确定其破产并进行清算的裁定。破产宣告裁定应当自作出之日起 5 日内送达债务人和管理人，并在 10 日内通知已知债权人，并予以公告。债务人被宣告破产后，债务人称为破产人，债务人财产称为破产财产，人民法院受理破产申请时对债务人享有的债权称为破产债权。

1. 破产宣告程序的基本特点有：(1) 破产宣告的机关是人民法院；(2) 破产宣告需具备破产原因（无法进行和解和重整计划，或经和解和重整计划仍无法消除破产原因）；(3) 破产宣告后，破产清算程序开始。

2. 破产宣告的法律效力表现在以下方面：

(1) 对债务人的法律效力。表现为：①债务人成为破产人。[①] 由管理人接管破产企业并依法进行清算；②破产人经营行为和诉讼权利能力受到限制。按最高人民法院司法解释，债务人自破产宣告之日起停止生产经营活动。为债权人利益确有必要继续生产经营的，须经人民法院许可。破产企业的财产在其他民事诉讼程序中被查封、扣押、冻结的，受理破产案件的人民法院应当立即通知解除，并办理有关移交手续；③破产的原法定代表人承担与清算有关的义务，不得擅离职守。

(2) 对债权人的法律效力。表现为：①破产宣告时，未到期的债权视为已到期的债权，但应当减去未到期的利息；②有财产担保的债权可以获得优先的受偿；③无财产担保的债权应依一定的清偿顺序受偿；④对破产人负有债务的债权人可主张债权抵消。

[①] 破产人与破产宣告前的债务人尽管为同一主体，但是在法律地位上则有所不同。在破产程序中，破产人无权继续进行原来企业营业执照中确认的各项经营活动，而只能被动地容忍其财产被管理人变卖分配给债权人，直至法律人格消灭；而在破产宣告前，无论是适用重整程序还是和解程序，债务人均可以这继续营业行使一些权利，如制定重整计划草案、执行重整计划、与债权人达成和解协议等，破产人则不再有这些权利；另外，企业的代表机构也发生变化，原破产企业的权力机构、代表机构均将终止原有的职权活动，破产企业由管理人全面接管。

(3) 对第三人的法律效力。表现为：①持有破产人财产者，应当向管理人交付财产；②破产人的债务人应向管理人清偿债务；③破产人占有属他人的财产，其权利人有权取回；④任何单位和个人都不得非法处理破产人的账册、文件、资料和印章，只能向清算组移交；⑤破产人的开户银行，应当将破产人银行账户供清算组专用。

(4) 对破产企业职工的法律效力。破产宣告后，职工原与企业订立的劳动合同即可依法宣告解除，职工成为失业人员，有权依据国家有关规定领取失业救济金，并有权自谋职业，或者根据有关规定要求国家有关部门安排重新就业。我国《劳动合同法》第 44 条在规定劳动合同终止时也涉及"用人单位被依法宣告破产的"可作为劳动合同终止的法定情形之一。

(二) 破产财产分配

破产财产在优先清偿破产费用和共益债务后，依照下列顺序清偿：

1. 破产人所欠职工的工资和医疗、伤残补助、抚恤费用、所欠的应当划入职工个人账户的基本养老保险、基本医疗保险费用，以及法律、行政法规规定应当支付给职工的补偿金；新颁布的《企业破产法》在其附则中还规定本法施行后，破产人在本法公布之日前所欠职工的工资和医疗、伤残补助、抚恤费用、所欠的应当划入职工个人账户的基本养老保险、基本医疗保险费用，以及法律、行政法规规定应当支付给职工的补偿金按照本顺序不足清偿的部分还可以从享有担保优先权的特定财产中受偿。

2. 破产人欠缴的除前项规定以外的社会保险费用和破产人所欠的税款。对于破产人所欠的税款，我国新颁布的《企业破产法》并没有对有关税收的滞纳金与行政罚款是否也纳入此项程序作出规定。实践中，税收机关与工商行政管理机关一直主张滞纳金和罚款在破产财产分配中的优先性。但是笔者认为，此类款项不属于第二清偿程序，只能作为普通债权受偿。理由有：其一，从性质上分析，行政罚款不属于第二、第三顺序中的债权。其性质应属于债务人违反某项行政义务时所承担的法律责任。最高人民法院《关于审理企业破产案件若干问题的规定》第 61 条中也明确规定了下列债权不属于破产债权："（一）行政、司法机关对破产企业的罚款、罚金以及其他有关费用；（二）人民法院受理破产案件后债务人未支付应付款项的滞纳金，包括债务人未执行生效法律文书应当加倍支付的迟延利息和劳动保险金的滞纳金。"其二，从产生该类款项的原因看，企业所欠税款而产生的滞纳金、罚款等是因为债务人的过错而发生的，针对债务人的过错，不应让债权人来承受由此产生的全部后果。

3. 普通破产债权。破产财产不足以清偿同一顺序清偿要求的，按比例分配。破产企业的董事、监事和高级管理人员的工资按照该企业职工的平均工资计算。对于附生效条件或者解除条件的债权，管理人应当将其分配额提存，债权人未受领的破产财产分配额,管理人应当提存,破产财产分配时,对于诉讼或者仲裁未决的债权,管理人应当将其提存。自破产程序终结之日起满 2 年仍不能受领分配的,人民法院应当将提存的分配额分配给其他债权人。

(三) 破产程序终结

依不同的终结事由,破产程序终结的时间是不同的。主要有破产宣告前的终结、破产宣告时的终结、破产宣告后的终结。

破产宣告前的终结事由主要是指债务人经过整顿,能够按照和解协议清偿债务;破产宣告时的终结事由主要是指破产财产不足以支付破产费用的情形;破产宣告后的终结事由是指破产财产分配完毕,终结破产程序。

按新颁布的《企业破产法》规定,破产程序的终结限于破产人无财产可供分配和最后分配完毕两种情形。

终结破产程序,由人民法院作出裁定。裁定终结的应当予以公告。

管理人应当自破产程序终结之日起 10 日内持人民法院终结破产程序的裁定,向破产人的原登记机关办理注销登记手续。

破产企业的账册、文书等卷宗材料由管理人移交破产企业上级机关保存;无上级主管机关的,由破产企业的开办人或者股东保存。

管理人于办理注销登记完毕的次日终止执行事务,但是在存在下列情况时,管理人应将有关事务处理完毕,包括存在未决诉讼或者仲裁案件的;仍有可以追回的破产财产、追加分配等善后事宜,人民法院要求管理人继续处理的。

管理人应在事务办理完毕后,将有关情况报告人民法院。

破产人的保证人和其他连带债务人,在破产程序终结后,对债权人依照破产清算程序未受偿的债权,应继续承担清偿责任。

(四) 破产程序终结后的追加分配

追加分配是指破产财产分配完毕、破产程序终结以后,对于新发现的属于债务人而可用于破产分配的财产,由法院按照破产程序的有关规则对尚未获得满足的破产请求权进行清偿的补充性程序。

追加分配的财产范围,主要包括依破产法上的撤销权制度和无效交易行为制度追回的财产;向破产企业董事、监事和高级管理人员追回的财产;破产程序中因纠正错误支出收回的款项;因权利被承认追回的财产;债权人放弃的财产;破产程序终结后实现的财产权利;破产人有应当可供分配的其他财产。

追加分配的除斥期间为 2 年,其起算点是:一是因债务人财产不足以清偿破产费用,破产程序终结之日;二是因破产人无财产可供分配,破产程序终结之日。

对有权参加分配的债权人应当通知,并对追加分配的时间、地点和金额进行公告。未收到通知的债权人,认为自己有权参加分配的,可以向人民法院提出请求。

第三节 企业破产实体法评析与构建

一、破产实体法中的基本制度

（一）管理人制度

所谓管理人是指法院受理破产案件后，由人民法院指定的，负责接管债务人，负责债务人内部管理，对破产财产进行保管、清理、估价、处理和分配的专门机构。管理人制度是世界各国破产立法普遍采取的一项制度。该项制度的目的是试图在破产程序中由熟悉破产业务的专业人员来接管债务人财产和处理与债务人财产相关的事务。管理人在破产程序中是最为重要的机构，但对管理人的称谓各国有所不同，在英美法系国家称之为"破产信托人"，在大陆法系国家称之为"破产管理人"，日本则称之为"破产管财人"。

按我国原破产法，法院在破产案件受理后至破产宣告这一期间，债务人的财产由其自行管理，只有在破产宣告后，才由清算组接管破产人的全部财产，这样就给债务人在此期间转移、私分或者浪费财产留下了制度上的空白和可乘之机。基于破产案件受理后任命管理人是当前国际上普遍采用的做法以及管理人制度在破产活动中的独有制度价值，我国新颁布的《企业破产法》建立了管理人制度，较好地解决了上述问题。

1. 管理人的法律地位。在国外破产法学说中，将管理人的法律地位解释为代理说有之、职务说有之，财团代表说有之。所谓代理说，认为管理人是代理人，以他人名义行使破产程序中的职务权限。根据代理对象的不同，又可分为破产人代理说、债权人代理说、破产人和债权人共同代理说、破产财团代理说。代理说的主要依据是破产程序性质上属于清偿程序，重在破产人与破产债权人之间的私法上的清偿关系。管理人虽然依法被选任或由法院指定，但仍然不失为私法上之代理地位。所谓职务说认为，破产程序在法律上为全体债权人对破产人所进行的强制执行程序，重视国家强制执行机关在破产人与破产债权人之间的公法关系，故而破产管理人的法律地位应视为类似强制执行机关工作的公务员，其行为是一种职务行为。[1] 所谓财团代表说认为债务人因破产宣告而成为以破产清算为目的而存在的独立财产，这些财产被整体人格化后，则形成类似财团法人性质的破产财团，管理人就是这种人格化财产的代表机关。该学说成为日本法学界最有影响力的学说，德国也有许多学者持此学说，美国破产法则明文规定，管理人就是财团的代表人，我国台湾地区也有不少学者持此学说。[2]

---

[1] 柴发邦：《破产法教程》，法律出版社1990年版，第134页。
[2] 陈荣宗：《新颁布的〈企业破产法〉》，（台湾）三民书局1986年版，第167页。

我国新颁布的《企业破产法》没有明确规定管理人的法律地位。有学者认为，管理人的法律地位具有多重性，需要从以下方面去加以把握：（1）管理人是破产企业职能的承继者。这表明只有管理人才有权接管破产企业，破产企业原经营者必须将破产企业全部移交给管理人。（2）管理人是破产企业唯一合法的清算人。这表明只有管理人对破产企业实施的清算行为和作出的清算决定才是合法的。（3）管理人是一种特殊的民事主体，其特殊性表现在时间上的特殊性（在破产清算期间所成立的临时性民事主体）、目的上的特殊性（管理人虽不是企业法人，不以营利为目的，但其对破产财产的保值增值是衡量其工作好坏的标准之一）。（4）管理人有自己独立的法律人格，同时又必须对人民法院负责，在人民法院的监督、指导下工作。管理人还受债权人会议和债权人委员会监督。[1]

2. 管理人的指定。在管理人选任的方式上，国外存在三种主要模式，即以法国与日本破产法为代表的法院主导型，以英国破产法为代表的债权人会议选任，法院或其他机构选任为补充型，以及以德国为代表的法院依职权选任为原则，以债权人会议选任为补充的双轨制型。我国新颁布的《企业破产法》采取的是第一种模式，即管理人在人民法院裁定受理破产申请的同时，予以指定。债权人认为管理人不能依法、公正执行职务或者有其他不能胜任职务情形而有异议的，享有异议权，但只能请求人民法院更换管理人。至于是否更换管理人由人民法院决定。

管理人可以是社会组织，也可以是个人，个人担任管理人的，应当参加执业责任保险。

根据最高人民法院《关于审理企业破产案件指定管理人的规定》，指定管理人的流程是，先由高级人民法院或高级人民法院授权中级人民法院编制管理人名册；编制管理人名册的人民法院应当组成专门的评审委员会，制定管理人评定标准并决定编入管理人名册的社会中介机构和个人名单；审理破产案件的法院从管理人名册中指定管理人。管理人的指定方式主要有直接指定、随机抽选、竞争择优三种方式。

3. 管理人的任职条件。新颁布的《企业破产法》规定了管理人的积极条件，即管理人可以由有关部门、机构的人员组成的清算组或者依法设立的律师事务所、会计师事务所、破产清算事务所等社会中介机构担任。人民法院根据债务人的实际情况，可以在征询有关社会中介机构意见后，指定该机构具备相关专业知识并取得执业资格的人员担任管理人。

新颁布的《企业破产法》还规定了消极条件，即有下列情形之一的，不得担任管理人：（1）因故意犯罪受过刑事处罚的。（2）曾被吊销相关专业执业证

---

[1] 张小炜、尹正友著：《〈企业破产法〉的实施与问题》，当代世界出版社2007年版，第59页。

书的。(3) 与本案有利害关系的。(4) 人民法院认为不宜担任管理人的其他情形的。根据最高人民法院《关于审理企业破产案件指定管理人的规定》第9条规定，社会中介机构及个人具备下列情形之一的，人民法院可以认为其不宜担任管理人：(1) 因执业、经营中故意或者重大过失行为，受到行政机关、监管机构或者行业自律组织行政处罚或者纪律处分之日起未逾3年。(2) 因涉嫌违法行为正被相关部门调查。(3) 因不适当履行职务或者拒绝接受人民法院指定等原因，被人民法院从管理人名册除名之日起未逾3年。(4) 缺乏担任管理人所应具备的专业能力。(5) 缺乏承担民事责任的能力。(6) 人民法院认为可能影响履行管理人职责的其他情形。此外，人民法院在个案中还可以根据实际情况确定不宜担任管理人的情形。

4. 管理人的职责。新颁布的《企业破产法》第25条集中规定了管理人职责，主要有：(1) 接管债务人的财产、印章和账簿、文书等资料。(2) 调查债务人的财产状况，制订财产状况报告。(3) 决定债务人的内部管理事务。(4) 决定债务人的日常开支和其他必要开支。(5) 在第一次债权人会议召开之前，决定继续或者停止债务人的营业。(6) 管理和处分债务人的财产。(7) 代表债务人参加诉讼、仲裁或者其他法律程序。(8) 提议召开债权人会议。(9) 人民法院认为管理人应当履行的其他职责。另外，新颁布的《企业破产法》在有关破产重整、破产和解、破产清偿相关程序中对管理人的职责作出了另行规定。

管理人在履行职责中应当勤勉尽责，忠实执行职务。管理人未尽勤勉尽责，未能忠实执行职务，人民法院可以予以罚款，给债权人、债务人或者第三人造成损失的，依法承担赔偿责任。此外，管理人还应切实履行保密义务。

5. 管理人的报酬与辞职。管理人的报酬事宜由最高人民法院规定。为此，最高人民法院于2007年4月4日专门颁布《关于审理企业破产案件确定管理人报酬的规定》，就管理人报酬的计算标准、收取方式以及债权人会议的相关权利等事项作出了具体规定。

管理人没有正当理由不得辞去职务，管理人辞去职务的，应经人民法院许可。

(二) 破产财产制度

破产财产是指破产宣告后至破产程序终结期间归破产管理人占有、支配并按破产程序分配于破产债权人的破产人的全部财产总和。其构成要件是：(1) 破产财产必须是破产人的财产或财产性权利。即能够成为积极财产的权利或财物，而不包括消极财产的负债。(2) 破产财产必须是宣告破产时，破产人所有或经营的财产，以及破产人在破产宣告后至破产终结前所取得的财产或者应当由破产人行使的其他财产权利，这就从立法上为破产财产的范围提供了时间标准。(3) 破产财产必须是能够强制执行、供作破产分配的财产。如属我国《民事诉讼法》第

222 条和第 223 条规定由法院扣押、不能强制执行的财产就不能作为破产财产。别除权的特定财产因不能用做破产分配,虽为破产人所有,也不能归于破产财产。(4) 破产财产必须是破产人在国内的全部财产及可能取回的国外财产。这是立法为破产财产的构成提出的空间标准。各国破产法就此形成了属地主义、折中主义和普及主义之立法态度。我国破产法对此未作规定,但在解释上应以属地主义为基准。①

不属于破产财产的范围。新颁布的《企业破产法》对此未作明文规定,按原有破产法和最高人民法院有关司法解释,大致可概括为以下方面:(1) 破产企业工会所有的财产。(2) 所有权专属于国家且不得转让的财产。(3) 债务人在所有权保留买卖中尚未取得所有权的财产。(4) 破产企业的职工住房,已经签订合同、交付房款,进行房改给个人的,不属于破产财产。(5) 债务人的幼儿园、学校、医院等公益福利性设施,按国家有关规定处理,不作为破产财产分配。

(三) 破产取回权制度

破产取回权是指由管理人占有且不属于破产人的财产,其权利人可不依破产程序直接对该项财产行使权利,即从管理人处取回该项财产的权利。如果破产企业已将该财产损害,以致不能取回时,取回权就转化为破产债权,与其他破产债权人同时参加破产清偿。一般认为,取回权的行使须符合以下条件:(1) 取回权的标的物是不属于破产人所有,但现由破产人占有、使用的财产。(2) 行使取回权的基础是取回权人对取回物享有物权或支配权。因而,其可以基于物权而主张返还原物的请求权。(3) 取回权的行使具有绝对性。即只要证明取回权人对取回物享有物权或支配权,则不论该财产是被破产人合法占有,还是非法占有,也不论占有时间多长,均可行使取回权。(4) 取回权的行使不按破产程序执行,也不参与破产财产分配方案的执行。取回权人向管理人主张该权利,一经查实,管理人即应予以返还。

取回权与别除权有其共性,首先,两者都不参加破产程序,在破产清偿外债权人行使其权利;其次,两者在一定条件下可转化为破产债权。两者的区别在于,取回权的客体不是破产人所有的财产,而是属于取回权人所有的财产,而别除权的客体是属于破产人的特定财产。

(四) 破产别除权制度

别除权是指不依破产程序而是由破产财产中的特定财产单独优先受偿的权利。别除权在我国又称为财产担保的物权。破产法中的别除权具有如下特征:其一,别除权以担保物权为基础性权利。应当认为,别除权不是破产法所创设的实

---

① 徐卫东主编:《商法基本问题研究》,法律出版社 2002 年版,第 495 页。

体权利，而是破产法给予某些既成的实体权利的特殊待遇。享有这种待遇的基础是担保物权，而担保物权是依据民法发生的。其二，别除权是对属于破产人的特定财产所行使的权利，即仅以别除权所指定的物为限。其三，别除权是不依破产程序而优先受偿的权利。其四，别除权的行使是有法定条件的。即债权和担保权必须依法成立和生效，并符合新颁布的《企业破产法》中对债权设定担保的相关规定；别除权的行使须由申报、债权人会议确认、向管理人提出别除请求等相关法定程序。

别除权人可以放弃其由担保物权优先受偿的地位，从而成为普通债权人；别除权行使后的债权余额为普通债权。

（五）破产抵消权制度

新颁布的《企业破产法》第40条规定，债权人在破产申请受理前对债务人负有债务的，可以向管理人主张抵消。此为破产抵消权制度。

破产抵消权是指在破产申请时，债权人对债务人负有债务的，可以债权抵消其所负债务的权利。破产抵消权的行使应符合以下条件：（1）与债权相抵消的债务，应为债权人于破产申请前对债务人所负的债务。只有此债务才可主张行使破产抵消权。（2）享有抵消权的主体，只能是债权人，债务人不能主张此项权利。这与一般抵消权可由债权人及债务人行使不同。（3）行使抵消权时，不论债的种类如何，也不论债的履行是否已届履行期，均可主张此权利。（4）行使抵消权只能由债权人向管理人主张。

但是，以下债务不得行使抵消权：（1）债务人的债务人在破产申请受理后取得他人对债务人的债权的。（2）债权人已知债务人有不能清偿到期债务或者破产申请的事实，对债务人负担债务的；但是债权人因法律规定或者有破产申请一年前所发生的原因而取得债权的除外。

有学者对破产法中的抵消权与民法中的抵消权的行使存在的差异性问题进行了比较研究，认为，两者的不同点在于以下几个方面：第一，性质区别。民法上的抵消权根据发生的原因不同，分为法定抵消和合意抵消，并不存在优先受偿债权性质。破产法上的抵消权其实质是一种破产优先受偿债权。第二，行使的条件不同。民法上的抵消权，如果是法定抵消必须满足以下几个条件：债的当事人互负债务；双方债务标的为同一种类的给付；双方债务均已届履行期限；双方债务不属于不能抵消的债务。破产程序中的抵消权虽然也是一种法定抵消权，但其行使却不受如此严格严苛的限制。可以抵消的债权不限于种类相同的债权，附期限和附条件的债权也可以抵消。从理论上讲，超过诉讼时效即消灭时效的债权也可以抵消（但除斥债权不能抵消，因为除斥债权为已消灭了的债权，是实体上的消灭）。第三，能够主张权利的主体不同。民法上的抵消权只要符合法定条件，债权人和债务人双方均有权主张抵消。但在破产程序中由于抵消行为将使破产财产减少,客观上对多数债权人不利,故能够提出抵消的权利人以债权人为限,抵消必须由债权人主动向管理人提出请求,破产债务人或破产管理人均不得主张抵消。第四,行使抵消权的限制条件不同。民法上的抵消权行使,只要满足抵消条件双方当事人均可以提出,没有特别的要求。但破产抵消权的行使却会受到以下条件的限制:其一,必须是债权人在破产案件受理前对破产人负有的债务,且债权人必须经过申报确认。其二,必须在破产分配方案公告前向管理人主张抵消。其三,实体法禁止抵消的也不得抵消,如破产企业股东享有的破产债权,不得与其未到位的注册资本相抵消。其四,受让的破产债权不得抵消。受让的破产债权只能获得一定比例的清偿。①

(六) 破产追回权制度

对于债务人财产的不当减少,破产法授予管理人以追回权。我国新颁布的《企业破产法》第 34 条规定了管理人对可撤销行为和无效行为处分财产的追回权,第 35 条规定了管理人对债务人的出资人出资不到位的追回权,第 36 条规定了管理人对债务人企业的董事、监事和高级管理人员利用职权获取的非法收入和侵占的企业财产的追回权。

(七) 破产费用拨付制度

破产费用是指为了破产程序的进行以及全体债权人的共同利益而在破产财产的管理、变价和分配中产生的费用,以及为破产财产进行诉讼及其他事务所支付的费用。如破产财产的管理、变卖、分配所需要的费用;破产案件的受理费;债权人会议费用;其他应为债权人的共同利益而在破产程序中所支付的费用。

一般认为,破产费用具有以下几个特征:(1) 破产费用是为了进行破产程序所支出的费用,具有共益性,即其支出是为了破产程序的进行和债权人整体的利益。(2) 破产费用形成于破产程序中,即破产费用只产生于破产程序中,包括破产程序开始阶段所需的破产管理费、公告费及至破产终结前为债权人整体利益所支出的费用。(3) 破产费用先于破产债权从破产财产中得到清偿。破产费用是为了进行破产程序而必须开支的费用,因此也必须在破产财产中优先拨付。

新颁布的《企业破产法》规定,人民法院受理破产申请后发生的下列费用为破产费用:(1) 破产案件的诉讼费用。(2) 管理、变价和分配债务人财产的费用。(3) 管理人执行职务的费用、报酬和聘用工作人员的费用。

破产费用应当从破产财产中优先予以支付,且随时清偿。若破产财产不足以支付破产费用的,人民法院应当宣告破产程序终结。

与破产费用相联系的还有一项共益债务问题,在原有的破产法中均未涉及共益债务之规定。新颁布的《企业破产法》列举了共益债务的情形,主要包括在

---

① 张小炜、尹正友著:《〈企业破产法〉的实施与问题》,当代世界出版社 2007 年版,第 117 页。

债务人申请破产直到破产程序终结期间，因债务清偿、不当得利返还、继续营业费用开支、损害赔偿等事实上的原因所发生的支出问题。共益债务的清偿也应从债务人财产中支付，且随时清偿。

（八）可撤销行为与无效行为制度

破产程序中的可撤销行为是指债务人在破产状态下实施的使破产财产不当减少或违反公平清偿原则，从而使债权人的一般清偿利益受到损害，依法应被确认可撤销的财产处分行为。根据新颁布的《企业破产法》第31条和第32条的规定，债务人在破产程序中有以下六种行为的为可撤销行为：（1）无偿转让财产的行为；（2）以明显不合理的价格进行交易的行为；（3）对没有财产担保的债务提供财产担保的行为；（4）对未到期的债务提前清偿的行为；（5）放弃债权的行为；（6）个别清偿的行为。前五种行为要求行为的发生时间为人民法院受理破产申请前1年内；对后一种行为要求其行为的发生时间为人民法院受理破产申请前6个月内。

根据民法原理，可撤销行为在撤销之前仍然是有效的民事行为，撤销权人要想行使撤销权，须通过诉讼而为之。在破产程序中，撤销权的行使也是通过诉讼而实现的，只是行使撤销权的主体并非可撤销行为的行为人（债务人），而是管理人。管理人向人民法院申请撤销债务人的可撤销行为后，一旦管理人胜诉，则这种撤销行为具有溯及力，破产债务人与行为相对人之间的法律关系应恢复到可撤销行为发生前的状态，即双方应相互返还财产、恢复原状等。

破产程序中的破产无效行为是指债务人为逃避债务而隐匿、转移财产或者通过债务人虚构债务或承认不真实的债务的行为。根据民法原理，无效民事行为由于缺乏民事法律行为生效的要件，自始、确定和当然不发生行为人预期的效力。对于无效民事行为，包括债权人、管理人等在内的所有当事人都可以主张。而且该权利的行使无须通过诉讼的方式。根据新颁布的《企业破产法》第33条的规定，无效行为主要是指为逃避债务而隐匿、转移财产的行为和虚构债务或者承认不真实的债务的行为两大类。

无效行为的一般法律后果是恢复原状，破产无效行为也不例外。破产无效行为的法律后果还包括：破产企业被确认存在无效行为，致使企业财产无法收回，造成实际损失的，管理人可以对破产企业的原法定代表人、直接责任人提起民事诉讼，要求其承担民事赔偿责任。另外，人民法院也可以建议有关部门对破产企业的主要责任人员限制其再行开办企业，在法定期限内禁止其担任公司的董事、监事、经理。

二、破产法律责任制度

（一）建立破产责任制度的法律价值

破产法律责任的最基本的目的是保障破产法的贯彻实施，保护债权人的利

益。结合破产法的立法宗旨及法律责任的一般原理,可以将破产法律责任功能具体化为以下几点:

一是,惩罚破产违法和破产犯罪行为的功能。破产法律责任的惩罚功能,就是惩罚实施破产违法和破产犯罪行为,维护社会安全与秩序。在破产实践中,侵害、纠纷、争议和冲突在所难免,一些破产债务人或破产债务人的原有负责人、其他管理人员在实施破产程序过程中与他人实施违法行为也经常发生,破产法通过法律责任制度向所有行为人提供一个遵循法律规则的动力,并对违法行为人起到威慑作用,它就像一柄"达莫克利斯剑",起着不容忽视的震慑作用。

二是,救济破产法律关系主体受到的损失,恢复受侵犯的权利。破产法律责任通过设定一定的财产责任,赔偿或补偿在破产程序中受到侵犯的权利或者受到损失的利益。破产责任中进行救济的主要方式是损害赔偿责任。

三是,教育破产违法者和其他社会成员,预防破产违法犯罪。破产法律责任的预防功能,就是通过设定严格的破产法律责任制度,要求破产违法犯罪行为必须承担不利的法律后果,表明社会和国家对这些行为的否定态度。这不仅对破产违法犯罪者具有教育、震慑作用,而且也可以教育其他社会成员依法办事,不作有违破产法律、法规的行为。①

由于我国市场经济体制建立与运行时间不长,一些企业依法经营意识淡薄,时常以破产还债为名达破产逃债之实。据报载,在河南,有一家省建材行业重点骨干企业渑池县水泥厂,该企业曾获全国建材系统 500 强等荣誉称号。2004 年 6 月该企业突然宣告破产还债。然而 4 年多过去了,该企业不仅没有按照法律规定对破产财产进行清算和处置,反而以年缴纳地税 1181 万元的经营业绩,位于河南省 2007 年度地方税收纳税 500 强的第 327 名,可谓是一边"破产清算",一边是红火经营。一个正在进行破产清算的企业,何以能成为全省的纳税大户,不得不引起社会的关注,有关部门对其破产清算提出了种种质疑。②

(二)我国破产案件中的司法处罚与民事责任

新颁布的《企业破产法》在法律责任章节中对相关行为人违反《企业破产法》规定给予处罚和民事责任问题作出了相应的规定。相关行为人主要包括:破产企业董事、监事或者高级管理人员;债权人、管理人等。

1. 司法处罚。新颁布的《企业破产法》第 126 条规定,有义务列席债权人会议的债务人的有关人员,经人民法院传唤,无正当理由拒不列席债权人会议

---

① 喻玲:《我国现行破产法律责任制度的缺陷与完善》,来源:http://www.law-walker.net/detail.asp?id=2805。

② 新华社电:《是破产还债,还是破产逃债——河南一破产企业竟成全省纳税 500 强》,载《宁波晚报》2008 年 9 月 2 日。

的，人民法院可以拘传，并依法处以罚款。债务人的有关人员违反破产法相关规定，拒不陈述、回答，或者作虚假陈述、回答的，人民法院可以依法处以罚款。债务人拒不向管理人移交财产、印章和账簿、文书等资料的，或者伪造、销毁有关财产证据材料而使财产状况不明的，人民法院可以对直接责任人员依法处以罚款。第129条规定，债务人的有关人员违反破产法规定，擅自离开住所地的，人民法院可以予以训诫、拘留、可以依法并处罚款。

2. 民事责任。新颁布的《企业破产法》第125条规定，企业董事、监事或者高级管理人员违反忠实义务和勤勉义务，致使所在企业破产的，依法承担民事责任。第128条规定，债务人存在第31条、第32条、第33条规定的行为，损害债权人利益的，债务人的法定代表人和其他直接责任人员依法承担赔偿责任。第130条规定，管理人未尽勤勉尽责，未忠实执行职务的，人民法院可以依法处以罚款，给债权人或者第三人造成损失的，依法承担赔偿责任。

(三) 破产犯罪的种类及处罚

1. 破产犯罪概念及各国立法概况。破产犯罪是指在破产程序开始前一定期间内或者破产程序开始后实施的，妨碍破产程序公正、顺利进行，情节严重而应受到刑事处罚的行为。在破产制度下，各利害关系人的利益冲突十分剧烈。常有人以破产手段或乘破产之机谋取不当利益或企图达到其他犯罪目的，对于此类行为仅仅用刑法以外的方法处理不仅不能抑制，而且可能无法弥补其损害，甚至仅用刑法上的一般犯罪及其处罚方法也不能圆满地加以调整，故有必要在破产法上本着破产的宗旨，结合破产案件发生的特定情形，对诸如妨碍破产程序公正、及时进行的行为，确定为犯罪，进行必要的处罚。

20世纪中叶以来，破产犯罪现象日益严重并呈现出上升的趋势，由此造成的财产损失也愈益增多，这种现象背后常常伴有破产犯罪，正如学者所指出的："即使是一百个盗窃犯同时下手行窃，则其所造成的损害，还不及一件普通的破产犯罪。"[①]

破产犯罪具有以下方面的特征：(1) 犯罪主体具有广泛性，可以是破产债务人，可以是破产债权人，可以是参与破产程序的其他第三人，也可以是破产企业的原董事、经理等。但以破产债务人为主。(2) 破产犯罪主观方面既有故意行为，又有过失行为，但以故意为主。(3) 破产犯罪的作为主要是积极的作为，但也有消极的不作为作为构成要件。行为侵犯的对象主要是债权人的利益和国家公平的破产秩序。(4) 破产犯罪的刑罚既包括自由刑，也包括财产刑，但以自由刑为主。因为财产刑对破产人的适用在破产情形下一则可能与债权人利益相冲突，二则不易起到刑罚的惩戒效果。但对破产人之外的其他破产犯罪人并不排除

---

① 转引自林山田：《经济犯罪与经济刑法》，三民书局1981年版，第31页。

适用财产刑。

立法例上对破产犯罪的规定主要有两种模式：一则规定于刑法典中。如奥地利、匈牙利、德国现行刑法、日本旧刑法等；二则规定于破产法中。如英国、美国、日本现行破产法、我国台湾地区"破产法"等。

将破产犯罪规定在破产法中的主要理由是：（1）破产犯罪是基于破产宣告才能定罪量刑的行为，或者是在破产宣告时即应以破产罪定罪量刑的行为，它与普通的刑事犯罪在构成要件、应受处罚等方面都具有明显的区别，将这些破产犯罪及其刑罚规定于破产法中，有助于体现这一立法的特殊性要求。（2）将有关破产犯罪及其刑罚的规定与其他有关破产事宜的规定统一于破产法中，有利于立法的集约化和破产法体系的完善。（3）由于各国一般均把破产犯罪的诉讼管辖权赋予破产法院，因此，这一模式也便于破产法院援用有关条文对破产犯罪人治罪。①

2. 破产犯罪的种类及处罚。国外关于破产犯罪的规定大致包括两个方面：一方面是针对破产财产的犯罪，可称为破产实体犯罪。另一方面是为妨碍破产程序的犯罪，可称为破产程序犯罪。

综合起来，破产犯罪的罪名和处罚方法主要有：

（1）诈欺破产罪。是指破产人在破产宣告前一定期限内或在破产程序进行中，为自己或为他人谋取利益或者以损害债权人利益为目的而实施的欺诈性犯罪行为。它是破产犯罪中最常见的一种犯罪。其特征表现为采取狡诈、欺骗的手段将破产财产隐匿、毁弃，或者私下转移归自己所有，或者有意放弃债权、无偿转让财产以谋取其他利益等。一般认为，诈欺破产罪的主体主要是债务人和原破产企业的负责人，主观方面具有为自己或他人谋取利益而损害债权人利益的故意，如为过失则不构成本罪。同时，诈欺破产罪的成立还须是诈欺性行为发生于破产程序开始前一定期间或者破产程序进行之中。

我国新颁布的《企业破产法》对此罪名问题未作出规定，但从立法精神看，隐匿、私分财产构成本罪当属无疑，至于无偿转让财产、非正常压价出售财产和放弃自己的债权是否构成本罪，则取决于债务人是否有犯罪故意。因为我国破产程序的开始既可依债权人申请开始，也可依债务人申请而开始。于债务人申请即自愿破产的场合，债务人对于破产程序的开始早有准备，或早有预知，上述三种行为定为诈欺破产罪并无不当；然对于债权人和第三人申请的非自愿破产场合，如果债务人对未来的破产已有预知，前述三种行为可确定为以侵害债权人利益为目的，从而构成本罪，反之，则可能构成其他犯罪。对于诈欺破产罪的刑事责任，日本新颁布的《企业破产法》定为10年以下徒刑，我国台湾地区新颁布的

---

① 顾培东主编：《破产法教程》，法律出版社1995年版，第315页。

"企业破产法"定为 5 年以下的有期徒刑。

(2) 过怠破产罪。是指破产程序开始前及在破产程序进行,债务人虽然主观上不具有直接损害债权人利益的目的,但客观上实施了损害债权人利益的行为,情节严重构成的犯罪。比如日本新颁布的《企业破产法》第 375 条即规定了过怠破产罪,依其规定:"债务人,不问其在破产宣告前或宣告后,实施下列行为之一者,于破产宣告确定时,处 5 年以下徒刑或 30 万日元以下罚金:①因消费、赌博或其他射幸行为,显著减少财产或负担过度债务;②以迟延破产宣告为目的,以显著不利益条件负担债务,或依信用交易购入商品,而以显著不利益的条件将其处分;③已知有破产原因事实,仍以给予某债权人特别利益为目的,而实施提供担保或消灭债务的行为,且其行为不属于债务人义务或其方法、时期不属于债务人义务者;④不制作依法律规定应制作的商业帐簿,不于商业账簿上进行足以使人明了财产现状的记载,或于商业账簿上进行不正当的记载,或隐匿、毁弃商业账簿;⑤对法院书记官于破产宣告时截止的商业账簿加以变更,或将其隐匿、毁弃。"在我国破产法立法上应对原来没有财产担保的债务提供财产担保以及对未到期债务提前清偿的行为,如其主观方面不具有故意,则可构成过怠破产罪。

(3) 第三人诈欺破产罪。是指第三人为自己或为他人在破产程序中获得利益,假冒破产债权人行使虚假权利,或者藏匿破产财产等,情节严重构成犯罪的行为。各国关于第三人诈欺破产的行为规定主要有:为自己、为破产人或者其他人图谋财产利益,假冒债权人主张权利;为自己或为破产人图谋利益将其财产藏匿或者脱漏的;伪造或者伪证破产债权证书。对此种犯罪各国都规定适用有期徒刑或者罚金的处罚方法。

(4) 破产贿赂罪。破产贿赂罪包括破产行贿罪与破产受贿罪。前者是指在破产程序中,有关利害关系人为达到有利于自己的目的而向破产管理人、破产债权人、破产监督人或其代理人提供、交付或者约定贿赂的行为。后者是指在破产程序中,破产管理人、破产债权人、破产监督人等或其代理人利用其职权或者表决机会收受、索取贿赂或者约定贿赂的行为。比如日本新颁布的《企业破产法》第 380 条规定,破产管理人或者监察委员,就其职务收取、要求或期约贿赂时,处 3 年以下徒刑或 20 万日元以下罚金。破产债权人及其代理人、理事或准理事,就债权人会议决议收取、要求或期约贿赂时,亦同。

(5) 破产义务违反罪。本罪在日本、德国破产法中仅指违反说明义务罪。在我国台湾地区则包括财产报告及移交义务违反罪和说明义务违反罪两种犯罪。说明义务违反罪是指破产人及其他知情关系人,对于法院或破产管理人的询问无故不作答复或说明,甚至作虚假陈述,妨碍破产程序顺利进行的犯罪。财产报告及移交义务违反罪是指破产人及其他关系人在破产程序中,违反破产法规定的义务,不按要求提交财产状况说明书、债权人债务人清册,以及其他全部有关破产财产的簿记文件,造成破产管理人不能管理财产或者致使破产程序无法顺利进行的犯罪行为。[①]

[①] 范健主编:《商法》,高等教育出版社、北京大学出版社2002年版,第308—309页。

第八章 企业法律责任制度的评析与构建

企业具有人格特征，因而也具有因经营行为所产生的违法形态与责任能力。从组织法视野考察企业违法形态的种类特征，从而针对性地寻求矫正违法行为的法律对策，是完善企业法律责任制度体系的重要途径。由于我国企业立法的分散性，各项企业法规鲜有对企业违法形态及法律责任做出系统性的规定，其结果是难以较为系统的法律责任体系，法律责任规范重叠与冲突时有发生，既造成企业无所适从，也带来司法与执法上的困难。

第一节 企业违法形态评述

一、企业违法形态的概念与特征

（一）企业违法形态的概念

企业违法形态是指企业在设立、经营、终止以及与第三人进行与组织法相关的交易行为中违反企业法规定所发生的违法行为的具体表现形式。它是企业违法行为分类的具体化。

（二）企业违法形态的基本特征

作为组织法意义上的企业违法形态与一般违法形态相比，具有以下方面的基本特征：

1. 违法形态的特定性。限于违反企业法规定，在企业的设立、运营、终止以及与第三人进行与组织法相关的交易行为中所发生的具体违法形式。如果企业与第三人开展交易业务所发生的违约行为或与第三人发生侵权行为所发生的违法形态不属于组织法意义上的违法形态。

2. 违法形态的多样性。企业违法形态尽管仅限于与组织法意义上的违法形态，但呈现的样态仍然多样。可表现为企业设立中的违法行为；企业运营中的违法行为；企业与第三人之间因与组织法相关的交易行为中的违法行为等。

3. 违法形态认定依据的复杂性。认定企业的行为是否违法是一项复杂的过程，在认定中需要甄别违法行为的性质和种类，并注意相关法律、法规规定的适用。对于违法行为的认定机关也具有多元性，可以是行政机关，也可以是司法机关，还可以是仲裁机构。

二、企业设立中的违法行为

企业设立是一项法律行为，在设立过程中，不仅会产生发起人（创办人）、企业组织与政府的行政管理关系，也会产生发起人（创办人）、企业组织与社会其他组织之间的民事关系。此外，发起人（创办人）与企业组织之间也会产生特定的法律关系。

企业设立过程中的违法行为主要表现为发起人（创办人）的违法行为、中介服务机构的违法行为、政府机构及其工作人员的违法行为等方面，但就企业组织法视野分析，主要是发起人（创办人）的违法行为。

企业设立成功与否，发起人（创办人）都要承担一定的风险，特别是在企业设立未成功时所承担的民事责任（或风险）更为突出。发起人（创办人）的违法行为主要表现有以下方面：

第一，虚假出资的违法行为。虚假出资是指公司发起人或股东、其他企业的投资者或开办者未依章程规定交付货币、未交付实物或者未转移财产权，而以欺诈手段表明自己已经出资并取得开办者、股东资格的行为。所谓"未交付货币"是指公司发起人或者股东、其他企业的投资者或开办者未将货币足额按指定的银行临时账户存入，或者根本就没有存入任何货币。所谓"未交付实物"是指公司发起人或者股东、其他企业的投资者或开办者以实物出资时，在对实物进行验资后，未将实物部分或者全部交与企业。所谓"未转移财产权"是指公司发起人或者股东、其他企业的投资者或开办者在以实物、知识产权、土地使用权等特定财产及财产权权利作为出资的情况下，在对上述财产进行验资后，并未办理所有权变更登记手续。虚假出资行为，直接侵犯企业、其他发起人（创办人）和债权人的合法权益，并由此侵害社会公众利益和正常交易秩序。

第二，虚报注册资本骗取登记的违法行为。虚报注册资本是指行为人并没有注册时所注明的资本，为了达到企业登记的目的而以不法手段谎报多报注册资本。所谓虚报，是指行为人实际上没有资本而申报，或者在不具有法定注册资本最低限额的情况下，做出具有法定注册资本最低限额的申报或者具有法定注册资本最低限额，做出高于实缴资本的虚假申报等行为。从近几年工商登记机关进行监督检查实务中所反映出来的情况看，虚报注册资本大致分为两种情况：一是实际上自身根本没有资本而谎称有资本；二是实际上自身只有较少的资本却谎报有较多的资本。行为人虚报注册资本，采用的手段主要有使用虚假证明文件，或采取其他欺诈手段，与验资机构的工作人员或企业登记主管部门的办事人员恶意串通，虚构事实或隐匿真相，共同蒙骗企业登记主管部门，取得企业登记。

第三，滥用设立费用的违法行为。设立活动会产生一定的设立费用，如登记费用、验资费用等，这些费用在企业成立后由企业来承担，如设立不成应由出资人、开办者自行承担。在出资人（开办者）众多情形下，设立行为通常指定其中少数出资人或委托代理人办理。在设立过程中，由于某些办理设立手续的出资人或委托代理人因私利，将与设立行为无关的费用也纳入到设立费用中，要求由全体出资者或开办者承担，或由成立后的企业来承担，此为滥用设立费用的违法行为。

第四，对第三人侵权行为。发起人（创办人）在实施设立企业行为时，违反法律规定实施了对第三人损害行为，构成对第三人的侵权，由此造成的损害赔偿责任，应由发起人（创办人）和设立中的企业共同承担。

三、企业经营中的违法行为

（一）抽逃出资的违法行为

抽逃出资是指企业的股东或开办者在企业成立后，从企业内转移出自己出资额的全部或者一部分。

抽逃出资是当前社会上存在着"空壳公司"的起因之一。有的行为人为达到设立企业进行经营的目的，在毫无资金的情况下，拆借他人资金，作为其实有资本进行注册登记，或者欺骗社会公众募集股本，当企业成立后即将其抽回还贷。有的行为人事前恶意串通，作为企业的创办人先按企业章程规定的各自认缴的出资额足额缴纳，在企业成立后又将资金各自抽回。

从行政执法实务中所反映的情况来看，抽逃出资除了上述基本情形外，行为人有时还借转让出资或者利润分配之机抽逃出资。第一，《公司法》允许股东转让股权，但不论是股东之间内部转让，还是向股东以外的人转让，都不会造成股本的实际减少。如果发现有股本已实际减少的情形，则必然有股东抽逃出资。第二，《公司法》对公司税后利润分配作了规定，公司在弥补亏损和提取法定公积金、章定公益金后所余的利润，有限责任公司按照股东的出资比例分配，股份有限公司按照股东持有的股份比例分配。如果公司在没有赢利的情况下，股东以分配利润的形式进行掩饰，抽走其投入公司的部分或者全部出资，就属于股东抽逃出资。第三，股东对公司借款应经公司机关决议，且应符合借与还的基本特征，如企业股东或开办者为达到抽回出资的目的，借决议为名，达抽资之实，应认定为抽逃出资行为。

（二）超越经营宗旨与经营范围的违法行为

企业作为一种营利性的经济组织，应在经营范围内开展经营活动。如果企业超越经营范围从事其经营活动的，其行为应判定为越权。

企业经营范围作为章程"必载事项"仍有其存在的价值。一方面，企业经营范围是企业、公司的开办者、股东为自己设立的活动空间，以彰显企业设立之宗旨与目的。另一方面，企业的经营范围实际上也是对企业董事、经理行为的限制，企业董事、经理应严格按企业经营范围从事业务活动，越权行为会产生相应的法律后果。但是，对于第三人而言，当企业与第三人开展交易行为时，如果企业是以自己的名义进行,但又是超越经营范围的,那么在法律规则处理上应当认为,经营范围是一种内部规范,只具有对内的效力,外部第三人可以推定公司的行为在其经营范围之内。①

我国传统的企业法严格规制企业"经营范围",不仅要求企业章程应有经营范围的记载,而且,企业的经营范围须依法登记。近几年虽然已被实践所突破,但修改后的《公司登记管理条例》第 15 条规定:"公司的经营范围由公司章程规定,并依法登记。公司的经营范围用语应当参照国民经济行业分类标准。"第 73 条还规定:"公司登记事项发生变更时,未依照本条例规定办理有关变更登记的,由公司登记机关责令限期登记;逾期不登记的,处以 1 万元以上 10 万元以下的罚款。其中,变更经营范围涉及法律、行政法规或者国务院决定规定须经批准的项目而未取得批准,擅自从事相关经营活动,情节严重的,吊销营业执照。"这意味着在我国现有的企业法框架下,对经营范围的擅自变更和超越仍视为违法行为。

(三) 违反企业财务会计制度的违法行为

在企业法上,财务会计制度与商业账簿设置制度的规定通常被视为强制性规范,不能以当事人的意思自治而加以改变,但在实际中,有些企业却严重违反法律、法规的相关规定,其主要违法形态有:1. 企业在法定的会计账册以外另立会计账册;2. 企业向开办者、股东和社会公众提供虚假的或者隐瞒重要事实的财务会计报告;3. 违反财务会计制度规定,将国有资产低价折股、低价出售或者无偿分给个人;4. 企业不按规定提取法定公积金(或生产发展基金);5. 企业擅自销毁会计账册;6. 企业在经营亏损情况下分配红利。

(四) 企业董事、监事及其他高级管理人员的违法行为

企业中的董事、监事及高级管理人员是掌管企业生产经营管理权的"领导层"成员,负有对企业的勤勉和忠实义务,但在实践中,有些董事、监事及其他高级管理人员并未履行法定义务,其违法形态主要表现为:1. 董事、监事、经理利用职权收受贿赂、其他非法收入或者侵占企业财产;2. 董事、经理违反《公司法》规定,以公司资产为本公司的股东或者其他个人债务提供担保;3. 董事、经理违反《公司法》规定自营或者为他人经营与其所任职公司同类的营业;4. 董事、经理篡夺企业交易机会而获取经营收入;5. 董事、经理违反离职后的合同义务从事经营活动,从而侵犯企业的合法权益。

(五) 合并、分立以及解散清算中的违法行为

此类违法行为发生于企业组织体变更与终止过程中,其违法形态主要有:1. 公司在合并、分立,减少注册资本或者进行清算时,不按照《公司法》规定

---

① 张开平:《公司权利解构》,中国社会科学出版社 1999 年版,第 69 页。

通知或者公告债权人；2. 企业合并与分立中对原企业的债权债务不作清理，隐匿财产，逃避债务；3. 企业在进行清算时，隐匿财产，对资产负债表或者财产清单作虚假记载或者未清偿债务前分配企业财产；4. 清算组不按照规定向企业登记机关报送清算报告，或者报送清算报告隐瞒重要事实或者有重大遗漏；5. 清算组成员利用职权徇私舞弊、谋取非法收入或者侵占企业财产的。

（六）其他违法形态

由于违法形态种类多，分类复杂，难以穷尽，在现实经济生活中还会产生其他种类的违法形态。比如：1. 未依法登记为有限责任公司或者股份有限公司，而冒用有限责任公司或者股份有限公司名义；2. 企业成立后无正当理由超过6个月未开业的，或者开业后自行停业连续6个月以上；3. 企业登记事项发生变更时，未依照规定办理变更登记；4. 企业不按照规定接受年度检验，或年度检验中隐瞒真实情况、弄虚作假的；5. 未将营业执照置于住所或者营业场所醒目位置的，拒不改正的；6. 外国企业违反企业法规定，擅自在中国境内设立分支机构。

四、企业实施组织法相关交易活动中的违法行为

（一）企业因发行债券而发生的违法行为

企业在成立后，出于设备更新、扩大业务规模、补充流动资金等需要，符合条件的可以对外发行债券筹资。然而，无论是企业债券的发行还是公司债券的发行，都有严格的法定条件和发行程序，如有违反，则构成此类违法形态。在现实经济生活中，此类违法形态的主要表现有：1. 不具备债券发行主体资格要求而擅自发行债券；2. 未按法定程序要求而发行债券；3. 违反债券款使用用途而使用债券款；4. 到期未对债权人实施还本付息；5. 不得转换的公司债券作为可转换的公司债券。

（二）公司因发行股票而发生的违法行为

就像货币只能由中央银行发行一样，股票也必须是特定的企业才能发行。股票发行人必须是具有股票发行资格的股份有限公司，包括已经成立的股份有限公司和经批准拟成立的股份有限公司。发行股票是股份有限公司的一大法律特征，股份有限公司在股票发行中应严格按照《公司法》和《证券法》的相关规定进行，修改后的《证券法》从法律上确定了保荐人制度；建立了证券发行前公开披露信息制度；完善了公开发行的法定条件、法定程序和纠错机制；严格了发行人和保荐人的民事责任和赔偿责任；建立了证券交易所上市审核机制。在现实经济生活中，此类违法形态的主要表现有：1. 未经保荐人推荐而擅自发行股票；2. 在股票发行之前进行信息披露公开；3. 未严格按股票发行的条件和程序进行发行；4. 申请股票发行过程中的行贿、受贿。

（三）企业因商号使用而发生的违法行为

"企业商号，即字号，是指企业名称中除行政区划、行业或者经营特点、组织形式外显著区别于其他企业的标志性文字。"[1] 企业商号使用中的违法行为目前最为常见的有：1. 商号与其他企业的驰名商标的文字相同或者近似，且未经驰名商标所有人书面同意；2. 商号中含有迷信、淫秽、暴力或者民族、宗教歧视等损害国家利益、社会公共利益和违反社会公德内容；3. 商号中含有县级以上行政区划名称；4. 使用的商号使公众产生误认、误解。

（四）公司因股权转让而发生的违法行为

股权转让是指公司股东依法将自己的股权转让给他人，使他人取得该股权的民事法律行为。股权转让的概念有广义和狭义之分，广义的股权转让泛指既已存在的股权从原股东持有转为他人持有的权利变动事实，包括继受取得的全部法律状态，主要有以下几种形式：一是股权交易。指股东（转让人）将其所持有的股权转让给受让人并由受让人支付对价的一种转让形式；二是股权赠与。即股东将其所有的股权无偿赠送给受赠人的一种转让形式；三是股权继承。即由继承人继承被继承人死亡后遗留的股权的一种转让形式；四是因法律的规定、法院的判决、政府的指令而发生的股权转让。民商法理论一般将前两种转让行为规定为依法律行为发生的转让，而将后两种转让规定为非依法律行为发生的转让。从法律规制的角度出发，也可以将股权转让限定为股权交易这一种形式，而将股权交易以外的转让形式称为股权转移。狭义的股权转让正是指的股权交易这种形式，股权交易是典型的有偿法律行为。而股权转移则包括无偿法律行为和事实行为，两者在法律基础和构成要件方面均有所不同。所以当我们从学理的角度来研究股权转让问题时，将上述概念做个区分是有必要的。我国《公司法》和《证券法》所规定的股权转让均是指狭义上的，即股权交易。本节所要讨论的问题也正是股权交易意义上的股权转让。当前公司股权转让行为存在的主要违法形态有：其一，未经股东会决议和过半数通过，将股权转让给公司以外的第三人；其二，未充分保护同等条件下其他股东的优先受让权；其三，国有股股权转让未按照企业国有产权转让监督管理办法进行，损害了国家利益；其四，股权转让后未履行相关的登记手续。

五、关联交易中的违法行为

关联交易就是企业关联方之间的交易。关联方包括自然人和法人。关联交易在企业的经营活动特别是企业并购行动中，是一个极为重要的法律概念，涉及财务监督、信息披露、少数股东权益保护等一系列法律制度。目前在关联交易的违法行为中主要是不公平交易，其违法形态表现为：1. 企业与关联方进行不公平的资产买卖；2. 在多数股东（控股股东）的支配下，企业违背其自身的真实意

---

[1] 浙江省地方人大通过的《浙江省企业商号管理和保护规定》（2006）第3条。

愿为其关联方提供担保；3. 多数股东挪用上市公司配股得来的资金，或无偿拖欠公司的货款；4. 以公司债权抵充多数股东的债务；5. 多数股东利用不公平关联交易掠夺公司利润；6. 利用不公平关联交易，进行内幕交易等证券欺诈行为。

第二节 企业法律责任制度的一般考察

一、企业法律责任制度的基本特点

（一）确立法律责任制度的目的性

企业法上的责任制度是以民事责任制度为主，辅之以罚款和罚金等行政或刑事手段建立起来的。更进一步说，在企业法中，设立罚款和罚金制度的目的，主要不在于保证国库收入，而在于阻遏违法行为，保障企业经营活动的正常运行。在经济活动领域，法律调整的目的是，通过设定和保护每一个市场主体的合法利益来鼓励社会财富的创造和实现按照社会需求配置社会资源。在这一点上，企业法与税法的立法目的显然不同。税法的目的是通过增加财政收入来实现社会财富的再分配。

（二）法律责任的综合性

企业法上的责任既有私法性质的责任，也有公法性质的责任，兼具补偿性和惩罚性的双重目的。私法上的责任如商事违约责任、商事侵权责任等；公法上的责任如违反企业登记制度的责任、违反证券信息公开制度的法律责任、抽逃出资的法律责任。

企业法上的法律责任可以是法定的，也可以是约定的，但约定责任往往要求不得违反强行法的规定。

企业法上的责任强调以下三方面的功能：1. 补偿功能。在私法补偿功能的基础上使企业法律责任的归责原则多元化、客观化、使道义援助法律化。2. 惩罚功能。在补偿功能中融入惩罚功能，主要针对那些具有不法性和道义上应受谴责行为而设立，以达到制裁的效果。3. 遏制功能。遏制是指确定一个样板，使他人从该样板中吸取教训而不再重复此行为。通过确立巨额赔偿制度，两罚乃至多罚制，扩大责任主体等，对违法人及社会一般人产生遏制作用；鼓励受害人为获得赔偿而寻求救济，对违法人产生遏制作用；揭露不法行为，对违法行为予以遏制。

（三）承担法律责任主体的特定性

承担法律责任的主体除了企业外，还包括企业的投资者（股东）、企业的开办者、企业的经营管理人员，如公司董事、经理等高级管理人员。

（四）有权确定企业法律责任的机构的多元性

有权确定企业法律责任的机构不仅包括司法机关、仲裁机关，还包括企业登记主管机关、市场管理机关以及相关领域的政府职能部门。

（五）责任保障制度与损失承担的社会性

企业法上的违法行为往往不是来自法律禁止的那些典型民事侵权行为，更多的是来自生产经营行为和其他社会经济活动，对社会性权益造成的侵害往往表现为加害人与社会之间的冲突（虽然仍可能通过加害人与个体之间的直接关系而产生），因此社会性的责任原理成为企业权利救济的理论基础。为了避免因违法行为人（主要是企业）支付能力不足或根本无法确定违法责任人等缘故而使受害人实际上无法获得赔偿，或者因诉讼旷日持久而对受害人缓不济急，以及避免侵权行为人因赔偿负担过重甚至破产而影响社会经济的发展，许多国家建立了经济法律责任保障制度，如单独或综合运用财务保证或担保、责任保险、赔偿或者补偿基金、社会安全体制等，以体现国家对于企业法律责任风险分配与保障的干预，将风险与损失分散于社会，使之消化于无形，从而给经营者带来安全，使受害者得到补偿。在社会化大生产的情况下，建立合理的社会承担机制，使经济权利受损者得到足够的经济支持，并逐渐形成一种分配风险和损失、以缓解社会冲突为目标的责任分配机制。这样，企业法上的法律责任的追究才不至于停留在书面或者条文本身。

（六）强制力产生与强制程度的变化性

民事责任一般通过民事诉讼这样一个提请行为才能促使国家权力介入，行政责任是由具有行政职权的政府或其部门来行使，一般不需要通过诉权。而公权介入企业法律责任产生强制力有时需与诉权联系在一起，通过诉权将经济权利转化为国家公权力。有时则不通过诉权便可转化为公权力。如企业不履行法定义务，利益人（一般情况下是社会弱势主体）可以通过举报促使企业监督管理机关直接以公权力介入。

公法责任的强制程度一般较强，具有制裁的现实性；私法责任的强制程度相对较弱，具有制裁的可能性，双方当事人可以和解，权利人也可以放弃自己的权利，减免对方的责任。企业法上的法律责任的强制程度则兼具两者的特点，其强制程度视违反法定义务的公私属性而变化。

二、企业法律责任的适用原则

（一）以企业全部财产承担责任原则

企业承担法律责任的后果是"以其全部财产对其债务承担责任"。当一家企业对外产生债务时，到底在什么范围内依法承担责任？这几乎是相当一部分企业管理人员、甚至还有少数法律专业人士困惑不清的问题。主张注册资本说有之、发行资本说有之、实收资本（实缴资本）说有之。其实，企业资本和企业资产是两个不同的概念，各具内涵和外延。这可从资产负债表中所确立的"资产＝负债＋所有权权益"等式中寻求企业资本与企业资产的差异点。通过企业资本运作而实现的"公司本身的财产始终处于难以监控的恒变之中，所谓公司资本对交易安全的维护只是法学家虚构的神话"。① 它也不符合会计学原理与公司资产构成之实质。因此，对于具有法人资格的企业而言，对外承担民事责任的基础应是企业的资产，而非企业的资本。

（二）民事赔偿优先原则

我国修改后的《公司法》第 215 条规定："公司违反本法规定，应当承担民事赔偿责任和缴纳罚款、罚金的。其财产不足以支付时，先承担民事赔偿责任。"修改后的《证券法》第 232 条规定："违反本法规定，应当承担民事赔偿责任和缴纳罚款、罚金，其财产不足以同时支付时，先承担民事赔偿责任。"从法理上而言，法律责任包括民事责任、行政责任和刑事责任。法律责任依照对责任人制裁方式，还可以分为财产责任和人身责任。民事赔偿、罚款和罚金均属于财产责任。一项法律事实或法律行为，可能同时产生两种以上的法律责任，这种情形在法学上称之为"责任竞合"。又因为具体责任人的责任能力不一定能够同时承担所有的责任。据此情形，立法上或司法实践中必须决定何者优先问题。"民事赔偿优先原则"的精确含义应当是，在《公司法》、《证券法》适用的范围内，出现多种财产责任相竞合时，民事赔偿责任优先。

（三）法人人格否定后的直索责任原则

法人人格否定又称"刺破公司面纱"或"揭开公司面纱"，是指为阻止公司独立人格的滥用和保护公司债权人利益及社会公共利益，就具体法律关系中的特定事实，否认公司与其背后的股东各自独立的人格及股东的有限责任，责令公司的股东（包括自然人股东和法人股东）对公司债权人或公共利益直接负责，以实现公平、正义目标之要求而设置的一种法律措施。法人人格否认原则是美国法院在审理公司纠纷案件中首创的一个判例法原则。

我国修改后的《公司法》第 20 条规定："公司股东滥用公司法人独立地位和股东有限责任，逃避债务，严重损害公司债权人利益的，应当对公司债务承担连带责任。"这实际上通过立法确认了公司法人人格否定制度。在此之前，法律虽未明确规定法人人格否认原则，但在《国务院关于清理整顿公司中被撤并公司债权债务问题的通知》、最高人民法院《关于企业开办的其它企业被撤销或者歇业后民事责任承担的批复》以及最高人民法院有关房地产的两个判例中（贵阳市升平建设发展总公司诉贵州大众房地产开发有限公司、贵州房地产开发联合公司债务纠纷案和海南中建六工程局承包公司与海南华强房地产开发有限公司、海南钟华房地产开发有限公司、海南琼山钟诚房地产开发公司房屋买卖纠纷案）均有限度地规定或适用了法人人格否认原则。通常，有下列情形之一的，法人的设立者或出资人对法人债务承担连带责任：1. 法人的财产与设立者、出资人的

---

① 蒋大兴著：《公司法的展开与评判》，法律出版社 2001 年版，第 447 页。

财产混同或混淆，致使双方账目不清的；2. 法人的设立者、出资人截留、平调、挪用法人的财产或不按规定分配法人的盈利的；3. 法人的设立者、出资人严重干扰法人活动使法人失去独立意志和利益，实际成为其代理人或交易工具的。

（四）不当得利归入原则

所谓不当得利归入是企业的管理层、占一定股份比例的股东从事了企业法规定的某些特定事务从而给企业利益造成了损害，行为人由此获取的不当利益应收归企业所有。归入权的目的是为了保护企业的利益不受管理层（董事、经理等）、大股东的侵害，实现企业利益的最大化。我国现行法律赋予公司在四种情况下能够享有归入权，分别是：1. 公司的管理层自营或者为他人经营与其任职公司同类的营业或者从事损害本公司利益的活动；2. 公司的管理层挪用公司的资金或将公司的资金借贷给他人的；3. 公司的管理层违法以公司的资产为本公司的股东或者其他个人债务提供担保的；4. 持有一个股份有限公司已发行的股份5%的大股东，将其所持有的该公司的股票在买入后6个月内卖出，或者在卖出后6个月内又买入的（许多学者认为，参考国外的相关法律规定，公司管理层的短线交易也应当适用归入权法律制度）。可见，在归入权法律关系中，权利主体是公司，因违背了法定义务而需承担责任的责任主体是公司的管理层或大股东。归入权的权利客体是"收入"——权利相对人取得的利益，从性质上讲，"收入"既可能是物权（如金钱、汽车等实物），也可能是债权（如尚未实际支付的工资），甚至可能是股权（如以股权作为对公司管理层的奖励）。在公司行使归入权之前，该"收入"一般不在公司的实际控制之下。

（五）两罚制原则

所谓两罚制是指在法人违法的情况下，对法人以及法人的内部成员进行惩罚的一种制度。法人作为一种经济组织，在现代经济生活中聚集大量财富，拥有广泛的社会、经济、政治权力，它们的活动对社会、国家、个体都有极其重要的影响。对法人进行惩罚与制裁可以削弱或打击其经济力量，限制其从事某些活动的资格，增加其违法的成本；对负有直接责任的内部成员进行惩罚与制裁，有利于体现"罪责自负"，彰显企业法律责任追究的完整性，杜绝经济活动中的"穷庙富方丈"的变态现象。两罚制扩大了责任主体的范围，并使企业法律责任的承担更为理性与科学。

第三节　企业民事责任制度

一、企业民事责任的基本特征与类型划分

（一）企业民事责任的基本特征

企业民事责任与民法上的一般民事责任相比较具有以下方面的特征：

1. 团体责任。团体责任系与个人责任而言。近代法律采取个人主义，任何个人均得基于自由、平等、独立之立场，而为权利与义务之主体。随着社会日益进步，由个体转为企业，企业无论其经营方式如何，具有法人资格与否，事实上莫不属于一种团体，其活动也为团体之活动，因此，在民事责任方面，如仍采个人责任原则，则难免不妥。其理由是：

第一，从企业从业人员方面看，企业之活动，由其从业人员担任，从业人员在执行职务过程中，给他人造成损害，如依个人责任原则，应由其个人来担责，而企业不负责任。但是从业人员之活动，为其自己利益者少，仅以劳力换取工资而已，为该企业利益者多，若使利益少者独负其责，利益多者反无责任可言，与事理不平。

第二，就受害人方面而言，消费者对于消费品之购买，其所信赖的是生产经营企业而非从业人员，因而如产品瑕疵给他人造成损害的，仅由从业人员担责，也不合情理，且从业人员实力有限，对受害者往往难以获得救济。

2. 无过失责任。在个人责任原则下，采过失责任主义，而在团体责任原则下应采无过失责任主义，以此来保障消费者的合法利益。在过失责任主义原则下，被害人必须证明加害人有过失，才得请求损害赔偿，被害人因此往往累于过失之举证责任，其结果是所受到的损害难获填补。尤其是消费者对于有害之产品，多购自贩卖者之手，几乎难以对于产品制造时企业之过失加以举证。因此，对于产品损害赔偿、企业污染致害赔偿等应建立无过失责任。

3. 连带赔偿责任。对于因董事、经理的越权行为给交易第三人造成损害的，应由企业与越权行为承担连带赔偿责任。在公司法上，涉及连带赔偿的情形还有涉及一些出资上的连带赔偿等。

（二）企业民事责任的类型划分

1. 对内责任与对外责任。所谓对内责任是指一企业对其股东或其员工所应负的责任。随着企业投资者人数的增多以及员工人数的增加，企业对内责任的对象也非少数之人，而有普及于群众，构成一社会问题之趋势。所谓对外责任是指企业对社会一般公众所应负的民事责任。此责任又可分为对于消费者之民事责任、对于消费者之外一般公众之民事责任。

2. 侵权行为责任与债务不履行责任。通常民事责任可分为侵权责任与债务不履行责任两大类。企业民事责任也是如此。如企业对消费者的民事责任而言，也有此两种。就企业直接与有契约关系的消费者而言，企业对该消费者自应负债务不履行之责任，此外尚可发生瑕疵担保责任。就与企业无直接契约关系之消费者而言，企业对消费者自应负侵权行为责任，此种侵权行为责任，主要是指产品制造者的责任。

我国台湾地区学者郑玉波对企业民事责任作了理论上的分类，他将企业的民事责任分为对内责任与对外责任。对内责任包括对于员工之责任（福利待遇问题）和对于资本的责任（盈亏问题）；对外责任包括对于贩卖商所负的瑕疵担保责任和债务不履行责任；对于消费者应负的因产品或服务而致害的侵权行为责任、债务不履行责任和瑕疵担保责任；对于非消费者因公害所致的债权行为责任。①

二、企业民事责任的基本形式

（一）出资违约责任

出资违约责任主要是企业的投资者、公司的发起人或股东在企业设立过程中未履行出资义务而承担的一种责任形式。

从各国公司法的立法情况看，股东违反出资义务，违约股东的责任形式一般有行使失权程序、追缴出资权、损害赔偿权、利息罚则、定金罚则等。追缴出资权、损害赔偿权、利息罚则、定金罚则基本相当于一般违约责任中的实际履行、损害赔偿、违约金、定金等责任形式，而失权程序则是公司法下所特有的责任承担形式。

失权程序是法律赋予公司或其他发起人的一种单方面认股契约的解除权。它是指根据公司法的规定，对于怠于履行出资义务的认股人、公司或发起人可以催告其一定期限内缴纳出资，逾期不缴纳者即丧失认股人权利，所认股份可以另找他人募集。如德国《有限责任公司法》第21条规定："在拖延支付的情形下，可以对拖延支付的股东再发一项警戒性催告，催促其在一定待定的宽限期内履行支付，否则即将其连同应当支付的股份一并除名。"② 日本《商法典》第179条规定："股份认购人不按第177条的规定缴纳股款时，发起人可以规定期日，通知其如不于规定期日前缴纳股款，即失去权利。……发起人发出前款通知后，认股人仍不缴股款时，则丧失其权利，于此情形，发起人可以以其所认股份，另行募集股东。"③ 我国台湾地区的"公司法"第142条也规定："认股人延欠前条应缴之股款时，发起人应定一个月以上之期限该认股人照缴，并声明逾期不缴失其权利。发起人已为前项之催告，认股人不照缴者，即失其权利，所认股份得另行募集。"④ 此种失权系当然失权，已失权的认股人以后即便缴款，也不能恢复其地位。

失权程序这一责任承担形式与公司法的组织法、社团法性质密切相关。股东的出资义务不同于一般的契约义务，在公司成立后不能以股东协议、章程规定、

---

① 郑玉波：《民商法问题研究》（二），（台湾）国立台湾大学法学丛书编辑委员会编辑。
② 卞耀武主编：《当代外国公司法》，法律出版社1995年版，第298页。
③ 王书江、殷建平：《日本商法典》，中国法制出版社2000年版，第37页。
④ 黄荣坚、詹森林、许宗力、王文宇编：《月旦简明六法》，元照出版公司2005年版，第5—18页。

股东会决议的形式自由解除。事实上,各国公司法不但禁止股东在出资后抽回出资,而且还规定其他发起人或董事对股份认购人或股东未能按协议支付股份对价的承担连带补足责任。即公司一旦成立,相应股份所对应的出资义务就必须履行,不能以约定的方式选择变更、放弃或免除。与出资义务相对应,股东权利非因法定事由不得予以强制剥夺。即公司一旦成立,股东有权依据公司法的规定享有股东权利,而不问股权对应的出资义务是否已适当履行。股东权利义务的法定性,使得追缴出资、损害赔偿等一般违约责任形式无法从根本上废除违约股东的股权资格,失权程序则弥补了一般违约责任形式在保护其他股东权利方面的不足,只要认股股东拒不出资或拖延出资,并在给定的时限内仍然未履行出资义务,就可以剥夺该股东的持有股权的资格,该部分股权可由其他发起人或认股人认购,或另寻他人募集。

没有失权程序的威慑作用,不利于防治股东违反出资义务的行为。我国的公司实务现状也从一个侧面证实这一点。据公司登记机关人员估计,在各地已成立的公司中,存在虚假出资、出资不到位、出资不实等出资问题的公司占近一半以上。从我国《公司法》中股东违反出资义务对其他股东承担的责任制度规定看,我国《公司法》只规定了违反出资义务的股东对其他股东应承担的责任为违约责任,但并未明确规定具体的责任承担方式,对于失权程序,我国《公司法》更是未作任何规定,不能不说是制度设计上的一种遗憾。《外商投资企业法》中虽然有类似规定,但仍不完善并且不易被执行。股东违约责任形式的法律空白,特别是失权程序的缺失,是造成我国公司实务中大量存在出资不到位的根本原因。修改后的《公司法》对原先的严格法定资本制作了修订,允许股东分期缴纳出资,可以预见到股东在公司成立后拖延或拒不缴纳出资的情况将会更多。为了更好地防治公司股东出资普遍不到位的社会现象,更有效地保护公司、股东和公司债权人的利益,立法机关应当尽快弥补失权程序这一法律空白。

(二) 差额填补责任

也称差额补缴责任。股东出资不实,就其不实部分应及时填补,这是企业资本充实原则的必然要求,也是保证企业人格健全的第一需要。从现有的公司法规定看,填补责任仅表现为一种行政上的法律责任,[①] 而尚未上升到民事责任中,《公司法》在"有限责任公司设立"和"组织机构设置"一节中也仅对股东出资不实的差额填补责任作了规定,而未提及虚假出资或抽逃出资后的填补责任问题。从理论上分析,出资填补责任可分为自行填补和强制填补两种途径,前者属

[①] 我国修改后的《公司法》第208条规定:"公司的发起人、股东在公司成立后,抽逃其出资的,由公司登记机关责令改正,处以抽逃资金额5%以上10%以下的罚款。"法条中所提及的"责令改正"可理解为资本填补中的行政责任。

于未出资股东或抽逃出资股东所采取的自纠行为,而后者则是一种强制手段。

填补责任中的补交差额,应是指补足注册资本额与实缴资本额之间的差额,而非实践中有人所理解的系注册资本额与法定最低注册资本额之间的差额。这是根据其出资比例而分配的按份责任,是资本充实原则在责任形态上的体现;对于在公司设立时的其他实物出资和权利出资人而言,其责任形态为对该补缴部分承担连带责任。

股东承担的填补责任,从性质而言是一种资本充实责任,其法理基础是基于履行出资义务,补足差额后该责任即可免责,不承担重复补足差额的责任,也就是说如果法院在一案中判决出资人承担补足差额的责任,就不能在他案中再次要求出资人补足差额。

那么,承担填补责任的请求权主体应为谁?应当是公司。因为公司成立后,对在公司设立时未按章程履行足额出资义务的股东,公司应通知其按章程履行义务,并要求该出资者对公司承担迟延给付的责任,公司通知后该股东仍不履行相应义务的,公司可作为权利请求主体请求予以司法救济。这种责任的追究属于公司对股东的权利,而不是属于股东对股东的权利,因此,相应的诉讼当事人应以公司为原告,以未出资的股东为被告,同时,出资责任是违反出资义务的直接法律后果,对出资责任的规定是公司法上的强制性规定,如果公司不予追究,股东应拥有股东代表诉讼权。另外,作为公司的债权人也不能作为此种请求权的权利主体。因为公司债权人只与公司发生债权债务关系,与公司股东的出资不实没有直接的法律关系,在公司存续且公司有清偿能力的情况下,债权的主张只能是公司而不可能是公司债权人,如果在一宗债务纠纷案件中,既要解决债权法律关系,又要解决出资是否不实问题,不利于诉讼法律关系的建立。

(三) 损失赔偿责任(包括连带赔偿责任)

修改后的《公司法》在相关条款中涉及连带赔偿法律责任问题,第20条规定了公司股东滥用股东权利给公司或者其他股东造成损失的,应当依法承担赔偿责任。第31条规定了出资不足法律责任,公司设立时的股东承担连带责任。第64条规定了一人有限责任公司债务承担,股东不能证明公司财产独立于股东自己的财产的,应当对公司债务承担连带责任。第94条规定了发起人出资不实的责任,应当补交,其他发起人承担连带责任。股份有限公司成立后,发现作为设立公司出资的非货币财产的实际价额显著低于公司章程所定价额的,应当由交付该出资的发起人补足其差额;其他发起人承担连带责任。第95条规定了股份有限公司的发起人的法律责任,公司不能成立时,对认股人已缴纳的股款,负返还股款并加算银行同期存款利息的连带责任。第177条规定公司分立前的债务承担问题,由分立后的公司承担连带责任。

一般而论,按《公司法》第3条规定有限公司股东以其出资额为限对公司承担责任，无论是填补责任还是赔偿责任，股东之间的责任应认为各自独立的。但是法律也不免除特定情形下对不实出资承担出资填补上的连带责任。《公司法》第 28 条规定意味着其他股东承担了超过其投资额范围的责任，突破了股东以其出资额为限对公司承担责任的有限责任原则，法律作这样规定是必要的。由于种种原因，公司在设立时难免会出现现物出资估价过高情况，这样会造成注册资本不实，这对公司的其他股东、公司的债权人乃至公司本身都是不利的。因此《公司法》规定出资填补连带责任对于保护交易安全及债权人利益是有积极意义的。当然，对现物出资的估价应以公司设立时为标准，不能以公司成立后变化了的价格为依据去评估现物出资标的的价额，只有这样，才能保护公司股东合法权益。

连带赔偿责任是就公司与设立时的股东之间的关系而言的，但就股东之间内部而言，实际上是一种代偿责任，在公司成立时的其他股东对公司实际损失进行赔偿后，拥有向违约股东求偿的权利。"为避免因求偿不能再行使股权转让请求权时增加代行出资者的负担，代行出资者可以拥有以下选择权：要求违反出资义务的股东偿付所代交的出资，或者要求其按章程所定的价额或股票发行价格转让股权。但该项选择权应在一定期间行使，如日本商法规定为 6 个月。"[1]

三、企业民事责任适用的主体分类

（一）企业机关成员的民事责任

企业机关成员在特定情况下可代表企业法人对外实施民事行为，结果归于企业法人。但在具体问题处理上还应区分是职务行为、越权行为、滥用职务行为还是个人行为。

其一，职务行为。即执行职务行为。"执行职务"应解释为依法人章程或权力大会决议分配给某些特定人执行事务，即只有那些经过法人意思机关的批准或认可担任某种特定职务的人，才能从事职务行为。由于企业法人作为一个组织，其本身无法为意思表示，也不可能以自己的行为进行任何经营活动，而是假借其代表的活动来实现经营目的。法人的法定代表人和其他机关人员代表法人从事经营活动，其行为体现的是企业法人的意思，没有体现自己的意思，此时行为人和企业法人"名二而实一"，所以执行职务产生的民事责任，不论是违约责任还是侵权责任，都应由企业法人承担。如果在执行职务时，企业法人的意思本身并无不当，而是由于执行人的过失造成了对第三人的损害，此时的过错即企业法人的过错，应由企业法人承担民事责任。至于在企业法人内部，该执行人是否要承担责任，可用"善良管理人"的标准来衡量，若该人已尽到善管人应尽的义务，则可不负责任；若未尽到应有的注意，就应按企业法人的规章制度承担责任，此

---

[1] 陈甦：《公司设立者的出资违约责任与资本充实责任》，载《法学》1995 年第 6 期。

责任可以是行政责任或经济责任。如果行为人在执行职务时故意造成对第三人的损害，此时，已不再是执行职务而构成了个人的违法甚至犯罪行为。

其二，越权行为。即超越法人目的（经营范围）的行为。越权行为产生的民事责任应由谁承担？对此问题，英美法上有"超越权限"原则，但本世纪以来，已有废止"越权"原则的趋势。为保护交易安全，应有条件地承认此类行为。"任何人诚信地和公司交易（该交易由董事会作出），该交易约束公司，不管公司权利受何限制或对董事权利有何限制"。① 在此类行为中，体现的是企业法人的意思，行为人是执行职务，因此类行为而产生的民事责任，应适用职务行为的归责原则。企业法人机关成员超越职权而为的行为，从理论上看，并非依合法的职权产生的，不是执行职务的行为，即非依法人的意思而为，不应由法人负责。然而，机关成员行为时是否越权往往只有机关内部成员才能作出准确判断，第三人往往不得而知。如果把越权行为视为机关成员的个人行为，对保护善意第三人是不利的。② "某种特殊类型的高级职员，声称行使那种类型的职员常有的权力，某人通过此高级职员和公司交易，则有权要求公司为该高级职员的行为负责，即使该高级职员未受此任命或实际上超出了他的权利范围，但如果此人明知该高级职员无权利则不受此限制"，③ 为维护交易安全，保护善意第三人的利益，可借用"表见代理"，参照表见代理制度来解决越权行为的归责问题，即如果第三人有足够的理由相信与之交易的对方是代表法人行为，则法人应对该机关成员的行为负责。具体来说，有以下几种情况：一是按法人内部职责划分，某机关成员不具有某项职权，但第三人不知道；二是机关成员以法人名义进行，且为法人谋利益；三是机关成员职权终止后，法人未通知第三人。其他情况下，法人可以行为非基于法人意思而是基于行为人个人意思，是个人行为而主张责任由个人承担；但为了维护当事人双方的实质正义（特别是当第三人为个人时），第三人可以以足够的理由相信行为人在执行职务为由抗辩。在法人内部，对越权行为的机关成员，法人应按规章制度追究其行政责任、民事责任。

其三，滥用职权行为。企业法人给予机关成员特定职权，是要求他们在权限范围内按法人的意思行为。滥用职权的后果是否应由法人承担责任，国外学者有不同看法，法国学者马泽昂德认为，"代表机关行为的个人是独立的法律主体，因此他们要承担不法行为的责任"。另一学者维尼则认为，"机关常常会犯错误，但法人应承担因机关所犯错误而带来的风险"。④ 我国有学者则主张，"法人机关

---

① gower, principles of modern company law, London: Stevens & Sons, Ltd. 1979, p. 609.
② 王利明：《侵权行为法归责原则研究》，中国政法大学出版社1992年版，第269页。
③ gower, principles of modern company law, London: Stevens & Sons, Ltd. 1979, p. 611.
④ 王利明：《侵权行为法归责原则研究》，中国政法大学出版社1992年版，第270页。

成员执行职务时所为的行为，不管是违法行为，还是合法行为，都应视为法人的行为，其法律后果均应由法人承担"。① 从理论上分析，此种行为应由行为人自己负责。然而，在实际生活中，有些滥用职权行为的利益归于法人；有些行为给第三人造成的损害巨大，由个人负责难以落实，使第三人的损害得不到充分赔偿；还有，在某些情况下第三人有理由相信该机关成员在执行职务。鉴于以上考虑，责任由法人承担较合理，这样一方面可使第三人及时受偿；另一方面可使法人加强监督。对于该机关成员，符合条件的，应适用《民法通则》第49条追究责任。针对我国目前企业法人中一些机关成员滥用职权谋私利的现象较普遍，对滥用职权者，除追究行政责任或刑事责任外，特别要注意追究民事责任，使其谋私利的企图落空。

其四，个人行为。个人行为体现的是机关成员个人的意思，与企业法人无关，行为的结果当然应归于个人。当前，特别要注意防止机关成员把个人行为"变"为法人行为，把责任转嫁给企业法人的不正常现象。

除了以上四种行为外，还有一种混合行为，从理论上讲，企业法人和机关成员各自有独立的法律人格，在实施民事行为时不会发生人格的混合，然而有时在所难免。所谓混合行为是指机关成员在按企业法人的意思从事业务时，掺杂了个人意思，为个人谋利。此时造成的损害可借鉴"共同过错"造成损害的归责办法，视具体情况由法人和个人分担。②

（二）代理人的民事责任

企业法人在从事民事活动时同样要利用代理的"分身术"功能。凡经企业法人授予代理权的人都是代理人，不论是否为企业法人内部成员都可成为代理人，他们和企业法人之间是代理关系。这里要注意代表责任与代理责任的区别。代表责任为直接责任，只要行为人为法人的代表人，其经营行为的法律后果就由法人直接承受；代理责任为间接责任，行为人要有法人授权，或足以使相对人信其有授权，法人才依法承受代为从事民事活动的责任。虽然二者都由法人承担责任，但因承担方式的差别，对代表人、代理人的资格和行为要求不同，实务中可从行为人的主体资格上考察行为人行为的法定要求，从而确定法人的民事责任。

对于代表人的侵权行为按照法人侵权行为能力理论来处理，而代表人以外的其他相关人所为的侵权型职务行为都应适用雇主责任理论。

（三）其他内部职员的民事责任

这类人员指企业法人中除有代表权和代理权外的其他所有职员。他们不是机关成员，一般不能代表法人对外活动，除非经过法人的特别授权。他们和企业法

---

① 马俊驹：《法人制度通论》，武汉大学出版社1988年版，第154页。
② 陈兵：《企业法人民事责任承担探析》，载《河北法学》1999年第1期。

人之间是劳动关系。我国《民法通则》对这类人员的责任未作规定，《民法通则》第43条中的"其他工作人员"一般解释为不包括此类人员。在我国，企业法人和一般职员间是劳动关系，一般职员按照法人内部分工从事一定的劳动也体现了法人的意思，一般职员在执行职责和履行义务中造成第三人的损害，应由劳动法调整。他们的权利、义务、责任应适用《劳动法》及企业法人的章程的规定。

第四节 企业行政责任制度

一、企业行政责任的概念与特征

企业法中的行政责任是指行为人违反企业法规定所应承担的行政处罚与行政处分责任。

就行政责任一般而论，以行政法律责任的主体为标准，行政责任有行政相对人的行政责任和行政主体的行政责任以及公务员的行政责任三个大类。行政相对人的行政责任即私权主体因违反行政法律、法规而承担的法律责任，一般直接引起行政处罚。而行政主体的行政责任，则是指行政机关或法律、法规授权的组织因违反行政法律、法规或不当行为而承担的法律责任。公务员的行政责任是指公务员个人的行政违法行为，应对内向相应的行政机关承担内部行政责任，其形式主要是行政处分。[①] 目前，企业法中使用的行政责任范畴，主要是指上述行政责任中的第一种。按照现行立法界和学界多数人的看法，在我国，追究行政相对人行政责任的主体只能是行政机关，司法机关不得依诉讼程序对作为相对人的公民、法人或其他经济组织确定行政责任。[②] 这种认知决定了司法机关在企业法实施中有了不可逾越的禁区，即司法机关只能追究违反企业法的民事责任和刑事责任，不能追究违反企业法的行政责任，这与法律发达国家的做法大相径庭。

行政制裁的方式分为行政处分和行政处罚两种。行政处分又称纪律处分，是指国家行政机关、企业、事业单位，根据行政隶属关系，依照有关法规或内部规章对犯有违法失职和违纪行为的下属人员给予的一种行政制裁。行政处罚是由特定的国家行政机关对违反国家行政法规尚不构成犯罪的公民、法人或其他组织给予的法律制裁。

二、企业行政责任基本形式

（一）责令改正或限期改正

所谓责令改正或者限期改正违法行为，是指行政主体责令违法企业停止和纠

---

① 王成栋著：《政府责任论》，中国政法大学出版社1999年版，第29页。
② 李昌麒主编：《经济法学》，中国政法大学出版社2002年版，第101页。

正违法行为,以恢复原状,维持法定的秩序或者状态,具有事后救济性。

改正违法行为或限期改正包括如下内容:首先是停止违法行为,并积极主动地协助行政处罚实施机关调查取证。其次是消除违法行为所造成的不良后果,以恢复违法行为实施之前的状态。最后是若违法行为造成了损害,则要依法承担民事责任,依法予以赔偿。有些违法行为可以在受到处罚后立即改正,因而,行政机关实施行政处罚时应当责令改正违法行为;而有些违法行为的改正则需要一定的时间,如拆除违法建筑物、治理已被污染的环境、补种毁坏的树木等,故应责令其限期改正。

责令改正或者限期改正违法行为,既可以单独适用,亦可以和行政处罚合并适用。《公司法》第 23 条规定,行政机关实施行政处罚时,应当责令当事人改正或者限期改正违法行为。这一规定实际上是为行政处罚机关设置了一种作为义务,即针对违法行为,不能仅实施行政处罚了事,还应当责令改正违法行为。

我国现行的企业法规大多设有责令改正或限期改正的规定。有些法律、法规将责令改正或者限期改正违法行为设定为行政处罚的前置性条件,即规定首先要责令违法行为人改正或者限期改正违法行为,逾期不予改正的,才可给予行政处罚,如《公司法登记管理条例》规定,未将营业执照置于住所或者营业场所醒目位置的,由公司登记机关责令改正;拒不改正的,再处以罚款。

责令改正与行政处罚虽然都是依职权的具体行政,但它们在性质上是有区别的,责令改正不是行政处罚而是行政决定,具有教育性;责令改正只要求违法行为人履行法定义务、停止违法行为、消除不良后果,而不是一种对违法行为人的法律制裁措施;责令改正的表现形式有责令停止违法行为、责令退还、责令整顿等,而不同于行政处罚的种类设定;责令改正是一种意思表示,并不以行政机关以动作形式的强制措施(如扣押、查封等)作保障。

责令改正命令的下达,在企业法中主要表现为以下两种方式:一是单独下达,对无须行政处罚的违法行为,登记机关直接填写《责令改正通知书》下达给当事人;二是一并下达,即对同时进行行政处罚的违法行为,可以将责令改正命令与行政处罚决定一并下达,但要与行政处罚决定分开,不能作为行政处罚的内容下达。责令改正只是一种原则性的表述,因具体违法行为不同,其"改正"的方式也会有所不同。如在《公司登记管理条例》中规定为"责令限期办理"等。[1]

(二) 责令关闭

责令关闭目前至少在以下情形被得以使用:一是政策性关闭,通常是由行业主管部门对其所管理范围内的企业实施产业政策调整而"关、停、转"部分企

---

[1] 黄开智:《论责令改正的适用》,载《中国工商行政管理研究》2005 年第 9 期。

业，这在国有企业中较为常见；二是登记主管机关以外的行政机关根据法律、法规、规章和有关的国家政策，对具有严重违法行为或者不符合国家产业政策、环境及资源保护政策的企业，按照法定的权限和程序，强制剥夺其市场主体生产经营资格的具体行政行为，又可分为处罚性关闭和撤回许可性关闭。比如，一家拟从事证券业务的证券公司取得从事证券业务资格后，取得了工商登记。但该证券公司在业务运作过程中，无视法律法规和证券监管机关发布的规章，从事违规违法经营。证券监督管理机构即可依据《证券法》等法律法规责令该证券公司关闭。三是登记机关作出的责令关闭决定。

无论是政策性关闭还是惩处性关闭，在现行法律体制下，其他行政机关对经营主体作出关闭的行政决定，并没有消灭经营主体的资格，只不过这种关闭决定会导致经营主体资格走向消灭的后果。责令关闭是导致企业解散的事由，企业应及时组织清算，清算后依法注销才使企业主体资格归于消灭。工商登记机关是我国企业组织主体登记的唯一主管机关，其他任何行政机关都不具有企业组织的登记主管职权。从事市场经营活动主体资格的取得必须经工商机关的工商登记获得，其资格的消灭也必须经工商机关的注销登记确认。其他行政机关对企业作出责令其关闭的书面决定应发送给原登记机关，由原登记机关对关闭企业实施必要的监督。只有遵循这样的企业组织主体消灭程序，才能最大程度地保障债权人利益及社会公益。

(三) 罚款

罚款是指行政处罚机关强迫违法行为人在一定期限内向国家缴纳一定数量金钱的处罚形式。具有以下特征：1. 罚款是行政机关实施的一种行政制裁手段；2. 罚款是以金钱缴付为内容的制裁手段，而不是执行手段；3. 罚款是纠正和制止违法行为的处罚措施；4. 罚款必须上缴国库。

企业法上的罚款，其作出的处罚主体主要是登记机关，但对违法经营行为，相关的法律法规也规定了其他市场管理主体可作出罚款决定。

目前，我国《公司法》上对公司违法行为可实施罚款的种类与情形主要有：对虚报注册资本、提交虚假材料或者采取其他欺诈手段隐瞒重要事实取得公司登记行为（《公司法》第199条）；对提交虚假材料或者采取其他欺诈手段隐瞒重要事实的行为（《公司法》第199条）；公司发起人、股东虚假出资，未交付或者未按期交付作为出资的货币或者非货币财产的行为（《公司法》第200条）；公司的发起人、股东在公司成立后，抽逃其出资的行为（《公司法》第201条）；公司在法定的会计账簿以外另立会计账簿的行为（《公司法》第202条）；公司在依法向有关主管部门提供的财务会计报告等材料上作虚假记载或者隐瞒重要事实的行为（《公司法》第203条）；公司不提取法定公积金的行为（《公司法》第204条）；公司在合并、分立、减资或者进行清算时不依法通知或者公告债权人的行为（《公司法》第 205 条）；公司在进行清算时，隐匿财产，对资产负债表或者财产清单作虚假记载或者未清偿债务前分配公司财产的行为（《公司法》第 205 条）；清算组成员利用职权徇私舞弊、谋取非法收入或者侵占公司财产的行为（《公司法》第 207 条）；未经登记为有限责任公司或股份公司而冒用有限责任公司或股份公司名义，或者未经登记为有限责任公司或股份公司的分公司而冒用有限责任公司或股份公司分公司名义的行为（《公司法》第 211 条）；公司登记事项发生变更时，未依照规定办理变更登记且责令限期改正后仍逾期不登记的行为（《公司法》第 212 条）；外国公司擅自在中国境内设立分支机构的行为（《公司法》第 213 条）；公司未依照规定办理有关备案，登记机关责令限期办理后仍逾期未办理的行为（《公司登记管理条例》第 73 条）；公司不按照规定接受年度检验的行为（《公司登记管理条例》第 76 条）；年度检验中隐瞒真实情况、弄虚作假的行为（《公司登记管理条例》第 76 条）；伪造、涂改、出租、出借、转让营业执照的行为（《公司登记管理条例》第 77 条）；未将营业执照置于住所或者营业场所醒目位置的，拒不改正的行为（《公司登记管理条例》第 78 条）。

（四）撤销企业登记

撤销登记是指企业登记机关依法对不具备企业登记程序与条件的企业所实施的登记行为予以撤销，使企业的设立行为归于无效后果。

从撤销程序的适用范围分析，主要有三大类：其一，登记违法，即相对人申请符合法定条件但登记机关超越法定职权。其二，登记瑕疵，即相对人申请不符合法定条件。如虚报注册资本、提交虚假材料、采取其他欺诈手段隐瞒重要事实。其三，申请违法。如对于一个自然人提交虚假材料或者采取其他欺诈手段登记多个一人有限责任公司。

在企业撤销登记这一行政行为上，值得讨论的问题有：

其一，撤销企业登记行为的法律性质。我国《行政处罚法》第 8 条关于行政处罚种类的规定中没有撤销行为作为行政处罚的规定，将其定性为行政处罚依据不足。胡建淼教授在其《其他行政处罚若干问题的研究》一文中，认为收回土地使用权、撤销奖励等属于"具体行政行为的撤回"，[①] 笔者认为，撤销登记行为定性为具体行政行为的撤回比较妥当。

其二，登记瑕疵与撤销企业登记的关系。企业登记瑕疵是登记机关实施撤销程序的前提，但企业登记瑕疵是否必然导致登记被撤销？这不仅是一个复杂的法律问题，更是一个综合考虑各方利益的政策平衡问题。对此不同法系、不同国家虽有不同的立法体例，但均呈现出非绝对化的倾向。笔者认为，撤销程序应当慎用，这不仅在于登记作为一种行政行为会产生大量的民事法律关系和劳动法律关

---

① 胡建淼：《其他行政处罚若干问题的研究》，载《法学研究》2005 年第 1 期。

系，而且也理应遵守行政法上的信赖保护原则，不得随意撤销。

修改后的《公司法》第198条规定："违反本法规定，虚报注册资本、提交虚假证明材料或者采取其他欺诈手段隐瞒重要事实取得公司登记的，由公司登记机关责令改正，……情节严重的，撤销公司登记。"此条规定表明，撤销公司登记有以下两个法律特征：一是，存在违法事实。即虚报注册资本，提交虚假材料，或采取其他欺诈手段隐瞒重要事实。二是，情节严重。即违法程度特别严重，必须致使公司主体消灭。公司登记时存在登记瑕疵，公司登记机关应当首先责令改正，而只有公司登记严重违反《公司法》所规定的条件或程序，登记机关才行使撤销登记的权力。

其三，申请人主体资格及提出撤销申请的时限。由于立法对撤销程序的规定过于原则，并未对撤销登记的申请人的主体资格和时限作出规定。实践中，具有申请人主体资格的多为与"公司"发生交易业务的第三人与公司股东，对应撤销公司设立登记的"公司"来讲，因其不能由自己本身申请而获设立，也因其公司主体资格自始就不应当存在，故不具有行政处理相对人的主体资格。公司股东作为申请人多以公司设立时其并未在设立文件上签名，事后也没有参与股东活动存在设立瑕疵要求撤销，笔者认为符合撤销登记中"提交虚假证明材料"的构成要件，其申请主体具有适格性。就提出申请的时限问题，可借鉴行政诉讼中诉讼时效规定申请人申请撤销登记的时限，防止申请人怠于行使权利。同时，申请人往往是公司的股东，其应当对公司的登记事项给予必要的关注，如果在一定期限之内不提出撤销登记，也应当承担一定的不利益。

其四，撤销登记与吊销营业执照之间的关系以及撤销登记与撤销企业的关系处理。修改后的《公司登记管理条例》将"撤销公司登记，吊销营业执照"修改为"撤销公司登记或者吊销营业执照，"由原来的并列关系调整为选择关系。公司登记机关在对违法行为的处罚，既可采取撤销登记，又可采取吊销营业执照。二者的区别在于：撤销设立登记是对公司设立行为的否定，公司登记自始无效。无论股东是否履行了出资义务，均要由股东对公司债务承担连带责任，且公司不能以被撤销设立登记来对抗善意第三人撤销登记的违法行为，一般不宜采取吊销营业执照的方式。

撤销企业登记后，是否还需经清算后再行注销手续？笔者认为，撤销后的企业应归于消灭，无须再办理注销手续。撤销是以法律不承认该企业的主体资格为前提的，故该企业在违法存续期间与第三人所发生的交易行为，应由该企业的创办者承担连带责任。

就撤销企业登记与撤销企业二者的关系而言，实际上也存在一些区别，其一，撤销企业登记的作出机关是唯一的，即企业登记机关，而作出撤销企业的决定机关并非是唯一的，可以是各级企业的主管机关与行业管理机关。其二，撤销的事由也非同一，撤销企业登记主要是按企业法与企业登记管理法的相关规定而实施，存在登记违法、登记瑕疵、申请设立违法之情形，而撤销企业之情形较为复杂，如果企业违反工商、税收、劳动、市场、环境保护等法律法规，不具备从事某一行业的经营资质与经营能力的，为了维护社会秩序，有关主管机关可以做出撤销企业决定，终止该企业的主体资格，使其永久不能进入市场从事经营活动。其三，撤销企业登记即归企业设立无效，无须办理注销手续，而撤销企业其法律后果归于解散，应经清算后依法办理注销手续。

（五）吊销营业执照

吊销营业执照是指企业因违反法律、行政法规的规定，被企业登记主管机关取消其继续从事经营活动资格的行政处罚。

吊销营业执照是企业登记主管机关对企业实施的一种行政处罚，其本质应是企业终止情形中行政解散企业的一种形式，这种行政解散仅仅启动了企业终止的程序，而不能代替企业终止的结果。营业执照被吊销后，其法人资格并不随之丧失。如果将营业执照被吊销等同于企业终止，至少会存在以下几点错误：一是企业的经营资格与法人资格混为一谈；二是忽略了企业法人资格消灭前的清算程序；三是放任了企业法人被吊销后的民事责任承担问题，对债权人利益造成侵害。

吊销营业执照对企业而言会发生对外、对内和程序上的三个方面效力：

其一，对外而言，不立即产生企业主体资格消灭的后果。吊销企业法人营业执照并未直接剥夺企业的民事主体资格，而只是剥夺了其生产经营权，企业营业执照被吊销后，必须终止一切经营和与经营业务有关的活动，否则就是非法经营。吊销营业执照是对企业法人的民事权利能力和民事行为能力的一种限制。

其二，对内而言，企业内部组织机构依然存在。只不过是原企业法人的执行机构丧失了代表企业的代理权和执行企业事务的权利，取而代之的是清算组织，清算组织是企业的内部机构，对外代表被吊销营业执照的企业法人进行与清算有关的活动。同时，企业法人的决策机关依然存在，并有更换清算组成员，对清算组的清算报告给予确认、通过等职权。监事机关也仍然存在，并围绕清算工作继续进行具有维护企业利益、职工利益等职责。

其三，就程序而言，企业法人被吊销营业执照，只是解散程序的开始，而不是企业法律人格的终结。企业解散是一个包括众多程序步骤的动态过程，是一种线型结构，有起点和终点，而不是一个点式结构。

在我国，由于企业通不过年检，经常可以看到成批的企业被吊销营业执照的公告，据北京市工商行政管理局发布的内资企业年检公示数据显示，2004 年北京市有 3 万户以上的公司没有年检，2005 年没有年检的公司有 4 万多户。宁波市 2008 年统计，上半年因未通过年检被注（吊）销营业执照的企业多达 4992

家，其中包括4866家内资企业和126家外资企业，另有19019户个体工商户被注（吊）销。面对被吊销营业执照企业的诉讼程序处理以及债权债务清理，是十分棘手的法律难题。以至于原本不很规范的市场秩序由此平添了诸多混乱。因此，企业营业执照被吊销，在法律制度构建上尚需考虑以下问题：其一，营业执照被吊销的企业的主体资格及诉讼主体资格问题。其二，企业债权债务未经清算的法律责任承担问题。其三，对企业债权人利益的保护问题。其四，营业执照被吊销后该企业对外从事经营活动的法律效力问题。

吊销营业执照作为一种行政处罚，企业应承担的法律后果主要表现在三个方面：其一，强行剥夺了企业的经营资格和法人资格。其二，被吊照的企业名称3年内不得重新核准使用（《企业名称登记管理实施办法》第31条）。其三，对被吊照企业法定代表人产生约束。[①]

强化吊销营业执照的法律后果，才能从根本上解决目前一吊了之的"安乐死"的不合理现状，从而树立起注销才是企业退出市场的唯一途径，这样才能更有效地保护债权人的利益，促进社会经济秩序持续有效地向前发展。

第五节　企业刑事责任制度

一、企业犯罪概念及其特征

企业犯罪，是指那些严重违反企业法，应当追究违法者刑事责任的企业违法行为。

企业犯罪，其称谓并非严格，通常所讲的企业犯罪，是指刑法中的妨害对公司、企业的管理秩序罪。[②] 企业犯罪是伴随企业产生和发展而出现的一种刑事违法行为，它有自己的犯罪特征，既除具有犯罪的一般共性外，还有其特殊性，这种特殊性，主要表现为以下几个方面：

[①] 根据《公司法》及《企业法人的法定代表人登记管理规定》规定，担任因违法被吊照企业的法定代表人，并对该企业的违法行为负有个人责任，自该企业被吊照之日起未逾3年的，不得担任其他企业的法定代表人及公司的董事、监事、经理。近几年，工商部门通过对担任被吊照企业的法定代表人的网上监控，确实对部分企业起到了一定的惩戒作用。

[②] 有学者指出，我国《刑法》修改后，有的著述中以"公司、企业犯罪"作为妨害对公司、企业的管理秩序罪的简称。然而，这种简称容易引起歧义，一是如翻译介绍到国外，混同于国外的公司、企业犯罪或法人犯罪，而实际上我国刑法中的妨害对公司、企业的管理秩序罪的主体并不仅限于公司、企业，在许多罪中自然人也可以作为犯罪主体；二是只有妨害国家对公司、企业的管理秩序的行为才能构成此类犯罪，而并非一切与公司、企业有关，但我国《刑法》按照行为所侵犯的客体分类，可能将其排列于其他章节的犯罪之中。因此，在正式表述中，还是使用妨碍对公司、企业的管理秩序罪更为准确，以避免产生不必要的歧义。参见孙力主编：《妨害对公司、企业的管理秩序罪》，中国人民公安大学出版社1999年版，第10页。基于"企业、公司犯罪"较为简明，本章仍以该称谓之。

一是，罪名的综合性。企业犯罪不是一个罪名，而是所有企业犯罪活动的总称。分析新《刑法》规定的企业犯罪，计相关条款多达86条、涉及110个法定刑，分属于第二、三、六、八章。一个企业从申请设立到生产经营全过程，会涉及多方面的社会关系，因而企业犯罪侵犯的不是单一的社会关系和管理关系，而是多方面的。正是由于企业犯罪所侵犯的客体不同，企业犯罪的表现形式也是多种多样的。根据我国《刑法》第3章第3节的规定，妨害对公司、企业管理秩序罪的犯罪行为，包括虚报注册资本罪，虚假出资罪，抽逃出资罪，欺诈发行股票罪，债券罪，提供虚假财会报告罪，为亲友非法牟利罪，签订、履行合同失职被骗罪，徇私舞弊造成破产、亏损罪、徇私舞弊低价折股、出售国有资产罪。上述犯罪主要表现为以下三类行为：一是违反企业、公司登记管理制度方面的犯罪行为。二是侵犯公司（企业）投资者、债权人和公司（企业）利益的犯罪行为。三是公司、企业的工作人员利用职务上的便利，以权谋私、徇私舞弊或者玩忽职守、滥用职权，损害公司、企业以及国家和社会公众利益的行为。

二是，犯罪行为的复杂性。企业犯罪不同于暴力犯罪，是一种智力犯罪，其犯罪行为的复杂性在于：其一，企业犯罪罪犯具有特殊条件，大多是企业的高级经营管理人员，他们长期从事经济工作，具有相当熟悉的专业知识，反侦查能力特别强，犯罪行为不易被察觉。其二，企业犯罪所侵犯的利益中除直接财产利益外，还有较为抽象的"非物质利益"。而对这种非物质利益损害的估价就没有像财产损害那么容易。这直接影响对犯罪行为造成社会危害的追诉标准问题。其三，在企业犯罪中有些属于《公司法》所规范的公司所独有的犯罪行为，如虚报注册资本罪，虚假出资、抽逃出资罪，诈骗发行股票罪等；有些则是公司与企业都可能发生的犯罪行为，如债券犯罪、提供虚假财务报告犯罪、妨害清算犯罪等。

三是，犯罪主体的双重性。企业作为营利法人，在法律上具有独立的主体资格，应当对企业行为及其后果承担责任。企业行为产生的权益归于企业享有，造成的损失由企业承担，情节严重构成犯罪的，依法应当追究刑事责任时，企业当然也不能回避。因此，企业行为构成犯罪时，企业就成为犯罪的主体，应当受到刑罚的制裁。但是，企业不同于自然人，它没有思维和意识，无法支配和掌握自己的行为。企业的一切行为（包括合法与违法）都是通过自己的管理机关成员来实施的，也就是说企业的行为实际上是管理者内在愿望的外部表现形式，企业的犯罪行为是在人的操纵下进行的，在这种情况下，企业实际上成为某些人进行刑事犯罪活动的工具和挡箭牌。因此，在企业犯罪中，违法行为的实施者也是犯罪的主体。他们与企业一样，都应受到刑罚的制裁。当然并非所有的企业人员都能够成为企业犯罪的主体，要成为企业犯罪的主体，必然在企业中有一定职位或者特定身份，按照我国《公司法》规定，能够成为企业犯罪主体的行为人主要有公司的发起人、股东、清算组成员、董事、监事、经理以及企业的其他高级管理人员。另外，对企业的设立、验资、评估、登记以及募集申请（包括股票和公司债券）行使管理职责的主要负责人和其他直接责任人员，也能成为企业犯罪的主体。从中可以反映出，我国《刑法》对企业犯罪是实行"双罚制"的。①

我国目前对公司和企业实行的是法人制度，法人成为企业犯罪主体自不待言，但可讨论的问题是，依《企业法人登记管理条例》登记的非法人企业营业机构，和以公司法人登记的我国公司在中国境内设立的分支机构，是否可以作为企业犯罪的主体？从我国《刑法》第30条的立法原意上来看，这些领取了非法人营业执照的营业机构和分支机构等，不能成为我国《刑法》上的犯罪主体，它们的犯罪行为应当由建立它们的法人企业来承担，理由如下：一是，它们是由企业法人申请设立的，依法人的意思而存在，隶属于法人，依附于法人，法人不存在，分支机构自然消失。二是，分支机构资产不具有独立性，是企业法人的资产的组成部分，投入于分支机构的投资资金仍然属于投资企业法人所有，仍然可用来清偿债权、债务。三是，分支机构的经营行为是企业法人的经营活动的一部分，企业法人要对分支机构的经营活动负责。因此，分支机构的犯罪行为，自应由设立它的企业法人来承担。

四是，应负的刑事责任具有特殊性。主要体现在以下几个方面：一是，主刑和附加刑并用。在所有86个条款、110个罪名的法定刑中，无一例外的都规定了罚金这一附加刑和自由刑，与企业犯罪中经济有直接或间接关系这个特点相吻合的。而对企业犯罪直接责任人追究自由刑，也体现了我国刑法关于是犯罪就应受到追究的法律原则。二是，自由刑中没有死刑。企业犯罪的行为人或直接负责的主管人员，主观上并不是以自己占有为目的，而是以企业牟利为目的，所以根据刑法罪刑相适应的刑罚原则，不对应承担刑事责任的自然人适用死刑。三是，获刑者不一定是行为人，在各企业犯罪的条款规定中，无一例外的规定，是对企业犯罪的直接负责的主管人员和其他直接责任人进行处罚，而未规定为一般意义上的行为人。②

二、企业犯罪主要罪名及刑事责任分析

（一）虚报注册资本犯罪

虚报注册资本罪被规定在我国《刑法》分则第3章"破坏社会主义市场经济秩序罪"第3节"妨害对公司、企业管理秩序罪"中。我国《公司法》只是对此作了一些原则性规定。

虚报注册资本骗取公司登记罪是指申请公司登记使用虚假证明文件或者采用

---

① 李振华：《略论公司犯罪》，载《法商研究》1994年第4期。
② 张华：《试论企业犯罪的刑事责任》，来源：http://www.lunwentianxia.com。

其他欺诈手段虚报注册资本，欺骗公司登记主管部门，取得公司登记，虚报注册资本数额巨大、后果严重或者有其他严重情节的行为。

虚报注册资本是在办理公司登记过程中以积极的作为形式表现出的欺诈行为。构成虚报注册资本罪的基本法律特征有：

1. 本罪的客体特征。本罪所触犯的客体是我国经济活动的管理秩序，具体地说是公司登记管理制度。根据我国《公司法》规定，公司的设立、合并、分立都必须依法向公司登记主管部门进行登记，公司登记管理制度是保证公司设立质量，防止公司滥设的重要保障。申请公司登记的人使用虚假的证明文件等欺诈手段虚报注册资本，骗取公司登记行为，严重地干扰了公司登记机关的正常活动，破坏了国家对公司登记的管理，直接侵犯了公司登记管理制度。

2. 本罪的客观特征。表现为行为人必须实施了使用虚假证明文件或者采取其他欺诈手段虚假注册资本行为，欺骗公司登记主管部门，取得公司登记，且虚报数额巨大、后果严重或者有其他严重情节的行为，才能被确定为犯本罪。在这里，行为人使用虚假的证明文件或者采取其他欺诈手段虚报注册资本是手段行为，欺骗公司登记主管部门、骗取公司登记是目的行为。需明确的是，所谓"证明文件"一般是指依法定认证机关（如会计师事务所、审计师事务所）对申请公司登记的人的出资所出具的验资报告、资产评估报告和其他验资证明文件等材料。这种虚假证明文件的使用，有可能是申请登记的人单方面实施的弄虚作假，也有可能是与验资、审计等中介组织服务人员相互勾结而由后者出具的内容虚假的证明文件。"其他欺诈手段"主要是采取行贿手段收买有关单位和部门的工作人员，或以恶意串通、采用其他隐瞒事实真相的方法虚报注册资本、欺骗公司登记主管机关。所谓"虚报"和"欺骗"应是指行为人不按《公司法》"实缴"、"实收"的股本申报注册资本的规定。如行为人在不具有法定注册资本最低限额的情况下作出具有法定注册资本最低限额的申报，或者虽达到法定注册资本最低限额，却作出高于实缴资本的虚假申报，实施欺骗公司登记机关的违法行为。所谓"取得公司登记"应是指根据《公司法》有关规定，公司登记包括公司设立登记、公司变更登记和公司注销登记，其中公司设立登记和变更登记中往往成为骗取登记的主要环节。如果行为人虽采取了虚假的证明文件或者其他手段却未向工商登记机关申请公司登记，或者采用虚假的证明文件或其他欺诈手段与虚报注册资本无关，如是为了夸大公司员工的人数或生产经营条件等则不构成本罪。所谓"后果严重"是指公司登记诈骗行为给国家、社会或公司利害关系人造成严重损害；严重损害公司登记机关的威信；造成恶劣的政治影响等。在司法实践中目前可适用的是最高检与公安部2001年4月18日作出的《关于经济犯罪案件追诉标准的规定》，涉嫌下列情形之一的，应予追诉：（1）实缴注册资本不足法定注册资本最低限额，有限责任公司虚报数额占法定最低限额的60%以上，股份有限公司虚报数额占法定最低限额的 30% 以上的；（2）实缴注册资本达到法定最低限额，但仍虚报注册资本，有限责任公司虚报数额在 100 万元以上，股份有限公司虚报数额在 1000 万元以上的；（3）虚报注册资本给投资者或者其他债权人造成的直接经济损失累计数额在 10 万元以上的；（4）虽未达到上述数额标准，但具有下列情形之一的：因虚报注册资本，受过行政处罚二次以上，又虚报注册资本的；向公司登记主管人员行贿或者注册后进行违法活动的。

3. 本罪的主体特征。本罪的主体是特殊主体，即必须是申请公司登记的个人或者单位。根据《公司法》规定，申请公司登记的人因公司的性质不同而不同。公司分为有限责任公司和股份有限公司，设立有限责任公司的"申请公司登记人"是指由全体股东指定的代表或者他们共同委托的代理人。在以发起设立方式设立的股份有限公司中，由全体发起人指定的代表或者共同委托的代理人。在以募集设立方式设立的股份有限公司中设立前的董事会成员以及公司因分立、合并需要申请设立登记而由各公司指派的代表或共同委托的代理人。如果公司的发起人、股东并不作为申请公司登记的人进入申请公司登记程序，其行为可能构成其他违法犯罪，并不构成虚报注册资本罪，因此，有学者认为，对于本罪的主体应为公司发起人的观点，笔者不敢苟同。

4. 本罪的主观特征。本罪的主观方面出于直接故意，即行为人明知无实有资本或实有资本未达到法律规定的注册资本的最低限额，而虚报其实有资本已达到法律规定的最低限额，或者是虽其实有资本已达到注册资本的最低限额，但故意加大注册资本。从其犯罪的动机看是为了使其本不合格的公司能够取得注册登记。该款犯罪主观方面不存在过失。如果经办人更换、粗心大意或者业务不熟而过失致注册资本数额与实有资本数额不符的，即使客观上造成了一定的危害后果，也不以虚报注册资本罪论处。

单位构成本罪的，必须是单位决策机构作出决议，以决议的形式体现单位意志，在单位意志的直接支配下实施犯罪行为。如果主管人员和办事人员未经单位决策机构的批准，而以单位名义实施虚报注册资本的，实际上犯罪是其个人意志支配下实施的，不属于单位犯罪，由个人承担虚报注册资本罪的罪责。

按我国《刑法》第 158 条规定，犯虚报注册资本罪的，处 3 年以下有期徒刑或拘役，并处或单处虚报注册资本金额 1% 以上 5% 以下的罚金。单位犯本罪的，对单位判处罚金的同时，并对直接负责的主管人员和其他责任人员，处 3 年以下有期徒刑或拘役。

（二）虚假出资、抽逃出资犯罪

虚假出资、抽逃出资罪规定于《刑法》第 159 条。虚假出资、抽逃出资罪是指公司发起人、股东违反公司法的规定，未交付货币、实物或未转移财产权，而是采用欺骗手段出资或者在公司成立后又将其出资抽逃，数额巨大、后果严重或者其他严重情节的行为。

我国《公司法》第 208 条、第 209 条对虚假出资和抽逃出资的行为分别作了规定，并规定构成犯罪的，依法追究刑事责任。

虚假出资、抽逃出资罪的法律特征表现为：

1. 本罪的客体特征。主要是侵犯公司发起人、股东出资管理制度，同时也侵犯了公司股东、债权人和社会公众的权益及公司法人财产权。

公司法人的财产重要来源是股东出资。由于股东是以出资额为限对公司承担责任，因此，如果公司发起人、股东不出资，公司就不能成立，公司发起人、股东虚假出资或在公司成立后抽逃出资，不仅违反《公司法》所规定的出资义务，违背"资本维持原则"，同时也将侵犯公司其他股东的利益，而且还将损害债权人和社会公众的利益。

2. 本罪的客观特征。表现为行为人实施了违反《公司法》的规定，没有出资，或者在公司成立后抽逃出资，并且没有出资或者抽逃出资数额巨大、后果严重或者有其他严重情节。① 这里应注意的问题是，"数额巨大"、"后果严重"或者"其他严重情节"具体标准如何，由于目前缺乏立法上的明确规定，在实践中应视具体情况慎重掌握。一般而言，"数额巨大"应当通过比较应出资额与未出资额、抽逃出资额的差额大小加以认定；"后果严重"是指行为人虚假出资、抽逃出资的行为给公司、公司其他发起人或者股东、外部债权人和社会公众造成严重经济损失或者其他严重损害；"其他严重情节"是指上述两种情形之外，足以表明行为社会性严重的各种主客观因素。如虚假出资或抽逃出资屡教不改等。在司法实践中目前可适用的是最高检与公安部 2001 年 4 月 18 日作出的《关于经济犯罪案件追诉标准的规定》（以下简称《规定》）。根据该《规定》，公司发起人、股东违反公司法规定未付货币、实物或者未转移财产权，虚假出资，或者在公司成立后又抽逃出资，涉嫌下列情形之一的，应予追诉：其一，虚假出资、抽逃出资，给公司、股东、债权人造成的直接经济损失累计数额在 10 万元至 50 万元以上的。其二，虽未达到上述数额标准，但具有以下情形之一的：①致使公司资不抵债或者无法正常经营的；②公司发起人、股东合谋虚假出资、抽逃出资的；③因虚假出资、抽逃出资，受过行政处罚二次以上，又虚假出资、抽逃出资的；④利用虚假出资、抽逃出资所得资金进行违法活动的。

3. 本罪的主体特征。本罪的主体是特殊主体，即公司发起人和股东。根据

---

① 我国《公司法》对公司发起人、股东出资方式、出资义务作了明确规定，即有限责任公司的股东应当足额缴纳章程中规定的其所认缴的出资额；其中以货币出资的，股东应将货币出资足额存入准备设立的有限责任公司在银行开设的临时账户；以实物、工业产权、非专利技术或者土地使用权出资的，应当依法办理其财产所有权的转移手续。

我国《公司法》规定，自然人、法人和国家都可成为公司股东。当国家成为股东时，其代表为授权投资的部门，但国家不能成为本罪的犯罪主体，触犯刑法而应负刑事责任只能是其授权的投资部门。依据《刑法》第159条规定，本罪的主体可以是自然人，也可以是单位，单位作为股份有限公司的发起人、股东或者有限责任公司的股东，如果有虚假出资、抽逃出资行为的，应依法追究其刑事责任。

4. 本罪的主观方面特征。为行为人出于直接故意，即行为人明知违反《公司法》规定，未出资或未足额出资，而仍决意作出其已足额出资的虚假行为，或者明知自己抽逃出资的行为是违反《公司法》规定的，而决意抽回，至于行为人虚假出资或抽逃出资的动机如何，不影响本罪的成立。

在认定虚假出资、抽逃出资罪中应注意区分与依法撤回股款、民事违约行为的界限、虚假出资罪与虚报注册资本罪的界限、对抽逃出资后改正行为的定性问题、其他企业中抽逃出资、转移资金与虚假出资、抽逃出资罪的界限。

根据《刑法》第159条规定，自然人构成虚假出资、抽逃出资罪的，处以5年以下有期徒刑或者拘役，并处或单处虚假出资或抽逃出资金额2%以上10%以下罚金。

(三) 欺诈发行股票、债券犯罪

欺诈发行股票、债券罪是指公司、企业及其负责人、公司的发起人或者股东在招股说明书、认股书或者公司、企业债券募集办法中隐瞒重要事实或者编造重大虚假内容，发行股票或者公司、企业债券，数额巨大、后果严重或者有其他严重情节的行为。

1979年《刑法》中没有规定欺诈发行股票、债券罪。本罪原由1995年全国人大常委会《关于惩治违反公司法的犯罪的决定》第3条规定，其附属刑法渊源为《公司法》第207条。新《刑法》第160条吸收了《关于惩治违反公司法的犯罪的决定》第3条的内容，同时又进行了修改和完善。与上述《决定》第3条的内容相比，新《刑法》第160条的规定中有三点改动：一是根据我国市场经济的现状与发展趋势，在原规定的股票及公司债券的基础上，增加了企业债券的规定，加大了刑法的调控范围。二是将罚金刑由原规定的"得罚"改为"必罚"，即将"可以并处"罚金修改为"并处或者单处"罚金，体现了扩大适用罚金刑的立法精神，这对遏制此类经济犯罪的动因具有积极作用。三是将判处"非法募集资金金额百分之五以下罚金"，改为判处"非法募集资金金额百分之一以上百分之五以下罚金"，即新《刑法》增加了罚金刑的下限，以保障刑罚的严肃性。

欺诈发行股票、债券罪的法律特征表现为：

1. 本罪的客体特征。侵犯的客体是国家有关对公司的股票或公司、企业债券发行管理制度以及其他投资主体所享有的真实信息获知权利。有关股票及公司、企业债券的发行，国家在《公司法》、《证券法》及其他法规中（如《企业债券管理条例》）对此作了明确的规定。为防止公司、企业发起人或股东借募股和发行公司债券之名从事欺诈活动，保护投资者利益，维护社会秩序的安定，国家禁止公司、企业及有关人员为非法募集资金而在招股说明书、认股书、公司债券筹集办法中隐瞒重要事实或编造重大虚假内容。欺诈发行股票、债券罪的行为直接侵犯了股票或公司、企业债券发行制度，破坏了国家对股票或公司、企业债券发行的管理活动，同时也侵害了广大投资者及社会公众的利益。

2. 本罪的客观特征。表现为行为人实施了在招股说明书、认股书和公司、企业债券募集办法中隐瞒重要事实或者编造重大虚假内容，发行股票或公司债券的行为，且发行股票或公司、企业债券的数额巨大、后果严重或有其他严重情节。所谓行为人在招股说明书、认股书和公司、企业债券募集办法中隐瞒重要事实或者编造重大虚假的内容是指在招股说明书、认股书和公司、企业债券募集办法中，对于投资者选择投资与否、投资额大小起决定作用的重要事项，故意作不真实的陈述和记载，故意遗漏或隐瞒，或者凭空捏造全部的、部分的与实际情况不相符的内容。如虚构发起人认购股份的数额；故意夸大公司、企业生产经营利润和公司、企业净资产额；对所筹集的资金的使用提出虚假的计划和虚假的经营生产项目；故意隐瞒公司、企业已负的债务或正在进行的重大诉讼；故意隐瞒公司、企业的重要合同等。应当注意的是，构成本罪，仅以行为人采取隐瞒事实或者编造重大虚假内容的行为是不够的，还必须要求行为人以这种欺诈方法为前提实施发行股票或公司、企业债券的行为。如果行为人仅仅在招股说明书、认股书、公司、企业债券募集办法中隐瞒重要事实或者编造重大虚假内容，而没有发行股票或者公司、企业债券的，尚不构成本罪。实施了发行股票或者公司、企业债券的行为是构成本罪在客观方面的重要内容之一。如果行为人是擅自决定发行股票、债券，应以《刑法》第179条的擅自发行股票或公司、企业债券罪论处。

以欺诈方法发行股票或公司债券必须数额巨大或后果严重，或有其他严重情节。这是本罪与以欺诈方法发行股票或公司、企业债券的一般违法行为相互区别的关键所在。"数额巨大"的标准，由于立法未有明确规定，实践中司法机关应根据案件的具体情况，结合公司、企业的经营类型和大小以及当地的经济发展等情况综合掌握，加以认定。"后果严重"可以包括以欺诈方法发行股票或公司、企业债券的行为给广大投资者造成严重经济损失，严重破坏国家证券管理部门等有关部门的信誉，激发一些社会矛盾；向国外发行股票或公司、企业债券造成恶劣的国际影响，等等。以欺诈方法发行股票或公司、企业债券即使数额并不巨大，也未造成严重后果，但有其他严重情节的，仍可以成立本罪。比如在招股说明书、认股书和公司、企业债券募集办法中作虚假记载、隐瞒重要事实屡教不改。在司法实践中目前可适用的是最高检与公安部 2001 年 4 月 18 日作出的《规定》。根据该《规定》，在招股说明书、认股书、公司、企业债券募集办法中隐瞒重要事实或者编造重大虚假内容，发行股票或者公司、企业债券，涉嫌下列情形之一的，应予以追诉：（1）发行数额在 1000 万元以上；（2）伪造政府公文、有效证明文件或者相关凭证、单据的；（3）股民、债权人要求清退，无正当理由不予清退的；（4）利用非法募集的资金进行违法活动的；（5）转移或者隐瞒所募集资金的；（6）造成恶劣影响的。

3. 本罪的主体特征。本罪的主体是一般主体，既包括自然人，也包括单位。具体地说有股票发行者、公司债券发行者、企业债券发行者。除上述单位和个人以外的其他单位或个人，无权发行股票或公司、企业债券，不可能成为本罪的主体。当然，有的单位如有限责任公司虽无权发行股票，但依法可以发行公司债券，因而这种单位可以构成欺诈发行债券罪，却不能构成欺诈发行股票罪。

4. 本罪的主观特征。系故意犯罪，这是由欺诈型犯罪的基本特征所决定的，间接故意和过失不可能构成本罪。行为人明知是影响投资者判断、决策投资的重要事项，却有意予以隐瞒、作虚假记载或陈述，以这种欺诈方法发行股票或公司、企业债券。行为人的犯罪目的在于非法募集资金。无此特定目的，不构成本罪。

按我国《刑法》第 160 条规定，自然人犯本罪的，处 5 年以下有期徒刑或拘役，并处或单处非法募集资金金额 1% 以上 5% 以下的罚金。单位犯本罪的，对单位判处罚金的同时，并对直接负责的主管人员和其他直接责任人员，处 5 年以下有期徒刑或拘役。

（四）提供虚假财务报告犯罪

提供虚假财务报告罪，是指公司向股东和社会公众提供虚假的或者隐瞒重要事实的财务会计报告，严重损害股东或者其他人利益的行为。根据《刑法》第 161 条规定，构成提供虚假财务报告罪的，并不处罚作为主体的"公司"，而是采取单罚制，即仅对公司中直接负责的主管人员和其他直接责任人员处 3 年以下有期徒刑或者拘役，并处或单处 2 万元以上 20 万元以下罚金。

我国《公司法》第 212 条规定："公司向股东和社会公众提供虚假的或者隐瞒重要事实的财务会计报告的，对直接负责的主管人员和其他直接责任人员处以一万元以上二十万元以下的罚款。构成犯罪的，依法追究刑事责任。"可见有关提供虚假财务报告涉及犯罪的专门由《刑法》作出规定。但比较国外的立法体例，从中发现，外国法律有关惩治提供虚假财务报告犯罪的行为规定多见于非刑事法律的刑事条款中。如日本《证券交易法》规定，作为有价证券发行人的公司，应当于每事业年度过后 3 个月内，向大藏大臣提交记载有关本公司目的、商号及资本或者出资事项，有关本公司营业、财务状况等事业内容的主要事项，有关本公司负责人的事项,有关本公司发行的有价证券的事项等为公益及投资者的保护所必要的报告书(可供公众查阅),如所提交的报告书的重要事项有虚伪内容的,处以1年以下徒刑或者100万日元以下罚金。韩国《商法》也规定了相关的刑事责任问题。该《商法》规定,会社的理事、监事或者有关代行职务者,在法定的组织变更情况下,对有关净资产额等问题,对法院或股东不实报告或者隐瞒重要事实的,处5年以下徒刑或者500万元以下罚金;发起人、理事及其他有关人员、外国会社的代表、受委托募集股份或者社债者,在募集股份或者社债中,利用了对重要事项有不实记载的股份应募书、社债应募书、事业计划书、有关募集股份或者社债的广告及其他文件的,处5年以下徒刑或者500万元以下的罚金。①

提供虚假财务报告罪的法律特征表现为:

1. 本罪的客体特征。所侵犯的客体为公司财务会计制度和股东、债权人及社会公众的合法经济权益。犯罪对象是财务会计报告。国家法律规定,公司必须有健全的财务会计制度,依法备置、编制、提供财务会计报告。这是保护公司债权人和投资者利益及便于国家对公司履行法定义务进行监督的需要。公司向股东和社会公众提供虚假的或者隐瞒重要事实的财务会计报告行为,直接违反了公司财务会计制度,侵犯了股东和其他人的经济利益。

2. 本罪的客观特征。表现为行为人实施了向股东和社会公众提供虚假的或隐瞒重要事实的财务会计报告,并且严重损害了股东或者其他人利益的行为。主要有:行为人提供的是虚假的或隐瞒重要事实的财务会计报告;行为人将虚假的或隐瞒重要事实的财务会计报告给股东和社会公众;行为人实施的不法行为必须发生一定的严重危害结果。即行为人的行为严重损害了股东或其他人的利益。必须指出的是,本罪在客观上,行为人提供虚假的或隐瞒重要事实的财务会计报告的行为,与股东或其他人遭受严重损害的后果之间应当存在因果关系,否则,本罪也不成立。比如股东完全因为缺乏投资技巧或其他非因虚假的或隐瞒重要事实的财务会计报告的原因而受到损害,行为人并不构成本罪。在司法实践中目前可适用的是最高检与公安部2001年4月18日作出的《规定》。根据该《规定》,公司向股东和社会公众提供虚假的或者隐瞒重要事实的财务会计报告,涉嫌下列情形之一的,应予以追诉:(1)造成股东或者其他人直接经济损失数额在50万元以上的;(2)致使股票被取消上市资格或者交易被迫停牌的。

3. 本罪的主体特征。本罪的主体是特殊主体,即公司。这里所讲的公司除了按《公司法》所组建的有限责任公司和股份有限公司外,还应包括"三资企业法"所组建的公司。

---

① 孙力主编:《妨害对公司、企业的管理秩序罪》,中国人民公安大学出版社1999年版,第92页。

按照《刑法》第 161 条规定，公司犯本罪的，对直接负责的主管人员和其他直接责任人员处 3 年以下有期徒刑或者拘役，并处或者单处 2 万元以上 20 万元以下罚金。《刑法》只规定对公司直接负责的主管人员和其他直接责任人员进行处罚，而没有对作为犯罪主体的公司规定罚金，表明本罪采取的是代罚制。这样规定主要考虑不应再加重公司的负担，以便更好地保护股东和债权人以及其他人的合法权益。这里所讲的直接负责的主管人员和其他直接责任人员，包括上述机构或人员中指使、批准提供虚假的或隐瞒重要事实的财务会计报告的董事长、副董事长、经理等公司有关领导人员，以及积极参与虚假或隐瞒重要事实的财务会计报告的制作、核准及提供的人员。

4. 本罪的主观特征。行为人出于故意。包括直接故意和间接故意。即行为人明知自己提供财务会计报告内容虚假或者隐瞒了重要事实，必然或可能会产生损害股东或者其他人利益而故意提供，过失不构成本罪。在实践中，行为人提供虚假财会报告的动机是多种多样的，有的是公司为了扩大其经营业绩，吸收投资者；有的是公司为了粉饰亏损情况，欺骗股东和社会公众；有的是公司为了逃避税收；有的是公司有关人员为了掩盖其非法经营行为或者其他违法行为，多数情况下都具有牟取不正当利益的目的。行为人的具体动机和目的如何不影响本罪的成立。

在对提供虚假财务报告罪认定中应注意与提供虚假财会报告行为与错制财务会计报告行为的区别；提供虚假财务会计报告罪与提供虚假财会报告的一般违法行为的区别。

按我国《刑法》第 161 条规定，犯本罪的，处 3 年以下有期徒刑或拘役，并处或单处 2 万元以上 20 万元以下罚金。

（五）妨害清算犯罪

妨害清算罪是指公司、企业清算时，隐匿财产，对资产负债表或者财产清单作虚假记载，或者在清偿债务前分配公司、企业财产，严重损害债权人或者其他人利益的行为。本罪原由 1995 年全国人大常委会《关于惩治违反公司法的犯罪的决定》第 4 条规定。《刑法》第 162 条在主体上增加了"企业"与原有的"公司"并列；在法定刑的设置方面，将罚金刑由"可以并处"改为"并处或者单处"，并规定了"2 万元"的下限。妨害清算行为在外国法中属于破产诈骗罪，一般规定在破产法中。

妨害清算罪的法律特征主要表现为：

1. 本罪的客体特征。行为人的行为所侵犯的是公司、企业清算制度以及公司债权人或其他利害关系人的利益。在公司、企业解散、关闭、被吊销营业执照过程中，我国《公司法》、《民事诉讼法》、《企业破产法》对公司、企业的清算制度作了规定，企业一经解散，即进入普通清算程序，在普通清算期间，如果发现公司、企业财产不足以清偿债务，公司、企业清算组应当向人民法院申请宣告破产，转入破产清算程序。另外，国有企业因经营管理不善，发生严重亏损，不能清偿到期债务的，经债权人或债务人向人民法院申请，也可直接进入破产清算程序。在清算过程中，清算组应如实编制资产负债表和财产清单，制定清算方案，不得隐匿公司、企业财产。妨害清算罪违反了法律有关清算制度方面的规定，主要侵犯了公司、企业的清算制度，同时给债权人或其他人的利益造成了严重损害。

2. 本罪的客观特征。表现为行为人实施了在公司、企业清算期间隐匿财产并对资产负债表或财产清单作虚假的记载，或者在清偿债务前分配公司、企业财产的行为，该行为严重损害了债权人或者其他人利益。具体包括以下几个方面：一是行为人有隐匿公司、企业财产，对资产负债表或财产清单作虚假记载的行为，或有在清偿债务前分配公司、企业财产的行为。二是行为人隐匿公司、企业财产或分配公司、企业财产的行为发生在公司、企业清算期间。三是必须有严重损害债权人或者其他人利益的危害后果发生。所谓"其他人"是指公司、企业债权人以外的，与清算公司、企业在法律上有利害关系的人，如公司、企业职工，劳动保险的被保险人，代表国家而征收公司、企业所欠税款的税务部门等。如果行为人隐匿财产或清偿债务前分配公司、企业的财产行为，并未严重损害债权人或者其他人的利益，其行为不能成立本罪，而只能作为一般违法行为对待。

3. 本罪的主体特征。本罪的主体是特殊主体，即进行清算的公司。根据我国《刑法》第162条规定，公司、企业犯本罪的，对其直接负责的主管人员和其他直接责任人员处5年以下有期徒刑或者拘役，并处或者单处2万元以上20万元以下罚金。这表明，本罪的处罚方法则是代罚制，即只处罚其直接负责的主管人员和其他直接责任人员，而对公司、企业本身则不予处罚。这主要是为了避免对公司、企业进行处罚反而给公司、企业负债更重，更难清偿债务，不利于保护债权人和其他人的合法权益。同时，清算中的公司、企业必然已经被解散，并将要注销登记，对其刑罚也起不到预防作用。从实际情况看，本罪所指的直接负责的主管人员和其他直接责任人员，主要指公司企业的董事长、经理、部门主管或者财会人员，以及清算组成员。

4. 本罪的主观特征。表现为故意，即行为人是明知在公司、企业清算时隐匿财产，对资产负债表或者财产清单作虚伪记载或者在清偿债务前分配公司、企业财产的行为会发生危害结果，而仍有意为之。过失行为不构成本罪。

司法实务中，正确认定妨害清算罪，应当注意以下几个方面的问题：一是妨害清算罪与非罪的界限。要把妨害清算的行为与进行清算事务时过失给债权人或其他人利益造成损害的行为区分开来；要把妨害清算罪同妨害清算的一般违法行为区分开来。二是妨害清算罪与提供虚假财务会计报告罪的界限。三是妨害清算罪与职务侵占罪、贪污罪的界限。

(六) 非法经营同类营业犯罪

非法经营同类营业罪是指国有公司、企业的董事、经理利用职务便利，自己经营或者为他人经营与其所任职公司、企业同类的营业，获取非法利益，数额巨大的行为。

根据修改后的《公司法》第149条规定，非法经营同类营业的所得收入应当归公司所有。因此，在对本罪行为人判处刑罚时，应避免以刑代罚，不能因为判处行为人刑罚而免除其民事责任、行政责任。

非法经营同类营业罪的法律特征表现为：

1. 本罪的客体特征。有关本罪侵害的客体，各种著述的表述不同，有的认为是侵害了国家对国有公司、企业的管理制度。[1] 有的认为是侵害了国家对国有公司、企业的管理制度，具体而言，是国家法律、法规所规定的对国有公司、企业董事、经理履行经营管理职务所应具有的廉洁性。[2] 有的认为是侵害了国家对公司、企业的董事、经理职务之忠实义务及公平竞争的经济秩序和国家利益。[3] 依笔者之见，本罪所侵害的客体是侵犯了国有公司、企业的管理秩序和社会主义市场经济的正常竞争秩序。国有公司、企业的董事、经理，在公司、企业的经营活动中都负有一定的责任。因此，为了防止他们利用职权损害公司的利益，我国《公司法》第149条规定，董事、高级管理人员未经股东会或董事会同意，自营或者为他人经营与其所任职公司同类的业务。从事上述营业或者活动的，所得收入应当归公司所有。董事、高级管理人员不得违反公司章程的规定或者未经股东会、股东大会同意，与本公司订立合同或者进行交易。非法经营同类营业罪正是违反上述规定，情节严重的行为，应依法追究刑事责任。

2. 本罪的客观特征。表现为：行为人利用担任国有公司、企业的董事、经理之职务便利，自己经营或者为他人经营与其所任职公司、企业同类的营业，获取非法利益，数额巨大的行为。利用职务便利是本罪客观方面的主要表现之一。非法经营同类营业的行为，有两种表现形式：一是自己经营与其所任职公司、企业同类营业，获取非法利益。二是为他人经营与其所任职公司、企业同类的营业，获取非法利益。即接受他人委托，为他人进行经营管理活动的行为。所谓"与其所任职同类的业务"，是指行为人自己经营或者为他人经营的营业范围与本人担任董事、经理的国有公司、企业经工商行政管理部门批准的生产经营范围相同。非法经营同类营业的行为，还必须是获取非法利益数额达到巨大的，才构

---

[1] 杨春洗、杨敦先主编：《中国刑法论》，北京大学出版社1998年版，第415页。
[2] 黄京平主编：《破坏市场经济秩序罪研究》，中国人民大学出版社1999年版，第274页。
[3] 林维著：《妨害公司企业管理秩序罪的认定与处理》，中国检察出版社1998年版，第209页。

成犯罪。数额巨大的标准,有待于司法解释作出明确规定。在司法实践中目前可适用的是最高检与公安部 2001 年 4 月 18 日作出的《规定》。根据该《规定》,国有公司、企业的董事、经理利用职务便利,自己经营或者为他人经营与其所任职公司、企业同类的营业,获取非法利益,数额在 10 万元以上的,应予以追诉。

3. 本罪的主体特征。本罪的主体是特殊主体,即仅限于国有公司、企业的董事、经理。在实际生活中,有许多国有公司、企业的一般业务员,出于开展业务活动的方便,在对外经营活动中自称为经理,而实际上并无任何决策权,此类人员不能构成本罪。除国有公司、企业的董事、经理可以构成本罪的主体外,其他任何非国有公司、企业,如集体所有制性质的公司、企业,中外合资、合作企业,私人独资企业的董事、经理都不能成为本罪的主体,国有公司、企业委派到其他非国有公司、企业的人员能否构成本罪?立法并不明确,依笔者之见,不应构成本罪。国有公司、企业与其他非国有公司、企业合伙或者参股,意味着成立一个新的经济实体。新成立的法人,其资本来源中虽然有国有公司、企业的投资或股份,但是,国有公司、企业财产一旦作为资本投资注入到合伙或股份公司企业的资本金,其与其他非国有公司、企业的投资即合而为一,形成新的独立法人财产权,具有不可分离性。国有公司、企业委派到非国有公司、企业的人员,即使是担任董事、经理,其利用职务便利非法经营与其所任职的公司、企业同类的营业,也不是单纯损害国家财产利益。而《刑法》设立非法经营同类营业罪的宗旨,目的在于维护国有公司、企业的管理制度,保护国有财产不受侵犯。不适用本罪不等于不犯罪,可依照其他罪责的规定予以追诉。

4. 本罪的主观特征。表现为直接故意。行为人明知利用职务便利经营与其所任职公司同类营业的行为是公司、企业管理法律、法规所禁止的行为,而故意进行这种行为。犯罪的目的在于获取非法利益。

司法实务中,正确认定非法经营同类营业罪,应当注意以下两个问题:一是非法经营同类营业罪与非罪的界限。二是非法经营同类营业罪与其他罪的界限,主要是要区分非法经营同类营业罪与贪污罪的界限。

成立非法经营同类营业罪,如果行为人是利用职务便利自己经营,而非为他人经营与其所任职公司、企业同类的营业,除有数个国有公司、企业董事、经理共同勾结实施上述行为而构成共犯外,不存在共同犯罪问题。然而,如果行为人是利用职务便利为他人经营与其所任职公司、企业同类的营业,那么在这种情况下,经营同类营业者如果明知行为人是利用职务便利非法让自己经营同类营业,对经营同类营业者能否以行为人的共犯论处呢?对此,目前刑法界尚无论述。笔者认为,非法经营同类营业罪在这种情况下似有"必要的共犯"存在之情状,但从立法精神来看,设立非法经营同类营业罪之宗旨,乃主要是针对利用职务便利自己经营或为他人经营同类营业的国有公司董事、经理本身,刑法的打击面不应扩张到得益于国有公司董事、经理的同类营业经营者，即对后一类人不能以非法经营同类营业罪的共犯处理。

根据《刑法》第 165 条规定，犯本罪数额巨大的，处 3 年以下有期徒刑或者拘役，并处或单处罚金；数额特别巨大的，处 3 年以上 7 年以下有期徒刑，并处罚金。在上述第一个法定刑幅度内，罚金既可以作为有期徒刑或者拘役的附加刑适用，也可以独立适用；在上述第二个法定刑幅度内，罚金是必须并科的附加刑。

第九章　非公司制与公司制企业法律制度的评析与构建

作为配置经济资源重要载体的企业，因其构成要素的不同组合而具有不同的形态。合理的企业形态能够有效促进经济资源的整合，也有利于企业制度在一国的整体构建。在我国，积极推进以公司制为主的现代企业制度建设，其目的是为企业发展创造良好的制度环境。在一个国家中，企业形态应当是多样的，从大的方面划分，可划分为公司制企业与非公司制企业，但是，不同企业形式的制度差异性如何，各自具有哪些存活空间，这是一个值得探究的理论问题。在我国，长期以来有关不同企业形态的制度差异性问题始终未被正视，直到企业形态从单一的公有制企业走向多样的企业形态，公司企业、合伙企业等传统企业形式重新复兴，人们才开始触及这些理论与实践中亟须解决的问题。

第一节　非公司制与公司制企业法律特性辨析

一、非公司制企业在国内外的实践

非公司制企业通常是指不按《公司法》组建与运行的企业组织体。在我国是指不受《公司法》、《中外合资经营企业法》、《中外合作经营企业法》以及《外资企业法》调整，目前仍依法存续，从事生产、经营、服务的企业。

非公司制企业在历史上是最早出现的企业形态，并在相当范围内存在，具有很强的生命力，即便在今天，它在世界各国也还大量存在，只是在不同的时期，其地位、作用有所不同而已。

在美国，企业大致可分为正规的企业、非正规的企业与兼有两者特点的混合型或杂交型企业三大类。正规企业是需要办理特定的登记手续才能成立的，其所有者的权利义务、所有者与管理者的关系、其经营管理活动都有明确的法律规定。公司或开放公司是正规企业的代表。非正规企业其设立无需履行特定手续，其经营、管理无法定的要求、所有者的权利义务等可由成员之间的协议加以规定，非正规的企业典型代表是合伙企业，也包括独资企业。混合型或杂交型企业则是指兼有正规企业和非正规企业特点的企业，其设立需遵守一定的程序，在法律有强制性规定的范围内企业成员之间的关系及其经营运作需遵守法律的规定，在法律允许的范围内可由企业成员之间的协议加以规定。这种混合型企业目前包括封闭公司、有限合伙、有限责任公司、有限责任合伙与有限责任有限合伙。[①]非公司型企业在德国和其他一些国家也大量存在。

就我国实际情况来看，我国非公司制企业的设立和运行存在明显的时代特征，这就是：

其一，在1993年《公司法》颁布之前，非公司制企业多表现为以企业所有制性质进行分类，即将非公司制企业划分为全民所有制企业、集体所有制企业、私营企业、联营企业等。《公司法》颁布后，非公司制企业又以责任制进行划分，增加了合伙企业与个人独资企业。

其二，非公司制企业中既有具有法人资格的企业，又有不具有法人资格的企业，前者如国有企业、集体企业，后者如合伙企业、个人独资企业和部分不具有法人资格的中外合作经营企业。非公司制企业法人是依照《企业法人登记管理条例》和《企业法人登记管理条例施行细则》登记设立的，而不具有法人资格的企业则依照其他相关的法律规定设立。

其三，非公司制企业主要表现为工厂制企业。工厂是以机器体系为主要生产手段，不同工种的劳动者进行分工协作，直接从事工业生产的基本经济组织。在我国，有的工厂自身就是一个企业，有的工厂只是属于一个企业的生产车间或分支机构。当一个工厂就是一个企业，独立核算、自主经营、自负盈亏，拥有法人资格时，就称为工厂制企业，也称为单厂制企业。在工厂制企业组织形式中，全民所有制工业企业、城镇集体所有制企业具有法人资格；乡村集体所有制企业、乡镇企业符合法人条件的，才能依法取得法人资格。

值得注意的是，私营企业、民营企业并非是按照公司制企业与非公司制企业所作的划分，而是另外一种划分方法。私营企业可分为独资企业、合伙企业和有限责任公司三种。私营企业中由自然人出资组成的有限责任公司已经由《公司法》调整，私营企业中的合伙企业由《合伙企业法》来调整。民营企业也不是一个严格意义上的法学概念，它是从企业的投资者身份所作的划分，其本身也不能反映出公司制企业与非公司制企业的制度差异性。但这里有三点值得讨论：

其一，虽然民营企业不是从公司制与非公司制企业所作的划分，但也有一定的联系。由于我国的民营企业是在特殊的体制环境下创业和成长起来的，使得多数民营企业尤其是民营中小企业中比较多的采用有限责任公司的形式，这就使得民营企业兼具民营、有限公司、中小企业"三重性"的特点。对民营企业的政策引导与支持不能不考虑这些特点；目前民营企业初始积累不足，起步水平不高，低水平重复投资，难有后劲；投资者缺乏创业经验，盲目性较大，成功率较

---

① 宋永新：《美国非公司型企业法》，社会科学文献出版社2000年版，第20页。

低；追求目标短期化，采取不正当竞争手段获取近期利益；尤其是在企业制度方面，民营中小企业仍存在比较明显的缺陷。随着民营企业发展的政策环境、市场环境、社会舆论环境不断改善，民营中小企业要逐渐走向成熟，就必须不断进行制度创新，努力提高自己的素质。

其二，在市场经济深入发展，市场经济体制要求市场主体平等的进程中，再将企业划分为民营与非民营是否具有制度价值。我们的回答是肯定的，虽然民营企业的提法具有较为明显的身份性，但在我国，以公有制为主体、多种所有制经济共同发展是我国社会主义初级阶段的基本经济制度。巩固和发展公有制经济，鼓励、支持和引导非公有制经济发展，使两者在社会主义现代化进程中相互促进、共同发展是必须长期坚持的基本方针，是完善社会主义市场经济体制、建设中国特色社会主义的必然要求。由于计划体制和传统观念的影响，非公有制经济的发展长期以来面临着种种困难和问题，存在着"成长中的烦恼"，主要原因在于尚未完全获得一个与国有经济和外资经济平等竞争、一视同仁的法治环境、政策环境和市场环境。从今后发展看，除了少数特殊行业和领域外，公有制经济和非公有制经济应该平等竞争、相互融合。所谓平等竞争，是指公有制经济和非公有制经济在资源配置、行业准入政策、政府管理中，获得同样的对待。所谓相互融合，是指公有制经济组织和非公有制经济组织可以在现代公司这一组织形式中相互渗透、相互交织。因此，从这个意义上讲，近阶段对民营企业实施必要的身份性立法政策其实质就是最终为了消除市场主体的身份性。

其三，民营企业今后的发展走向与路径选择。我国当代民营企业是适应转轨期我国市场、法律、政治、文化环境的产物；从发展看，我国当代民营企业是企业成长过程中必经的过渡阶段。我国民营企业的未来走向有两条路可以选择：第一条路是从长远角度看，两权分离，引进职业的经理人，资本运营，产权开放，科学制度化管理，使民营企业过渡到现代公司制的社会化企业；第二条路是兼容小企业集体的存在，继续并发挥其优势，继续保持独资企业与合伙企业的发展道路。对民营企业是向公司制企业发展还是向非公司制企业发展，在实践中可以作政策引导，但不能随意取缔，也不能急功近利，正确的立法政策选择是在规范中不断拓宽民营企业的发展空间。

二、公司制企业在国内外的实践

公司制企业是指依据公司法相关法规设立、运行的企业。

在我国公司制企业是指根据《公司法》设立的有限责任公司、股份有限公司。依据《中外合资经营企业法》设立的中外合资有限公司和中外合资股份有限公司①。依据《中外合作企业法》设立的中外合作有限公司和依据《外商独资企业法》设立的外商独资有限公司也属于公司制企业。

公司制企业的主要法律特征是：公司股东出资形成对公司的股权；公司的最高权力机构为股东会（但中外合资企业、中外合作企业的最高权力机构为董事会）；公司设立的股东会、董事会、经理、监事会分别形成公司的权力、执行、监督机关；公司资产的所有权属于公司，形成法人财产所有权；公司股东以其出资额为限或持有的股份为限承担有限责任；公司以其全部财产对外承担责任；公司的利润作必要的提留后在股东间进行分红；公司进行增资、发债、资产转让、转投资、兼并收购等资本运作业务时，公司的权力机构、执行机构依照法定或章定的权限有充分的决定权。

在经济学家看来，现代公司制企业的出现是企业规模经济要求与规模资本来源不足的产物，其基本的市场条件是分散的产权和不同风险偏好者的分布。它发展和演变的理论依据是"共同基金定理"。1955年，现代"共同基金定理"的思想之父——马克维茨（M. Markowitz）最先对现代资产组合理论进行了探索。按照该理论，由于投资收益是不确定的，故通常用概率函数来刻画投资收益可能出现的各种结果，用资产的实际收益率对预期收益率的背离程度来测度资产收益的不确定性，即风险。基于这种收益与风险的理念，投资者运用效用最大化的决策准则，在所有可能的投资方案中集中求出投资决策的最优解。这个定理从最优风险的角度指出，每个所有者都应把自己的资本分散到所有企业。同时，每个企业也应尽可能地从最广泛的投资者那里筹集资金。"共同基金定理"的实践，就是形成了人们常讲的企业所有权与控制权的分离。它一方面通过公司制的形式，将分散的小量资金集合为相当规模的资本；另一方面，它又以经营权的高度集中，有限责任和投资者资本的自由转移为手段，降低了企业为争取规模经济投入存在的交易费用，协调了所有者与经营者的利益。

在国外，近代公司存在于15世纪末到19世纪下半叶，也就是封建制度逐步解体，资本主义迅速发展的时期。以合组公司、合股公司、特许股份公司为企业组织形式，从业领域侧重于海上贸易、金融业和运输业。现代公司肇始于19世纪末，也就是资本主义由自由竞争到垄断的过渡时期。公司组织以其筹资和联合的优势，在资本集中和加速垄断形成过程中，发挥着巨大的杠杆作用，与此同时，公司自身也获得了迅猛发展。这一时期，有两个因素强烈刺激了欧美各国在公司规模和数量上的急剧发展。一是科学技术新发现和新发明在工业上的广泛发展。二是市场竞争空前激烈。公司的发展史表明，公司并非是一开始就在所有产

---

① 1995年由对外贸易经济合作部发布的《关于设立外商投资股份有限公司若干问题的暂行规定》肯定了中外股份有限公司为外商投资企业的一种组织形式。

业部门全面展开的。从公司的发展进程看,它在部门和产业的扩展有个客观的历史顺序,即公司最初起源于海上贸易(16世纪以前),接着扩展至交通运输业和金融业(17—18世纪),最后,公司大量地、普遍地出现在制造业部门(19世纪下半叶之后)。

在我国,最早产生和发展的企业组织并非是公司,但由于我国历代王朝采取"重农轻商"的政策,致使我国的商品经济极为落后,因此,与商品经济发展密切相关的公司组织难以发展。直到西方列强的侵入,方由列强在我国开办公司,从而使公司组织纳入我国经济活动之中。因此,可以说,我国公司组织的产生具有外生性和殖民性。旧中国的公司主要有三类,即外国资本在中国创办的公司,清政府、北洋政府和国民党官僚资本创办的公司,民族资本创办的公司。

新中国成立后,在建国初期到1978年期间,我国实行的是产品经济(计划经济),内资企业中的公司制度在这段时间内基本上处于停滞、空白状态,即使一些企业以"公司"为名,但实际上并不具有公司制企业的法律属性。随着我国对外开放步伐的加快,中外合作企业、中外合作企业中广泛地适用有限责任公司这一企业组织形式,出现了公司制企业。从1981年始,一些地区出现了股票集资活动,如1983年,深圳宝安县联合投资公司在深圳首次公开发行股份证,1984年7月,北京市成立了第一家股份有限公司——天桥百货股份有限公司,发行了定期三年的股票。同年11月,上海电声总厂发起成立上海飞乐音响股份公司,这是第一家比较规范的向社会公开发行股票的股份公司。从1986年开始,一些全民所有制企业也开始进行股份制试点。1986年9月,中国工商银行上海信托投资公司静安证券部挂牌进行股票的柜台交易,标志着我国股票市场开始形成。为了规范股份制试点工作,从1992年5月起,国家体改委会同有关部委先后下发了《股份有限公司规范意见》、《有限责任公司规范意见》和12个配套规范性文件,至此,发端于改革开放初期的公司制企业,在经过了一段时间的艰难探索之后,终于跨上了稳步发展的坦途。

三、公司制与非公司制企业:制度设计差异性分析

公司制企业与非公司制企业是企业组织的两大基本样态,在相关制度要素的构建上具有一些质的差异性。综合考察,其差异性主要在以下几个方面:

第一,投资主体制度的差异性。在公司制企业中,投资主体制度即为出资人制度,公司投资者称之为股东。投资人将货币、实物、知识产权及其他财产性权利投入到公司,参与管理和分享利益。除一人公司外,投资主体具有多元化之特点。《公司法》一般规定凡是具有从事商事活动能力者均具有创办公司之投资资格;但在非公司制企业中,投资主体制度就显得相对复杂。首先,投资者具有明显的身份性。如个人独资企业的投资人为自然人,国有企业和集体企业的投资人分别为政府有关部门或集体经济组织。其次,同样是出资者,在不同的企业形态中的权利存在一定的差异性。比如，按照《全民所有制企业法》组建的国有企业，或是按照《公司法》组建的国有独资公司、国有控股公司、国有参股公司，其出资人权利就不甚相同。最后，出资人与出资人代表概念之间并不十分清晰。我国的"出资人"这个概念，主要是针对政府对国有企业资产管理"政资不分"的旧体制而提出来的，希望通过建立出资人制度而将政府作为公共管理者的身份和国有资产所有者的身份分开（政资分开）。出资人制度基本上是指出资人代表制度，即由谁来代表国家对国有资产的产权履行出资人权利，以及如何履行这些权利，但也可以包括对代表者本身的行为规范制度、约束制度等。

第二，企业名称上的差异性。公司制企业与非公司制企业均可依法拥有企业名称，并对企业名称享有专有权。但非公司制企业名称中不得使用"有限"、"有限责任"字样和公司名称。非公司制企业可以申请用"厂"、"店"、"部"、"中心"等作为企业名称的组织形式，企业的名称应当与其责任形式及从事的营业相符合。

第三，企业财产权制度的差异性。公司制企业具有独立的财产和独立的责任。独立的财产是指股东出资所形成的财产权归公司所有，公司股东自身的财产与公司的财产是严格相区分的；独立的责任是指公司的债务应由公司全部财产来清偿，股东只以认缴的出资额为限对公司承担责任。而非公司制企业中的相当部分非法人企业，其财产权仍属于投资者，企业的财产并没有完全独立，债权人债权的实现可以要求以企业财产来清偿，当不足以清偿时可以要求以投资人个人财产获得求偿。

第四，内部组织机构设置模式的差异性。公司制企业内部组织机构的设置有较为严格的法律规定，虽然对有限公司与股份公司，以及有限公司中一人公司与国有独资公司的设置要求也会有所不同，但一般应要求建立决策机关、执行机关和监督机关，具有较为明显的机构设置的法定性特征。但在非公司制企业中，除国有企业有较为严格的法律要求外，对于其他形态的企业，立法一般不作严格要求。

第五，资本制度的差异性。公司制企业由于公司形式比较单一，在我国主要表现为有限责任公司和股份有限公司，故有关资本制度也比较完善。在出资形式、出资认缴等相关制度构建上体现出法定性和统一性特点；但非公司制企业由于企业类型较杂，企业的资本制度就显得较为散乱。如国有企业和集体企业中，没有"资本"的概念，只有"资金"术语；个人独资企业的登记事项中也只有"出资"概念而没有"资本"概念。

第六，对外承责制度的差异性。公司制企业对外责任表现为独立责任，即使是一人公司，其公司的债务与股东的债务也是截然分开的。但非公司制企业的对外承责制度具有较大的差异性，具有法人资格的非公司制企业，如国有企业和集体企业，其企业债务应由企业承担，原则上不累及投资者，但个人独资企业与合伙企业则不同。个人独资企业的投资人以其个人财产对企业债务承担无限责任。所谓投资人以其个人财产对企业债务承担无限责任，包含三层含义：一是企业的债务全部由投资人承担；二是投资人承担企业债务的责任范围不限于出资，其责任财产包括企业中的全部财产和其他个人财产；三是投资人对企业的债权人直接负责。换言之，无论是企业经营期间还是企业因各种原因而解散时，对经营中所产生的债务如不能以企业财产清偿，则投资人须以其个人所有的其他财产清偿。合伙企业则由普通合伙人对企业的债务承担无限连带责任。

第二节 企业制度的演进：从古典企业走向现代企业

一、企业制度的历史演进

企业制度是企业产权制度、企业组织形式和经营管理制度的总和。企业制度的核心是产权制度，企业组织形式和经营管理制度是以产权制度为基础的，三者分别构成企业制度体系的不同层面。

企业制度是一个动态的范畴，它是随着商品经济的发展而不断创新和演进的。从企业发展的历史进程来看，具有代表性的企业制度有以下三种：

1. 业主制。这一企业制度的物质载体是小规模的企业组织，即通常所说的独资企业。在业主制企业中，出资人既是财产的唯一所有者，又是经营者。业主可以按照自己的意志经营，并独自获得全部经营收益。这种企业形式一般规模小，经营灵活。正是这些优点，使得业主制这一古老的企业制度一直延续至今。但业主制也有其缺陷，如资本来源有限，企业发展受制；企业主要对企业的全部债务承担无限责任，经营风险大；企业的存在与解散完全取决于企业主，企业受自然人寿命影响大导致企业存续期限短等。因此业主制难以适应社会化商品经济发展和企业规模不断扩大的要求。

在中世纪到17世纪，资本主义生产方式产生前这段历史时期内，在社会经济生活中，业主制企业一直占据着十分重要的地位。原因就在于它最适合当时的历史条件：一是以人力、畜力和风力等传统能源为基础的生产技术无法创造庞大的生产量和交易量，适应这种生产力水平的只能是规模狭小的企业。二是社会分工和所有权商品化还不发达，致使经营企业还没有成为一项专门技术和职业，经营者还难以从所有者中分化出来。

2. 合伙制。这是一种由两个或两个以上的人共同投资，并分享剩余、共同监督和管理的企业制度。合伙企业也是一种古老的企业组织形式，它的存在已有上千年的历史。严格意义上说，合伙企业制度不是在独资企业制度失去其统治地位后才出现的，它是作为古典企业制度形态之一而与独资企业制度并存的。早期的合伙企业形式有：（1）船舶共有。从事海上贸易，需要巨额资金且风险很大，人们便共筹资金，共担风险，共同拥有船舶合伙从事海上贸易，形成船舶共有的企业形式。（2）康孟达契约或组织。依康孟达（commenda）契约，不愿意或无法直接从事海上冒险的人，将金钱或货物委托给船舶所有者或其他人，由其进行航海和交易活动，所获利润由双方按约定的方法分配，委托人仅以委托的财物为限承担风险。由此形成一种原始的企业形态。即经营者依其信用由他人处获得资本，出资者将资金委托他人经营而分享利润。这就是后来的两合公司或有限合伙的雏形。（3）家族经营或家庭企业。在封建社会，身份、血缘关系在社会生活中居于主导地位，家族成员间的合伙，必然优先于异姓间的合伙，也就形成了家族经营体。

合伙企业的资本由合伙人共同筹集，扩大了资金来源；合伙人共同对企业承担无限责任，可以分散投资风险；合伙人共同管理企业，有助于提高决策能力。但是合伙人在经营决策上也容易产生意见分歧，从而使合伙体组织并不稳定，造成"一年内合伙，二年内兴伙，三年内散伙"的现象；合伙人之间执行与监督机制并不像公司制那么完善，因而也会出现偷懒的道德风险。所以合伙制企业一般都局限于较小的合伙范围，以小规模企业居多。

作为一种重要的企业制度，合伙企业与公司制企业相比，企业的投资者（即合伙人）对于合伙企业的债务需要承担无限连带责任，因而投资者与合伙企业之间没有明显的风险隔断机制；与个人独资企业制度相比，合伙企业拥有多个投资者，因而必然会产生各个投资者对于企业经营的收益分享和风险负担以及企业控制权的配置等问题。所以，合伙制度以其良好的信用机制和资金积聚为特点，成为市场经济中三种最基本的企业制度之一。

由于种种原因，我国的合伙企业法并没有产生出令人满意的效果。该法生效后的 10 年间，全国总共才新注册了大约 6 万家合伙企业，与数千万家公司制企业相比，合伙企业法的缺陷比较明显。究其原因，主要有以下几个方面：第一，投资者因素。投资者一般都具有强烈的风险回避意识，除非有特别吸引人的投资回报率，否则，投资者并不愿意对于投资企业的债务承担无限连带责任。而现实中，合伙企业并没有显示出显著的信用地位，从而带来良好的商业机会。第二，债权人因素。按理说，在同等条件下，债权人更应该倾向于同合伙企业做交易，因为合伙人的无限连带责任制度为债权人的利益提供了更为坚实的保障。但是，在实践中，由于合伙企业普遍没有公司那样规范的财务制度，而在追究合伙人连带责任时，由于执法能力不足，导致债权人的利益并不能得到有效保障。第三，投资者之间的风险分配问题。由于立法时经济环境与法治环境的局限性，原合伙企业法仍然固守各个合伙人根据合伙协议平等分担企业风险和收益原则。但是，在一些以专业知识和技能为社会提供服务而又承担很大风险的专业服务企业以及一些风险投资类企业中,这个原则导致的结果并不公正,从而也限制了合伙企业制度的推广。①

3. 公司制。现代公司制企业的主要形式是有限责任公司和股份有限公司。公司制的特点是公司的资本来源广泛,使大规模生产成为可能;出资人对公司只负有限责任,投资风险相对降低;公司拥有独立的法人财产权,保证了企业决策的独立性、连续性和完整性;所有权与经营权相分离,为科学管理奠定了基础。

值得注意的是,与古典企业制度的发展不一样,公司企业制度的兴起、发展不仅是在大陆法系国家,而是一次世界范围的活动。那些普通法系国家如英国、美国也先后制定了各种公司法,掀起创立公司的热潮。公司立法发端于英国、荷兰、北欧等海外贸易发达的国家。17世纪初,这些国家纷纷设立殖民公司。所谓殖民公司,是由政府或国王特许设立,取得海外特定地区从事贸易的独占权,并代选择某些本国政府权力的贸易组织(如英国东印度公司)。殖民公司有两种类型:一类是行会性质的合组公司;另一类是合股公司。

一般认为合组公司是现代股份公司的直接前身。而合组公司虽然被称为公司,但它实际上只相当于贸易保护协会,它本身没有资本,参加公司的人缴纳一定的入伙金,但仍以各自的名义经营,经营风险亦由入伙者各自负担。合股公司则是以公司参加者入股的资金作为共同资本,公司设有统一的经营机构——董事会,股份可以自由转让,股东按所持股份分享利润,分担损失。如英国、荷兰、法国、葡萄牙、丹麦等国设立的东印度公司,所以说合股公司是股份公司的前身。

但合股公司并不是股份公司,而是合伙与股份公司之间一个承前启后的枢纽,它与后来的股份公司是有区别的。首先,合股公司不像股份公司那样是制定法的产物,而是股东协议的产物;其次,合股公司的股东是以个人名义共有公司的财产,股东对公司债务承担连带责任;再次,在诉讼关系中,全体股东共同作为原告或被告。

随着资本主义生产方式迅速壮大,封建经济走向崩溃,资产阶级政权先后诞生,为生产力的发展扫清了道路。与此同时,作为原始资本积累主要来源的海外贸易,也结束了自己的历史使命,为此而建立的强大垄断公司成了自由贸易的桎梏。由于政治上资本主义制度的确立,经济上资本原始积累的完成,加之科学、技术的发展为商品经济的繁荣奠定了坚实的基础,于是,国内公司蓬勃发展起来。

有限责任公司是较晚出现的现代企业形式。1892年,德国制定《有限责任公司法》,使中小企业的投资者和股份公司的股东一样,可以享受有限责任的便

---

① 姚德年:《新合伙企业法简析》,载《中国社会科学院报》2007年7月3日。

利,从而促进了社会的投资和经济发展。接着,葡萄牙、奥地利、法国、日本等国均仿效德国,建立了有限责任公司制度。英国也于1907年颁布《公司法》,对非开放公司做出规定,将其股份责任分为有限和无限两种。至此,公司制企业在市场经济的基础上发展起来了。

二、企业制度演进的替代性与并存性

企业沿革史表明,企业作为商品经济发展的载体,不同的商品经济发展阶段有着不同的企业制度和不同的企业形式。

从理论上说,对于企业制度和企业形式的考察有着替代序列和并列序列两种考察方法。前者指各种经济发展阶段中哪种企业居主导地位,以及一种企业形式被另一种企业形式替代的原因和条件;后者指同一经济发展阶段上存在着哪几类企业及其相互关系。

从替代序列上看,商品经济每一发展阶段都有与其相适应的企业形态,企业形态历经了独资企业、合伙企业和公司三个阶段。

在小商品经济即商品经济的初级阶段,商品经济的组织形式主要是家庭,即小农,自由民或者手工业者以家庭形式从事商品生产和交换,生产经营的目的在于为买而卖,此时,实质上尚未形成以营利为目的的企业。在小商品经济的中级阶段,大体相当于资本主义简单协作、工场手工业时期和第一次产业革命时期,商品经济的组织形式逐渐由家庭演化为为卖而买的以营利为目的的企业,企业组织形态主要是独资企业和合伙企业。随着经济的飞猛发展,商品经济对企业组织机构、经营方式、经营规模和风险限制等提出了新的更高的要求,股份制企业(主要是股份有限公司和有限责任公司)一跃成为经济舞台的主角,成为基本的企业组织形式和市场经济载体,这一过程的完成使商品经济步入了高级阶段。在独资企业中,企业没有脱离企业主的人格而成为独立的法律人格,企业财产为企业主直接经营和控制,此种企业的财产仍归企业主所有。合伙企业中已形成共有财产,尽管合伙财产也由合伙人的共同意思进行支配,尽管合伙财产也具有一定程度的独立性和团体性,但合伙财产的支配须经合伙人同意,合伙共有财产不足以偿付债务时合伙人须负连带责任。因而合伙财产仍无法脱离合伙人的人格而存在,即合伙财产仍未脱离合伙人而成为企业财产所有权。但是合伙共有制在财产独立方面已较独资企业的财产制度大大地推前了一步,在合伙制基础上发展起来的公司制使企业取得了法律人格,公司人格与股东人格相分离,公司财产与股东个人财产相独立,公司摆脱了对出资人的依附性而具有独立的法律人格和生命力,形成了公司法人财产所有权。公司法人财产权对合伙企业共有财产制而言是一次质的飞跃,是在商品经济高度发达的条件下减少投资风险、扩大企业规模和提高经营管理水平的必然要求和产物。

从并列序列上看,三种企业组织形式至今均客观地存在于社会经济生活,迎合着投资者对企业组织形式选择上的偏好。它成为市场经济社会中被企业制度筛选过的典型化了的企业样态而予以存活,即使在我国目前一味追随"公司"风的情形下,个人独资企业与合伙企业仍有其发展的空间。究问三种企业组织形式至今之所以会出现并列序列性,其主要原因在于不同样态的企业在税收、开办程序的繁简与费用大小、资本与信用的需求程序、企业的控制和管理方式、利润和亏损的承担方式、投资人的责任范围、投资人的权利转让制度、企业的存续期限等方面均有所不同,从而为投资者找到了适合投资的企业组织。

三、现代企业制度的典型形式:公司制企业

何谓现代企业制度?理论界存在不少争论。有的主张现代企业制度就是法人企业制;有的主张现代企业制度就是公司制,也有的主张现代企业制度就是股份公司制。

现代企业制度是西方国家为适应社会化大生产和商品经济的要求而经过数百年的实践摸索和不断改进而创造的一种人类文明进步的共同成果,是现代公司法人制度的主干——股份有限公司法律制度,作为法人企业的公司,同作为自然人企业的独资和合伙企业,在企业制度上有着本质的不同。从19世纪末开始逐步形成的现代公司,又有着一些不同于传统公司的典型特征。

现代企业制度是古典企业制度(即早期的独资企业、合伙企业等)的对称,是在现代市场经济体制下产生的企业形态,是19世纪末期以来在发达的市场经济中逐渐发展起来,并在当代世界发达市场经济中占主导地位的以股份公司和有限责任公司为代表的现代公司制度。

现代企业制度的初步确立是在19世纪中期,但其起源却在17世纪初,其间经历了200多年的演变发展。如果我们要寻找与现代企业制度的对应的基本线索,那么是否可以答出这样的认识,从生产关系的角度看,现代企业制度对应的是市场经济体制;从生产力的角度看,现代企业制度对应的是社会化大生产;从法律的角度看,现代企业制度对应的是企业法人制度;从产权的角度看,现代企业制度对应的是有限责任制度。

现代企业制度以产权明晰、权责明确、政企分开、管理科学为特征。

第一,"产权清晰"。是指投资主体确定,且依法行使股东权,企业资产具有明确的实物边界和价值边界。产权清晰,包括两个方面的内容:其一,在投资主体多元化情况下,根据"谁投资、谁所有"的原则厘定所有权的归属,这是产权在所有权层次上的清晰和界定。其二,在所有权界定清晰的前提下,厘定出资人所有权和法人财产权,这是产权在具体行使层次上的清晰和界定。如果这两个方面的产权都得以界定,应当认为产权已经清晰。在产权结构一元化的情形中,所有权是清晰的,但出资人所有权和法人财产权则往往难以界定清楚。这可以从许多国有独资公司经营者常常抱怨自己的经营权被侵蚀的现实中得到验证。

在这里，理论的判断是：没有产权多元化，就没有产权清晰。虽然这不是完全绝对的，但在大部分情况下是符合客观实际的。

结合公司制企业，公司制企业的法人财产权制度为现代企业制度产权清晰奠定了制度保证。公司法人财产权为公司所独立支配的民事权利。这种独立支配性表现在以下几个方面：其一，权利归属的排他性。即公司法人财产权的享有者只能是公司，而不是公司的投资者（股东），更不能是其他组织和个人。公司完全以自己的意志独立享有并独立行使法律赋予公司所应有的一切民事权利。虽然公司财产在设立时是由各投资者（股东）出资的财产所组成，但一经形成公司财产，任何投资者（股东）均不能以个人名义去支配该财产，则必须由公司进行统一支配。其二，权利客体的广泛性。公司法人财产权的客体涉及公司所拥有的一切财产，不仅包括公司投资者（股东）所注入的资本，而且包括公司从事生产经营活动所获得的增值财产，甚至还包括公司所创造的工业产权、非专利技术和商誉等无形财产。其三，权利内容的充分完整性。公司法人所享有的财产权，具有占有、使用、收益和处分的权利。其四，权利的恒定性。公司法人财产权产生于公司的依法成立，消灭于公司的依法终止，只要公司法人没有终止，法人财产权就始终存在。不仅公司的投资者（股东）不得以公司章程限制公司这种权利，而且，政府和有关监督机构也不得非法剥夺这种权利。

第二，"权责明确"。是指合理区分和确定企业所有者、企业、经营者和劳动者各自的权利和责任。所有者按其出资额，享受资产受益、重大决策和选择管理者的权利，对企业债务承担相应的有限责任；企业在其存续期间，对由各个投资者投资形成的企业法人财产拥有占有、使用、处置和收益的权利，并以全部法人财产对其债务承担责任；经营者受所有者的委托，享有在一定时期和范围内经营企业资产及其他生产要素并获取相应收益的权利；劳动者按照与企业的劳动合同拥有就业和获取相应收益的权利。权责明确既赐予特定主体一定权力，也强调特定主体的责任承担。

结合公司制企业，股东有限责任制度为现代企业制度中的"权责明确"奠定了制度基础。社会化大生产要求现代企业组织形式实现投资者享有股东权与公司享有法人所有权，有限责任在许多方面降低了这种职能分离与专业化管理的成本。主要表现在：其一，有限责任原则降低了控制经理人的要求。其二，有限责任原则降低了控制其他股东的成本。其三，有限责任原则与股权转让原则相结合，促使经理人员积极有效地经营公司，产生了股权多样化。其四，有限责任有利于促使企业作出最理想的投资决策。现代企业制度不再对企业按所有制来划分，而是按财产的组织形式和所承担的法律责任来划分，而且要求企业公司化，公司法人化，产权人格化。

第三，"政企分开"。是指政府行政管理职能、宏观和行业管理职能与企业经营职能分开，实现所谓的三分开。一是实现"政资分开"，即政府的行政管理职能与国有资产的所有权职能的分离。二是实现"政企分开"，在政府所有权职能中，实现国有资产的管理职能同国有资产的营运职能的分离。三是实现"政监分开"，政府在资本营运职能中，实现资本金的经营与监管同企业财产经营的分离。"政企分开"一方面要求政府将原来与政府职能合一的企业经营职能分开后还给企业；另一方面，要求企业将原来承担的社会职能如住房、医疗、养老、社区服务等分离后，交还给政府和社会。

结合公司制企业，公司的独立人格为现代企业制度中的"政企分开"打下了基础。公司独立人格是指公司以其自己的名义享有民事权利和独立承担民事义务的主体资格。公司独立人格制度对于"政企分开"的价值在于：其一，使公司人格与股东人格相分离，由此奠定了公司的独立责任与股东的有限责任。从而为投资者解决投资利益与投资风险的冲突提供了最佳的选择模式，减少和降低了投资风险和交易费用。其二，公司独立人格还意味着公司存续独立和诉讼主体资格独立。这些都为公司的营业、公司自身利益的追求提供了法律基础。由于公司独立于组成公司的成员，公司人格的生命周期是不会受其成员构成及成员人格期限的影响，就像布莱克斯通所认为的那样，作为法人的公司，"只是一个法律上的人，一个不会死亡的人，就像泰晤士河永远是泰晤士河一样，法人也是如此，尽管法人的组成部分随时都在变动"。[①]

第四，"管理科学"。是指企业组织和管理活动的科学化与合理化，形成行之有效的企业内部管理制度和机制。管理科学作为现代企业制度的一个方面有其独特的内容。这里的管理科学不是企业的具体管理问题，而是以产权制度为基础，不同产权主体间的权力制衡问题，企业的治理结构或治理机制的科学设计问题。主要是指在出资人所有权和法人财产权分离情况下的所有和控制的制度安排。

公司制企业较为完善的法人治理结构为现代企业管理科学奠定了基础。股份有限公司组织机构的设置在形式上受资本主义"三权分立"国家学说和制度的影响。所谓"三权分立"是在资产阶级革命初期，孟德斯鸠根据英国洛克的分权论加以发展后提出的一种学说。这种学说主张将国家权力分为立法、行政、司法三个部分，由议会、君主、法院分别行使，以求三权之间的相互制约，从而达到权力平衡。尽管在形式上，股份有限公司机关的设置受到"三权分立"学说的影响，但在具体权限的划分、相互关系的处理等问题上，公司法的具体规定却充分体现了以公司特有的股权与公司法人权利的相互独立与制衡关系，以求股东与公司之间利益的平衡。

[①] 孔祥俊著：《公司法要论》，人民法院出版社 1997 年版，第 136 页。

在公司治理结构遵行分立—制衡这一基本原则前提下，受立法习惯和立法体例的影响，各国在具体模式设计上不完全相同。如美国的单轨制模式、德国的双轨制模式和我国的二元制模式，但公司法人治理结构按照权力制衡原则所进行的制度设计与运行机理较好地体现了管理活动中的科学性与民主性。在实践中，需要根据以上原则确立相应的法律框架和监管框架，确立完善的可具有操作的决策、执行和监督体系，形成有效的激励机制和约束机制，促使公司董事和高级管理人员在履行其对股东和投资者的责任与义务的过程中担任更积极、更主动的角色。

第三节 问题分析视角之一：一人公司与个人独资企业

一、一人公司与个人独资企业：制度要素的比较分析

（一）一人公司与个人独资企业在我国的立法政策

2000年1月1日我国施行《个人独资企业法》，为个人投资创业提供了依据和保障。2006年1月1日，新修订的《中华人民共和国公司法》创设了"一人公司"法律制度，给个人创业提供了另一种新的经营组织形式。这样，就一个个人投资者而言，他既可选择创设一人公司，也可创设个人独资企业，前者为公司制企业，而后者则为非公司制企业，如何筛选企业组织形式，就必然涉及这两类企业的制度设计内涵，于是，围绕这一问题所展开的不同类型企业之间法律制度设计的差异性与正当性问题，成为讨论的重点。

一人公司，是指只有一个自然人股东或者一个法人股东投资组建的有限公司。而个人独资企业，是指由一个自然人投资，财产为投资人个人所有，投资人以其个人财产对企业债务承担无限责任的经营实体。

一人公司从它形成的时间不同，可分为原生型一人公司和衍生型一人公司。前者是指公司有一个股东发起设立，在成立时就已经是一人公司；后者是指公司在设立时股东符合法定复数人数，但在公司成立之后，由于股份转让等法定情形出现，使得公司的全部股份集中于一人所有，股东人数有复数转化为单数而形成仅有一个股东的公司。是否可以设立原生型一人公司是要依据各国关于一人公司的立法而定。如果法律明文规定设立公司时，股东的人数必须为两人或两人以上，即不允许原生型一人公司的存在。但在公司设立之后变更为一人公司的情形在现实社会经济生活中并非少见，这类公司能否继续存在则又要看各国立法是否将股东人数低于法定人数作为公司解散的理由。目前大多数国家包括我国都对这类公司给予了较宽容的态度。

从它的股东身份的不同，可分为自然人一人公司、法人一人公司和国有独资公司。自然人一人公司是只有一个自然人出资设立的公司，这是最传统意义上的

第九章 非公司制与公司制企业法律制度的评析与构建 ·309·

一人公司。法人独资公司则是有一个具有法人资格的实体通过单独投资或通过收购另一公司的全部股份的方式形成的公司。国有独资公司是指由履行出资人义务的国有资产监督管理机构单独投资设立的一人有限公司，这种公司为我国《公司法》所确认。

目前就国外而论，自然人股东型的一人公司和法人股东型的一人公司比较常见，尤其近些年来，随着资本的扩张和大型跨国公司的增多，法人股东型的一人公司的数量发展得更快，根据美国学者卡汉、达维森和苏蕊的"追踪跨国公司"的调查，1975年美国189个主要跨国公司在全世界范围内建立了11198个子公司，其中8058个是全资子公司即一人公司，占全部子公司的72%，[1] 就国内情况来看，我国《公司法》准许设立国有独资公司，因此，国有独资公司在我国也占有相当数量。在1996年，我国批准的90家股份制试点方案的国有企业中，就有73家要改制为国有独资公司，占73%。

个人独资企业即由一个自然人单独投资设立的企业。在西方市场经济国家，虽然独资企业占有相当大的比例，但美国、加拿大并无专门的独资企业法，对独资企业的法律规范散见于宪法以及税收、专卖、合同和破产等方面的法律中。[2]

我国在立法过程中就独资企业的法律定位，因对"独资"的理解不同而认识不一。主要有三种观点：(1) "一个投资主体"说。认为凡一人或一个投资主体开办的企业，均纳入独资企业法调整，其中包括自然人和法人的独资企业，换言之，可将我国现有的非公司形态的国有独资企业、集体独资企业、外商独资企业、私营独资企业及有门点的个体工商户（俗称座商）均纳入独资企业法调整。[3] 此观点为广义说。(2) "一个自然人投资"说。认为独资企业是指由一个自然人投资，企业财产为投资人所有，投资人对企业债务负无限责任的企业，分为私营独资企业和全部资本由一个外国人投资设立的外商独资企业。[4] 此观点为狭义说。(3) "限定的单个自然人投资"说。主张仅把独资企业限定在单个自然人投资设立的企业范围内，而将无固定场所的临时摊贩或沿街叫卖者及无相应从业人员的家庭手工业者排除在外。[5] 此为在狭义基础上的限定说。

按上述第一种观点，主张所有独资设立的企业都纳入独资企业法调整，意味

---

[1] Phillip l. Blumberg, Limited Liability and Corporate Group. The Journal of Corporation Law Vol. 11. 1986. p. 626.

[2] 全国人大财经委：《合伙企业法、独资企业法热点问题研究》，人民法院出版社1996年版，第184页。

[3] 曹天玷：《中国市场经济体制中市场主体立法的构想》，载全国人大财经委：《合伙企业法、独资企业法热点问题研究》，人民法院出版社1996年版，第15页。

[4] 张士元、徐中起、龙国庆：《企业法》，法律出版社1997年版，第15—16页。

[5] 黄淑和：《独资企业与合伙企业立法中的有关问题》，载全国人大财经委：《合伙企业法、独资企业法热点问题研究》，人民法院出版社1996年版，第19页。

着将我国现行的国有独资企业、集体独资企业纳入该法调整，如此立法与现行的《全民所有制工业企业法》、《城镇集体所有制企业条例》、《乡村集体所有制企业条例》、《乡镇企业法》等难以协调，并与现行的国有独资企业、集体独资企业具有企业法人地位的立法相悖，将它们纳入与个人独资企业相同类型的独资企业法体系，会产生立法原则上的混乱。按上述第二种观点，主张将一个自然人投资开办的企业均纳入到独资企业中，意味着由外国投资者开办的外商独资企业也纳入其中，与现行的《外资企业法》中确立外商投资企业可以设立有限责任公司的原则相冲突，会产生立法原则上的不协调性。因此，将个人独资企业限定为由境内的自然人独资开办企业来弥补现行企业类型上的空白为一种较为理性的选择。我国《个人独资企业法》显然采取了严格的"限定"说。该法增加了"个人"的限制词并在法律定义中将其明确为自然人，把法人排除在独资企业之外；其附则规定"外商独资企业不适用本法"，又将外国人予以排除。

据此而论，我国的《个人独资企业法》中所称的"独资企业"具有以下法律特征：

第一，"独资"指由一个中国境内的自然人投资设立的企业。如果外国自然人或境外自然人以及包括我国香港特区、澳门特区、台湾地区的单个自然人，单独投资在我国境内设立企业，应当适用外资企业法或参照外资企业法实施细则办理。

第二，投资以及企业所得财产为投资人所有。投资人享有企业财产所有权，其有关权利可以依法进行转让或继承。同时，投资人也是企业的负责人和代表人，享有企业的经营权和管理权。

第三，个人独资企业不具有法人人格。独资企业相关的民事权利与义务由投资人享有和承担，并且投资人还要以自己的个人财产对企业债务承担无限责任。个人独资企业解散时，其财产用于清偿企业债务，清偿顺序为：（1）所欠职工工资和社会保险费用；（2）所欠税款；（3）其他债务。前一顺序没有清偿的，后一顺序不得清偿；同一顺序的，按照比例清偿；不足清偿的，由投资人以其他个人财产清偿。由于个人独资企业投资人是以个人财产对企业债务承担无限责任，避免了一人公司股东滥用公司人格损害债权人利益的可能，从而也省却了法院在案件审理时运用"公司人格否认"制度的讼累。

第四，个人独资企业是一个企业组织体。个人独资企业的设立要求含有固定的生产经营场所和必要的生产经营条件以及必要的从业人员。这些条件的要求，将个人独资企业与公民经登记取得营业执照从事工商业经营的个体工商户区别开来。个人独资企业不包括个体摊贩和无必要从业人员的个体工商户。至于《私营企业暂行条例》中"雇工8人以上的营利性经济组织为私营企业"的规定，由于缺乏科学依据，故个人独资企业法没有作出明确规定。

(二) 一人公司与个人独资企业的制度差异性分析

一人公司与个人独资企业均是市场主体，且系由一个投资主体创立，但两者在法律依据、法定条件、法律责任、财产所有权、机构设置及人员任职资格、解散清算程序、法定权利限制和税收义务承担等方面存在着诸多本质区别。

1. 两者调整的法律依据不同。一人公司依据《公司法》调整、约束和规范运行，属于企业法人，其制度内涵应满足《公司法》为公司所设置的公司资本制度、公司财务会计审计制度以及公司治理制度；而个人独资企业依据《个人独资企业法》调整和约束，不具备企业法人资格。

2. 两者设立的法定条件不同。《公司法》与《个人独资企业法》分别规定了不同的设立条件和程序：首先，投资人出资最低限额不同。《公司法》第59条规定，一人公司的注册资本最低限额为人民币10万元，股东应当一次性足额缴纳公司章程规定的出资数额，不得延期或者分期缴纳。股东缴纳出资后，必须经依法设立的验资机构验资并出具证明；立法者作出如此规定除可借法人人格滥用之理由外，更欲借此抬高一人公司的门槛，以最低资本金制度限定一人公司的准入资格，期待交易对象的信赖感，以维护交易安全。这与个人独资企业法的立法意图有所不同，《个人独资企业法》第8条第（三）项规定，"有投资人申报的出资"即可，对于其申报的出资限额则没有规定，且不需要经法定验资机构验资。故立法者旨在降低设立个人独资企业的准入门槛，鼓励"非公有制经济"的发展。其次，投资人出资方式不同。《公司法》规定，一人公司的股东可以用货币出资，也可以用实物、知识产权、土地使用权等可以用货币估价并可以依法转让的非货币财产作价出资。股东以多种方式出资的，其中货币出资金额不得低于公司注册资本总额的30%。而《个人独资企业法》对投资人向个人独资企业的出资方式、种类、期限均没有作出严格的限制。再次，两者的法定登记要求不同。一人公司的股东必须制定公司章程，并作为登记必备资料依法提交。一人公司不设股东会，股东可以直接修改公司章程，改变经营范围，但应当向登记机关申请办理变更登记；而《个人独资企业法》则没有要求投资人制定企业章程，设立个人独资企业只需向工商行政管理机关提交设立申请书、投资人身份证明和生产经营场所使用证明即可。

3. 两者承担的法律责任不同。首先，承担民事责任主体不同。一人公司是独立的企业法人，具有完全的民事权利能力、民事行为能力和民事责任能力，对外承责主体是公司，股东仅以其所认缴的出资额为限对公司债务承担清偿责任，因此，一人公司的债务通常不会牵涉到股东的其他个人财产，股东投资经营风险较小。而个人独资企业不是独立的企业法人，不具备法人资格，投资人须以个人财产对企业债务承担无限清偿责任。另外，按照《个人独资企业法》第18条规定："个人独资企业投资人在申请企业设立登记时明确以其家庭共有财产作为个人出资的,应当依法以其家庭共有财产对企业债务承担无限责任。"其次,承担行政责任尺度不同。一人公司从事行政违法行为,行政管理部门有权依法对其作出罚款、吊销营业执照的行政处罚,对其中一些违法行为罚款数额可达到50万元;而按《个人独资企业法》,对个人独资企业所设定的行政法律责任相对较少,各种行政处罚的罚款最高数额也仅为5000元以下。再次,承担的刑事责任风险不同。现行《刑法》分则专节规定了"妨害对公司、企业的管理秩序罪",其中对有限责任公司及其股东设定了虚报注册资本罪、虚假出资和抽逃出资罪、欺诈发行股票和债券罪、提供虚假财会报告罪、妨害清算罪等罪名;而对个人独资企业投资人则没有设定上述罪名。一人公司的股东所承担的刑事法律责任风险比个人独资企业的投资人要大得多。在刑事法律制度中,单位犯罪即是通常所说的法人犯罪,我国《刑法》第30条对单位犯罪做了原则性的规定。一人公司显然具备单位犯罪刑事责任承担的主体资格;个人独资企业不具备法人资格,刑事立法政策不承认个人独资企业具备刑事责任承担的主体资格。在对相同或类似的违法行为的法律制裁上,公司法对一人有限责任公司的规定更加严格、处罚的数额更大。

4. 两者的财产所有权不同。一人公司是企业法人,有独立的法人财产,享有法人财产权。一人公司股东出资后,该出资的财产所有权即与股东相分离,转为公司财产,由公司依法占有、使用、收益和处分,股东不能再独立、直接支配相关的出资财产,只能通过行使股权的方式对出资财产实施动态监管;而《个人独资企业法》第17条规定"个人独资企业投资人对本企业的财产依法享有所有权,其有关权利可以依法进行转让或者继承"。

5. 两者的机构设置和人员任职资格不同。一人公司虽然不设立股东会,但应依法设立执行机关(董事会或执行董事)和监督机关(监事会或监事),并明确公司法定代表人。有关《公司法》第147条对公司的董事、监事、经理、副经理、财务负责人的任职资格也适用于一人公司;而《个人独资企业法》对个人独资企业内部组织机构的设置以及经营管理人员任职资格没有作出强制性要求和限制,投资人可以自行管理企业事务,也可以委托或者聘用其他具有民事行为能力的人负责企业事务的管理。

6. 两者的解散清算程序不同。一人公司解散的,应当在解散事由出现之日起15日内由股东组成清算组清算。股东逾期不成立清算组进行清算的,债权人可以申请人民法院指定有关人员组成清算组进行清算。清算组应当依照《公司法》规定的期限通知和公告债权人。清算结束后,应当制作清算报告报送公司登记机关,申请注销登记。经清算,公司财产不足以清偿债务的,则应当依法向人民法院申请宣告公司破产。而个人独资企业解散后,由投资人自行清算或者由债权人申请人民法院指定清算人进行清算。清算结束后,投资人或者人民法院指定的清算人应当编制清算报告，并于15日内到登记机关办理注销登记；根据《个人独资企业法》第27条规定，个人独资企业解散清算结束后，原投资人对个人独资企业存续期间的债务仍应承担偿还责任，但债权人在5年内未向债务人提出偿债要求的，该责任消灭。

7. 两者的法定权利限制不同。《公司法》第59条规定："一个自然人只能投资设立一个一人有限责任公司。该一人有限责任公司股东不能投资设立新的一人有限责任公司。"此外，根据《公司法》第15条规定，一人公司可以向其他企业投资，但不得成为对所投资企业的债务承担连带责任的出资人（如合伙企业的普通合伙人）；而《个人独资企业法》对个人独资企业投资人则没有这方面的限制，个人独资企业可以根据自身的经营需要设立相应的分支机构。

8. 两者承担的税收义务不同。一人公司及其股东需分别就其公司所得和股东分取的红利分别缴纳法人所得税和个人所得税；就一人公司而言，如果投资主体是自然人，那么根据《个人所得税法》的有关规定，投资者应就税后分配利润，按照"利息、股息、红利所得"项目缴纳个人所得税；如果投资主体是法人，根据《国家税务总局关于企业股权投资业务若干所得税问题的通知》（国税发[2000]118号）中规定："凡投资方企业适用的所得税税率高于被投资企业适用的所得税税率时，除国家税收法规规定的定期减税、免税优惠以外，其取得的投资所得应按规定还原为税前收益后，并入投资企业的应纳税所得额，依法补缴企业所得税。"也就是说，当被投资企业——一人有限责任公司适用的企业所得税税率高于投资方适用的企业所得税税率时，对于一人有限责任公司分回的股息、红利，国家不向投资者（法人）退还一人有限责任公司因适用较高税率而多缴的企业所得税，当被投资企业——一人有限责任公司适用的企业所得税税率低于投资方适用的企业所得税税率时，除国家税收法规规定的定期减税、免税优惠外，投资方需要补缴企业所得税。

而个人独资企业自身不缴纳法人所得税，只待投资者取得投资回报时缴纳个人所得税。[①] 对于个人独资企业的税收政策适用相对比较简单，根据国发[2001]16号的规定，"自2000年1月1日起，对个人独资企业和合伙企业停止征收企业所得税，其投资者的生产经营所得，比照个体工商户的生产、经营所得征收个人所得税"。对于个人独资企业的生产经营所得，投资者并不需要先行缴纳企业所得税，而只需要比照个体工商户的生产、经营所得缴纳个人所得税。

---

① 《国务院关于个人独资企业和合伙企业征收所得税问题的通知》中规定："为了公平税负，支持和鼓励个人投资兴办企业，促进国民经济持续、快速、健康的发展，国务院决定自2000年1月1日起，对个人独资企业和合伙企业停止征收企业所得税，其投资经营所得，比照个体工商户的生产、经营所得征收个人所得税。具体税收政策和征税办法由国家财税主管部门另行制定。"

9. 两者在财务报告设立方面的要求不同。一人公司法律要求"应当在每一会计年度终了时编制财务会计报告","并经会计师事务所依法审计"。同时,一人公司的"财务会计报告应当依照法律、行政法规和国务院财政部门的规定制作",即按照会计法、企业会计制度的规定进行编制。立法作这样明确化、进一步公开化的规定,旨在防止一人股东财产与公司财产发生混同,保证责任承担的界限清晰;而个人独资企业的财务会计制度则不如一人有限责任公司严格,只需"依法设置会计账簿,进行会计核算"即可,法律并没有要求个人独资企业的财务会计报告必须经会计师事务所进行审计。

10. 两者在转投资方面的要求不同。修改后的《公司法》对普通有限责任公司的转投资的投资额条件已不设限制,该规定同样适用于一人公司,但是,由于一人公司存在一个自然人股东或一个法人股东的情形,因此在转投资时与普通有限公司仍有所不同。主要表现在:对于一个自然人股东的一人公司对外进行投资时,不能投资设立新的一人公司,其目的是为防止股东将其财产分成若干份,设立多个公司,用小量资本承担较大风险的投机活动,立法上禁止一个自然人再次成为另一有限公司的唯一股东,出现一人公司的连锁机构,以防个人信用无限扩大,但对于一个法人股东的一人公司,其对外进行投资时,并无多数一人公司的限制,该一人公司可以投资设立多个法人独资性质的一人有限责任公司,即便存在投资公司与新设公司存在母子公司的控制关系,也无所限制。而个人独资企业在转投资方面则完全没有限制,个人独资企业的投资人个人完全可以通过受让股份或购买股票的方式成为其他有限责任公司或股份有限责任公司的股东。

二、一人公司与个人独资企业并存发展:基于制度样态的选择性分析

(一) 各国对一人公司的立法政策及其启示

一人公司获得承认,肇始于英国1897年萨洛蒙有限公司案(Solomon v. Solomon &Co. Ltd)。萨洛蒙是一个多年从事皮靴业务的商人,1892年他决定将他拥有的靴店卖给由他本人组建的公司,以享受有限责任的优惠。靴店转让价格为39000英镑。作为对价,公司发行了每股1英镑的股份20007股,除他的妻子和他的五个孩子各拥有1股外,萨洛蒙本人拥有20001股(目的是达到当时法律规定的最低股东人数7人)。此外,公司还以其所有资产为担保向萨洛蒙发行了10000英镑的债券,其余差额用现金支付。一年后公司因亏损而进行清算,萨洛蒙提出了优先于其他公司债权人获得清偿的要求。若公司清偿了萨洛蒙的有担保的债权,其他的无担保的债权人就将一无所获。无担保的债权人认为,萨洛蒙和其公司实际上是同一人,公司不可能欠他的债,因为自己不能欠自己的债,公司的财产应该用来偿还其他债权人的债。初审法院和上诉法院都认为,萨洛蒙公司只不过是萨洛蒙的化身、代理人,公司的财产就是萨洛蒙的财产,萨洛蒙没有理由要求公司给自己还债,从而判决萨洛蒙应清偿无担保债权人的债务。但是,上

议院推翻了初审法院和上诉法院的判决。英国上议院认为，萨洛蒙公司是合法有效成立的，因为法律仅要求有 7 个成员并且每人至少持有一股作为公司成立的条件，而对于这些股东是否独立、是否参与管理则没有作出明文规定。因此，从法律角度讲，该公司一经正式注册，就成为一个区别于萨洛蒙的法律上的人，拥有自己独立的权利和义务，以其独立的财产承担责任。本案中，萨洛蒙既是公司的唯一股东，也是公司的享有担保债权的债权人，具有双重身份。因此，他有权获得优先清偿。最后，法院判决萨洛蒙获得公司清算后的全部财产。这一判决为公司法学及商业界打开了新的视野，它不仅承认了一人公司的合法性，显示了个体经营者组建公司与大公司一样有实际价值，而且还揭示出个体经营者既可以出资额为限承担有限责任，也可以认购公司债券从而比股份更能避免经营风险。虽然萨洛蒙诉萨洛蒙有限公司案一直被公认为英国历史上承认实质意义之一人公司的典型案例。但英国理论与实务界往往顾虑，一人公司将会令极小企业法人化，可能会发生有限责任恶用之危险，时有被学者称为"不幸的、后患无穷的判例"。因而，形式意义上的一人公司在英国始终未得到承认，明确规定全部公司需由两名以上股东设立，仍坚持公司法人社团性的初衷。到 1992 年，英国执行欧共体第 121 号令，制定一人有限责任公司条例，从此一人公司在英国法律中被正式确立。

列支敦士登于 1925 年 11 月 5 日制定并于 1926 年 1 月 20 日实施的《自然人和公司法》首开一人公司立法的先河。依该法规定，股份有限公司、发起人公司和有限责任公司都可由一人设立，并可以一个股东维持公司的存续。如果公司中有若干名董事，并且这些董事都必须由公司的股东担任，即使在这种情况下，股东的人数降至 1 人，亦不会导致公司的自动解散。并且，公司的单一股东对公司的债务不承担个人责任。①

德国因 1892 年首立《有限责任公司法》而著称，但当时规定设立有限责任公司股东必须 2 人以上，1980 年修改公司法时，允许有限公司设立后，由于股东退出而产生的"一人公司"的存在。1993 年修改的《有限责任公司法》第 1 条便规定："有限责任公司可以依照本法规定为了任何法律允许的目的由一人或数人设立。"② 从而使一人组建有限责任公司成为可能。而一人股份有限公司也经历了类似过程。德国 1884 年颁布的《股份公司法》规定，设立股份有限公司，股东至少须要 5 人，禁止设立一人股份有限公司，直至 1988 年才开始承认设立后的一人股份有限公司，此后的 1994 年，认可了由唯一股东设立的股份

---

① 梅因哈特著：《欧洲十二国公司法》，李功国等编译，兰州大学出版社 1988 年版，第 332 页、第 338 页、第 375 页。
② 卞耀武主编：《当代外国公司法》，法律出版社 1995 年版，第 291 页。

公司。

法国立法思想始终将公司设立行为视为股东间的一种契约行为,并在其《民法典》第1832条作出明文规定,因而设立一人公司自然不被允许。对于设立后的一人公司,法国判例和学说均采取较严厉态度,认为当然应依法解散,而且其1867年的公司法将股份有限公司因股东减少而区分为两种情况,其一是当股东减少为7人以下时,依该法第38条规定,公司并不当然解散,须待一年后由法院判决解散。但当股东减至1人时,则要依《民法典》第1832条规定当然解散。直到1966年,法国《商事公司法》才做出较大修改,于第9条中对公司全部股份和出资集中于一人时的场合,也给予了一年的时间补正,如果一年内,一人股东的状况还未改变,利害关系人方可向法院请求解散公司。这给法国承认设立后的一人公司留下了较大的空间。1985年7月11日,法国颁布一人有限责任公司的修改法案,明确规定可设立一人公司并承认一人公司的存续。自此,法国《民法典》第1832条也放弃了设立公司必须是契约行为的做法,即承认公司设立有两种形式:其一为契约设立,适用于两人以上的设立公司行为;其二为依一人意思设立。[①] 而1985年法国《商事公司法》修改中最具特色的是,为了防止个人企业通过对个人财产无限细分,减少对公司债权人的担保财产,滥用公司独立人格和有限责任,于该法第36条第2款明文规定,"一个自然人只得成为一个有限责任公司的一人股东。一个有限责任公司不得成为另一个由一人组成的有限责任公司的一人股东"。[②] 即禁止自然人设立复数的一人公司,也禁止一人公司再行设立另一一人公司,但该法没有禁止法人设立复数的一人公司。而且法国至今尚未就设立一人股份有限公司予以承认。

欧盟之前身欧共体为提高各成员国之企业素质,充分利用公司的有利形态,鼓励中小企业的发展,也为顺应世界普遍承认一人公司的潮流,于1989年12月21日专就一人公司发布第12号指令。依该指令第2条规定:"第一,公司设立时,可以仅有一名股东;当公司的全部股份转归一人单独持有时,也可以仅有一名股东(一人公司);第二,各成员国在协调与公司集团有关的成员国法律时,可以针对以下情况规定特别条款或者制裁:(1)同一自然人是数家一人公司的唯一股东;(2)一人公司或者其他法人是一家公司的唯一股东。"[③] 不过该第12号指令并非适用于欧盟成员国的所有的商事公司,该指令的适用范围包括两个方面:一是所有成员国的有限责任公司;二是爱尔兰和英国的有限保证公司。欧共体颁布上述指令的原因在于已有部分成员国的公司法承认了一人公司的存在,而

[①] 卞耀武主编:《当代外国公司法》,法律出版社1995年版,第367页。
[②] 卞耀武主编:《当代外国公司法》,法律出版社1995年版,第385页。
[③] 《欧盟公司法指令全译》,刘俊海译,法律出版社2000年版,第220页。

且一人公司在成员国已广泛存在。

继德国和法国之后,荷兰、比利时也先后以立法形式准许一人有限责任公司设立。而丹麦更是走在德国前面,于1973年6月13日颁布的有限责任法规定,有限责任公司只需1名创立人,其结果可以只有1名成员。同时,一人有限责任公司既不会导致单个成员的个人责任,也不会导致公司的解散。[①]

日本在1938年以前,不允许形式意义的一人公司存在。1938年,日本《商法典》在修改中将股东未满7人构成股份有限公司的解散事由的规定删除,设立后的一人股份有限公司被承认。但是有限责任公司仍不允许设立后的一人公司存在。1990年6月29日,日本《商法典》和《有限责任公司法》作出较大修改,并都允许设立一人公司和设立后的一人公司存在。

美国的公司立法属于州议会的权限,美国公司法向来以注重实务为特色,虽也认为公司是当事人之间的契约行为,但从不固守公司的社团性或契约观念。不拘泥于传统公司法的限制。早在19世纪末,美国法院已有判例承认了一人公司这种形式。1936年,爱阿华州开始允许设立一人公司。此后,由于个人企业法人化的愿望日益迫切,强行禁止一人公司的设立和存续,只能导致以挂名股东的形式来规避公司法最低法定人数的规定,实际上使一人公司处于一种禁而不止的地步,不如正式立法予以承认。所以随着1962年《美国示范公司法》只要求有一人在公司章程上署名即可设立公司的修订,美国各州陆续采纳,到20世纪60年代末已有27个州的公司法承认了一人公司的设立。[②] 1994年,美国"统一州法全国委员会"制定了一个《统一有限公司法》的立法模板,并在1996年颁布适用。在《统一有限责任公司法》中规定:"一个或一个以上的人均可以向州秘书交存组织章程,组织有一个或更多成员组成的有限责任公司。"就大多数州的立法来看,设立人可以是任何有法律行为能力的人,包括自然人和法人。

我国澳门特别行政区的"公司法"规范也明确规定了一人有限公司的合法地位,"任何自然人得以其构成单一股的资本设立一人有限公司,且在公司设立时为唯一权利人"。这是澳门特区"公司法"规范追随大陆法系国家公司立法对一人公司的积极态度而作出的反映。同时,澳门特区"公司法"规范还规定,一人有限公司在设立时,其商业名称应在有限公司(Limitada)的缩写"Lda"之前冠以"一人公司"(Sociedade Unipessoal)或"一人"(Unipessoal)的字样,以起到公示作用。而且,"一自然人不得成为一个以上公司全部资本的权利人,并应以其全部财产自动承担后来设立或全部股为其取得之公司的债务,而不论这

[①] 王保树、崔勤之著:《中国公司法原理》,社会科学出版社2000年版,第132页。
[②] 王保树主编:《中国商事法》,人民法院出版社2001年版,第151页。

些债务是在该公司的一人性质（Unipessoalidade da sociedade）确立之前或之后约定"。①

综上，西方国家尤其是各大陆法系国家对于一人公司的态度，大体经历了从全面禁止设立、不允许存续一人公司，逐渐发展到许多国家修改公司法，一定程度承认存续中的一人公司，到最后一些国家进一步修改公司法，明确规定一人可以设立公司的历史发展轨迹。

（二）一人公司与个人独资企业并存发展的理性思考

一人公司的产生既是公司内部机制运行的结果，也是适应社会环境变化的需要，它的出现对传统的公司理论和公司制度形成的挑战是多方面的。

1. 对公司社团性的挑战。公司的社团性最突出地表现在公司是建立在成员之复数基础之上的。然而，20世纪一人公司的出现以及一些国家公司法的一再修改，使传统的公司社团性理论发生了动摇。在一人公司中法人的社团性已成隐性状态。其实，社团性是公司的一大特征，但不应当是公司的绝对特征。从公司发展史来看，任何类型的公司的产生首先都是源于经济生活的需要，而法律就是在对各种类型的公司进行不断的调整中而适应经济生活的需求。在公司产生之初，由于经济发展对法人制度的集资功能之要求强烈，以及法技术条件的限制，股份公司作为典型的法人组织在公司法人制度中居于主角地位。所以，各国公司立法都注重公司的社团性。后来随着经济的发展和经济分工的细化，企业规模过大未必具有很强的适应性。相反，小型化的企业无论在管理的有效性还是经营的灵活性上，都颇具优势。为了使众多中小企业享受公司独立人格和股东有限责任之优惠，德国首创了《有限责任公司法》，为小规模公司确立了合法地位。有限责任公司法律制度决非首先考虑的是集资功能，而是将有限责任制度的优惠提供给中小企业，为其发展提供制度基础。然而，伴随着有限公司的产生，大量的家族企业或大企业集团的单独投资夹杂其中，使一人公司（主要是实质意义上的）事实上已经在有限公司的范围内合法地存在着。由此又导致20世纪20年代开始一些国家公司法的再度修改，承认一人公司，使公司社团性人合基础发生了根本性的动摇。应当说，一人公司制度既是单一股东投资能力增强的结果，也是法技术条件完备的产物。

2. 对公司法人性的挑战。大陆法系的传统观点理论认为只有复数成员组成的社团才有资格独立从事经营，才具有法人资格，即法人必须具有社团性。后来随着经济的发展，对法人的本质和一人公司认识的不断深入，现在许多学者都主张一人公司具有法人性。但是，应当看到，一人公司的法人性确实比复数成员组成的公司的法人性存在差异。首先，一人公司由于一元化的产权，其治理结构与

---

① 米也天：《澳门民商法》，中国政法大学出版社1996年版，第286—287页。

传统的公司治理结构有较大差异，使传统公司法中关于内部组织机构的设置与运行的规定难以实施。传统公司治理结构的内部产权制衡机制难以适用于一人公司。其次，一人公司治理结构比较侧重于制约股权与法人所有权、股东与董事的关系。一人股东通常都身兼数职，作为公司的董事、经理，他以公司的名义从事活动，谋求公司的利益，由此而生的权利、义务归公司享有或承担；作为公司的唯一股东，他仍拥有公司股东大会的所有权力，可以作出符合他自身利益最大化的各种决定，这使得法人制度中原本确立的利益平衡体系受到破坏，需要在法人治理结构上建立起监督机关制衡一人股东、公司法人财产权的法律要求制衡一人股东这样一种制约关系，及时纠正一人股东的不当行为。再次，一人公司比传统公司更注重调整公司利益与社会利益的关系，以确保一人公司制度的公平、正义价值目标的实现。

3. 对传统公司有限责任制度的挑战。股东有限责任被称之为现代公司法律基石之一。这一法律技术的主要经济功能在于减少投资风险，鼓励投资活动，而一人公司的广泛兴起，实际上皆源于对有限责任的追求。但不可忽视的是，一人公司的出现，可能使股东对有限责任的利用达到登峰造极的地步，甚至形成滥用，使股东在享受权利的同时没有义务的约束，从而使债权人承担极不公平的风险。

邵晓春在《中国工商行政管理研究》2007年撰文中曾分析了哈尔滨市的一人公司情况。文中统计，截至2006年11月末，哈尔滨市登记注册一人有限责任公司1924户。其中法人一人有限责任公司161户、自然人一人有限责任公司1763户；由多人有限责任公司变更为一人有限责任公司123户。注册资金总额31.9亿元，其中自然人一人有限责任公司11亿元。它们大致分布在国民经济的19种行业，其中，比例较高的有制造业215户、建筑业149户、计算机服务和软件业105户、房地产业65户、科研、科技服务业150户；最多的是餐饮、居民服务业1065户。从登记注册的具体情况分析，一些企业在了解到新《公司法》可办一人有限责任公司的政策后，为了改制企业结构或优化企业的目的，由多个法人或自然人的企业变更为一人公司的，占一人公司总数的6.4%；自然人投资的一人有限责任公司占"一人公司"总数的90%以上。[①] 这一统计状况基本反映了我国各地有关一人公司设立情况。

设立一人公司的根本目的在于使个人企业法人化，进而使个人企业有限责任化，以使公司制度得以充分利用。个人企业既然是一个早已存在的事物，为何要通过立法使其"法人化"和"有限责任化"？为何要给个人企业赋予"有限责

[①] 邵晓春等：《哈尔滨市"一人有限责任公司"的现状、问题和解决对策》，载《中国工商行政管理研究》2007年第4期。

任"的特权,使其成为一人有限责任公司?立法者考量的原因大致在于以下几个方面:

(1) 分散经营风险。一人公司的最大的生命力在于有限责任,即股东以其出资为限对公司承担责任,公司以其全部财产对债务承担责任。由于一人公司制度中企业的股东承担有限责任,使股东的投资风险预先得以确定。另外,一人公司可实现公司财产和股东个人财产的分离,可以避免投资者因为一次的投资失败而倾家荡产的局面。这一优势刺激了广大投资者的投资积极性,扩大了社会总投资的大量增加,其结果是一人有限公司使市场经济主体由少变多。

(2) 更大限度地适合投资者的选择,以鼓励投资活动。公司与个人相比在社会上的信用度更高,能更好地创造交易机会。设立一人公司使公司的信用与投资者的信用能有机地加以结合,势必会对其扩大交易范围,争取更多的交易机会提供帮助,其结果是一人有限公司使一些自然人创办的实体由小到大。

(3) 解决挂名股东问题。一人公司从它的形成看,可分为原生型一人公司和衍生型一人公司。如果立法对原生型一人公司与衍生型一人公司加以禁止,客观上仍难以消除实质上的一人公司,其结果是通过挂名股东来规避公司法对法定最低人数的限制,将给这些企业的健康发展和债权人债权的实现埋下了隐患。因此,对一人公司在立法上加以确认远比在立法上作出禁止显得理性,其结果是使一些有限公司的股东由虚变实。

(4) 提高公司运营效率。公司的运营成本包括设立成本、运营成本、监督成本。依照亚当·斯密在《国富论》中的说法,个人永远比团体更关注自己的利益,一人公司比多人公司,尤其是比那些具有成千上万股东的上市公司,运营效率要高得多,一人公司中一人股东的决定就是公司的决定,不需要像上市公司那样通知、开会、表决,一人公司股东之间的沟通、协调、争论的成本几乎等于零,这就极大地提高了公司的工作效率,更适应快速发展的市场经济的需要。一人公司具有资合性弱化但人合性凸显的特点,是中、小规模投资者可采取的最佳组织形式,其结果是一人有限公司使企业逐渐走上现代企业的发展之路。

(5) 使更多的企业得以存续。根据《公司法》规定股东间相互转让股权的权利是受到保护的,如果公司的全部股份最终转让到一个股东的手里,一人公司就出现了,如果不承认一人公司制度,那么公司就会因为股东人数达不到法律要求而被迫解散,公司的经营业务也会被迫瓦解。这对经济发展和社会稳定都是不利的,其结果是一人有限公司使企业的发展加入了制度的推动力。

但是,我们也应当看到,一人公司也存在一些先天性的弊端:

(1) 易产生公司人格和股东人格的混同。由于一人公司仅有一个股东,使传统公司法中股东间的互相监督与制约无法实现,造成股东可以利用公司法人人格为个人谋私利,从而使利益有其独享而责任则由公司承担,给一些别有用心的投资者提供了投机的工具。

(2) 不利于保护债权人的利益。由于一人公司对外承担的责任是有限的,如果在企业法内部又不能切实保证股东能合法、合理的经营与操作,极易产生大量的债权被承担"有限责任"者以合法借口拒之门外。这种不公平的社会现象既不利于经济发展,又不利于社会稳定。

(3) 一人公司股东的唯一性,使传统的法人治理结构难以发挥作用。传统的法人治理结构以股东会、董事会、监事会为制衡体系,其侧重点在于调整股权与所有权,股东与董事的关系,而在一人公司中这一制度由于股东的单一化而难以起到切实作用。

三、个人独资企业与一人公司在我国的制度完善

(一) 个人独资企业法律制度的进一步完善

1. 个人独资企业转让、继承中的债务承担之制度构建与完善。个人独资企业可以转让,也可以继承,我国《个人独资企业法》对此作了明确的规定,但是,个人独资企业在行转让与继承时如何确保原企业债务的承担,立法对此未作出明确的规定。立法上的模糊性给司法实践带来不少困惑。

其一,个人独资企业的转让。个人独资企业的转让不同于一般财产的交易,不仅涉及商号及其他无形资产,而且还涉及企业债权的转让和债务的承担。涉及个人独资企业转让纠纷时,往往在独资企业的法律地位和企业债务承担上发生意见分歧。一种观点坚持"自然人主体资格延伸"说,认为个人独资企业不具有独立的法律主体资格,而与企业投资者是同一法律人格,因此,应当由转让人对企业转让前的债务承担清偿责任。另一种观点则坚持"非法人团体资格"说,认为个人独资企业既不是自然人,也不是法人,而是享有相对独立法律人格的非法人团体,具有自己特定的权利能力和责任能力,因此,认为应当由个人独资企业承担清偿责任,个人独资企业财产不足清偿时,受让人承担补充责任,转让人承担连带责任。最后,法院往往以"非法人团体资格"说为依据进行判决。由于个人独资企业并无独立于其业主的民商事主体资格,转让企业并不必然导致债权债务的转让,这是分析这一问题的逻辑出发点和基本法律事实基础。在无民商法一般原则性规定的情况下对这一重要问题应由《个人独资企业法》作出适当的规定,并对相关处理作必要的法条展开。立法在完善这一项制度时应着力于以下几个方面:(1) 个人独资企业的投资人对其企业之债务承担无限责任,不因其企业的转让、解散或终止而消灭,除非与第三人对原企业债务的承担有特别的约定。(2) 转让人和受让人之间的对个人独资企业债务由受让人概括承担的约定,在未通知第三人和未公示之前,第三人按原合同约定要求个人投资企业的投资人清偿个人独资企业债务的,应认定有效,以保护善意第三人的利益。(3) 领取营业执照的个人独资企业转让时,应当办理商事变更登记。并在此之前履行声

明、公告和通知义务。凡受让人在法定的期限内履行了声明、公告并通知义务，则不愿承担独资企业转让前债务的受让人不受债权人追索；未履行声明、公告并通知义务的受让人则与原业主对债务承担连带责任。（4）如果投资人为逃避债务，无偿转让或恶意串通低价转让个人独资企业，对债权人造成损害的，应赋予企业的债权人对该转让行为的撤销权。

其二，个人独资企业的继承。我国《个人独资企业法》明文规定，个人独资企业是由一个自然人投资的经营实体。即使投资人在申请企业设立登记时明确以家庭共有财产作为出资的，也是以一个自然人作为投资人的。所以，当个人独资企业发生继承时，合法继承人的人数的多少将对企业的组织形式产生影响。如果继承人人数为1人时，继承人所继承的企业的性质不变，仍为个人独资企业；如果继承人的人数为2人或者2人以上，但其他继承人放弃继承，仅有1人继承时，所继承企业的性质仍保持不变；如果继承人为2人或者2人以上，而且有2人或者2人以上的继承人均不放弃继承权时，所继承企业的性质将发生变化，要么变更为合伙企业，要么变更为有限公司。国家工商行政管理局2000年1月颁布的《个人独资企业登记管理办法》第17条规定："个人独资企业因转让或者继承致使投资人变化的，个人独资企业可向原登记机关提交转让协议书或者法定继承文件，申请变更登记。"但是，由于该文件是关于个人独资企业的登记管理办法，因此，只能适用第一种、第二种情况的变更登记。

因个人独资企业与投资人人身之间的特殊关系，投资人死亡，个人独资企业以及投资人的其他个人财产的所有权尚处于一种不确定状态。个人独资企业的投资人可通过遗嘱继承或法定继承形式准许其他自然人继承，但作为继承的自然人应具有民事行为能力者，对于债权人而言，应准许债权人通过以下三种途径来实现自己的债权：（1）如投资人的继承人均明确表示放弃继承的，继承人不必承担清偿投资人债务的义务，此时则应由法院指定清算人对个人独资企业和投资人的其他个人财产进行清算。（2）如投资人的继承人未放弃继承，也未进行企业登记变更，而是实际占有了投资人的遗产并继续经营个人独资企业。该继承人实为个人独资企业的实际经营者。继承人如在继承前对个人独资企业的债权债务和财产依法进行了清理，并对被继承人的其他财产进行了析产，有证据证明其获取遗产和权益的数额，继承人只在此范围内承担责任。如果继承人未经清算继续经营企业的，又不能证明其实际获取的遗产数额，法院可以推定其继承的遗产足以清偿被继承人的债务，而判令其承担全部清偿责任。（3）如继承人不明确表示放弃继承，也不继续经营该企业，在这种情况下，债权人可直接要求继承人清偿债务。因为在这种情况下，继承人没有放弃权利，它就有义务确定遗产范围，其具体承担责任的界限的举证责任在继承人，如果继承人不能证明他承担的责任范围，就应对被继承人的债务承担全部清偿义务。

2. 个人独资企业聘用人事责任之制度构建与完善。个人独资企业一般比个体工商户规模大，有些还在外地设立分支机构，为生产经营的需要，投资人往往委托或聘用他人管理企业事务。依据《个人独资企业法》第 19 条之规定，"受委托或者被聘用的人员应当履行诚信、勤勉义务，按照与投资人签订的合同负责个人独资企业的事务管理。"该法第 20 条规定："投资人委托或者聘用的管理个人独资企业事务的人员不得有下列行为：（1）利用职务上的便利，索取或者收受贿赂；（2）利用职务或者工作上的便利侵占企业财产；（3）挪用企业的资金归个人使用或者借贷给他人；（4）擅自将企业资金以个人名义或者以他人名义开立账户储存；（5）擅自以企业财产提供担保；（6）未经投资人同意，从事与本企业相竞争的业务；（7）未经投资人同意，同本企业订立合同或者进行交易；（8）未经投资人同意，擅自将企业商标或者其他知识产权转让给他人使用；（9）泄露本企业的商业秘密；（10）法律、行政法规禁止的其他行为。"现实生活中，受委托或被聘用管理企业事务的人员如果违反合同义务，从事了法律禁止的行为，给投资人及个人独资企业造成损害，如何承担民事责任呢？《个人独资企业法》在法律责任一章作了两条规定，即违约责任（第 38 条）与侵权责任（第 46 条），但未作充分的展开。

实际上，个人独资企业聘用人事责任之制度构建应从企业法视野中的"商业使用人"出发进行构建有利于建立与完善这项制度。从法定义务种类出发，可构建出注意义务与忠实义务两个方面。注意义务重在于要求聘用人勤勉与谨慎，忠实义务重在于要求聘用人依法履行职责，不得损害投资人和个人独资企业的合法权益。按照这样的体系进行聘用人事责任构建具有企业组织法的逻辑起点，也便于与其他企业组织法民事责任追究上保持法理上的同一性特征。

3. 个人独资企业债务清偿的"双重优先原则"之制度构建与完善。《个人独资企业法》第 31 条规定："个人独资企业资产不足以清偿债务时，投资人应当以其个人的其他财产予以清偿。"这一简单化的规定，其实有许多问题需作展开性分析。当个人独资企业的投资人同时存在企业债务和个人债务时如何清偿？究竟是企业剩余债务与个人债务一道按比例从个人其他财产中受偿；还是先清偿个人债务或企业剩余债务？为了更好地解决这些问题，我国《个人独资企业法》有必要借鉴并引入"双重优先原则"。

双重优先原则（dual priorities）是英美合伙法中一条著名的衡平法原则，是指当合伙企业和合伙人双方或单方资不抵债时，合伙企业债权人优先从合伙企业中受偿，单独债权优先从单独财产中受偿，即两方债权人同时分别优先受偿。而且，合伙企业财产还债后的剩余部分应按比例分配给各合伙人，并视为单独财产的一部分，用来清偿单独债权人。反过来，单独财产还债后的剩余额也应用来清偿合伙债务。这一原则由英国衡平法院法官考伯勋爵于 1975 年首创。当时，考伯勋爵在审理克劳德诉讼案时确立了该原则,"由于共同财产或合伙财产优先用于清偿合伙的一切债务,并且由于在所有共同债务清偿前,单独债权人不得涉足共同财产,那么同理,在单独债权清偿以前,合伙债权人也不能就其在合伙财产中未受清偿的部分,要求用单独财产清偿"。美国《联邦破产法》第 5 条第 7 款规定"来自合伙财产的净收益应该用以清偿个人债务","合伙人清偿了全部个人债务之后还有剩余财产的,其剩余部分得于必要之时添加到合伙财产之中,用以清偿合伙债务。"《统一合伙法》第 40 条也规定了双重优先原则。① 由于这一原则很好地处理了合伙和合伙人双方或单方资不抵债时的债务清偿顺序问题,故为各国合伙立法所广泛借鉴。

诚然,"双重优先原则"是针对合伙企业债务处理而提出的,但也能较好地处理个人独资企业和投资人双方或单方资不抵债时的债务清偿顺序问题,一方面有利于企业长足发展;另一方面又平等保护了双方债权人的利益。当个人独资企业财产和个人其他财产足以清偿个人债务和企业债务时,不产生清偿过程中的孰先孰后问题。但是当相反的情况出现,且各债权人均提出请求权时,个人债务和企业债务性质相同,没有谁优谁劣之分,应承担相等的风险。对同等性质的债权,法律应当予以平等地保护。另外,引入"双重优先原则",有利于企业的维持。个人债务应当先以个人财产清偿。因为个人独资企业毕竟是独立的经营实体,只有当个人财产不够清偿个人债务时,才能以企业财产清偿。

(二) 一人公司法律制度的进一步完善

1. 一人公司设立制度之构建与完善。

一人公司由于股东对公司债务只承担有限责任,必然使社会上其他经济组织,如个体工商户、个人独资企业等转换公司形式,使用一人公司作为债务人借以规避债务的合法形式。倘若一人公司设立制度不完善,将有可能造成经济秩序的紊乱,在我国现行的市场诚信制度尚未健全的现状下将表现得尤为突出。

我国修改后的《公司法》对设立一人公司作出了不少明确规定。概括之,主要有:其一,规范一人公司的设立过程,要求有较高的注册资本并一次足额投入新设公司。一人有限责任公司的注册资本最低限额为人民币 10 万元。股东应当一次足额缴纳公司章程规定的出资额,不允许分期出资。其二,限制股东设立一人有限责任公司的数量。一个自然人只能投资设立一个一人有限责任公司,该一人有限责任公司不能投资设立新的一人有限责任公司。其三,要求实行较为严格的信息披露制度。在修改后的《公司登记管理条例》第 16 条规定:"一人有限责任公司应当在公司登记中注明自然人独资或者法人独资,并在公司营业执照中载明。"一人有限责任公司的股东作出的决定应当采用书面形式,并且由股东

---

① 王善平:《合伙债务清偿制度安排问题研究》,载《财经科学》2007 年第 2 期。

签字后备于公司；实施法定审计制度，即一人有限责任公司在会计年度终了时编制的财务报告，必须经会计师事务所审计。其四，采用举证责任倒置，防止一人有限责任公司法人资格被滥用。其五，对一人公司人格滥用作出规制，滥用人格的股东对公司债务承担连带责任，以保护公司债权人的利益。

对于一人公司的设立制度，立法始终在"严"与"松"的利益平衡边际作上下移位。过高的设立条件，将使"一人公司"设立带来困难，最终导致立法准许此类公司设立的目标价值难以达到，其结果是以"挂靠"、"隐名"股东形式设立的复合型股东的有限公司泛滥；而过于宽松的设立条件，又会导致一人公司的滥设现象，不利于对债权人与社会公众利益的保护。

笔者认为，完善一人公司的设立制度不在于立法作过于苛刻的设立条件的限制，而在于如何将现有的设立条件进一步细化。

在对自然人设立的一人公司中，立法应明确该自然人应具有民事行为能力，限制民事行为能力者不能成为公司的股东，即使是通过股权继承成为继受股东者也应排除在外。目前由于法无明文，全国各地有不少实践，值得讨论。据报载，重庆市一位还在读小学二年级的 8 岁小男孩，其父亲因病去世以股权继承形式当上了公司股东，占公司股份的 40%，成为重庆首个未成年人股东。[①] 工商登记机关之所以予以登记，在于 2006 年重庆市工商局曾出台了《关于进一步放宽市场主体准入促进地方经济发展的意见》（以下简称《意见》），该《意见》指出，"除一人有限责任公司外，经法定代理人书面同意，允许限制民事行为能力人作为公司股东或发起人投资设立公司；允许无民事行为能力人因继承、接受赠与成为公司股东，申请公司登记的有关文件应由其法定代理人签字。上述人员作为股东应当符合公司章程的规定，章程未作规定的，应当经公司其他股东一致同意。"对于重庆市的这一做法，一些法律专家提出质疑，认为如果允许未成年人担当股东会造成一些法律上的冲突和难题。比如这种做法有违公司设立的宗旨，容易造成规避法律的问题等。但从重庆市的《意见》中可以看出，对于一人公司也是不允许限制民事行为能力人作为公司股东的。

另外，在自然人设立的一人公司中，应严格区分个人财产与家庭财产投入的界限。登记机关与验资机构审核其投入的财产究竟是个人财产还是夫妻财产，或家庭财产单凭产权证是不够的，因为在夫妻财产或家庭财产中，对外登记为自然人个人的情形极为普遍，如轻易地凭登记证书确认该财产为个人财产极易引发出资纠纷。

最后，突出公示主义和要式主义原则的适用。在国外立法例中，为了使公司债权人在与一人公司进行交易时，充分了解一人股东之状态，一些国家公司法或

[①] 龚予：《老爸病逝，8 岁儿当公司股东》，载《重庆时报》2006 年 12 月 20 日。

相关法律、法规规定，一人公司在设立之时应公开登记该单一股东的相关情况，以备公司债权人或其他相关人查阅。意大利《民法典》第2475条附加条第1款规定，"当股份只属于一名股东或者由他人替代该股东时，董事应当在企业登记机构中将声明登记备案，其中要注明该单一股东的姓名、出生日期和地点、住所以及国籍"。① 欧盟《公司法指令第12号》第3条要求，一公司设立时并非一人股东，但设立后一股东因接受其他股东资本之转让，形成一人拥有公司全部资本之现象时，该项事实附同该单一股东身份，应向主管机关进行商事登记披露信息，防止与公司进行交易的债权人，因不知晓对方为设立后一人公司而承担过高的经营风险，以达公示、公开、保护公司债权人之目的。② 显然，与一般公司登记相比，允许设立一人公司的国家的公司法加大了对一人公司股东登记监管的密度。我国在《公司法》中也可以借鉴上述做法，要求将一人公司的股东情况及一人公司的重大经营状况进行公示披露，以保护公司债权人之正当利益。

2. 一人公司自我交易行为规制之制度构建。

自我交易是指股东以公司名义与自己或自己所在的其他企业进行业务往来。由于一人公司不再有股东之间的相互制约，通常是一人股东自任董事、经理并实际控制公司，复数股东之间的相互制衡和公司内部三大机构之间的相互制衡都不复存在。一人公司股东身份上的特殊性，发生自我交易的概率与可能性最大，发生后对债权人造成的损害也最严重，因此，对一人公司的自我交易进行规制至关重要。一人公司的自我交易常发生于公司与股东之间，公司与股东所开办的其他个人独资企业之间（我国立法并不禁止一人公司的股东在设立了一人公司后再去投资开办除一人公司以外的其他个人独资企业）、公司与股东（包括其亲戚）参与投资的其他企业之间以及股东。自我交易多以融资担保、产品买卖、借款为主要类型。构建与完善一人公司自我交易行为规制制度的重点可放在以下几个方面：

其一，建立监事会同意制度。一人公司股东与公司之间进行交易时，由于缺乏有效监管，容易出现不公平交易或者违法交易行为，即股东借合法交易为名，转移、掏空公司财产，损害公司、雇员或债权人利益。因此，原则上应当禁止一人公司股东与公司发生交易，如确属为公司利益所需，可经监事会同意后，方可交易，但监事会成员应当对其交易行为负责。为确保监事会的监管效果，一人公司的单一股东不论其是否担任该公司董事，均不应兼任该公司的监事会成员。

其二，建立交易公示披露制度。规定自我交易行为要严格按照公平合理的价格进行，并在年检中对自我交易情况作出公示。

---

① 《意大利民法典》，费安玲、丁玫译，中国政法大学出版社1997年版，第641页。
② 《欧盟公司法指令全译》，刘俊海译，法律出版社2000年版，第220页。

其三，建立和完善公司账簿制度。一人公司的业务活动、账簿记录要避免与股东个人的活动、账簿记录相混同，这不仅有利于维护债权人的利益，也有利于一人公司财产独立与经营独立的举证责任落实，从而有效地避免公司的应税所得和股东个人的所得相混同。

3. 一人公司内部治理结构之制度构建。

传统公司的法人治理结构是以公司股东多元为基础确立的，其法律价值在于调整公司内部复数股东的利益关系。然而，当一人公司特别是自然人一人公司只有一名股东时，其唯一投资者根本无需利用法技术的处理，而直截了当地作出意思表示。因此公司法应该严格规制一人有限公司，通过完善其治理结构，扬利除弊。

由于一人公司只有一名股东，不设股东会，因此应当对股东行使决策权有所限制，如股东作出决定应采用书面形式，并由股东签名后置备于公司，以供政府有关部门检查，且公司债权人有权查阅；一人公司设董事会的，由于公司股东常常出任董事长，因此，公司章程必须明确规定，副董事长、董事必须由公司职工民主选举产生，且不得是公司股东的近亲属；一人公司应当设立监事会，监事会成员由公司股东以外的雇员民主选举产生，且不得是公司股东的近亲属，并对股东的决议以及董事长、董事、高级管理人员的职务行为予以内部监督。

（三）个人独资企业转换为一人公司之制度构建

我国现有的法律中并没有规定个人独资企业转化为一人公司的条件与程序问题。但在各地实践中，这种转换还是大量存在的。据厦门市的调查显示，自2006年1月1日至11月20日，在厦门市工商局注册的一人有限公司已达1038家，其中在厦门市思明区就有505家一人公司成立，而申请个人独资企业的数量则由2005年的407家锐减到91家，同时还有27家个人独资企业转为一人公司。[①]

应当认为，企业法律形态的变化与转换在立法上不应设置过多的障碍，企业登记机关按照修改后《公司法》的要求对符合条件的个人独资企业应准许变更登记为一人公司，但不可忽视的现实性问题是，个人独资企业是由一个自然人用其所有的财产投资并对企业承担无限责任的经营实体，确立一人公司制度以后，现有的部分个人独资企业会为了追求责任的有限性而转化为一人公司，最大的变化可谓股东的责任由无限责任转为有限责任，这势必影响债权人的交易风险。因此，在准许转换的前提下如何作出选择与制度完善是一个立法政策需作谨慎考虑的问题。

笔者认为，为充分尊重投资主体对营业及营业所赖以依存的组织体选择上的

---

① 张兴：《"一人公司"突破，千家个人独资企业锐减》，载泉州网—东南早报2006年11月21日。

偏好性,以及尽可能减少因转换组织体所带来的解散、清算从而影响商事效率问题,在个人独资企业转换为一人公司时,可行以下途径实施企业组织体的转换:

其一,实施变更登记前的债务清算,建立业主对企业变更前的债务保证制度。即通过清算,编制资产与负债,从而通过债务保证制度的落实,致使投资人对个人独资企业运行过程中所发生的债务继续承担无限责任。

其二,建立变更登记的条件审核制度与债权人异议制度。由于个人独资企业的设立条件与一人公司的设立条件存在较大的差异,变更登记的条件审核主要是为了确保具备一人公司设立条件,而债权人异议制度主要是为了确保债权人有权要求个人独资企业对变更前的企业债务提供担保或清偿。

其三,建立投资主体不得同时变更制度。即在个人独资企业变更为一人公司时,投资人不得同时变更。

(四)一人公司转换为普通有限公司制度构建

一人公司有效设立后,能否通过增资扩股的方式吸收新股东加入,从而转变为股东为两人以上的普通有限责任公司?我国立法并不明确,在司法实践中认识也不一。

2007年12月25日,上海市金山区人民法院在对一起股东纠纷案件作出判决时,即对一人公司营业形态的转变问题作出了阐释,认为一人公司不能通过增资扩股转化为普通的有限责任公司,投资人即使已经缴纳了出资款也不能成为一人公司的股东。其基本案情为:

2007年5月8日,上海市工商行政管理局金山分局颁发企业法人营业执照,确认上海洁丽邦涂装有限责任公司(以下简称洁丽邦公司)成立,公司为一人公司,法定代表人为黄××,注册资本为50万元。2007年7月21日,黄××、潘××与王××、鲍××、李××订立协议书,约定"五人共同出资设立原告洁丽邦公司,出资额为480万元,其中货币出资430万元,技术投资相当于50万元,王、鲍、李三人的出资均为80万元,注册资本将以各股东货币出资额的40%,计172万元申请注册登记"。协议书还对公司的经营期限、利润分配、股权转让、股东权利义务以及解散清算等事宜进行了约定。随后,王××、鲍××、李××等三人分别向洁丽邦公司缴纳了现金32万元。然而,当初五人之间签订的协议书未向工商部门登记备案,工商部门也没有对该公司的性质与注册资本等事项进行变更登记。

2007年10月8日,洁丽邦公司向上海市金山区人民法院提起诉讼,称王××、鲍××、李××等三人在未征得其他股东同意的情况下,擅自将公司账户内的81万元资金转出,给公司造成严重的经济损失。洁丽邦公司要求确认上述三人为公司的股东。

12月25日,上海市金山区人民法院对此案作出一审判决,驳回原告洁丽邦公司要求确认王××、鲍××、李××为公司股东的诉讼请求。理由是，黄××、潘××与三被告虽然订立了投资协议，但该协议未得到工商部门的确认，更未进行相应的变更登记，洁丽邦公司的性质仍为一人公司。洁丽邦公司要求确认王、鲍、李的股东身份，因该公司性质未发生变化，三被告也未经工商登记为股东，投资协议仅仅是一种合同关系，不直接发生股东身份的实质变化，因此对洁丽邦公司的诉讼请求不予支持。一审宣判后，当事人均未提起上诉。①

显然，法院是从股东所应具备的条件与投资协议的性质二者的差异性进行判决的，并未正面回答一公司能否转换为普通有限公司的问题。但是本案给我们的思考是，一人公司与普通有限责任公司之间的转变是否为法律准许。

有一种观点认为，一人公司与普通有限公司二者的转换应当实行"单轨制"，即普通有限责任公司可以转变为一人公司，而一人公司则不能以增资扩股等方式转变为普通有限责任公司。其理由为：其一，普通有限责任公司通过增资扩股的方式吸收新股东，既不会改变公司的组织形态，也不会对公司对外清偿债务产生负面影响。因此，普通有限责任公司吸收新股东原则上依据股东的意思自治进行，只要现有股东与新股东达成投资协议，并将新股东登记在股东名册上，法律即承认新股东的股东身份。即使没有办理相应的股权变动工商登记，股东资格在公司内部层面上也是有效的。而一人公司通过增资扩股的方式吸收新股东，则不仅改变了公司的组织形态，也削弱了公司的偿债能力，允许一人公司转变为普通有限责任公司，就改变了设立时股东承担连带责任的证据规则，降低了其承担连带责任的可能性，这显然不利于债权人利益的保护。其二，一人公司通过增资扩股转变为普通有限责任公司存在制度衔接上的困难。在法律未就具体的操作流程作出明确规定的情况下，一人公司难以在内部运行机制和外部责任承担等方面实现与普通有限责任公司的衔接。比如，允许一人公司能够通过增资扩股转变为普通有限责任公司，将会产生设立时的股东与后加入股东权利义务的协调问题。设立时的股东与新加入的股东由于承担连带责任方面举证规则不同，立法对股东担责的要求不同，这种双重股东责任并存的公司运行机制在我国现行的公司法中是不被认可的，其内在的冲突在司法实践当中也是难以调和的。其三，修订后的公司法虽确认了一人公司的合法存在，但其限制性的立法意图却是非常明显的。公司法就增资扩股流程也只是对普通有限责任公司作出了明确的规定，对一人公司则未作出规定。公司法的这种立法安排事实上是对一人公司转变组织形态

---

① 王永亮、张哲：《沪法院判决：一人公司不能转成普通有限责任公司》，来源：http：//www. law‑lib. com，2008‑2‑3。

的否定。①

笔者认为，立法政策应当准许一人公司与普通有限公司因股东变更而发生组织体形态之间的双向转换。

一人公司转换为普通有限公司可以通过增资扩股与部分股权转让的方式进行。一人公司转换为普通有限公司在目前的立法政策上并未作严格的限制，它们之所以具有可转换性，理由如下：其一，准许双向转换有利于商事主体的稳定性。不因为一人公司因增资扩股或部分股权转让行为而影响原有公司的存续，准许双向转换也有利于一人公司的融资与经营规模的扩大；其二，二者的转换是在同一种公司样态下进行的，同质性大于异质性，实际上一人公司向普通有限公司的转换的过程也是使更多的一人公司向普通有限公司改造的过程，有利于公司组织体从特殊走向一般，进而促使有限公司制度稳健发展；其三，不因为转换过程会影响债权人的利益而从根本上否定转换价值。设立时的股东与新加入的股东在承担连带责任方面确实存在差异，但其内在的制度差异与股东之间的利益冲突并非是难以协调的，可以设置相关的制度进行规制，如在转换时可以要求一人公司的股东对原一人公司的债务设置担保，从而更有利于保护债权人的利益。我国修改后的《合伙企业法》有关普通合伙人与有限合伙人的规定都是可以值得借鉴的。

第四节　问题分析视角之二：国有企业与国有独资公司

一、国有企业与国有独资公司法律属性

（一）国有企业与国有独资公司在我国的生存与发展

在我国，当国有资产进行投资，创办企业组织体时，在企业组织体的样态选择上，可以选择创设国有企业，也可以选择创设国有独资有限公司，前者为非公司制企业，后者为公司制企业。

改革开放以前，国有企业在我国是一个较为明确的概念，称为"国营企业"或"全民所有制企业"，实际相当于"国有国营企业"。国有企业在我国立法中界定也很明确，是指依法自主经营、自负盈亏、独立核算、自我发展、自我约束的社会主义商品生产和经营单位，是独立享有民事权利和承担民事义务的企业法人。② 因此，改革前我国国有企业特指由中央或地方的一个财政主体或一个国有企事业单位所设立，利用全民所有的财产从事生产经营，隶属于政府某主管部

---

① 王永亮、张哲：《一人公司不能转成普通有限责任公司》，来源：http://www.law-lib.com, 2008-2-3。

② 参见《全民所有制工业企业法》第2条，《全民所有制工业企业转换经营机制》第2条。

门，适用或参照适用《全民所有制工业企业法》及其他相关法规的企业。

改革开放以后，随着企业经营形式的多样化和投资主体的多元化，"国有"与"国营"发生了分离，"国有"的形式也发生了较大变化。"国营"一词不符合原国营企业承包、租赁和中外合资经营等现实，不符合企业改革的要求，不能再将全民所有制企业称为国营企业，而应称为国有企业。1993年第八届全国人大第一次会议修改《宪法》时，"国有企业"一词替代了"国营企业"。[①]

从20世纪90年代以来，随着国有企业公司制改建工作的深入，在传统国有企业中产生了按《公司法》以及特别公司法（如《银行法》、《保险法》等）规范的国有独资公司、国有有限责任公司、国有股份公司等。因此从立法政策层面上，十分需要对国有企业与国有独资公司、国有有限责任公司、国有股份公司的存续与发展予以界定，以解决它们的存续地位与生存发展空间。

（二）国有企业与国有独资公司法律属性分析

世界银行对国有企业的定义是，国有企业是政府（包括政府部门）拥有的或（不管通过什么途径和方式）实际控制的经济实体。[②]《新帕尔格雷夫经济学大辞典》将国有企业表述为："由政府代理人所有、控制或经营的企业"，并强调"政府成为企业的所有者，拥有任命和罢免经理人员的权力"。[③] 在上述定义中，国有企业显然不仅包括国家拥有全部产权的企业，也包括国家不拥有全部产权但有控制权的企业。因此，有学者认为，国有企业的外延应包括国家持有100%股权的企业，国家持有50%以上绝对控股的企业和相对控股的企业。对于相对控股的比例是难以确定的，这个比例在上市和非上市公司中，在有限责任公司和股份有限公司中，应有不同的标准。[④]

国有企业应当有两个本质的特征：其一，国家与企业之间存在支配性的资本联系；其二，这种资本联系具有控股性。比如，韩国1984年《国有企业管理法》规定，国有企业包括政府投资超过50%以上的企业。但在一个企业中，存在一定的国有资本投资，是否可视为国有企业，各国的实践并不完全统一，在德国财政系统将公共机构拥有多数资本的企业划归为国有企业，同时还把政府参股25%以上，其他股东均为小股东的企业视为国有企业。而在新加坡的有些国有企业中，政府投资仅占10%左右。

在我国，国有企业是指企业全部资产归国家所有，并按《中华人民共和国企业法人登记管理条例》规定登记注册的公司制的经济组织。不包括有限责任

[①] 王红一：《我国国有企业的政策定位与若干立法问题探析》，载《河北法学》2002年第2期。
[②] World bank (2000), World Development Indicators 1999: statesand Markets.
[③] 尹特韦尔：《新帕尔格雷夫经济学大辞典》，经济科学出版社1996年版，第638—640页。
[④] 张国平：《国有企业与现代企业产权制度——相融与相悖的法律分析》，载《南京社会科学》2006年第3期。

公司中的国有独资公司。① 这显然是从狭义上来理解国有企业的，它不包括国家投资并占有一定股份的股份制企业，也不包括国有独资公司。本节考察的国有企业也是从狭义的视角进行的。

国有独资公司是指国家单独出资、由国务院或者地方人民政府授权的国有资产监督管理机构履行出资人职责的有限责任公司。国有独资公司是国有公司，但国有独资公司又是有限责任公司的特殊形态。

这就意味着国有企业为非公司制企业（尽管在我国《公司法》颁布前，有些国有企业也挂之以"公司"之名），而国有独资公司则为公司制企业，同样是国家投资企业，它们在法律制度设计上有何差异性，从而折射出公司制企业与非公司制企业的制度差异性呢？这是我们进行问题分析的一个重要立足点。

二、国有企业与国有独资公司制度差异性分析

（一）国有企业与国有独资公司制度差异性分析

国有企业与国有独资公司的区别在于：

第一，设立的法律依据与方式不同。国有独资公司是依照我国《公司法》设立的，国有企业则是依照我国《全民所有制工业企业法》设立的。国有独资公司的设立基本上有两种方式：一是新建设立，即国有资产监督管理机构单独出资开办国有独资的有限公司；二是改建设立，即原有国有企业，符合《公司法》设立有限责任公司条件并为单一投资主体的，可按规定改建为国有独资公司。而国有企业的设立大多为新建设立。

第二，企业享有财产的权利不同。国有独资公司对股东的投资享有法人财产权。而国有企业的财产权是属于国家的，国有企业仅享有对企业的经营管理权。《全民所有制工业企业法》第2条规定："全民所有制工业企业是依法自主经营、自负盈亏、独立核算的社会主义商品生产和经营单位。企业的财产属于全民所有，国家依照所有权和经营权分离的原则授予企业经营管理权。"

第三，内部管理制度不同。国有独资公司内部设有业务执行机关、监督机关等，实行责权分离相互监督的管理体制，而国有企业就没有这种职责分工，实行厂长负责制，厂长在企业中处于中心地位，有决策权和执行权，并且是企业的法人代表。因此，国有独资公司与国有企业并不是简单的名称替换而是机制转换。

第四，设立的原因与动机不同。就一般而言，国家设立国有企业的原因和动机主要有以下几个方面：一是为了控制。比如对公益性、安全性、垄断性的行业和关系国计民生的企业，政府从国家安全和社会公益考虑，就可以采取国有企业的形式，实行国有国营体制。二是为了引导。比如对较高风险但对社会有益且未

---

① 参见国家工商行政管理局《关于划分企业登记注册类型的规定》。

来商业利润丰厚，单靠私人资本又无力开发经营的项目，如高科技企业、资金密集型项目等，国家可以为此设立国有企业。三是为了接管。对那些无利可图、处于经营困境、私营资本欲退出但可能引发失业或其他社会问题的企业，政府可以接管这部分企业而成为国有企业。① 而国家设立国有独资公司主要是为了经营获利，并参与其他企业的业务竞争。

实际上，国有独资公司与国有企业的这些制度差异性，反映着两者在设立理念、企业产权关系处理等方面的制度特性。

(二) 国有企业存在的问题及其改革路径选择

从国有企业立法的发展进程中可知，在《公司法》颁布以前，我国并没有国有独资公司，对国家投资兴办的企业的样态选择仅为国有企业。1993 年以后，认识到国有企业的改革必须涉及产权制度，于是出现了国有企业的公司制改革，也进而产生了国有独资公司这一企业组织形式。

长期以来，我国传统的国有企业中，政企不分的管理体制、责权不清的国家所有权委托代理关系是国有企业机制不活、资本运作效率低，甚至成为国有资本流失的重要原因。

首先，所有权和经营权分离导致比其他企业具有更大的代理风险。在国有企业中，占有、使用和支配企业产权是一个主体，而所有权是另一个主体。这种所有权和经营权的分离，其可能产生的结果是，作为委托人的投资者，其利益表现为由剩余索取权带来的对投资收益的最终占有，其投资者效用最大化的目标可以简化为企业利润的最大化。而作为代理人的经营者不是企业的所有者，没有剩余索取权，企业利润的最大化并不意味着经营者个人利益的最大化，因此没有足够的动力促使经营者追求企业利润的最大化。经营者选择的企业经营目标，是其个人效用最大化。显然，所有者与经营者目标或者说利益的不一致是委托——代理风险产生的直接动因。另外信息不对称、责任不对等、契约不完善这三个因素则给委托——代理风险的产生提供了现实条件。

由于上述原因，代理人既有动机又有条件损害委托人的利益，现实经济生活中产生的过度的在职消费、行为短期化、过度投资、工资奖金侵蚀利润、侵占企业财产和商业机会等等都是对委托人利益损害的集中表现。

与其他企业不同的还在于，国有企业的所有者天生难以到位。国有的产权主体只能是所有者代表，国有企业的产权只能是政府的代理产权。全民作为委托人，并不天然具有向受托人传道资本最大化增值目标，并实施有效监督的强烈动机；而政府也并不是通过市场契约成为全民资产的受托人，而是通过成为政权主体的方式而自然成为产权主体的。它属于政治体制改革范畴，使得解决代理风险

---

① 程合红等：《国有股权研究》，中国政法大学出版社 2000 年版，第 130 页。

更加复杂。

其次，我国国有企业的现行产权体制和市场经济的要求相悖。我国国有企业产权管理中的一个基本特点是排斥国有企业对财产拥有所有权。这意味着全部国有企业同属于一个产权主体，而在同一产权主体中是不能产生市场关系的。长期以来，我国国有企业的改革一直是在产权制度的外围进行。1982年，政府对企业放权让利，1983年和1984年先后实行利改税，1986年以后实行承包经营和租赁经营。1992年转换经营机制，赋予国有企业14种经营自主权。改革模式尽管各不相同，但都是属于债权思维下的改革。国有企业改革不是一个放权让利的问题，也不是下放经营权的问题，而是产权主体缺位的问题。

再次，我国在对国有企业改革中提出的"政企分开"的理念其实与现代企业产权制度的要求不符。长期以来，在计划经济条件下，我国在对国有企业的管理中，国家管理国有企业的机构和经营国有企业的机构是合一的，甚至可以说，国家以管理国有企业的机构取代了经营国有企业的机构；国家管理国有企业的职能和经营国有企业的职能是合一的，甚至可以说是管理国有企业的职能取代了经营国营企业的职能。改革开放以后，政府认识到这一问题。于是提出了"政企分开"的观点。但在实践运行中存在一些问题。其一，把"政企分开"认为是所有权和经营权分离，并将其和现代企业制度中的所有权和经营权的分离混同起来，错误地认为作为股东的国家放弃对国有企业的管理是推进现代企业制度。从1984年中共中央《关于经济体制改革的决定》到1988年《全民所有制工业企业法》和1992年《全民所有制工业企业转换经营机制条例》，都十分明确地表现了两权分离的思路。实际上，现代企业制度中的所有权和经营权的分离，是建立在完善的产权制度和法人治理之上的。国有企业在没有建立起完善的现代企业的产权制度和法人治理机制之前，强调所有权和经营权的分离，是一种危险的和不负责任的做法。其二，把"政企分开"偏面地理解为政府不能成为股东，不能从事任何经济行为。在现代社会中，政府不能为任何经济行为的观念也已过时，政府作为股东参与某些经济行为是难以避免的。如香港的迪斯尼乐园，香港政府就是合资企业的股东。其三，把"政企分离"理解为政府不能从事企业经营管理，以防止"行政干预"。实际上，在我国国有企业的历史中，我国政府作为行政官员对国有企业的管理是太多了，但是像股东那样的关心和管理国有企业，却是"干预"的太少了，甚至就没有这种"干预"，这恰恰是国有企业最需要的。

尽管政府对国有企业改革的思路正在进行重大调整，但是国有企业面临的形势依然严峻，其中对国有企业影响最大的有三个方面：

其一，随着市场化程度的提高，除垄断行业外，国有企业的不可替代地位已不复存在。市场准入的逐步放开，不仅使大量的外资成为中国市场的进入者，而且民营企业大举进入更多领域，国有资本独占各个行业和领域并受到政府保护的局面已经消失。

其二，政府职能的重点转向创造公平竞争的市场环境，政府与国有企业的关系正面临新的挑战。为实现建立社会主义市场经济体制的目标，政府改变了对不同所有制企业采取不同政策的做法，对丧失竞争力的国有企业，政府已经不能再用传统的方式和手段进行挽救，旧体制沉积于国有企业的大量问题成为最难处理的问题。

其三，加入 WTO 使中国对外开放进入了新阶段，在可以更多地利用国际经济资源加快发展的同时，也使企业竞争进一步国际化。在那些国际化程度高的产业，长期达不到国际平均水平的企业，在国内也将难以立足。

针对市场经济体制所发生的新变化，国有资本应进行有进有退的调整，抓大放小，使国有资本向国家必须控制的行业和领域集中。

解决这些问题的主要对策有：

其一，按国外通行的做法，对国有企业进行分类管理，并分别作出适应性的制度构建。在实践中，世界各国对国有企业分为公法上的国有企业和私法上的国有企业。公法上的国有企业又分为有法人资格的国有企业和没有法人资格的国有企业。日本对国有企业的分类比较有代表性，而且对认识我国的国有企业有借鉴意义。日本的国有企业的形态大致有三种。① 一是官厅企业，这类企业不是独立法人，是中央政府或地方政府的附属物，由政府官厅首长和地方公共团体首长负经营管理责任。这种国有企业在我国也是存在的，如我国铁路部下属的铁路局、铁路段，邮电部下属的邮局，还有烟草专卖局、盐务局等。二是特殊法人，特殊法人是根据特别法律设立的法人企业。特殊法人虽由政府出资形成，但不同于一些以盈利为主要目标的国有企业。建立特殊法人的目的是国家为了弥补市场经济的缺陷。特殊法人具有鲜明的"公共性、政策性、阶段性和非营利性"，具有调节宏观经济的功能。在日本有近百个各类公营特殊法人组织，最为典型的有振兴区域经济的冲绳与北海道开发事业团、为处理巨额不良债权而建立的株式会社等。在我国，并没有法律意义上的特殊法人这一企业组织形态，但在实践中也已经建立了众多类似的负有特殊使命的法人组织，如专门处置银行不良资产的华融、信达、长城、东方资产管理公司等。三是采用股份有限公司或有限责任公司形式的国有企业，这种国有企业显然属于私法上的企业。这种按照商法以公司形态组建的国有企业在我国是大量存在的。随着市场经济的深入，前两种国有企业在我国将大大减少，更多的国有企业将按照商法改制为股份有限公司和有限责任公司。我国国有企业改革的进程也印证了这一点。

其二，让大部分国有企业改制为公司制企业。国有企业改制主要包括两个方

---

① 王德讯：《浅析日本的公私混合企业》，载《世界经济》2000 年第 3 期。

面：改变企业形态和改变企业股权结构。改变企业形态指企业法律性质的变化，即按照相关法律法规改变国有企业资本组织关系、治理结构，如将由《全民所有制工业企业法》规范的国有企业改变为按《公司法》规范的独资公司；将有限责任公司变为股份公司等。改变企业股权结构即引入新股东或改变企业股权比例，包括出售部分或全部国有股权。

十几年来，国有企业改制取得了很大进展，国有企业的数量持续下降，但收入、资产收益不断上升，国有及国有控股工业企业户数已从1998年的6.5万户降到2005年的3.7万户；全国国有中小型企业改制面已达85%以上，不少国有企业改制上市，一些大型国有企业海外上市；改制和资产优化重组结合推进，制度和资产结构同时改善；与改制改组相结合的职工分流稳健推进。但同时也应看到，国有企业改制进展不平衡。地市级以下国有中小型企业改制面已很大，其中县级已基本改制完，地市级改制面达80%—90%。但中央和省属国有企业的改制面比例相对较低。

国有企业的公司制改建目的，是把国有企业从计划经济体制下的政府部门附属物改制为独立自主的市场竞争和经营主体；从行政调拨、配置社会资源的工具改制为通过市场竞争机制优化资源配置的主体；从"小社会"、"大而全、小而全"的封闭性组织改制为高度专业化、开放性的法人；从国家作为单一投资主体和经营主体的工厂企业改制为投资主体多元化、经营管理民主化、风险分散化的公司；从不承担任何经济责任的单位式企业改制为权利与责任共存、权利与义务均衡的企业法人。通过公司制改造，建立明晰的国家所有权委托代理关系，形成对每一部分经营性国有资产均可追溯产权责任的体制和机制；实现所有权与经营权分离，确立公司法人财产制度和投资者有限责任制度；政府的公共管理职能部门与监管国有资本经营职能的机构分开；国家所有者权能到位。包括国有股东在内的所有者（代表）进入企业，并在企业内行使所有者权能；加快建立健全社会保障体制，给国有企业以平等竞争的地位。国家发改委在回顾"十五"成就时指出，2004年，全国2903家国有大型骨干企业国有企业已有1464家改制为多元股东的公司制企业，改制面为50.4%。相当一部分地区国有中小企业改制面已达80%以上，有的县属企业改制面已达90%以上。

在企业改制中必须下大力气建立有效的公司治理结构。目前国有企业改制为公司的数量已经不少，但距建立有效的公司治理我们还有很长的路要走。可以说，目前公司治理是微观经济领域最重要的制度建设。

（三）国有独资公司的存活空间与样态选择的局限性

修订前的《公司法》第64条规定："本法所称国有独资公司是指国家授权投资的机构或者国家授权的部门单独投资设立的有限责任公司。"根据此条规定，不少中央企业作为国家授权投资的机构，其所设立的子企业都是国有独资公司。

修订后的《公司法》第 65 条第 2 款规定："本法所称国有独资公司，是指国家单独出资、由国务院或者地方人民政府授权本级人民政府国有资产监督管理机构履行出资人职责的有限责任公司。"

按照修改后《公司法》的理解，实际上缩小了国有独资公司的范围。国有独资公司需要符合三个法律要件：第一，国家出资。这一特点使得其同其他法人、自然人投资设立的一人公司区别开来，也与原公司法中国家授权投资的机构或者授权投资的部门出资相区别。第二，国家单独出资。国有独资公司中，没有其他股东，这也就使国有独资公司与国有控股公司、国有参股公司相区别。第三，国有独资公司是国有资产监督管理机构根据本级政府授权履行出资人职责的公司。这意味着不是由国有资产监督管理机构根据本级政府授权履行国有资产出资人职责的企业，将不再被纳入国有独资公司的范畴。

国有独资公司是有限责任公司的一种特定形式，设置这种形式是为了有利于国有企业实行公司制度改革，同时适应了国家对生产特殊产品或者在特定行业对企业形式的特定需要。国有独资公司不是建立现代企业制度的主要方向，它适用范围很窄，只有极少数必须由国家垄断经营的企业成立国有独资公司，一般企业应建立有多元化投资主体的公司。

第五节 非公司制企业与公司制企业转换

一、国有企业与集体企业的公司制改制模式选择

（一）国有企业的公司制改建模式选择

对于竞争性国有企业在选择公司制形态上主要有两种：一种是股份有限公司。即指由国有经济介入，国家股权占主导地位，能够对公司进行实际控股的这一类股份有限公司。为保证以尽可能少的国有资产带动和控制更多的社会资产，并使国有控股公司能对社会投资者产生持久的吸引力，在国有公司产权结构的调整上要注意处理好两个问题。一是股权的结构形式和股权结构的设计上，国家对其介入的企业，一般应尽可能地采用控股的形式。二是在对国有股权的管理上，为加强国有资本的凝聚力，国有股权应由专门的国有资产管理部门进行统一领导，并分级管理。另一种是投资主体多元化的有限公司。即指通过"兼并"、"联合"等方式，组建投资主体多元化的有限责任公司。有限责任公司由于其资本的进退机制不如股份有限公司畅通，所以，从发展的眼光来看，在竞争性领域，这种形态的企业不可能站在最前沿与股份有限公司形态的企业进行拼杀，只能在市场竞争的缝隙中起到作用。但是这类公司也有其自身的优势，如规模不大，设立程序简单，组织设置灵活，容易为中小投资者所接受。中小型国有企业

在进行兼并、联合、重组过程中就可以采用有限责任公司的形式。

由于非竞争性国有企业提供的产品性质及所处行业的差异，国家对其管理方式也有所不同，因而在有关公司制改造方面也应采取不同的企业形态。对涉及国家安全行业宜选择国有国营模式；对自然垄断行业和提供重要公共产品和服务的行业宜选择国有独资公司或国有控股公司模式；对支柱产业中的骨干企业和高新技术产业中的骨干企业宜选择国有控股公司或投资主体多元化的股份有限公司模式。

企业的公司化改建，是指企业按照公司法的有关规定，由企业之外的其他法人、自然人和其他经济组织对该企业投资入股，将原资产结构单一的企业改制成由多个投资主体投资的股份有限公司或者有限责任公司的法律行为。从法律主体来看，原有企业的法人资格并不消灭，而只是发生了变更；从改制行为性质上来看，公司化改制属于法律行为，更进一步说是合同行为，即两个或两个以上当事人意思表示一致，决定设立一个公司法人的行为（当然，不属于新设公司，而属于改组设立）。两个或两个以上当事人的意思表示方向完全相同，相互之间也没有对待给付义务。这与买卖合同或其他合同的当事人意识表示正好相对，相互之间具有对待给付义务的情形不同。企业的公司法改制受到公司法以及相关法律的调整。

（二）集体企业的公司制改建模式选择

1997年8月，国家体改委制定了《关于发展城市股份合作制企业的指导意见》，明确提出集体企业的改制可以走股份合作制企业模式。然而，实践情况是，许多地方的集体企业在改制模式选择上则以有限责任公司居多，股份有限公司和私营企业并列，走股份合作制企业模式则非常少。

一个值得思考的问题是：为何集体企业改制主要选择了公司制，而不是股份合作制呢？这可以从企业理论与公司制的特征上得到说明。

企业理论认为，企业组织形式的有效性主要取决于两个方面：一方面是激励问题；另一方面是经营者的选择问题。就前一个问题来说，最重要的又是对于经营者的激励。这不仅要求经营者有获得剩余的权利，而且要求经营者有终止或修订成员资格的权力。股份合作制企业由于受"一人一票"的制约，使得企业规模扩大以后难以形成集中统一的决策机制，职工股不能向社会转让又使得企业难以筹集更多的资金，这极不利于企业做大；股份合作制企业的公共积累是一个产权不清的部分，这部分归属不清的资产常常是股份合作制企业内部矛盾的根源。所有这些必然地使企业的组织效率受到影响，使得股份合作制的灵活性和吸引力都不如公司制企业。

从公司制企业的特性分析，公司治理结构是内生的，剩余索取权与控制权的对应性构成一种强激励。经营者持股尽管可以解决激励问题，但是没有经营者优秀的人力资本做保障，再强的激励也换不来企业业绩的提高。这就是公司治理中另一个重要的问题——经营者的选择问题。

集体企业的公司制改建，其基本模式有：其一，对于大型集体企业，可根据国有资产多，企业资产比重较大的实际情况，通过清产核资、资产评估，明确产权。把国有股资产部分或全部转化为国有股，也可以出售给职工或社会群体组成职工股或自然人股，企业集体资产部分或全部转化为职工股，组成股份公司或有限责任公司。其二，对于中型集体企业，可把国有资产和企业集体资产部分或全部出售给企业职工，改组成由国家股、企业职工股组成的股份公司或有限公司。其三，对小型集体企业可把企业资产转化为企业职工集体股份，把企业资产转化为职工个人股份，改组为有限公司。

集体企业实施公司制改建时，应当进行清产核资，界定产权。应正确把握以下几个方面：

第一，准确把握"出资"与"投资"的界限问题。在界定集体企业资产时，一些上级主管部门往往混淆"出资"与"投资"的概念，把一切出资均视同投资，以至与改制企业的职工形成产权纠纷。判断出资与投资的界限可以从以下四点出发：一是明确投资主体。二是明确投资目的。即是为了投资收益、利润还是其他目的。三是明确投资法律关系。即投资者的权利、义务、责任应按相关法律作出界定。四是投资手续是否完备。即有关投资的各种手续文件必须是完备的，文本和程序符合法律要求。

第二，正确划分国家政策行为与国家投资行为的界限问题。国家政策行为是国家作为社会管理者而施行的行为，国家投资行为是国家作为国有资本所有者而施行的行为。在具体的集体企业改制过程中，政府与企业之间却在减免税形成的财产的归属上，产生了严重分歧，一些地方政府与部门坚持认为减免形成的财产应归国有。笔者认为，国家对企业减免税优惠和税前还贷优惠，是国家政策行为，其目的是为鼓励和扶持某类产业、某类企业自身发展，从而促进整个社会经济发展。如果政府要向企业追索税收减免形成的财产权，实际上是要企业重新尽纳税的义务，这是与减免税行为自相矛盾的。因此，减免税形成的财产应归受惠企业所有。

第三，正确划分国有单位的扶持行为与投资行为的界限。国有单位对集体企业的扶持主要有两类：一类是社会行政性扶持，如帮助集体企业办理开办手续以及投资项目和经营有关的手续，并在某种程度上代表政府管理集体企业；一类是经济性扶持，如出垫底资金，出旧设备、工具、厂房、场地、派管理人员、技术人员以及为集体企业进行担保贷款等。从产权法律关系看，社会行政性扶持行为不属投资行为，与产权无关，不应向企业索要产权。经济性扶持行为应具体问题具体分析：凡当时或后来为无偿划拨、馈赠和借用、租赁、借贷关系者，也不属投资行为，不应追索产权；但在当时或以后明确为投资关系者，应属于投资行为，应追索产权。

第四，正确处理对待法规及法规冲突问题。集体企业产权纠纷难以处理是因为政出多门，法规和执法存在某些冲突。在集体经济产权规定上，部门行政规章与国家法律法规之间，部门规章与部门规章之间，部门规章与地方法规之间存在着诸多冲突。如国务院发布的《城镇集体企业条例》和《劳动就业服务企业管理规定》均规定：国有单位扶持资金的处理，或作为借用，或作为投资；国资局则规定"一般应视同投资性质"。又如国家税务局规定：税前还贷或税收减免形成的财产，视为集体企业的资本金。一些地方法规也规定税收优惠形成的财产归受惠集体企业；国资局则将部分税收优惠界定为扶持性国有资产等。法规规章冲突已经带来执法上的冲突，成为集体企业改制法律上的障碍。因此，制定统一的集体企业法规已刻不容缓。

第五，正确处理真假集体问题。在近年来由于政策和利益导向的作用，各地均出现一批"假集体"企业，处理"假集体"企业的产权问题，必须兼顾两者利益，原始投资者（包括单位和个人）对原始投资份额拥有产权，但集体积累却应按一定比例在原始投资者与企业职工集体间进行合理分配。

二、不同类型企业形态转换的立法政策及其完善

（一）不同类型企业形态转换中变更登记的基本原则

企业形态的转换必然会产生企业变更登记问题。就企业登记机关而言，作出准予变更登记决定的理由，概括起来有三点：其一，既然允许国有集体企业直接改制为公司制企业，那么，依此而论，企业之间相互变更有其探讨、实验的空间。其二，个人独资企业变更为合伙企业，或者合伙企业变更为个人独资企业，就其产权结构而言仍属于非公司企业，改变的只是在原来的基础上，个人独资企业增加了投资人；合伙企业减少了投资人的法律事实。其三，个人独资企业变更为一人有限责任公司，财产权属也未变，仍然是该投资人，从发展壮大的角度看，可以将其理解为"升级"，应予以鼓励和支持。但由于责任制度发生了变化，变更登记的过程实际上也是新的企业组织体的创设过程，它已不同于一般意义上的登记事项的变更。

公司制企业与非公司制企业转换中的变更登记应当把握以下基本原则：

一是法律独立原则。不同的法律，具有不同的、明确的立法目的和宗旨，对公司制企业与非公司制企业转换行为而引发的变更登记应严格按照相关的法律规定进行处理，由于法律对不同类型、不同性质企业登记事项的规定是不尽相同的，各有侧重，因此，应按相关的企业实体性规范、设立和变更的程序性规范进行处理。

二是申办制原则。企业注册登记一律采取申办制原则，企业形态转换也应坚

持这一原则,即企业如发生企业形态转换,应在法定的时效内,向登记机关申请变更登记。如不申请相应的变更登记而擅自转换企业形态的,应予以惩处。

三是实现原则。企业形态转换须以登记变更为前提,只有企业登记事项发生了改变,才能依法确认企业形态转换事实。

四是组织体稳定原则。公司制企业与非公司制企业转换过程中可以通过原企业的解散、清算和注销程序进行,在此基础上再按投资者的意愿重新开办设立新的企业,即先行退出(注销),然后按拟定的企业类型设立登记。这种做法虽保障了交易安全,但制度成本过大,且不利于组织体的稳定。因此,理性的做法是在不违反法律规定,并能稳妥地解决投资者、经营者、债权人这些利益相关者利益的基础上,通过变更企业组织体达到维持企业组织体稳定之目的。

(二) 不同类型企业形态转换中立法政策的选择

不同类型企业形态转换上是在企业组织体性质与类型可变与不可变的空间中寻找切实可行的立法政策。

1. 非公司制的国有、集体企业向公司制企业转换。由于它们同属企业法人,企业形态的转换不会改变投资者对企业的责任方式,因此,它们之间的企业组织体转换可通过变更登记的方式进行,没有必要走先解散再设立的途径。

2. 非公司制个人独资企业、合伙企业向公司制企业转换。由于前者是非企业法人,后者是企业法人,前者投资者承担无限责任,后者投资者承担有限责任,因此,它们之间的企业组织体转换,一般不可以通过直接变更登记方式进行,应先办理个人独资企业的注销手续,在主要出资人不变的情况下,允许新公司保留使用原个人独资企业、合伙企业、个体工商户名称中的字号和行业用语。重庆市工商行政管理局《关于进一步放宽市场主体准入促进地方经济发展的意见》(渝工商发〔2006〕37号)也体现了作者的这一立场,按该《意见》第7点规定:"个人独资企业、合伙企业、个体工商户为扩大经营规模,改变主体类型,新登记为公司的,在主要出资人不变的情况下,允许新公司保留使用原个人独资企业、合伙企业、个体工商户名称中的字号和行业用语。原个人独资企业、合伙企业、个体工商户应当办理注销登记。"

3. 一人公司向个人独资企业转换。个人独资企业,是指由一个自然人投资,财产为投资者个人所有,投资者以其个人财产对企业债务承担无限责任的经营实体。如果有限公司的股东是自然人,当股权转让导致只剩下一个自然人股东时,符合《个人独资企业法》规定的条件的,可以变更企业性质,变更登记为个人独资企业。为保护公司债权人的权益,受让股份的股东应组织对公司进行清算,并依《个人独资企业法》的规定设立个人独资企业。受让股东不组织清算,而将公司资产投入个人独资企业的,应使其对公司的债务承担无限责任。

4. 个人独资企业向合伙企业转换。个人独资企业与合伙企业对外均承担无限责任，因此，它们之间的企业形态转换并不影响债权人债权的实现，由于转换原来的个人责任转化为两个以上投资人的连带责任，在原出资人未作出变更的情况下，应当准许通过变更投资主体的形式来促成企业组织形态的转换。

5. 有限责任公司向股份公司转换。有限公司变更为股份公司是当前股份公司设立的主要形式之一。由于它们均属于资本制企业，发生的仅是投资主体的变化，对企业的责任形式不会产生影响，因此，立法应准许企业组织形态的转换。在立法完善方面，可作以下设计：一是有限责任公司变更为股份有限公司，由股东会作出决议，且必须经代表 2/3 以上有表决权的股东通过。二是有限责任公司依法经批准变更为股份有限公司，折合的股份价格总额应当相等于公司净资产额。三是对变更持有异议的股东，可以自由转让其出资额，不受《公司法》第 35 条的限制；也可以将其出资额提交公司支配，由公司将其出售。四是有限责任公司依法变更为股份有限公司的，原有限责任公司的债权、债务由变更后的股份有限公司承继。

第十章 内外资企业法律制度的评析与构建

内外资企业同为企业形态，具有较强的同质性，其法律制度要素上不应有所差异，这是市场经济环境下公正公平地对待各类企业形态的制度要求。但是我国长期以来遵循按所有制立法模式进行企业立法，立法中多采外商投资企业以"超国民待遇"与"次国民待遇"并举的立法政策，从而造成内外资企业法之间存在明显的交叉与冲突。在当前时代背景下，寻求内外资企业制度的融合，既有动因，又有基点，更有契机。

第一节 内外资企业的双轨制立法模式及其评析

一、外商投资企业立法现状

我国内外资企业适用的是不同的法律制度，内资企业主要适用企业法、公司法等法律，而外商投资企业适用中外合资企业法、中外合作企业法和外资企业法。

我国的外商投资企业法是在国内改革开放与经济体制改革中逐步完善起来的。它是由全国人大及其常委会制定的法律，国务院及其所属部门制定的条例、规定、决定、办法和省、直辖市、自治区、深圳市、厦门市等地方人大及其常委会制定的地方法规相互联系而形成的一个法律体系。从外资法律体系分析主要由三个立法层面构成：

第一层面是关于外商投资企业的专门立法。主要有《中外合资经营企业法》（1979年颁布，2001年修订）及其《实施条例》（1983年颁布，2001年修订）、《中外合作经营企业法》（1988年颁布，2001年修订）及其《实施细则》（1995年颁布，2001年修订）、《外资企业法》（1986年颁布，2001年修订）及其《实施细则》（1990年颁布，2001年修订）、《对外合作开采海洋石油资源条例》（1982年颁布，2001年修订）、《对外合作开采陆上石油资源条例》（1993年颁布，2001年修订）、《关于设立外商投资股份有限公司若干问题的暂行规定》（1995年颁布）、《外商投资开发经营成片土地暂行管理办法》（1991年颁布）、《外商投资举办投资性公司的暂行规定》（1995年颁布）、《关于设立外商投资建筑业企业的若干规定》（1995年颁布）、《关于设立中外合资对外贸易公司暂行办法》（2003年颁布）等。有的专项外资立法则是综合性的，如《指导外商投资方向暂行规定》和《外商投资产业指导目录》（1995 年颁布）、《国务院关于鼓励外商投资的规定》（1986 年颁布）等。这部分立法构成我国外资法律体系的主干部分。

第二层面是关于外商投资企业的相关法律。包括涉外税收、工商行政管理、外汇管理、劳动管理、进出口管理、海关监管等法律、法规、条例等。

第三层面是双边投资协定。自 1979 年以来，我国共制定了 200 多项保护外商投资的法律法规，同时，还与 96 个国家签署了双边投资促进与保护协定。

外商投资企业立法的不断完善促进了外商投资企业在我国境内的举办。截至 2006 年 8 月底，全国累计批准外商投资企业 57.9 万户，实际使用外资 6596 亿美元。2005 年，外商投资企业销售收入达 77024 亿元，缴纳各类税款 6391 亿元。[①]

综观我国外商投资企业立法，不难发现三个基本特点：

第一，没有统一的外商投资企业法。现有的外商投资企业立法无论从企业形态的规范、还是企业设立、运行的法律制度构建都属于分散型立法模式，至今尚未有一部统一的外商投资企业法。

第二，尝试由分散立法向合并立法过渡。我国对外开放初期，对外商投资方式及其企业形式的立法是分散进行的，《中外合资经营企业法》、《中外合作经营企业法》、《外资企业法》分别适用于中外合资经营企业、中外合作经营企业和外资企业。但自国务院《关于鼓励外商投资的规定》及其一系列配套法规颁布后，外商投资企业的概念正式得到确认，呈现出由分散立法向合并立法过渡的趋势。

第三，采取内外资企业分别立法的"双轨制"模式。即内资企业的投资关系与企业组织体的运行关系由国内经济法调整，而外商投资企业的投资关系与企业组织体的运行关系由涉外经济法调整，从而形成同一调整对象仅因主体国籍不同而由两套不同的法律、法规予以调整的格局。

第四，在立法政策上采取控制型和鼓励型相结合的政策导向。一方面，我国对利用外资设立企业采用行政审批调控手段，偏重于政府监督；另一方面，对设立的外商投资企业给予了以税收优惠为特征的"超国民待遇"，使得内资企业与外商投资企业处于不平等竞争状态。

第五，立法技术存在一些缺陷与问题。如在《中外合资经营企业法》中，一方面规定中外合资经营企业的组织形式为有限责任公司；另一方面又规定中外合营各方按注册资本比例分享利润和分担风险及亏损，"按出资比例分担风险及亏损"与有限责任制度中"按出资额为限对公司债务承担责任"是两个不同的制度内涵，立法时缺乏谨慎考虑。另外，在一些法律、法规中，存在法律条文含

---

① 载《人民日报》（海外版）2007 年 1 月 3 日。

糊不清，模棱两可，内容过于抽象笼统现象。仅从《中外合资经营企业法》及其实施条例、《中外合作经营企业法》和《外资企业法》中，就可发现像"一般应"、"一般不"、"需要时"、"必要时"、"特殊情况下"、"原则上"等各种空洞之词充斥其间，其结果造成理解不一，甚至各取所需，争论不休；同时也给中央和地方执行机构进行广泛解释留有余地，从而导致对同样的行为缺乏统一对待的不合理现象时有发生。

应当看到，我国内资企业与外商投资企业立法的双轨制是中国现行企业法律制度的一大特点。形成两类企业法并行的格局，并非企业法科学体系建构的要求，也非立法机构的刻意安排，而完全是顺应当时吸引外资和对外商投资企业进行法律调整的迫切需要，时势造法，是谓这一历史过程的真实写照。其根本的原因在于：

其一，在企业形态上，当时内资企业中尚无典型的、可供外商投资企业所借鉴和采用的有限责任公司、合伙企业与个人独资企业形式，使得外商投资企业的组织形态立法与外资准入制度同时需要立法上的规范。由于我国的外商投资企业法制定的时间相对较早，因此，事实上具有外资法和企业法的双重职能。

其二，为吸引外资，促使公司的设立到公司的组织机构和管理得以顺利运行，的确需要建立和实行一套外商投资企业特有的制度和规则，如可行性论证与合资合同、投资总额与注册资本、出资的分期交纳、董事会的单一管理等。

其三，在国际投资中，外国投资者在东道国设立的外商投资企业除受东道国企业法调控外，还受该国外资法的调控。我国的外商投资企业法实质上具有产业监管与外商投资企业组织运行相结合的制度内涵，由于具有产业监管性质，外商投资企业法与内资企业法难免存在异质现象。

随着我国《公司法》、《合伙企业法》和《个人独资企业法》的先后制定，我国以责任制立法为模式的企业法体系初露端倪，使得外商投资企业法在废与存问题上不得不考虑企业法的同质性问题。外资法与内资企业法的矛盾和冲突已影响到企业制度的有机构建。企业立法的交叉与重复、缺陷与空白、矛盾与冲突已影响市场经济的有序发展。尤其是随着外资并购的增多，内外资企业法不一致所带来的问题将更加突出，甚至带来法律适用上的混乱。假设有一家内资有限责任公司，因外资参股30%而成为"外商投资有限责任公司"，应适用《中外合作经营企业法》。但根据该法第6条，该类企业不设股东会，这是否意味着该家公司应该修改章程，将股东会取消？再比如，《中外合作经营企业法》中规定我国自然人不能成为合营方，这是否意味着该家公司中的自然人股东将不得不退出公司？尽管原外经贸部《关于加强外商投资企业审批、登记、外汇及税收管理有关问题的通知》第5条规定"原境内公司中国自然人股东在原公司享有股东地位一年以上的，经批准，可继续作为变更后所设外商投资企业的中方投资者"。

但是不得不承认,这一规定与法律是不符的。另外,有关政府部门(主要是商务部)关于外商投资企业组织法规范的规定是否亦优先于公司法适用于该家公司?如果回答是肯定的,那么因大量的组织法规范转换对该家公司来说可能会是一笔不菲的成本,甚至会引发股东之间的利益冲突。

二、内外资企业法差异性考察:以《公司法》与"三资企业法"为分析视角

(一)投资主体制度的差异性

按《公司法》规定,公司股东和发起人可以是法人,也可以是自然人。而按《中外合资经营企业法》、《中外合作经营企业法》规定,外方投资者可以是公司、企业、其他经济组织、个人;而中方投资者仅为公司、企业、其他经济组织,原则上排除了中方自然人成为合营主体的可能性。虽然该规定因具有一定的不对等性,有违 WTO 所规定的国民待遇原则之嫌,但其在未修改之前仍属于有效的强制性法律规定。为贯彻外商投资企业法的这一规定,外经贸部、国家工商行政管理局于 1987 年 9 月发出的《关于严格审核中外合资经营企业中方法人资格问题的通知》中对此作了详细规定,中方合营者必须是根据《民法通则》第 36 条—第 49 条规定依法成立的"企业法人",或是取得法人资格的其他经济组织;城乡个体工商户、承包工商业经营的公民以及个人合伙等,未经特许批准,不得擅自对外洽谈、签订设立合资企业的合同、章程等法律文件。考虑到外资并购内资企业的稳定、顺利进行,不因自然人股东问题而影响正常的并购活动,对外贸易经济合作部、国家税务总局、国家工商行政管理总局、国家外汇管理局于 2002 年 12 月联合颁布的《关于加强外商投资企业审批、登记、外汇及税收管理有关问题的通知》第 5 条规定,外国投资者收购境内各种性质、类型企业的股权,该境内企业应当按照国家有关法律、法规的规定,依现行的外商投资企业审批程序,经审批机关批准后变更设立为外商投资企业,并应符合外商投资产业政策。原境内公司中国自然人股东在原公司享有股东地位一年以上的,经批准,可继续作为变更后所设外商投资企业的中方投资者。暂不允许境内中国自然人以新设或收购方式与外国的公司、企业、其他经济组织或个人成立外商投资企业。2003 年 3 月由对外贸易经济合作部、国家税务总局、国家工商行政管理总局、国家外汇管理局令联合颁布的《外国投资者并购境内企业暂行规定》中亦有相同规定。由此可见,中方自然人股东只有在其内资性质的公司被外国投资者收购的情形下,并且其在原公司享有股东地位一年以上的,才允许被动成为外商投资企业的中方投资者。目前在各省市的地方性文件中对此有所放宽,准许中国公民作为中外合资企业、中外合作经营企业的投资人,但国家层面的法律和规章对此并未作出明确的认可。如北京市地方人大通过的《中关村科技园区条例》(2000)第 56 条规定,境外经济组织或者个人可以与境内组织或者个人在中关村科技园区兴办合资、合作的高新技术企业；重庆市工商行政管理局《关于鼓励外商来渝投资若干政策措施的意见》（2006）中规定了中方投资者也能成为合资企业的主体，但出资额应占注册资本的20%以上；安徽省工商行政管理局《关于进一步改进外商投资企业登记管理促进外商投资的意见》（2008）中规定，"外资股权并购内资企业，原内资企业的自然人股东可以作为变更后的中外合资企业的中方投资者，不受原内资企业自然人股东必须享有股东地位一年以上时间的限制。中外合资经营企业、中外合作经营企业的中方投资主体除公司、企业（含合伙企业和个人独资企业）外，也可以是事业单位法人、社团法人、民办非企业单位。"

（二）资本制度的差异性

1. 在出资缴付制度上，《公司法》和外商投资企业法虽均实行分期缴付资本制，但缴付制度仍有所区别。

按《公司法》第26条，有限责任公司的注册资本为在公司登记机关登记的全体股东认缴的出资额。公司全体股东的首次出资额不得低于注册资本的20%，也不得低于法定的注册资本最低限额，其余部分由股东自公司成立之日起2年内缴足；其中，投资公司可以在5年内缴足。

按《中外合资经营企业法实施条例》第28条规定，合营各方应当按照合同规定的期限缴清各自的出资额。《中外合资经营企业合营各方出资的若干规定》第4条第3款规定，合营合同中规定分期缴付出资的，合营各方第一期出资，不得低于各自认缴出资额的15%，并且应当在营业执照签发之日起3个月内缴清。

《外资企业法实施细则》第30条规定，外国投资者可以分期缴付出资，但最后一期出资应当在营业执照签发之日起3年内缴清。其中第一期出资不得少于外国投资者认缴出资额的15%，并应当在外资企业营业执照签发之日起90天内缴清。

《中外合作经营企业法》第9条规定，中外合作者应当依照法律、法规的规定和合作企业合同的约定，如期履行缴足投资、提供合作条件的义务。

为使外商投资的有限责任公司在资本缴付上寻求与《公司法》规定的协调性，国家工商行政管理总局、商务部、国家外汇管理局、海关总署于2006年联合颁发《关于外商投资的公司审批登记管理法律适用若干问题的执行意见》（以下简称《执行意见》），其中第9条规定，外商投资的有限责任公司（含一人有限公司）的股东一次性缴付全部出资的，应当在公司成立之日起6个月内缴足；分期缴付的，首次出资额不得低于其认缴出资额的15%，也不得低于法定的注册资本最低限额，并应当在公司成立之日起3个月内缴足，其余部分的出资时间应符合《公司法》、有关外商投资的法律和《公司登记管理条例》的规定（成立之日起2年内缴足，投资公司可以在5年内缴足）。

从上述规定分析，对于外商投资的有限责任公司与按《公司法》组建的有限公司，其出资上虽然均实行认缴制，而非实缴制，但外商投资的有限责任公司实行"先发照后验资"，与按《公司法》组建的有限公司"先验资后发照"的设立方式仍旧有较大的差异。另外，外商投资企业法没有对采取有限责任公司形式的外商投资企业的注册资本最低限额作出明确的限制，只是规定中外合资经营企业中的外国合营者的投资比例一般应不低于注册资本的25%。而该《执行意见》对分期缴付情形下，首次出资额不得低于其认缴出资额的一定比例（15%）作出明文规定。

2. 在出资形式上，《公司法》与外商投资企业法有较大的差异性。

修改后的《公司法》第27条规定，股东可以用货币出资，也可以用实物、知识产权、土地使用权等可以用货币估价并可以依法转让的非货币财产作价出资；但是，法律、行政法规规定不得作为出资的财产除外。《公司登记管理条例》第14条进一步规定，股东不得以劳务、信用、自然人姓名、商誉、特许经营权或者设定担保的财产等作价出资。

由于外商投资企业法早于《公司法》颁布，因此，在法律语言上缺乏严谨性。《外资企业法实施细则》第25条规定，合营者可以自由兑换的外币、机器设备、工业产权、专有技术等投资。《中外合资经营企业法》第5条规定，合营企业各方可以现金、实物、工业产权等进行投资。其中包括中方的场地使用权，外方所有的中国需要的先进技术和设备。《中外合作经营企业法》第8条规定，合营者可以现金、实物、土地使用权、工业产权、非专利技术和其他财产权利投资。

为使外商投资的有限公司在出资形式上寻求与《公司法》规定的协调性，《执行意见》第10条则规定，外商投资的股东的出资方式应当符合《公司法》第27条的相关规定。这意味着按照《外资企业法》、《中外合资经营企业法》、《中外合作经营企业法》设立的外商投资有限公司应遵循《公司法》的出资形式要求。从立法的科学性角度分析，修改后的《公司法》对于出资方式不再详尽列举，而是采用列举和概括相结合的办法，将出资方式划分为货币出资与非货币出资两大类，用"可以用货币估价并可以依法转让"这样抽象的表述来概括非货币出资，即确定了非货币出资必需满足的三个条件：可估价性、可转让性和合法性。《公司法》的这一修改，突破了原《公司法》的五种法定出资方式，扩大了出资形式的范围，对于充分发掘各种投资资源，激发经济活力意义重大。同时也解决了外商投资企业法中在出资形式表述上不统一，并使用"等"字所带来的模糊性和不确定性问题。

3. 在货币出资比例上，《公司法》与外商投资企业法有较大的差异性。

修改后的《公司法》第27条规定，全体股东的货币出资金额不得低于有限责任公司注册资本的30％。而《外资企业法实施细则》第27条仅规定，工业产权、专有技术的作价应当与国际上通常的作价原则相一致，其作价金额不得超过外资企业注册资本的20％。《中外合资经营企业法》和《中外合作经营企业法》均没有规定非货币资本的比例限制。

为使外商投资有限公司在货币出资比例上与《公司法》的规定保持一致，《执行意见》规定，外商投资的公司的股东的出资方式应当符合《公司法》第27条的规定。

4. 在注册资本的增减、出资转让、投资回收上，《公司法》与外商投资企业法有较大的差异性。

修改后的《公司法》规定，注册资本可以增减，股权也可以转让。但出资不得抽回。而外商投资企业法对此则有不同的规定。

在注册资本减少问题上，《外资企业法》第21条规定，外资企业在经营期内不得减少其注册资本。但是，因投资总额和生产经营规模等发生变化，确需减少的，须经审批机关批准。《中外合资经营企业法》也持此立场，其中第19条规定，合营者的注册资本如果转让必须经合营各方同意。合营企业在合营期内不得减少其注册资本。因投资总额和生产经营规模等发生变化，确需减少的，须经审批机构批准。《中外合作经营企业法实施细则》第16条也作了类似的规定，合作企业注册资本在合作期限内不得减少。但是，因投资总额和生产经营规模等变化，确需减少的，须经审查批准机关批准。

在出资转让问题上，《外资企业法》第22条规定，外资企业注册资本的增加、转让，须经审批机关批准，并向工商行政管理机关办理变更登记手续。《中外合资经营企业法》也持此立场，其中第19条规定，合营者的注册资本如果转让必须经合营各方同意。《中外合资经营企业法实施条例》第20条进一步规定，合营一方向第三者转让其全部或者部分股权的，须经合营他方同意，并报审批机构批准，向登记管理机构办理变更登记手续。合营一方转让其全部或者部分股权时，合营他方有优先购买权。合营一方向第三者转让股权的条件，不得比向合营他方转让的条件优惠。违反上述规定的，其转让无效。上述规定意味着外商投资企业法在出资转让问题上着意于安全却忽视了资本退出机制的建立。

在投资回收问题上，《中外合作经营企业法》第21条第2款规定，中外合作者在合作企业合同中约定合作期满时合作企业的全部固定资产归中国合作者所有的，可以在合作企业合同中约定外国合作者在合作期限内先行回收投资的办法。对这一规定的理解，理论与实务界分歧颇多。一种观点认为，该规定有悖于公司资本充实的基本要求;[①] 而另一种观点则认为,先行收回投资并非"抽回投资",而是中外双方在利润分配次序上一种"先外后中"的安排,不涉及公司资本的减少。[②] 不论按何种理解,该规定都欠缺合理性。依第一种理解自不待言。即使依第二种理解,这一规定亦属不当。采取非法人形式的合作企业,合营各方可以协商确定不同的利润分配比例和利润分配次序,采取法人形式的中外合作企业由法律规定统一的分配比例,当事人不得变更。由法律直接作出这种规定有害无益,这一规定中体现出的主导思想明显违背我国吸收利用外资的初衷而且易对中外合营双方造成误导,允许外商先收回投资也不利于加强外商的责任心和保障中方的利益。

为使外商投资有限公司在注册资本增减与股权转让方面保持与《公司法》规定的一致性,《执行意见》则规定,外商投资的公司增加注册资本,有限责任公司(含一人有限公司)和以发起方式设立的股份有限公司的股东应当在公司申请注册资本变更登记时缴付不低于20%的新增注册资本,其余部分的出资时间应符合《公司法》、有关外商投资的法律和《公司登记管理条例》的规定。其他法律、行政法规另有规定的,从其规定。股份有限公司为增加注册资本发行新股时,股东认购新股,依照设立股份有限公司缴纳股款的有关规定执行。

(三)法人治理结构的差异性

《公司法》规定,有限责任公司股东会由全体股东组成,股东会是公司的权力机构;公司设董事会,其成员为3人至13人。每届任期不得超过3年,股东人数较少和规模较小的,可以设1名执行董事,不设立董事会;公司设立监事会,其成员不得少于3人。股东人数较少和规模较小的,可以设1名至2名监事。股份有限公司由股东组成股东大会。股东大会是公司的权力机构;股份有限公司设董事会,其成员为5人至19人,每届任期不得超过3年,股份有限公司设监事会,其成员不得少于3人,监事的任期每届为3年。

由于外商投资企业不设股东会,故在外商投资企业法中,除《外资企业法》对公司内部设置机构未作明确规定外,对中外合资经营企业与中外合作经营企业采有限公司组织形式的,其法人治理结构均实行董事会领导下的总经理负责制,对股东会与监事会的设置未作规定,富有中国特色。

《中外合资经营企业法》规定,董事会是合营企业的最高权力机构,决定合营企业的一切重大问题,董事会成员不得少于3人,董事的任期为4年。《中外

[①] 储育明:《关于完善外商投资有限责任公司注册资本制度的探讨》,载《法商研究》1996年第2期。

[②] 谢晓尧、刘恒:《论中外合作经营企业先行回收投资的法律性质》,载《法商研究》1997年第3期。

合作经营企业法》规定,董事会或者联合管理委员会是合作企业的权力机构,按照合作企业章程的规定,决定合作企业的重大问题。董事会或者联合管理委员会成员不得少于3人。董事或者委员的任期由合作企业章程规定;但是,每届任期不得超过3年。

外商投资企业法之所以未对股东会作出规定,可能在于考虑到合营企业的投资者数目有限,且投资各方均能在董事会中通过其代表表达意思并参与企业决策,因此在形式上可以不设股东会而由董事会代行其职权。[①] 应当认为,实行有限责任公司组织形式时,其法人治理结构采董事会领导下的总经理负责制缺乏科学和严谨性。董事会兼最高权力机构和业务执行机构的职能于一身,必然会降低决策效率。在议事规程上采"人数多数决"的做法,与"股份多数决"的资本决原则相悖。在股份控制上,控"董"成为控"股"的重要形式,与所有权与经营权相分离的现代企业制度相悖。另外,不设监事会也不利于对经营者进行监督,易使经营者因失去约束而滥用职权,从而不利于公司经营活动的正常进行。

为使外商投资有限责任公司在法人治理结构方面保持与《公司法》规定的一致性,《执行意见》根据《公司法》和有关外商投资的法律,对不同类型的外商投资公司的组织机构做了更为明确的区分:中外合资、中外合作的有限责任公司需按照有关规定设立董事会作为权力机构,公司的其他组织机构设置与否由公司章程作出规定;外商合资、外商独资的有限责任公司和外商投资的股份有限公司的组织机构应当符合《公司法》的规定,以建立健全公司的组织机构。国家工商总局外商投资企业注册局发布的《〈关于外商投资的公司审批登记管理法律适用若干问题的执行意见〉重点条款解读》中指出,所有类型的外商投资的公司应当设立监事制度,而对于监事制度的组织形式(监事会还是监事)、产生方式(选举还是委派)、任期、职权等具体事宜可以由公司章程根据各自公司的情况进行规定。另外需要强调的是,根据法不溯及既往的原则,对于2006年1月1日以前已经设立的外商投资的公司是否对章程进行修改,公司登记机关不宜做强制要求,可由公司自行决定,如果修改则报审批机关批准和登记机关备案。

(四) 设立登记制度的差异性

《公司法》对公司的设立采准则主义,对审批前置只规定于法律法规应当办理审批的情形。但外商投资企业由于涉及国家产业政策与产业安全,对设立采核准主义。这可以从外商投资企业法的相关规定中得以体现。

《外资企业法实施细则》第12条规定,设立外资企业的申请经审批机关批准后,外国投资者应当在收到批准证书之日起30天内向工商行政管理机关申请登记,领取营业执照。《中外合资经营企业法实施条例》第9条规定,申请者应

[①] 杜惟毅:《论我国外商投资企业法的重构与革新》,载《河北经贸大学学报》2000年第3期。

当自收到批准证书之日起 1 个月内，按照国家有关规定，向工商行政管理机关（以下简称登记管理机构）办理登记手续。《中外合作经营企业法》第 6 条规定，设立合作企业的申请经批准后，应当自接到批准证书之日起 30 天内向工商行政管理机关申请登记，领取营业执照。

为使外商投资有限公司在设立登记制度方面保持与《公司法》规定的一致性，《执行意见》第 4 条规定，外商投资的公司设立登记的申请期限应当符合《公司登记管理条例》规定。但是，以中外合作、外商合资、外商独资形式设立公司的，应当按照《中外合作经营企业法》和《外资企业法》的规定，自收到批准文件之日起 30 日内向公司登记机关申请设立登记。

《公司登记管理条例》第 20 条规定，法律、行政法规或者国务院决定规定设立有限责任公司必须报经批准的，应当自批准之日起 90 日内向公司登记机关申请设立登记；逾期申请设立登记的，申请人应当报批准机关确认原批准文件的效力或者另行报批。第 21 条又进一步规定，以募集方式设立股份有限公司的，应当于创立大会结束后 30 日内向公司登记机关申请设立登记。

（五）股权转让与质押制度的差异性

《公司法》对股权转让视有限公司与股份公司有所不同。就有限公司而言，转让给本公司其他股东与转让给股东以外的第三人的要求也有所不同。公司股权质押的规定主要见之于我国《担保法》与《物权法》的相关条款。

《中外合资经营企业法实施条例》第 20 条规定，合营一方向第三者转让其全部或者部分股权的，须经合营他方同意，并报审批机构批准，向登记管理机构办理变更登记手续。合营一方转让其全部或者部分股权时，合营他方有优先购买权。合营一方向第三者转让股权的条件，不得比向合营他方转让的条件优惠。违反上述规定的，其转让无效。

《中外合作经营企业法实施细则》第 23 条规定，合作各方之间相互转让或者合作一方向合作他方以外的他人转让属于其在合作企业合同中全部或者部分权利的，须经合作他方书面同意，并报审查批准机关批准。审查批准机关应当自收到有关转让文件之日起 30 天内决定批准或者不批准。

《外资企业法》对此未作明确规定。

为使外商投资有限公司在股权转让与股权抵押方面保持与《公司法》规定的一致性，《执行意见》规定，外商投资的公司股东办理股权质押备案，应当向公司登记机关提交公司出具的股权质押备案申请书、审批机关的批准文件、质押合同。公司登记机关接受备案后，应申请人的要求，可出具载明出质股东名称、出质股权占所在企业股权的比例、质权人名称或姓名、质押期限、质押合同的审批机关等事项的备案证明。在质押期间，未经质权人同意，出质股东不得转让或再质押已经出质的股权，也不得减少相应的出资额。

第二节　内外资企业的立法价值评析

一、法的秩序价值与内外资企业立法

（一）法的秩序价值的一般考察

法律秩序是基础性的法价值。法律秩序就是由法律规则所体现的、防止社会混乱的、作为结果的一种理想的社会秩序形态。"与法律永相伴随的基本价值，便是社会秩序"[1] 任何社会的法，总意味着某种理性和秩序。

法作为一套有效的规则体系，一产生就与人类的社会秩序取得联姻。关于法律和社会秩序的联系性，早在古希腊时期亚里士多德就一语道破："法律（和）礼俗就是某种秩序，普遍良好的秩序基于普遍遵守的法律（和礼俗）的习惯。"后来，奥古斯丁也指出，无论天国还是地上之国，也无论社会还是个人，一个共同的目标就是追求和平秩序，以使获得社会和个人的心灵安宁，法律正是维护和平秩序的必要工具，法律就是一种秩序。法律的目的和功能就是为了维护和平秩序的实现。在17世纪、18世纪古典自然法学派时代又加入了理性的因素，形成了一种进步的契约思想。到了规范法学派的代表人物凯尔森那里，则更是直截了当地指出了法律与秩序之间的密切联系："法是人的行为的一种秩序。"是对人类行为的一种强制秩序。[2]

也许正是因为人类社会的法律和秩序这种与生俱来的联系，法律的价值取向于秩序，后来人们干脆将二者结合形成一个新的概念——法律秩序。根据《牛津法律大词典》的解释，所谓"法律秩序是从法律的立场进行观察，从其组织成分的法律职能进行考虑的，存在于特殊社会中的人、机构、关系原则和规则的总体。法律秩序和社会、政治、经济、宗教和其他的秩序共存。它被当做是具有法律意义的有机的社会。"[3]

法律秩序与其他形态的社会秩序相比较，是最为完善的一种社会秩序状态。因为就法律秩序本身而言，理想的现代社会秩序应该是法治状态下的秩序；从法律秩序的内容来看，法律秩序是在法律规则、法律规范作用的基础上形成的良性社会秩序；从法律秩序的形式来看，法律秩序除了必须有以成文法典或判例形式表现的法律规则体系存在之外，还必须以国家权威机关的存在为前提；从法律秩序的目的和功能来看，秩序的价值主要在于保证行为的可预期性。

---

[1] [英] 彼得·斯坦约翰·香德著：《西方社会的法律价值》，王献平译，中国人民公安大学出版社1990年版，第38页。

[2] 刘伟圣：《解构博登海默的"秩序观"》，来源：http://www.hicourt.gov.cn/homepage/show3_content.asp?id=9196&h_name=huxu0306。

[3] [英] 戴维·沃克：《牛津法律大词典》，光明日报出版社1988年版，第539页。

诚然，法律的目的之一是建立秩序，而秩序本身却不是法律。在秩序的构成中，法律、公共政策、习惯、惯例等社会规范都可能起作用。所以，有依法形成的秩序和非依法形成的秩序之分。依法形成的秩序意味着国家意志在秩序形成过程中具有重大作用，意味着人的理性能力是法治建设的重要保证。近代以来的国家生活中，法治逐渐取代非依法形成的秩序，正在对人的理性能力的确信。

依经济学原理，商品交易的市场存在不确定性和风险，如何把这种不确定性降到最低，一个有效的方法是通过立法建立起商事交易秩序，从而达到合理的预见和有效地规避风险的功能。商事立法为商事主体的商事交易活动提供合理的信息来源，尽量避免交易过程中的不确定性因素，从而减少交易成本，维护市场交易的稳定。

我国企业立法的功能和目标之一就是为了确定交易秩序，该交易秩序的确定，是通过强化商主体的地位与责任，并进而确定企业维持制度进行的。

整个企业法体系从秩序的视角思考，主要是通过以下法律规则进行的：其一，企业风险回避和风险分散规则。如严格企业设立条件，加重企业设立责任；规定企业必须经过清算才能消灭其主体资格，确保市场主体的稳定性，减少交易风险；限定企业解散的原因，避免防止交易主体随意解散；设置公司重整制度，以减少企业破产而影响社会秩序。其二，确定利益相关者运行规则，如公司中的股东、董事、经理、员工、债权人等关系；构建对投资者、经营者乃至企业的行为模式进行法的社会控制，总体上实现法的秩序价值。

（二）内外资企业立法对法的秩序价值的影响

不同的企业立法体系，因其规范功能不同，其立法的价值也会有所差异。仔细考察，在内资企业法与外商投资企业法之间，立法在实现法的秩序价值的层次、特点上既有共性之处，也有差异性之点。我们的分析结论是：

第一，内资企业法与外商投资企业法都具有法所应有的秩序价值。它们的共性之处表现为，均属于规范市场主体的法律制度。通过市场主体立法，以此来建立企业的设立秩序、运行秩序与市场退出秩序，使企业的运行活动既成为法律秩序的静态模式，也成为法律秩序的动态过程。但是在对秩序价值的设计中两者的侧重点是不一样的，产生这种侧重点的差异性主要在于法益目标。长期以来我国对外资谈"资"色变，以至于我国长期来没有外商投资企业立法，当一种新的投资制度、投资形式出现并伴随新型的企业形态出现时，如何对其作出规范，并作必要的投资指引，便成为20世纪70年代外商投资企业立法的重点，而内资企业毕竟在我国长期存在，其立法的秩序价值主要不在于如何催生和规范新的投资制度、投资形式和新的企业形态问题，而在于各类企业类型样态的筛选与组织体的运行制度的构建。

第二，制定法律和实施法律是为了形成法律秩序。然而究竟是形成一种公开、公平、公正的竞争秩序还是不同企业形态区别对待,伴有不同待遇的差异性秩序,自从外商投资企业法出台后,围绕着秩序法益产生了极大的反响。我们不难看到,内外资企业立法中所固守的待遇问题已产生混乱和不统一状况。

就外资而言,一方面为鼓励、促进外商投资企业,立法中给予了外商投资企业以减免税收为主要内容的鼓励、促进政策。主要表现为:其一,税率优惠。设立在经济特区的外商投资企业,减按15%的税率征收所得税;设在沿海经济开放区的外商投资企业,减按24%的税率征收所得税。而在这些地区,内资企业的所得税税率却是33%,较之前两者相差甚多。其二,减免税优惠。对生产性外商投资企业,经营期在10年以上的,从开始获利的年度起,第1年和第2年免征企业所得税,第3年至第5年减半征收所得税。其中从事农业、林业和牧业或是设在偏远地区的外商投资企业在以后的10年内可继续享受减征15%—30%所得税的优惠待遇。内资企业没有这些税收优惠待遇。其三,退税优惠。外国投资者如果将企业取得的利润直接再投资于该企业,增加注册资本,或者作为资本投资开办其他外商投资企业,并且经营期不少于5年的,可退还其再投资部分已缴纳所得税的40%的税款。而内资企业的固定资产投资不允许在税前扣除。其四,扣税起算日期优惠。从事基础设施项目建设、服务性行业以及高新技术的外商投资企业,其纳税起始日期上从该外商投资企业盈利之日起计算,而同类内资企业仍一律从企业成立之日起开始计算,使得后者比前者多缴税款。这种在负税上的差异使得内资企业在技术革新、规模扩大、职工福利以及随之而来的总体竞争力上都明显落后于外商投资企业,由此引发"外来和尚好念经"的质疑。

事实上,对外资的"超国民待遇"政策所暗藏的隐患和带来的弊端是不容小觑的。首先,内资企业背负着比外商投资企业高达10多个百分点的税负去和外商投资企业"拼杀",显然很难与外资竞争。一些内资企业经不起市场竞争的残酷压力,最终导致许多企业破产、被兼并或严重亏损。其次,税法对内资的内向歧视,导致内资企业的行为发生扭曲。目前在我国普遍存在的内资辗转海外"镀金",从而摇身一变成为外国投资者,再到国内实施返程投资的现象便是国家实行内外资企业有别政策的产物。层出不穷的"假合资、假外资"就是扭曲的实证。有研究估计,"假外资"占了实际外商直接投资利用额的1/3左右。再次,对外资优惠待遇的长期实施,其结果是,外资在国内许多产业占据优势地位,很多领域,如化妆品、通讯器材等几乎被外资独霸,而食品、电脑等行业也是风声鹤唳,产业安全隐患重重。最后,一些外商投资企业钻法律空子而逃避税收。有研究表明,从改革开放到现在,已经注销掉的和现存的外商投资企业中有1/4的企业根本没有正常纳过税。它们用的就是"三减两免"的税收政策优惠,前两年免所得税,接下来的三年减征所得税。优惠期结束后,就离开并撤资。

然而,问题的另一面是,外商投资企业在通过税收获得"超国民待遇"的同时，又不得不承受"次国民待遇"。主要体现在：第一，当地成分要求。即"要求企业购买或使用原产于国内或来自于任何国内来源的产品"。我国的审批机构在审批外商投资企业时，也往往设立某种当地成分要求作为项目获得批准或享受优惠的先决条件。第二，贸易平衡要求。即根据本地产品出口的数量或价值限制企业购买或使用进口产品的数量。第三，出口实绩要求。直接把预期出口实绩作为设立外商投资企业的条件。随着外商投资企业法在本世纪初的修改，这种情况虽已有所缓解，但仍未完全消除。

值得欣慰的是：其一，我国加入WTO后，多数行业都在原来开放的程度上进一步放松限制，以我国零售业为例，加入WTO规定，我国在3年内取消外商投资地域或数量的限制，5年内取消外商在零售业和批发业投资的持股形式及比例的限制。在此政策下，2004年，我国商务部新批准设立外资商业企业32个（包括批发企业11个），批准原有外资企业新开分店299个，批准设立各类大小门店1473个，截至2004年底，国内共有295家外资零售企业及4800家分店。[①] 其二，2007年3月出台的《企业所得税法》，随着内外资企业统一实施25%的税率，一个"公平税负"的时代就此开启。这固然是出于公平竞争所需，但谁又能否认，它实际上也在表达一种统一的法律秩序的开启？伴随着同一个起跑线上起跑的脚步声，一个法治的、成熟的市场经济也在渐行渐近。

第三，法律制度的构建是立法者的行为，当然也不乏执法者、守法者的不同程度的参与。但毕竟主要是立法者或鉴于"本土"而产生的法律观念，或"移植"于外部的法律文献而构建的。然而法律秩序的形成，实乃执法者、守法者的观念形成和行为实现。如果说前者是植于"理念"，后者乃是植根于"土壤"了。执法、守法比制定法律要艰难万倍。而且只有由"理念"转换为"土壤"才能持恒，才能成为自然行为的习惯。所以我们基于这一规律性的认识，要强调加大对守法者法律秩序的培育力度，从而使法律的规定转化为公民对法律的内心确认。达到这个程度了，才能算是法律根植于公众土壤了，才能有真正法律秩序的形成。就内资与外商投资企业立法而言，如何使得法律法规在各类企业中得以遵行，将纸本上的法转化为运行中的法，从而实现立法者所设计的法律秩序的法益目标，这仍需要作长期不懈的努力。

就企业法的秩序维护而言，重在于制度的统一，主要是投资者待遇的统一、审批权的统一和审批制度的透明。投资者待遇的统一，就是要在清除对国内投资者实施的各种差别待遇的基础上，通过对外国投资者实行国民待遇而实现所有投资者待遇方面的平等或非歧视，而最终使所有投资者成为完全进行市场竞争的投

[①] 陈海涛、白晓晴：《引进外资的转折期：值得关注的理论与政策问题》，载《中国工商管理研究》2006年第8期。

资主体；审批权的统一要设立一个统领各审批部门的最高机构，以进行政策协调，并可作为投资行政救济的最后环节发挥作用。现在外资的准入由商务部负责是明确的，但对于其他投资来说，由于管理职能分散在各个部委，相互之间是平行的关系，如何实现审批权的统一，或者至少实现审批标准或审批程序的统一是一个很难解决的问题，甚至涉及机构的重新设置。审批制度的透明至少涉及两个方面：一是投资准入规则的公开和审批程序的公开；二是简化审批程序，尽量减少实质性审批的数量。

二、法的效益、安全价值与内外资企业立法

（一）法的效率、安全价值的一般考察

汉语中的"效率"，相当于英语中的对应词"efficiency"或"efficient"。"经济效益"、"生产效益"这些词语无外乎体现了一种经济学上的观念，即以较小的成本生产出等量的产品，抑或以相同的成本获得较多的产品。伦理学家们常常将效率视为功利，而经济学家们却说此乃"以价值极大化的方式配置和使用资源"。而在法律的视野中，效率被解释为通过对某些行为的规制，限制一些自由，从而扩大更大的自由，使法律关系和法律行为流转快速化，以实现最大价值的目标追求。[1]

把效率引进法学中，其意义在于：在法律资源的配置上，效率价值具有优先位阶，它是配置社会资源的首要的价值标准。为此，在整个法律体系中，以效率为优先价值，来配置权力、权利、义务、责任等各种法律资源，使其实现最优化，并实现社会的和谐与有效的管理。把效率引入到法学中，其意义还在于促使立法者也关注立法的效率性问题，长期以来，在法学家看来，效率问题并非是法学所要研究的问题，正如有学者所指出的，"效率是经济学的范畴，安全则是法律所要考虑的要素。就同一个法律规则而言，法学家维护的是安全，经济学家维护的是效率，但在某些情形下，给他们派出先后顺序是不可回避的工作。"[2]

法律也有成本和收益上的比较问题。法所追求的效率价值包括两种意义上的效率，即法以外的效率与法自身的效率。所谓法以外的效率，是指在法的规则体系所构成的基本制度框架下，人们所从事的经济活动的效率。法自身的效率，是指法律机制运作中的简便、快捷、省时、省力。

法律通过对于社会关系类的调整而得到效率。随着现代生活的大量法律关系的存在与进一步复杂化，使用普遍规范来调整复杂的社会关系就成了最优的选

---

[1] 效益、效率经常被交叉使用，实际上效益含有效率之意，效益原为效率与收益的统一。所谓效率即投入与产出之比，而收益是指在一定投入的基础上，最终所取得的产出的结果。就实质意义而言，二者都是用来衡量人们所获利益的量。

[2] [美]罗伯特·考特、托马斯·尤伦著：《法和经济学》，上海三联书店1991年版，第5页。

择，效率提高的要求不在于立法，而且还在于司法与执法。法经济学分析的目的就是要说明这些成本并比较它们的大小。在合理分配社会有限资源时，立法不仅是一种政治行为，同时也是一种经济行为。立法的成本效益分析与一般的市场和企业的成本收益分析有所不同，它不但考虑直接的成本收益，还要考虑社会成本，即成本中不仅包括直接消耗的经济资源，还须确定制定什么样的法律及选择何种权利配置方式才能更适合经济的需要。法律配置上的效率意味着：在整个法律价值体系中，效率价值通常居于优先位价，是配置社会资源的首要标准。法律规定越个别化，也就越为繁复，其适用也就越缺乏效率。

法律的安全价值是指人们在经济活动中利益或行为的保障程度及其遭受损失后获得救济的可能性。

安全对法律的第一要求就是法律要有稳定性，不能朝令夕改。否则，人们就不知道怎样去遵守法律，以及不明白法律到底给自己设定了哪些权利和义务。安全对于法律的第二个要求就是不能自相矛盾和模棱两可，否则人们对法律的遵守也就无所适从。就商事活动而言，效率固然重要，但法律之价值同时也在于维持一种安全的态势。正如我国台湾地区学者张国键称："商事交易，固贵敏捷，尤须注意安全，如果只图敏捷，而不求安全，则今日所为之交易，明日即可能发生问题，甚至于遭受意外之损害"。[①]

安全和秩序相互结合、联系在一起。安全是以一定的秩序为条件的，并存在于一定的社会秩序之中。但两者的价值指向是不同的，秩序满足的是人类生活和活动的有规则性、连续性和稳定性的需要，安全满足的则是人类自我保护的需要。

安全与效率是任何一项法律制度所要考虑的永恒主题，二者很难兼得，于是对二者的取舍将是立法者痛苦的选择。当制度过分注重或强调交易安全时，往往就会提高企业的运作成本，从而影响其运行效率；反过来，如果制度过分强调其效率功能的发挥，又会削弱其安全保障功能。因此，企业制度演进总是在价值冲突和价值目标选择中进行的。从西方国家的发展史看，通常在企业制度建立之初，由于经济秩序较为混乱，存在严重滥用企业法人格的现象，此时，各国立法更加强调制度的安全保障功能的设置；而当经济秩序趋于稳定之后，制度安排则更多地转向对效率功能的追求。如果说，企业制度的最初设定主要是出于安全的考虑，那么，企业制度的演进则是出于对效率的追求。

（二）内外资企业立法对法的效率、安全价值的影响

从我国现行企业立法看，安全与效率的矛盾冲突较为突出，无论是内资企业立法还是外商投资企业立法均表现为过分注重安全价值的保障，而对效率价值重

[①] 张国键著：《商事法论》，三民书局1980年版，第43页。

视不足,这既反映了我国企业法不成熟性,同时也受我国传统文化的长期影响使然。中国的传统文化中,对于自治、风险、自由的认识是不充分的,相反统一、大和、团体、托付等观念在人们心中根深蒂固。人们往往都习惯于被国家公权统治,依附于国家的管理,而国家也将百姓生产、交易之琐事囊于自身保护范围之中。

综合分析内外资企业安全与效率价值观,可以作出以下一些分析结论:

第一,内资企业法与外商投资企业法均注重立法的效率与安全价值,但二者的着重点有所不同,外商投资企业立法持安全优先兼顾效率,而内资企业立法则采安全与效率兼顾。

就外商投资企业立法而言,通常认为,外商直接投资是指国外资本为获得一定经济效益进入东道国的一种经济活动。外商直接投资的特点,使得外资国民待遇的法律规范在很大程度上介入了除民商法之外的东道国市场运行法、国家经济调控法等经济法、行政法领域。且直接投资从投入到退出是一种持续性过程,此期间外资始终处在不同的经济环境、法律环境、乃至政治、文化环境之下发展,涉及投资保护的待遇问题就变得异常敏感,成为一国投资法中的关键问题。外商直接投资所引发的待遇问题从民商法等私法的角度看,涉及外国人(法人)的民事法律地位;从国家对经济运行宏观调控的公法角度看,则构成外国投资者与东道国行政法和经济法的管理被管理法律关系。这意味着外商投资企业立法不同于内资企业立法在于,它不仅涉及企业组织体的设立与运行,而且还涉及一国对外国投资者的投资制度问题。

近年来,外商对华直接投资出现了一些变化,外资大量以并购国内企业的形式进入我国。2004年以前外资以并购形式对我国的投资只占直接投资的5%,2004年,这一比例快速上升为11%,2005年接近20%,2006年我国批准外资并购项目约1300个,实际使用外资金额14亿美元,在华开展跨国并购的国家和地区共有44个。近几年,诸如美国凯雷并购徐工、法国赛博并购苏泊尔等外资并购案,都曾引起国内许多人士对产业经济安全的担心。外资并购有可能导致垄断,有可能危害产业和经济安全,有可能抑制民族品牌和民营经济的成长,也有可能影响国内企业的自主创新。如何处理好继续有效利用外资和维护国家经济安全、保护国内企业自主品牌的关系,已经成为我国需要妥善把握的问题。以至于近几年的全国人大会议上,全国人大代表呼吁,"要进一步完善有关法律和政策措施,既有利于继续利用外资,又可确保国家经济安全。"实际上,对外资并购进行国家安全审查并非我国独有。许多国家特别是发达国家都有相应的管制措施,防止外国投资影响本国国家安全和经济安全。如美国就设立了外国投资委员会,专门负责对外资并购美国企业是否影响美国国家安全进行审查。前些年,中海油公司并购美国优尼科石油公司一案,虽然通过了美国的反垄断审查,但美国部分国会议员要求对该项并购实施国家安全审查。中海油公司经慎重考虑，主动撤回了收购要约。

第二，内资企业与外商投资企业立法在对安全内涵的把握上有所不同。外商投资企业法所涉及的安全应是确保国家的经济安全和投资者在东道国的投资安全，而内资企业法所涉及的安全主要是交易的自我安全与对善意第三人保护的安全，少有国家的产业安全和投资者的投资安全的问题。

外商投资企业立法中的经济安全不同于交易安全之处在于，它是以社会为本位，更侧重于国家经济整体安全的维护和追求。即一国国内经济整体上的基础巩固、有序运行、稳健增长、持续发展的程度，同时在国际经济生活中所具有的自主性、自卫力、竞争力。外商投资企业立法中的投资安全不同于交易安全之处在于，它以确保投资者在东道国投资的信心为基础，在依法保障在华投资者权益的同时，将为外商在华投资创造安全、完善、优化的环境。我国《中外合资经营企业法》修正案规定，国家对合营企业不实行国有化和征收，在特殊情况下，根据社会公共利益的需要，对合营企业，可以依照法律程序实行征收，并给予相应的补偿。我国对外签订的投资保护协定，均有"适当"补偿等类似规定。

诚然，内资企业法对安全价值也应给予特别的关注，这是由两个因素来决定的。其一，是企业法的效益性价值追求不可避免的产物，企业从事商事交易，目的旨在营利，除了通过简便、迅捷等方式交易之外，还会不惜动用一切手段以便达到营利的目的，如果忽视了对交易安全的保护，则商业社会将很快陷入混乱和无序，营利性要求无法得到满足。其二，是企业法强化企业责任的产物。现代各国企业立法逐渐改变了私法领域的自由放任主义，转而采取必要的措施对其适当予以干涉，即私法公法化的倾向，其目的是关注社会公益，以便维护社会安全。

第三，为确保安全价值的实现而建立的相应制度有所不同。

外商投资企业法以外资产业指引与项目审批为准入手段，以外资并购实施必要的安全审查为监管途径而建立经济安全机制。为规范外商投资产业准入，早在1995年，国家计划委员会、国家经贸委和对外经贸部联合发布《指导外商投资方向暂行规定》和《外商投资产业指导目录》，把外商投资项目分为鼓励、限制、禁止和允许四类。1997年、2002年、2004年又分别对外商投资产业指导目录进行了修订。另外，我国相关行政法规、部门规章对外资并购国内企业的国家安全审查问题也作了规定，初步建立了外商投资产业准入和对外资并购的国家安全审查制度。在商务部等6部门制定的《关于外国投资者并购境内企业的规定》中，要求"外国投资者并购境内企业并取得实际控制权，涉及重点行业、存在影响或可能影响国家经济安全因素或者导致拥有驰名商标或中华老字号的境内企业实际控制权转移的，当事人应就此向商务部进行申报"。国家发展和改革委员会于2006年11月发布《利用外资"十一五"规划》则指出，我国将加强对外资并购涉及国家安全的敏感行业重点企业的审查和监管,确保对关系国家安全和国计民生的战略行业、重点企业的控制力和发展主导权。根据这一规划,"十一五"期间,我国将进一步细化关系国计民生和国家安全的敏感性行业的政策,完善外资产业准入制度。随着《反垄断法》的出台,对外资并购进行国家经济安全审查,被提到了国家立法的层面。

综观外商投资法的有关规定,众多的论述都在关注于各国对外资并购审查的态度,以证明我国对外资并购审查的合理性,从而说明外资进入可能会影响一国的经济安全。但是,值得我们思考的是,其一,以下的逻辑是否成立?(1)外资占据重要行业→产业不安全→危及国家经济安全;(2)外资不安全→内资(非国有将本)也不安全→国资才安全→国有资本绝对控制,从而导致对重要行业的控制和垄断也不安全→产业不安全与资本控制源无关。其二,现有外资的来源主要是国外还是境外?产业不安全是否等于或直接导致国家经济不安全?产业安全的影响因素包括哪些?哪些是所谓的"重要行业"?外资并购是否是导致产业不安全的主导或重要因素?针对产业安全,应该依靠产业政策限制外资进入相关行业,还是运用竞争政策,引导市场充分竞争?实际上,判断国家经济安全的标准有二,其一是国家的经济政策目标能否顺利完成;其二是国家是否有能力控制关系国计民生的重要行业和国民经济的支柱产业。

而内资企业法则以另一种相应的制度构建为其主要内容。如(1)信息公式制度。即企业在从事商事交易时,应当公开交易活动中理应为公众所知的事项,以增强交易行为的可预测性和稳定性,使交易者获得关于交易对象的准确信息。(2)要式主义制度。即企业在实施特定的交易行为时,国家制定强制性规定,对商事关系施加强制性影响和控制。如保险合同条款的强制规定,票据必须记载事项的规定,海事、海商合同应记载事项的规定,关于提单、托运单、仓单统一格式的规定,信用证统一规则的规定,各种贸易术语的规定等。(3)外观主义制度。即商事法规范中确立了大量根据行为人外观来判断法律后果的原则。如票据行为的外观解释原则、公司未登记事项不得对抗第三人原则、表见经理人规则都体现了外观主义的要求。(4)无因性制度。即企业在从事交易行为时,把基础行为与派生行为相分离,基础行为无效,不影响派生行为的效力。把有瑕疵或者确定无效的行为从商事交易的环节中单独列出加以补正,不影响其他行为的效力,以保障交易安全。(5)严格责任制度。企业法对企业从事交易活动规定了严格的义务和责任,如连带责任和无过错责任的确立,以保障交易安全。

第四,无论是外商投资企业还是内资企业,企业立法均应在确保安全与促进效率的平衡中保障投资者的投资行为获得较大的产出与收益。这就要求在企业制度的设计上,改变计划经济时代中的一些不合理的制度内涵。首先,应尽快完成从严格审批制向有限制的核准登记制的过渡。严格审批制与核准登记制的主要区别，在于前者实行的是实质审批制，后者实行的是程序审批制。在后一种情况下，审批机关主要是从程序上审查投资项目是否符合法律规定的基本条件，符合条件的即予以核准登记。其次，应逐渐弱化或取消关于经营范围的限制。无论是投资成立外商投资企业还是内资企业，应准许投资者可以从事一切合法的活动，除非对特定行业与特定经营项目有法律上的特别准入要求。再次，逐渐实现审批权的统一。外商投资的审批当前是由商务部以自己审批和委托审批的方式统一实施，而中方"上级主管部门"一词在相关法律中的消失使这种统一性更有了保证。在内资领域，也可以尝试建立一个统一的投资审批机构负责投资审批工作，并将涉及的特定行业的审批权由该机构委托其他相关机构代为行使。最后，要实现审批条件和标准的统一，以及审批程序的透明化。尽量减少人为因素发生作用的可能性。

三、法的自由价值与内外资企业立法

（一）法的自由价值的一般考察

"国家的法律和人民的自由是并行不悖的。法律的目的不是限制和废除自由，而是保护和扩大自由。"[①]

自由一词是早在古希腊、罗马时期就已被发现并使用，至近代开始，自由通常被赋予两种意义：第一种意义上的自由是指主体不受外在压制和束缚的状态，称为"消极自由"；第二种意义上的自由指主体具有依自己独立意志行事的能力，称"积极自由"。由以上两种含义引申出法律意义上的自由，即指一定社会中的人们受到法律保障或得到法律认可的按照自己的意志进行活动的人的权利。正是由于法律的这一价值取向，才使得在法律社会下的社会主体具有了"灵魂"，使得整个人类社会变得生趣盎然，不断积极向前发展。

自由是人生而具有的属性。从哲学角度讲，自由是要能够行使自己的意志或者至少自己相信是在行使自己的意志，其是对血缘、宗法联系、思想禁锢和专制政经体制之解放。法律上的自由是对自由的设定和保障，是人们在法律许可的范围内按照自己的意志进行活动的权利。而秩序从广义而言，是指自然界与人类社会发展和变化的规律性现象，某种程序的一致性、连续性和稳定性是它的基本特征。自由与秩序本身是一对与生俱来的矛盾。当放任、无度之自由破坏了由一定生产方式所决定的作为社会之人与人的正常秩序之时，法律就必须发挥其强制作用，规制自由以恢复秩序。法律总是按既定的秩序，对社会个体不时发生的自由冲动构成约束并予以匡正，而社会经济发展不断引起新的自由要求，法律又总是在对旧的秩序时时构成冲击的轮回中不断地发展与进步自己。

---

① ［英］洛克：《政府论》，商务印书馆1964年版，第35—36页。

企业作为市场经济的主体只有在自由前提下才能作出最有效率的价值判断和选择。所以自由竞争市场机制是经济效益生成的源泉，市场交易本身就是价值实现和价值增值过程。而市场经济的自由竞争机制则完全仰赖法律机制的保护。

企业法立法中注重自由原则，实际上是为了保障营业自由。所谓营业自由，是指企业自由从事营利活动，除法律、法规另有规定外，其营业自由不受限制。营业自由包括开业自由、停业自由及交易自由。营业自由体现了个人和团体在经济领域的发展空间，是推动现代社会经济发展的不可或缺的因素。民国时期的宪法学者张知本曾云，"如营业不能自由，则个人不能发展自己之财力，以行其交易上之自由竞争，势必使工商业无显著之进步。"[①]

对营业自由的限制有来自内在的制约，也有来自国家政策角度的制约。但是，这种制约并非一成不变，其限制的领域、内容和方法，都随着价值观的变化和时代的变迁而变化。目前对营业自由限制的通常做法是：其一，营业主体的登记。营业主体登记是法治发达国家较为通行的制度安排。一方面，它是营业主体成立的要件，是一个组织实现营业自由的前提；另一方面，它也是一种营业资格和产权状况的证明，通过登记将营业者的法律状况公开，以维护交易安全。其二，为公共安全和秩序而设定的普通许可。根据我国《行政许可法》第12条第（一）项的规定，对于"直接涉及国家安全、公共安全、经济宏观调控、生态环境保护以及直接关系人身健康、生命财产安全等特定活动，需要按照法定条件予以批准的事项"，可以设定行政许可。其功能主要是防范危险，保障安全。在我国，对化学危险物品的生产经营，对麻醉药品、精神药品、毒性药品、放射性药品的生产经营，对典当业、旅馆业、公章刻制业等特种行业的运营，都设定了许可制度。其三，在专业技能和知识领域设定许可，受法律规制。根据我国《行政许可法》第12条第（三）项规定，对于提供公众服务并且直接关系公共利益的职业、行业，需要确定具备特殊信誉、特殊条件或者特殊技能等资格、资质的事项，可以设定行政许可。进入这些职业和行业的经营者，应服从国家规定的服务标准、资费标准以及行政机关依法规定的条件。对专业领域设定资质许可，有利于克服经营者的道德风险，保障消费者的权益。其四，对有限自然资源开发利用、公共资源配置以及直接关系公共利益的特定行业的市场准入设定许可。诸如电力、城市燃气、自来水业等公共事业，以及铁路、公交等运输业，承担着向国民生活必不可少的服务职能。由于这类领域的规模经济效应和自然垄断特征，企业无法在该领域展开充分竞争，所以需要进行规制立法，要求在缔约过程中，通过招标、拍卖等公平竞争的方式，选择符合条件的经营者，在经营过程中，其价

---

① 张知本：《宪法论》，中国方正出版社2004年版，第116页。

格、资费、服务均需体现服务公益之目标。① 根据我国《行政许可法》第12条第（二）项和第53条的规定，对于"有限自然资源开发利用、公共资源配置以及直接关系公共利益的特定行业的市场准入等，需要赋予特定权利的事项"可以设定许可。

（二）内外资企业立法对法的自由价值的影响

由于我国对内外资企业的立法政策有所不同，外商投资企业除了内资企业所具有的上述营业自由限制以外，通常还会受到以下方面的法律规制：

其一，设立审核审批制。对外商独资企业设立目的进行审核，确保其在我国投资能为平等互利的目标服务。《外资企业法》第3条规定："设立外资企业，必须有利于中国国民经济的发展，能够取得显著的经济效益。"《外资企业法实施细则》第2条中规定："外资企业在中国境内的经营活动，必须遵守中国法律法规，不得损害中国的社会公共利益"，第3条规定："设立外资企业，必须有利于中国国民经济的发展，能够取得显著的经济效益。国家鼓励外资企业采用先进技术和设备，从事新产品开发，实现产品升级换代，节约能源和原材料，并鼓励举办产品出口的外资企业。将外国投资项目分为鼓励、允许、限制和禁止四类。"

其二，股权转让审批。《中外合资经营企业法实施条例》第20条规定，合营一方向第三者转让其全部或者部分股权的，须经合营他方同意，并报审批机构批准，向登记管理机构办理变更登记手续。合营一方转让其全部或者部分股权时，合营他方有优先购买权。合营一方向第三者转让股权的条件，不得比向合营他方转让的条件优惠。违反上述规定的，其转让无效。

其三，并购审核审批与反垄断审查制。2006年由商务部、国资委、税务总局、工商总局、证监会和外汇管理局等6部委颁布的新的《关于外国投资者并购境内企业的规定》中，对国家经济安全的概念显得格外突出，为外资并购我国境内企业划定了一条"安全底线"。其中，第12条规定，外国投资者并购境内企业并取得实际控制权，涉及重点行业、存在影响或可能影响国家经济安全因素或者导致拥有驰名商标或中华老字号的境内企业实际控制权转移的，当事人应就此向商务部进行申报。当事人未予申报，但其并购行为对国家经济安全造成或可能造成重大影响的，商务部可会同相关部门要求当事人终止交易或采取转让相关股权、资产或其他有效措施。《反垄断法》第31条规定："对外资并购境内企业或者以其他方式参与经营者集中，涉及国家安全的，除依照本法规定进行经营者集中审查外，还应当按照国家有关规定进行国家安全审查。"

---

① 宋华琳：《营业自由及其限制——以药店距离限制事件为楔子》，载《华东政法大学学报》2008年第2期。

其四，登记项目变更审批制。《中外合资经营企业法实施条例》第 21 条规定，合营企业注册资本的增加、减少，应当由董事会会议通过，并报审批机构批准，向登记管理机构办理变更登记手续。《中外合作经营企业法实施细则》第 47 条规定，合作企业期限届满，合作各方协商同意要求延长合作期限的，应当在期限届满的 180 天前向审查批准机关提出申请，说明原合作企业合同执行情况，延长合作期限的原因，同时报送合作各方就延长的期限内各方的权利、义务等事项所达成的协议。审查批准机关应当自接到申请之日起 30 天内，决定批准或者不批准。

第三节 内外资企业互转制度

一、内外资企业互转制度的价值分析

（一）内外资企业互转的概念与特性

1. 内外资企业互转的概念。

内外资企业互转是指在企业主体资格继续保持不变的前提下，发生企业类型变更的一项法律行为。即内资企业变更为外商投资企业（中外合资、中外合作、外商独资），或外商投资企业（中外合资、中外合作、外商独资）变更为内资企业。

2. 内外资企业互转的基本的法律特征在于：

（1）互转的实质是改变原有的企业类型。互转行为不影响原企业组织体的存续，原企业权利和义务继续由变更后的企业承继。

（2）互转以股权变更或吸收增量资本方式得以实现。内资企业可以通过向外方出让股权或吸收境外资本的方式，将原有企业变更为外商投资企业。外商投资企业也可以通过向中方转让股权或吸纳中方资本，将原外商投资企业变更为内资企业。

（3）互转实际上也是一种特殊的企业改制方式。近几年，一些内资企业为了实现股份制改建，以吸收外资的方式将其改建为股份制企业，从而实现了企业产权的多元化。

（4）具有较明显的国家许可特性。内外资企业互转其产权形式本身是一项市场行为，但由于政府必须对外资进入实行监管，才使之带有政府行为的烙印。内资企业转为外商投资企业，需经对外经济贸易管理部门批准，立法也规定了这种企业组织体的变更所应具备的法定条件和批准登记程序，如注册资本中占外资比例问题，产业与行业是否符合国家有关外资投资指引问题，主管部门审批问题、登记机关变更登记问题等，具有较强的国家干预性。

（5）目前在立法层面上缺乏具体的可操作性规定。内外资企业互转制度中，外商投资的有限责任公司与内资中的有限责任公司之间发生互转在目前的立法政

策与制度层面上不会有太大的问题，问题在于内资性质的个人独资企业和合伙企业能否转为外商投资企业，以及外商投资的非有限责任公司性质的中外合作经营企业能否转为内资性质的有限责任公司、合伙企业或个人独资企业立法均不明确，给实际操作带来了诸多困难。

3. 内外资企业企业类型互转主要有两大类型：

其一，外商投资企业因股权转让，导致全部股东为中国境内投资人而引起的企业类型转变。实际登记中主要有三种情形：（1）中方股东并购合资、合作外商投资企业外方股东的全部股权；（2）境内投资人并购合资、合作外商投资企业外方股东的全部股权；（3）境内投资人并购外商独资企业的投资人全部股权。

其二，内资企业因股权全部或部分转让给境外投资人而引起的企业类型转变。《外国投资者并购境内企业暂行规定》已明确外国投资者协议购买境内非外国投资企业股东的股权或认购境内公司的，使该境内公司变更为外商投资企业（称"股权并购"），即内资企业股权全部或部分转让给境外投资者而成为外商投资企业。[①]

（二）促成内外资企业互转制度的内生性因素及价值分析

随着国际经济合作的不断深入，外商投资企业中的投资主体和投资方式日趋多元化，内外资企业的互转数量也明显趋多。据各地登记机关登记资料显示，我国近几年内外资企业互转呈加快态势。

笔者认为，促成内外资企业互转的内生性因素主要有：

1. 资本市场的兴起与发展。我国资本市场是一个新兴市场，也是一个处在转轨过程中的市场。所谓"新兴"，是指资本市场的发育成长的历史还不长，带有明显的"发展中"特点；所谓"转轨"，是指消解计划机制的影响仍是资本市场发展的一项急迫而艰巨的任务，其中包括改革上市机制、改变运用行政机制"调控"市场运行、实现股份流通、放松产品创新管制和市场准入的管制等等。我国资本市场经过20多年的快速发展，在促进产业结构调整、优化资源配置、完善企业法人治理结构、提高金融市场效率、维护金融安全等方面发挥了越来越重要的作用。资本市场的兴起带动了企业要素的流动，从而也促进了产权交易市场的发展，这些均为内外资企业互转提供了制度运行的空间。

2. 企业经营战略的调整。美国著名经济学家斯蒂格勒曾说过："综观美国著名大企业，几乎没有哪一家不是以某种方式、在某种程度上应用了兼并、收购而发展起来的。"[②] 这揭示了并购的重要性。进入20世纪90年代以来，兼并和收

---

① 魏郑池、马清江、赖文强：《对内外资公司企业类型变更互转登记若干问题的思考》，载《中国工商管理研究》2005年第2期。
② 赵炳贤著：《资本运营论》，企业管理出版社1997年版，第169页。

购作为企业产权交易和资产重组的一种重要方式,越来越广泛地为各国政府和私人投资者所采用,几乎形成一种世界性浪潮。在国际投资领域,跨越国境的企业兼并和收购也成为一种新兴的国际投资方式。在这种形势下,许多外国投资者将目标瞄准了我国的内资企业,形成了并购国有企业的热潮。内资企业与外商投资企业本着企业经营战略的考虑,均旨想在企业兼并中形成规模经济,改善资本结构,从而提高国际竞争力,而内外资企业形态的转换正是实现兼并的最好方法。外资并购中国的国有企业,对外商来说是找到了理想的投资场所,使其资本有了用武之地;对中国而言,有助于解决国有企业资金短缺,盘活资产存量,优化资源配置,有利于国有企业在更加广泛的范围内实现自身改革,建立与市场经济相适应的企业制度。

3. 产业政策的调整。我国30年的对外开放,已形成了内资企业与外商投资企业并行发展的态势,外商投资企业总资产对我国经济的贡献率已占相当高的比重(见附表1)。近几年国家又出台政策,围绕国有企业的改组、改造,积极推动外资并购。上海、山东、江苏等地也从本地国有经济调整的大局出发,集中向海外投资者推出了大量的国有资产,希望推动外资并购。一般而言,外资并购的重点行业主要集中在两类:一是关税和非关税壁垒高的行业,如汽车和化工行业。外资通过并购实现对东道国的直接投资,避开各种壁垒的限制。二是东道国鼓励外资进入的行业,如基础设施、物流、高新技术产业。外资在这些行业的并购容易得到政府的批准,同时还能享受到各种政策优惠。

附表1:我国内资企业与外商投资企业总资产贡献率比较(单位:%)

年度(年)	1998	1999	2000	2001
国有及国有控股企业	6.51	6.77	8.43	8.17
集体企业	10.35	10.39	10.98	10.93
联营企业	7.42	6.68	8.50	9.52
有限责任公司	5.89	5.58	6.63	7.17
股份有限公司	8.44	8.84	14.41	12.85
港、澳、台商投资企业	6.70	7.34	8.89	8.68
外商投资企业	6.82	8.46	10.52	10.74

资料来源:根据中国统计年鉴(2002)整理。

4. 不同类型企业待遇差异性的缩小。随着我国加入WTO后对各类企业实施国民待遇所作出的承诺,尤其是内外资企业所得税的统一,内外资企业的待遇差异性逐步减小,为企业之间的转换提供了制度上的可能性。外商投资企业"超国民待遇"和"次国民待遇"的问题主要是由我国传统外资法引发的。具体而言，我国外资法对外商投资企业在税收、进出口权以及关税等方面都规定了较多优惠，与内资企业相比，这些外商投资企业明显享受着"超国民待遇"。与此同时，外资法又对外商投资企业在当地成分、原料进口、外汇平衡、国内销售以及投资领域等方面进行了诸多限制，使外商投资企业又处于"次国民待遇"的地位。为了适应入世需要，我国分别于2000年10月与2001年3月对三大外商投资企业法进行了修改，取消了当地成分、出口实绩以及外汇平衡等方面的要求和限制，基本上满足了WTO其他缔约方在我国入世谈判时对我国的要价。其结果是不同类型企业待遇差异性的缩少，为内外资企业互转提供了现实条件。

(三) 内外资企业互转制度的立法政策现状与问题

从国家法律的层面分析，应当认为，目前，我国对内外资企业互转只有一些零星的操作规范，尚未形成完整的制度体系。目前，涉及这一方面的立法政策主要有以下几个方面：

其一，2001年11月22日修订的《外商投资企业合并与分立的规定》。该规定明确指出，依照中国法律在中国境内设立的中外合资经营企业、具有法人资格的中外合作经营企业、外资企业、外商投资股份有限公司之间合并或分立可以采取吸收合并和新设合并两种形式。在《指导外商投资方向暂行规定》和《外商投资产业指导目录》的前提指导下，其合并后的组织形式规定为有限责任公司之间合并后为有限责任公司；股份有限公司之间合并后为股份有限公司。上市的股份有限公司与有限责任公司合并后为股份有限公司，非上市的股份有限公司与有限责任公司合并后可以是股份有限公司，也可以是有限责任公司。其中外国投资者的股权比例不得低于合并后公司注册资本的25%。这一规定实际上对外商投资企业之间合并的组织形式做了具体规定。由于对各类组织体的合并与分立提出了相关的要求，也可为内外资企业互转制度所借鉴。

其二，2002年11月1日，中国证监会、财政部和国家经贸委联合发布《关于向外商转让国有股和法人股有关问题的通知》，允许向外商转让上市公司的国有股和法人股。这一规定标志着我国外资并购国有企业的政策又向前迈进了一大步，也表明中国在加入WTO后正在加速将自己融入世界的大循环之中。

其三，2003年我国原对外贸易经济合作部等四部局颁布了《外国投资者并购境内企业暂行规定》（以下简称《并购规定》），2006年由商务部、国资委、税务总局、工商总局、证监会和外汇管理局等6部委又颁布了新的《关于外国投资者并购境内企业的规定》。这是一部迄今为止我国在外资并购领域里最完整和最具操作性的规范性法律文件，对于改进我国招商引资的模式，促进外资通过并购方式直接参与境内企业的改制重组，提高利用外资的质量和水平具有重要的意义。根据《并购规定》，外资并购境内企业可分为股权式并购和资产式并购两种基本模式。

其四,各地工商行政管理机关相关文件。如湖北省工商行政管理局《外商投资企业与内资企业互转企业类别变更登记的暂行规定》(2001年),北京市对外经济贸易委员会《北京市外商投资企业与内资企业转制审批办法》(1999年)。

内外资企业互转制度是新生事物,在运作过程中出现了许多不规范的现象,法律和制度构建尚显欠缺,存在一些亟待解决的法律问题。

一是,当外商投资企业合并内资企业后,其性质变更为外商投资企业,那么就必须接受我国现行三部外资法中任一部法的约束。但变更后的外商投资企业究竟是按中外合资经营企业法设立有限公司制,还是按中外合作经营企业法设立非公司制企业,或按外商投资企业法设立完全外资性质的有限责任制?在现有的规定中回避了使用合伙与独资的企业经济性质的表述,而直接采用有限责任公司、股份有限公司这些组织形式进行描述,虽然显得清楚明了,却可能造成将来确定企业经济性质时的模糊。

二是,由于《公司法》中相关公司组织形式的规定与三部单行的外商投资企业法有出入,外商投资企业合并国内有限公司后,可能存在组织机构冲突的问题。如果外资合并方是中外合资企业,根据《中外合资经营企业法》的规定,其组织形式是有限责任公司,最高权力机构是董事会,无须设立股东会和监事会,而国内投资主体创办公司必须依据《公司法》规定,即内部必须包括股东会、董事会和监事会。如果一个中外合资企业与国内有限责任公司合并,是否要撤销国内公司原有的股东会和监事会?

三是,外商投资企业全资或控股收购内资企业或公司时,由于内资企业主体依然存在,是否因为它已成为外商投资企业而需要重新依照外资单行法规定,经过复杂审批程序才可成为外商投资企业?如中外合作经营企业控股收购一家内资企业,该企业是否就转变成一家外商投资企业?是中外合作经营企业还是合资企业?适用哪部单行法?如果内资主体为有限责任公司,是否要撤销国内公司原有的股东会和监事会?

二、内资企业转换为外商投资企业的制度构建

(一)内资企业转换为外商投资企业的基本途径

内资企业转换为外商投资企业,通常通过两种途径进行:

一是股权转让。现实中以购并方式实施股权转让居多。1992年"香港中策公司"一揽子收购泉州37家国有企业;1995年8月日本五十铃和伊藤忠株式会社协议收购北旅汽车25%的股权;同年美国福特汽车公司协议认购占江铃汽车总股本20%的股份,增发B股成为其第二大股东。以上均是以购并方式设立中外合营企业之作。

二是吸收境外投资增量扩股。近几年来,外商投资企业大举进军我国市场,掀起了外资并购我国企业的浪潮。外资为了达到对国内企业控制的目的,在收购过程中往往与增量扩股同时进行，以增加外资在中外合作企业、中外合资企业中的比重，出现了饮料、化妆品、洗涤剂、啤酒等行业被外资增量扩股从而形成控股的局面。

（二）内资企业转为外资企业的基本条件

从满足外商投资企业的法律要求考虑，内资企业转为外商投资企业的基本条件应包括以下方面：

1. 外方的出资额应当达到企业注册资本的25%以上。

2. 转型后如需保留中方出资人的，该中方的出资人应为企业法人。如因并购行为，需保留中方出资人为自然人时，其在原内资企业的出资应当达到1年以上。

3. 企业经营项目符合关于外商准入领域的规定。属于国家限制项目的，应当取得审批机关批准。

（三）内资企业转为外资企业的基本程序

1. 内资企业转为外商投资企业的程序。

（1）内资企业转为外商投资企业，应当取得审批机关批准，持《批准证书》和批文，向原登记机关提出申请。

（2）原登记机关对企业提交的材料进行审查，符合规定的，将《企业类型变更登记建议函》和企业档案转交外商投资企业登记机构。

（3）审批机关批准之日起30日内，申请人持原登记机关出具的材料，到外商投资企业登记机构办理变更登记。外商投资企业登记机构受理后，在法定期限内作出核准或核驳的决定。对核准的企业，按变更登记程序办理，核发相应的企业法人营业执照，同时向内资企业登记机构回转《企业类型变更登记建议函回执》，并将变更登记资料与原企业登记档案一并归档；对核驳的，将《企业类型变更登记建议函回执》及原企业登记档案退回内资企业登记机构。

2. 内资企业转为外商投资企业应提交的材料：

（1）向内资企业登记机关提交的材料：①公司法定代表人签署的《公司变更登记申请书》；②股东会、董事会决议；③审批机关颁发的《批准证书》及批文的复印件；④转让方与受让方及其他投资方签署的股权转让协议复印件；⑤营业执照正、副本原件；⑥法律、法规及规章规定的其他材料。

（2）向外商投资企业登记机关提交下列材料：①公司法定代表人签署的《外商投资企业变更登记申请书》；②原股东会同意股权转让的决议；③《批准证书》及批文原件；④转让方与受让方及其他投资者签署的股权转让协议原件；⑤外商投资企业董事会成员、董事长、正副总经理的任职文件；⑥投资者合法开业证明；⑦投资者的资信证明；⑧外商投资企业合同、章程；⑨名称预先核准通知书。法律、法规及规章规定的其他材料。

国内股份公司转为外商投资股份公司，需提交国家商务部颁发的《批准证书》和批文，由省工商局登记。内资企业转为外商投资企业，其项目属于限制类的，应由省工商局登记。

内资企业变更为外商投资企业，内资企业原设立的分支机构应变更为外商资企业的分支机构。

三、外资企业转换为内资企业的制度构建

（一）外商投资企业转为内资企业的法定条件

应当符合内资企业的设立条件：其一，企业名称符合企业名称管理规定；其二，符合内资企业法对设立要求的规定。

（二）外商投资企业转为内资企业的基本程序

1. 外商投资企业在经营期限内申请转为内资企业，应经原审批部门批准后，向原登记机关申请；外商投资企业经营期限届满转为内资企业的，直接向原登记机关申请。

2. 外商投资企业登记机构对企业提交的材料进行审查，符合规定的，在规定期限内，向企业出具《企业类别互转变更登记建议函》（以下简称《建议函》）；企业持《建议函》向所在地有管辖权的内资企业登记机构领取登记表格，申请变更登记；同时，外商投资企业登记机构将《企业类别互转档案移交单》（以下简称《档案移交单》）连同企业原始档案一并移交给内资企业登记机构。

3. 内资企业登记机构凭企业提交的《建议函》和符合规定的变更登记申请材料，受理企业的变更登记，并自受理之日法定工作日内作出核准或核驳的决定。对于核准的企业，核发相应类别的企业法人营业执照，同时向外商投资企业登记机构回转《企业类别互转变更登记建议函回执》（以下简称《建议函回执》），并将变更登记材料与企业原始登记档案一并归档。对核驳的，应将《建议函回执》、《档案移交单》及企业原始登记档案一并退回外商投资企业登记机构。

（三）外商投资企业转为内资企业需提交的申办材料

1. 向外商投资企业登记主管机关提交下列材料：（1）外商投资企业董事长签署的《外商投资企业变更登记申请书》；（2）原审批机关同意股权转让、变更企业类别、撤销《批准证书》的批准文件（外商投资企业经营期限届满的不需提交）；（3）外商投资企业董事会关于投资者股权及企业类别变更的决议；（4）出让方、受让方及其他投资者签署的股权转让协议；（5）原投资方签署的关于中止原企业合同、章程的协议；（6）海关、税务部门的完税证明；（7）营业执照的正、副本原件及不符合内资企业名称管理规定的公司印章；（8）法律、法规及规章规定的其他文件。

2. 向内资企业登记机关提交下列材料：（1）企业法定代表人签署的《公司

设立登记申请书》；（2）修改后的公司章程；（3）股权转让协议；（4）具有法定资格的验资机构出具该企业注册资本金到位情况的审计报告；（5）受让中方企业法人营业执照复印件（加盖原登记机关印章）；（6）载明公司董事、监事、经理的姓名、住所以及有关委派、选举或者聘用的文件；（7）属于国有资产转让，须提交国有资产管理部门出具的有关文件；（8）原外商投资企业营业执照复件印（加盖原登记机关印章）；（9）名称预先核准预先通知。法律、法规及规章规定的其他材料。

第四节 内外资企业制度的融合与分野

一、内外资企业制度的融合

（一）内外资企业法融合的动因：消除企业法之间的交叉与冲突

目前，我国对内资企业的法律制度由《公司法》所设定的有限公司和股份有限公司；由《合伙企业法》所设定的合伙企业；由《个人独资企业法》所设定的独资企业，由"国有企业法"和"集体企业法"所设定的国有企业和集体企业。这几种组织形式基本上涵盖市场经济社会中所需要的企业组织形式。

但是，审视外商投资企业法所设定的组织形式，就很难形成具有企业类型化的个性特征。在外商投资企业法所设定的三种企业形态中，除了具有一定的与所有制相联系的产权关系功能外，其组织形式并无特殊性。有学者认为，对三种企业分别立法的模式就或多或少地受到了当时以所有制为标准进行立法的影响，《中外合资经营企业法》、《中外合作经营企业法》和《外资企业法》正是"国有企业法"、"集体企业法"和"私营企业法"这一立法序列的延续。外商投资企业法的现实存在，增加了与其他企业法之间的交叉与冲突。[①]

在三种外商投资企业中，中外合资企业的组织形态较为明晰，《中外合资企业法》明确界定其为有限责任公司。而中外合作企业的组织形态则较为模糊，可分为法人式和非法人式企业两类。法人式合作企业的组织形态大都表现为有限公司，而非法人的合作企业其组织形态问题立法对此并未明文规定，目前，理论界一般认为，这种企业应属于合伙企业，合伙人的权利义务由合同约定，合伙人对企业债务承担无限责任。外资企业的组织形态，《外资企业法实施细则》规定为："外资企业的组织形式为有限责任公司，经批准也可以为其他责任形式。"这意味着，外资企业的组织形式更为灵活，具有法人资格的外资企业可以是有限责任公司，也可以是股份公司，而不具有法人资格的外资企业则可能采取合伙企业、也可能采取独资企业的形式。其实，在完善我国现有企业法律制度的前提

---

① 杜惟毅：《论我国外商投资企业法的重构与革新》，载《河北经贸大学学报》2000年第3期。

下，外商直接投资所采用的企业形式，完全可以由投资者在现有的企业法律形态中自由选择，不应该、也没有必要存在所谓内外有别的企业组织形态。对企业组织形式作这种不确定性的立法，在我国唯有外商投资企业法所独有，其适用后果是势必与公司法产生冲突，即对于一个有限公司或股份有限公司性质的外商投资企业来说，其设立、组织机构及其活动，到底应遵循外商投资企业法，还是公司法？

其次，这种冲突还来自于法律规则的冲突。将外商投资企业法与公司法的法律规则加以综合比较，可以归纳为以下三种情况：其一，二者的法律规定完全相同或类似。如股东按出资比例分配利润的规定、关于股东以其出资额为限对公司承担责任的规定等。其二，二者对同样法律事项作出完全不同的法律规定，这种情况构成了外商投资企业法和公司法相互关系的主要特点。如设立制度、组织机构、投资回收制度等。其三，二者又各有自己的特定事项和内容。这些事项和内容为外商投资企业法或公司法所独有。如外商投资企业法中关于合资合同、合作合同的规定，关于外国合营者投资比例的规定，关于设立合资企业的行业限制的规定，关于外汇管理、税收优惠的规定等，这些在公司法中都没有作出规定。上述三方面情况的存在，必然导致法律规则适用上的冲突。[①]

如何处理它们之间的冲突，国内学者提出了许多不同的观点，可谓是智者见智，仁者见仁。有学者认为，对于外商投资企业法未规定而《公司法》作出了规定的内容，外商投资企业适用公司法；对于外商投资企业法和公司法规定不一致的，依照"特别法优于一般法"的原则，外商投资企业法应优先适用。也有学者认为，两者应根据"新法优于旧法"的原则处理，即《公司法》应优于外商投资企业法而适用。还有学者反对前两种处理规则，认为外商投资企业法先于《公司法》制定，根本不可能根据《公司法》作出特殊规定，因而根本不能适用这一原则。"后法优于先法"一般针对的是同一部法律的继承关系，而《公司法》和外商投资企业法之间并不存在继承关系，如果适用这一原则来解决外商投资企业法和《公司法》的冲突，那么外商投资企业法的大部分内容都会因为与《公司法》冲突而遭到否定，这就摧毁了外商投资企业法存在的根基，在立法机关并未宣布外商投资企业法失效的情况下，这种作法显然也不合适。[②]

正是基于减少企业法之间的交叉与冲突的动因，目前理论界多认为，外商投

[①] 赵旭东：《外商投资企业法与公司法的法律冲突与法律适用》，来源：http://kbs.cnki.net/forums/31664/ShowThread.aspx.

[②] 有关这一方面的学术观点，参见：罗世英、李玫：《我国公司法对外商投资企业的适用》，载《法学研究》1997年第6期；卢炯星：《论完善外商投资法律制度》，载《中国法学》1996年第3期；郭延曦主编：《新编涉外经济法学》，复旦大学出版社1996年版，第39页；沈四宝：《外商投资企业适用公司法的若干问题》，载《中国法学》1995年第1期；李强：《外商投资企业若干法律制度的重构》，中国社会科学院研究生院的硕士论文；冉昊：《论公司法对外商投资企业的适用》，http://www.iolaw.org.cn.

资企业法体系不能孤立地设计,应当结合内资企业现有的组织形态进行理化构建。

(二) 内外资企业法融合的基点:各种企业法具有的同质性

不论是"国有企业法"、"集体企业法"、"私营企业法"还是"外商投资企业法",不论是《公司法》、《合伙企业法》还是《个人独资企业法》,尽管其制度差异性是明显的,但它们作为企业法,具有许多同质性的方面。

首先,作为企业组织法其规范的范围大体相当。企业组织法是规范企业设立、终止、组织机构及其活动范围、活动规则的法律规范。作为企业组织法,它是赋予企业以市场主体资格的法,也是规范市场主体运行的法,对外国投资者与国内投资者一经投资组建了企业实体,就不应有太多的区别,应统一立法。

其次,作为企业组织法其规范调整的关系大体相当。企业组织法调整的关系主要包括三大类,即为企业运行关系(企业的设立、终止与运行)、与企业组织法相联系的交易关系(企业股权转让关系、企业债与公司债发行关系、企业并购等)以及国家对企业的管理关系。外商投资企业法如果撇开对外资准入与监管的内容,实与内资企业的调整关系趋同。"涉外性"对于外资的监管行为会有影响,但并不影响企业组织法的调整关系。外商投资企业尽管有其投资来源的特殊性,但在法律性质上,如果将其定性为有限责任公司或股份有限公司,就当然应具有与其他公司企业相同的法律地位和组织结构,并应适用相同的公司规范。否则我们将会看到"一种公司、两种制度"的法律奇观,同是有限公司,外商投资的有限公司与普通有限公司名同而实异,如此状态,将使法律的理解和适用变得游移不定,法律概念和法律制度的严肃性和统一性也会由此被破坏。[①]

再次,作为企业组织法其所体现的立法原则大体相当。促进投资、便利交易和保护交易安全是企业法立法原则的综合性反映。如果撇开外资管理政策中的经济安全原则,那么外商投资企业所适用的立法原则与内资企业法的立法原则处于类同。以吸引外资为理由主张外商投资企业法有其独特的原则,理由并不充分。一个国家或投资地域对外资的吸引力有多方面的因素,其中既有经营资源的因素,又有劳动力的因素;既有市场的因素,又有投资环境的因素;既有政策优惠的因素,也有法律制度的因素等而在不同国家的不同时期,其吸引外资的主要因素又是有所变化的。对我国而言,20世纪80年代和90年代的前期对外资的吸引力主要在于税收、关税等优惠政策,而90年代后期和进入21世纪之后,则主要在于低廉的劳动力和巨大的市场法律制度的完善,但这种制度的完善是整个社会法律制度的完善和法律环境的优良,决不是意味着对外资的单独立法,更不意

---

① 赵旭东:《融合还是并行——外商投资企业法与公司法的立法选择》,载《法律适用》2005年第3期。

味着在织织法上制定专门的外商投资企业法,西方国家吸引境外投资的主要因素之一就是其法律的严密和完善,但他们并无针对外资的公司法或企业法。当然,对我国这样一个发展中国家,在一定时期内将外资政策的优惠上升为法律,并制定专门的规范是必要的,但法律部门的性质和分工表明,这一任务并不属于作为商事组织法的公司法,而属于直接体现外资政策的外国投资法。

最后,三大外商投资企业法的框架与《公司法》基本一致与相似。《公司法》是在总结这三大法律的实践经验的基础上公布实施的,具有全面和系统等特点。《公司法》的许多内容构成了对外商投资企业法的重要补充。这些内容主要包括:(1)有限责任公司的具体权利义务;(2)分公司和子公司的法律地位;(3)董事长与其他高级管理人员的具体职权;(4)法律责任,包括公司、法定代表人、公司发起人,特别是董事、监事、经理的忠实义务与注意义务违反所引致的法律责任。此外,《公司法》关于有限责任公司在其经营期限内可以减少注册资本、股东之间可以自由转让其出资、向股东以外的人转让其出资须经全体股东过半数同意等规定虽与外商投资企业法的有关规定不同,但更接近国际惯例和企业法的基本特点。

(三)内外资企业法融合的时代背景:谋求市场主体的平等地位

随着我国社会主义市场经济体制的建立和完善及外国直接投资自由化程度的不断提高,中国原有的内、外资分别立法的状况将得到根本地改变。市场经济体制的建立和完善,要求市场主体的平等,也要求为市场主体提供适合市场经济的法律秩序,即公正自由的法律秩序。同时,国际经济及区域经济一体化的大势,也使得我国必须在投资自由化程度的提高和国民待遇原则适用范围的扩大等问题上不断努力。

外商投资企业法是在我国改革开放初期为广泛吸收境外投资而制定的,20多年过去,外商投资企业法赖以存在的社会条件发生了巨大的变化,我国的市场经济的基本结构已经形成。市场经济的根本机制是公平竞争,公平竞争要求市场统一、市场主体平等和市场交易规则的规范,但是在现有的外资企业法中,既有大量的对外商的优惠规定,也有不少的限制性的规定,外商所获得的经营条件既有优于内资公司之处,又有劣于内资公司之处这一不公平的竞争状态。

(四)内外资企业法融合的契机:法律的修改与企业制度的创新

我国《公司法》、《合伙企业法》、《个人独资企业法》的相应制定及修改为内外资企业法的融合创造了契机。

首先,《公司法》修改后资本缴付制度发生了变化,由原来的实缴资本制修改为分期缴付制,使外商投资企业的分期缴付制向公司法的分期缴付制转变提供了一个良好的制度样态。

其次,一人公司的合法性确认,为外商独资企业采取有限责任公司形式提供了良好的制度样态。

再次,《合伙企业法》的修改,将合伙人主体从一般自然人拓展到法人和其他组织,使一部分实行契约式经营的中外合作经营企业由《合伙企业法》调整成为可能。

最后,《个人独资企业法》的制定实施为外商创办独资企业提供了契机。关于外国投资者一人设立的非法人企业是否适用《个人独资企业法》,现有的问题并非在于《外资企业法》本身,而在于《个人独资企业法》。根据《外资企业法》及其实施细则,外资企业的组织形式为有限责任公司;经批准也可以为其他责任形式;外资企业为其他责任形式的,外国投资者对企业的责任适用中国法律、法规的规定。这意味着外资企业中的个人独资可以按《个人独资企业法》予以设立;但是比较2001年1月开始施行的《个人独资企业法》,独资的非公司性质的外商投资企业仍然是无法可依。因为该法第47条明确规定:"外商独资企业不适用本法"。导致外资企业的组织形式在实践中难以选择个人独资企业。

(五) 内外资企业融合的运行起点:登记制度的统一

目前,在企业登记注册实践中,内外资企业登记存在着由一般法与特别法调整的两种不同的登记注册制度,首先,两者适用法律不同,外商投资企业不但适用《公司法》的一般原则规定,而且要优先适用外商投资企业法的特别规定;其次,登记权权属来源不同。外商投资企业登记除国家工商行政管理总局直接登记外,其他工商行政管理机关的登记属于授权登记;再次,登记的流程不同。内资企业的登记一般不需要政府审批部门批准,而外商投资企业申请登记需先经政府审批部门批准。而且,在工商行政管理机关内部,内资企业与外资企业登记又不是在一个登记职能部门中。这种登记制度运行中的差异性的实质是"内外有别,互不相通",直接影响了内外资企业的融合运行,加大了操作上的难度。解决的途径与办法有:登记机关内的职能部门合一,不再分内资企业登记与外资企业登记;针对目前分级登记情况,内资企业拟变更为外资企业的,按照行政许可原则,申请人只是向有管辖权的登记机关提出申请,而原登记机关负有移交登记管辖权和登记档案的义务;对于外商投资企业变更为内资企业的,申请人向拟变更类型企业登记机关提出申请,登记机关在申请材料齐全并符合法定形式后,应当决定予以受理。但因涉及登记档案移交、申请材料需要核实等,可书面告知申请人需要核实的事项、理由及时间,期限可根据核实情况自受理之日起15日内作出是否准予登记的决定。

二、外资管理制度与外资企业制度的分野

(一) 外资管理法与企业法的分野

综观世界各国的外资立法,以企业为本位进行外资立法的并不多见,大多数

国家采取以资本为本位进行立法。比如，加拿大于 1974 年制定《外国投资审查法》，1985 年通过《外国投资法》，主要规定外国投资者的准入、限制、审查、监督及鼓励措施，对于企业的设立和运行并没有作出特殊性的规定。发展中国家一般也很少采用对外商投资企业专项立法的模式，马来西亚的外资法主要包括：投资奖励法、工业调整法、劳动关系法等等，主要是对于外国投资的行业准入、申请、审计、限制和优惠等进行规定，对于外商投资企业和一般的国内企业，公司法一视同仁同等适用。澳大利亚、智利、叙利亚、埃及、沙特阿拉伯、印度尼西亚等国也采取这一立法模式。只有匈牙利 1972 年《与外资合办经济企业的法令》、前捷克斯洛伐克 1989 年《外资参股企业法》和前苏联 1987 年《合营企业法》、罗马尼亚 1979 年《关于建立外资参与的合营企业的法令》、《建立和组织合资公司法》；保加利亚 1980 年的《合营企业法》等社会主义国家的外资法采取这种以企业为本位的立法模式。

借鉴国外有益经验，制定统一的《外国投资法》，专门对外资准入的产业政策和外资防范政策作出规定。

统一的《外国投资法》将取代现行的《中外合资经营企业法》、《中外合作经营企业法》和《外资企业法》，将现行三部外商投资法及其实施细则的相关规定进行分离，作如下处理：

首先，将调整外商投资企业设立、机构、终止、内部经营管理、股东权、合并分立、破产、解散和清算、财务和会计等内容划归《公司法》、《合伙企业法》、《个人独资企业法》等企业组织法中；

其次，将外国投资的方式、外资的准入和产业导向、外商待遇标准、外商投资审查的机构、程序和标准、对外资管理和监督、外资的法律保护以及法律责任作为新的《外国投资法》调整的内容；

最后，将与外商投资企业经营活动有关的监督和管理问题，如外汇、税收和技术引进等直接纳入相关的经济管理法律部门之中，不必留在外资法中。外商投资企业的税收归税法调整，外汇管理归外汇管理法调整，海关进出口管理归海关法调整，信贷管理归金融法调整，财务与会计归会计法调整，工会归工会法调整，职工权益归劳动法调整等等。

（二）外商投资管理制度的革新

在新的历史时期，对外国投资者实行严格的行政审批已经不适用我国完善社会主义市场经济体制的需要，将审批制度进行必要的改革，减少外商投资企业的审批层次，简化审批程序，对重构我国外资利用政策具有重要意义。

1. 对国家鼓励性的外商投资项目，由审批制改为备案制。依据 2002 年国务院新颁布的《指导外商投资方向规定》和国家计委、经贸委、外经贸部联合新颁布的《外商投资产业指导目录》，外商投资的鼓励类项目由 186 条增加到 262

条，限制类由 112 条减少到 75 条；禁止类仅仅 35 项。对于鼓励类的项目，继续由审批部门进行审批已经没有意义，可实行备案制。实行备案制的目的，主要是，政府可以全面掌握外商投资意向信息，及时、准确地监测外商投资运行情况，适时发布投资信息，引导外商投资方向。备案后可以直接到工商登记机关办理注册登记，领取营业执照。

2. 对需要行业许可的国家鼓励性投资项目，在取得行业许可后，可以直接到工商行政机关办理工商登记。值得可喜的是，2005 年 2 月 1 日，商务部、国家工商行政管理总局下发了《关于国际货物运输代理企业登记和管理有关问题的通知》（商贸发〔2005〕32 号），明确规定，对于从事该行业的企业不再进行前置性的资格审批，可以直接办理工商营业登记。

可以预见，随着我国法制的日益健全，行政部门的依法行政意识的增强，部门之间的利益意识的削弱，对国家鼓励类项目的前置审批程序会越来越少，这对于激发投资者的信心极为重要。[①]

3. 对国家限制性投资项目，仍实行由国家商务部及其授权机关的审批制度。限制类项目较多地涉及特定的行业领域，如金融、保险、批发和零售贸易业、交通运输以及涉及公共事业、公共秩序和公共卫生领域。对于这些项目需先向政府有关的主管部门申请批准，然后办理工商登记制度。

需要明确的是，限制类项目的这种申请，仅仅是市场准入的审批，而并不是对合同以及章程的审批。这与原外经贸部门对合同以及章程的审批应有所不同。在市场经济条件下，合同作为私法约束的协议性文件，其成立与有效不应该由国家来干预，唯有该合同中的内容侵犯了国家的利益和社会公共利益，国家才予以干涉。因此，外商投资主管部门对合同进行审批，并且该审批直接决定合同是否有效，与现代法制的要求不相吻合，应予以改革。

（三）外商投资企业法的革新

当"外国投资管理法"与企业法分离后，企业法中反映外商投资主体及外商投资企业运营的内容，应在现有体系的基础上有所革新，尽快修改外商投资企业法中不合理的规定，按照市场经济和世贸组织协定的要求对其进行重塑。

1. 体现市场主体平等竞争理念。目前外商投资企业和内资企业在投资方法、投资领域、原材料供应、市场销售和优惠待遇等方面享受不同待遇，违背了 TRIMs 协定中的"非歧视原则"。在我国加入 WTO 的今天，应对我国外商投资企业法中与"国民待遇原则"不一致的条款进行修改，逐步实现对内外资企业一视同仁，取消外商投资企业的普遍性优惠，实行行业优惠和地区优惠；给予外商投资企业在国内外购买原材料和销售产品的自主权；放宽外汇管理，使外商投

---

① 李强：《外商投资企业若干法律制度的重构》，中国社会科学院研究生院的硕士论文。

资企业法在内容上符合国际条约的要求。①

2. 准许我国个人作为中外合营企业的投资者。2001年年底，就在我国成为世贸组织成员的同一天，国家计委下发了《关于促进和引导民间投资的意见》，提出对民间投资实行公平合理的税费政策，要求各地区、各有关部门清理和调整不公平的税负，取消不合理的收费；同年，国务院颁布了新修改的《电影院管理条例》，允许个人投资建设电影院，打破了电影投资领域个人不能投资的禁区；国家颁布的《个人独资企业法》体现了对个人投资的立法态度，所有迹象表明，我国公民个人可以作为国内投资主体，理应可作为中外合营企业的投资主体。

3. 增扩和完善外商投资企业的组织形式。应准许设立中外合资股份有限公司、外商投资股份有限公司和外商投资性公司。进入20世纪90年代以来，在我国出现了一种所谓的中外股份有限公司，它是指一定人数以上的中外股东设立、全部资本由等额股份构成，外国股东可自由兑换外币购买并持有公司注册资本一定比例（25%）以上股份、股东以其所认购的股份对公司承担责任，公司以全部资产对公司债务承担责任的企业法人。中外股份有限公司是否成为一种新的外商投资企业类型，目前尚无专门的法律予以规定，原外经贸部于1995年曾发布过《关于设立外商投资股份有限公司若干问题的暂行规定》，但是该规定只是部门规章，并没有从法律的层面解决当时《公司法》的限制问题，《公司法》修订后，现已明确了外商可以设立股份有限责任公司。但是需要指出的是，《中外合资企业法》第4条规定："合营企业的形式为有限责任公司。"故又依《公司法》第218条之规定，中外合资企业尚不得为股份有限公司。除中外合资股份有限公司，目前在我国还存在外商投资性公司，即指外国投资者在中国境内以独资或与中国投资者合资的形式设立的从事直接投资的公司，其形式为有限责任公司，目前主要在国家鼓励和允许外商投资的工业、农业、基础设施、能源等领域进行投资，对外商投资性公司我国立法也应作出更为具体和明确的规定。

4. 准许设立外商投资的合伙制企业和独资企业。鉴于我国《合伙企业法》和《个人独资企业法》的制定已预示着市场主体逐趋平等，也体现了鼓励人们投资创业的精神。为了与之衔接，除上述外商投资的公司制形式外，外商投资企业法律体系中也应包括合伙企业与个人独资企业。合伙企业与个人独资企业应成为外商投资企业中组织形态的重要补充。其内部管理机制、财产归属、责任形式等应分别适用《合伙企业法》和《个人独资企业法》。

5. 建立外商投资企业应实行新设方式与变更方式并举。现有的外商投资企业法从其规定的内容分析，主要集中于以新设方式建立的外商投资企业，对于以

---

① 杜惟毅：《论我国外商投资企业法的重构与革新》，载《河北经贸大学学报》2000年第3期。

购并方式建立的外商投资企业,规定几乎是一片空白。以变更方式建立外商投资企业较之以新设方式建立外商投资企业更为复杂,它不仅仅涉及外资的准入问题,还涉及企业性质的转变、国有资产和职工权益的保护、监管和法律适用等诸多问题。这对目前内容失衡的外商投资企业法提出了严峻挑战。国外许多国家都有针对外资并购的专项立法,例如澳大利亚《外国接管法》、瑞典《外国人收购瑞典人企业法》和芬兰的《外国人收购芬兰公司管理法》等,这些都值得我国的外资立法加以借鉴。为改变这一立法上的空缺现象,目前以制定单行性的规章加以弥补,但影响了法律制度构建上的系统性。因此,在未来的外商投资企业法的构建中,应注重新设方式与变更方式并举。

主要参考书目

1. 王泽鉴著：《民法学说与判例研究》，中国政法大学出版社 1998 年版。
2. 江平主编：《新编公司法教程》，法律出版社 1994 年版。
3. 江平主编：《法人制度论》，中国政法大学出版社 1994 年版。
4. 康德琯、林庆苗著：《国有企业改革的经济学与法学分析》，中国政法大学出版社 1998 年版。
5. 刘俊海著：《股份有限公司股东权的保护》（修订本），法律出版社 2004 年版。
6. 刘俊海著：《股东权法律保护概论》，人民法院出版社 1995 年版。
7. 赵旭东著：《企业与公司法纵论》，法律出版社 2003 年版。
8. 赵旭东主编：《新公司法讲义》，人民法院出版社 2005 年版。
9. 赵旭东主编：《新公司法制度设计》，法律出版社 2006 年版。
10. 史际春主编：《企业法与公司法》，中国人民大学出版社 2002 年版。
11. 罗际春著：《国有企业法论》，中国法制出版社 1997 年版。
12. 崔勤之、陈世荣著：《全民所有制工业企业法通论》，中国标准出版社 1990 年版。
13. 郑立、王益英著：《企业法通论》，中国人民大学出版社 1993 年版。
14. 刘俊肖著：《企业法通论》，地质出版社 1994 年版。
15. 沈志坤著：《企业法通论》，杭州大学出版社 1995 年版。
16. 刘丰名著：《股份公司与合资企业法》，中国政法大学出版社 2001 年修订版。
17. 金福海、张红霞著：《股份合作制与股份合作企业法》，山东人民出版社 2000 年版。
18. 刘瑞复著：《企业法通论》，北京大学出版社 2005 年版。
19. 张士元等主编：《企业法》，法律出版社 1997 年版。
20. 王妍著：《中国企业法律制度的评判与探析》，法律出版社 2006 年版。
21. 全国人大财经委员会编：《合伙企业法、独资企业法热点问题研究》，人民法院出版社 1996 年版。
22. 成先平著：《中国外资投资企业法律制度重建研究》，郑州大学出版社 2005 年版。

23. 卢炯星主编：《中国外商投资法问题研究》，法律出版社 2001 年版。
24. 吴振国著：《中小企业法研究》，法律出版社 2002 年版。
25. 梅慎实著：《现代公司机关权力构造论——公司治理结构的法律分析》，中国政法大学出版社 1994 年版。
26. 梅慎实著：《现代公司法人治理结构规范运作论》，中国法制出版社 2001 年版。
27. 石少侠主编：《公司法教程》，中国政法大学出版社 1999 年版。
28. 周友苏著：《公司法通论》，四川人民出版社 2002 年版。
29. 张穹主编：《新公司法修订研究报告》（上、中、下册），中国法制出版社 2005 年版。
30. 朱慈蕴著：《公司法人格否认法理研究》，法律出版社 1998 年版。
31. 冯果著：《现代公司资本制度比较研究》，武汉大学出版社 2000 年版。
32. 朱伟一著：《美国公司法判例解析》，中国法制出版社 2000 年版。
33. 殷召良著：《公司控制权法律问题研究》，法律出版社 2001 年版。
34. 程合红等著：《国有股权研究》，中国政法大学出版社 2000 年版。
35. 曹顺明著：《股份有限公司董事损害赔偿责任研究》，中国法制出版社 2005 年版。
36. 徐学鹿主编：《企业改制及运行的法律控制》，人民法院出版社 2002 年版。
37. 王亦平等著：《公司法理与购并运作》，人民法院出版社 1999 年版。
38. 王文宇著：《新公司与企业法》，中国政法大学出版社 2003 年版。
39. 顾功耘主编：《市场秩序与公司法之完善》，人民法院出版社 2000 年版。
40. 顾功耘主编：《公司法》，北京大学出版社 1999 年版。
41. 顾功耘主编：《国有经济与经济法理论创新》，北京大学出版社 2005 年版。
42. 顾功耘等著：《国有经济法论》，北京大学出版社 2006 年版。
43. 卢代富著：《企业社会责任的经济学与法学分析》，法律出版社 2002 年版。
44. 施天涛著：《关联企业法律问题研究》，法律出版社 1998 年版。
45. 宋永新著：《美国非公司型企业法》，社会科学文献出版社 2000 年版。
46. 张小炜、尹正友著：《〈企业破产法〉的实施与问题》，当代世界出版社 2007 年版。
47. 马俊驹主编：《现代企业法律制度研究》，法律出版社 2000 年版。
48. 马德胜、董学立著：《企业组织形式法律制度研究》，中国人民公安大学出版社 2001 年版。

49. 冯晓光主编：《公司法》，中国和平出版社 1994 年版。
50. 徐晓松著：《公司法与国有企业改革研究》，法律出版社 2000 年版。
51. 刘文华主编：《WTO 与中国企业法律制度的冲突与规避》，中国城市出版社 2001 年版。
52. 范健、蒋大兴著：《公司法论》（上卷），南京大学出版社 1997 年版。
53. 蒋大兴著：《公司法的展开与评判》，法律出版社 2001 年版。
54. 李健伟著：《国有独资公司前沿问题研究》，法律出版社 2002 年版。
55. 郑之杰、吴振国、刘学信著：《中小企业法研究》，法律出版社 2002 年版。
56. 吴天宝、武宜达、陶晓林、张媛媛著：《国有企业改革比较法律研究》，人民法院出版社 2002 年版。
57. 李金泽著：《公司法律冲突研究》，法律出版社 2001 年版。
58. 李涛编著：《中国国有企业的法制分析》，山东人民出版社 2000 年版。
59. 刘澄清著：《公司并购法律实务》，法律出版社 1998 年版。
60. 刘澄清主编：《企业并购案件律师办案指引》，中国检察出版社 2001 年版。
61. 吕来明、刘丹著：《商事法律责任》，人民法院出版社 1999 年版。
62. 毛亚敏著：《公司法比较研究》，中国法制出版社 2001 年版。
63. 雷兴虎主编：《公司法新论》，中国法制出版社 2001 年版。
64. 甘培忠著：《企业与公司法学》，北京大学出版社 2004 年版。
65. 甘培忠著：《企业法新论》，北京大学出版社 2000 年版。
66. 漆多俊著：《市场经济企业立法观》，武汉大学出版社 2000 年版。
67. 漆多俊主编：《中国经济组织法》，中国政法大学出版社 2003 年版。
68. 刘质文主编：《企业上市案件律师办案指引》，中国检察出版社 2001 年版。
69. 纪尽善主编：《股份制改制运作论》，民主与建设出版社 1998 年版。
70. 李昌麒主编：《经济法学》，中国政法大学出版社 1999 年版。
71. 李昌麒主编：《中国经济法治的反思与前瞻——2000 年全国经济法学理论研讨会论文精选》，法律出版社 2001 年版。
72. 李曙光主编：《中国企业重组操作实务全书》，中国法制出版社 1997 年版。
73. 王新建主编：《香港民商法实务与案例》，人民法院出版社 1997 年版。
74. 沈四宝编著：《西方国家公司法概论》，北京大学出版社 1986 年版。
75. 章钢柱编著：《股份公司——创立、组织、管理》，中国经济出版社 1988 年版。

76. 袁爱平主编:《企业股份制改组律师实务》,吉林人民出版社 1998 年版。

77. 彭雪峰著:《国有经济战略性调整中的律师作用》,企业管理出版社 2000 年版。

78. 张海龙主编:《产权交易法律实务》,上海社会科学院出版社 2001 年版。

79. 刘丰明著:《股份公司与合资企业法》,中国政法大学出版社 2001 年版。

80. 梁慧星、陈华彬编著:《物权法》,法律出版社 1997 年版。

81. 张亚芸著:《公司并购法律制度》,中国经济出版社 2000 年版。

82. 卞耀武主编:《当代外国公司法》,法律出版社 1995 年版。

83. 刘俊海译:《欧盟公司法指令全译》,法律出版社 2000 年版。

84. 王令浚主编:《企业改制、重组、上市法规文件汇编》,工商出版社 2001 年版。

85. 李静冰、权绍宁著:《中国企业股份制改造法律指南》,人民出版社 1993 年版。

86. 刘连煜著:《公司治理与公司社会责任》,中国政法大学出版社 2001 年版。

87. 刘祥武、张弘主编:《股份制与股份合作制实务全书》,经济日报出版社 1998 年版。

88. 王保树主编:《中国商事法》,人民法院出版社 2001 年版。

89. 王文杰主编:《公有企业民营化》(月旦民商法研究丛书),清华大学出版社 2005 年版。

90. 孔祥俊著:《民商法新问题与判解研究》,人民法院出版社 1996 年版。

91. 钱卫清著:《国有企业改制法律方法:从传统形态向现代机制转变》,法律出版社 2001 年版。

92. 钱卫清、徐永前主编:《国有企业改革法律报告》(第 1—2 卷),中信出版社 2004 年版,2005 年版。

93. 柴振国等著:《企业法人财产权的反思与重构》,法律出版社 2001 年版。

94. 肖海军著:《国有股权法律制度研究》,中国人民公安大学出版社 2001 年版。

95. 张民安著:《现代英美董事法律地位研究》,法律出版社 2000 年版。

96. 虞政平著:《股东有限责任——现代公司法律之基石》,法律出版社 2001 年版。

97. 刘剑文主编:《WTO 与中国法律改革》,西苑出版社 2001 年版。

98. 陈丽洁著:《公司合并法律问题研究》,法律出版社 2001 年版。

99. 李曜著:《股权激励与公司治理》,上海远东出版社 2001 年版。

100. 奚晓明主编:《中国民商审判》(2002 年第 1 卷),法律出版社 2002

年版。

101. 李建伟著：《国有独资公司前沿问题研究》，法律出版社 2002 年版。

102. 李建伟著：《关联交易的法律规制》，法律出版社 2007 年版。

103. 何美欢著：《公众公司及其股份证券》，北京大学出版社 1999 年版。

104. 陈甬沪编著：《中国当代企业登记注册制度》，中国工商出版社 2002 年版。

105. 黄学海、王少春、马桦编著：《企业法、公司法案例精选精析》，法律出版社 1999 年版。

106. 最高人民法院中国应用法学研究所编：《人民法院案例选》（民商事卷）（1992—1999 年合本），中国法制出版社 2000 年版。

107. 最高人民法院中国应用法学研究所编：《人民法院经济案例选》（专辑二），人民法院出版社 1998 年版。

108. 李国光主编：上海市高级人民法院组织编写《95 上海法院最新案例精选》，上海人民出版社 1996 年版。

109. 李昌道主编：上海市高级人民法院组织编写《98 上海法院最新案例精选》，上海人民出版社 1999 年版。

110. 乔宪志主编：上海市高级人民法院组织编写《99 上海法院最新案例精选》，上海人民出版社 2000 年版。

111. 乔宪志主编：上海市高级人民法院组织编写《2000 上海法院最新案例精选》，上海人民出版社 2001 年版。

112. 童兆洪主编：《民商事判案评述》，人民法院出版社 2002 年版。

113. 傅长禄主编：《最新民商事海事海商案例评述》，人民法院出版社 2002 年版。

114. 中国（海南）改革发展研究院编：《债务与国有企业改革》，民主与建设出版社 1996 年版。

115. 官以德著：《上市公司收购的法律透视》，人民法院出版社 1999 年版。

116. 国家经贸委企业改革司编：《股份有限公司设立申报范本》，法律出版社 2000 年版。

117. 汤春来著：《市场经营主体的法律问题及对策》，中国人民公安大学出版社 1998 年版。

118. 黄京平主编：《破坏市场经济秩序罪研究》，中国人民大学出版社 1999 年版。

119. 林维著：《妨害公司、企业管理秩序罪的认定与处理》，中国检察出版社 1998 年版。

120. 赵秉志、吴大华著：《新刑法典罪名及司法解释要义》，中国人民公安大学出版社 1998 年版。

121. 孙力主编：《妨害对公司、企业的管理秩序罪》，中国人民公安大学出版社 1999 年版。

122. 吴敬琏：《现代公司与企业改革》，天津人民出版社 1994 年版。

123. 余惠芳著：《中国家族企业成长的多维分析》，中国经济出版社 2006 年版。

124. 金祥荣等著：《民营经济发展模式转型分析》，经济科学出版社 2006 年版。

125. 赵炳贤著：《资本运营论》，企业管理出版社 1997 年版。

126. 〔英〕戴维·沃克：《牛津法律大词典》，光明日报出版社 1988 年版。

127. 〔德〕乌茨·施利斯基著：《经济公法》，喻文光译，法律出版社 2006 年版。

128. 〔韩〕李哲松著：《韩国公司法》，吴日焕译，中国政法大学出版社 2000 年版。

129. 〔美〕亨利·汉斯曼著：《企业所有权论》，于静译，中国政法大学出版社 2001 年版。

130. 〔美〕凡勃文：《企业论》，商务印书馆 1959 年版。

131. 〔美〕艾尔弗雷德·D. 钱德勒：《看得见的手——美国企业的管理革命》，商务印书馆 1987 年版。

132. 〔日〕志村治美：《现物出资研究》，于敏译，法律出版社 2001 年版。

133. 〔加〕布莱恩 R. 柴芬斯著：《公司法：理论、结构和运作》，林华伟等译，法律出版社 2001 年版。

134. Bobert W. Hamilton, The Law of Corporations, West Publishing Co. 1996.

135. A. Arora, Practical Business Law, Macdonald & Evans Ltd., 1983.

136. L. C. B. Gower, The Principles of Modern Company Law, 4thEd. London, Stevens & Sons Limited 197.

137. Webster's Encyclopedic Unabridged Dictionary of the English Language, 1994 edition, published by Gramercy Books, adivision of dilithium Press. LTD.

138. L. C. B. Gower: Gower's principles of modern company law. 4th' edition. London, Stevens & Sons . 1979.

139. Nei Hawke, Corporate Liability, Sweet&Maxwell, 2000.

140. gower, principles of modern company law, London: Stevens & Sons, Ltd. 1979.

后　　记

　　经过3年的调研与写作，我的著作最终付梓出版。尽管为著作的调研、写作、修改我竭尽了努力，但我深知要写出一本好书绝非易事。

　　著作当时选题和申请学校出版基金时命名为《企业法新论》，后在书稿作修改之时经仔细斟酌，书名好像题不达意，新论中的新，究竟新在哪里？是理论体系新还是法律制度构建新，分析的立足点是国内还是全球性的企业立法，总给人以一种不明不清之感，于是经过反复推敲，在书稿付梓出版时改为《中国企业组织法：理论评析与制度构建》。

　　本著作得以出版，首先要感谢宁波大学学术出版基金的资助。自从1995年我进入宁波大学工作后，我深感宁波大学是一方热土，具有良好的学术环境与研究氛围，"实事求是，经世致用"的校训总给我以许多鞭策。我所在的法学院教师每年申报的各类研究课题与项目数量在省内法学专业中是领先的，每每看到大家为科研、教学和服务社会而忙碌的身影和年终所提供的丰硕成果，总会让我感动，可谓是"天道酬勤"。

　　本著作得以出版，还应感谢中国检察出版社的苏晓红编辑。虽然我们没有谋过面，但她对出版工作的高度责任性和热情言举，以及她为本书出版所付出的辛勤劳动，表示由衷的感谢。

　　书稿凝聚着我对学业追求所花费的心血，也凝聚着我的家人和我的女儿对我学业的支持。在本书稿提交给出版社的时候，我和妻子就要送爱女到英国伦敦经济学院上大学，自女儿公费选派，从新加坡南洋女子初级中学和华侨中学读完四年初、高级中学段，回国申报大学的半年时间里，也正是我书稿写作与调研的最重要时期，我没有在女儿空闲之隙陪伴她浏览一些人文自然景观，内心总感到丝丝内疚，而女儿安慰我学业至上，一切尽在不言中。

　　书稿中所提出的一些观点和一些零零碎碎的思考也许不一定准确，甚至可能是错误的，但我相信，世上没有完美的作品，只有完成的或未完成的，对于已完成而尚达不到完美的，我将会继续凭对企业法研究的乐趣作更加深入的研究。

郑曙光
2008年9月于宁波泰和家园